Daniel J. Goldhagens Buch »Hitlers willige Vollstrecker« löste 1996 eine Welle öffentlichen Interesses und Diskutierens aus wie kaum ein Buch zuvor.

Auch wenn die Öffentlichkeit sich mittlerweile neuen Themen zugewandt hat, findet die Debatte eine eher stille, aber um so wirkungsmächtigere Fortsetzung: Mehr und mehr werden Goldhagens vereinfachte Thesen von einer breiten Öffentlichkeit akzeptiert. Diesem Phänomen wird in dem vorliegenden Band nachgegangen. Goldhagens Buch, sein Publikum und seine Wirkung werden aus den verschiedensten Blickwinkeln analysiert. Die Autoren, Wissenschaftler aus Deutschland, Israel und den USA, setzen durchaus unterschiedliche, in Einzelpunkten auch widerstreitende Akzente. Ihnen gemeinsam ist aber die Überzeugung, daß hier ein kritikwürdiges Buch eine unvergleichbare Wirkung erzielt hat, die es zu beleuchten gilt.

Die Herausgeber:

Johannes Heil, Dr. phil., geboren 1961, studierte Geschichte, Kunstgeschichte und Religionsphilosophie in Frankfurt am Main; 1987–1990 wissenschaftlicher Mitarbeiter am Historischen Seminar der Universität Frankfurt am Main, 1993–1994 wissenschaftlicher Mitarbeiter am Jüdischen Museum Frankfurt am Main, seit 1995 wissenschaftlicher Assistent am Zentrum für Antisemitismusforschung der TU Berlin.

Veröffentlichungen u. a.: (mit Bernd Wacker, Hrsg.) ›Shylock? Zinsverbot und Geldverleih in jüdischer und christlicher Tradition‹, München 1997; ›Kompilation oder Konstruktion? Die Juden in den Pauluskommentaren des 9. Jahrhunderts‹, Hannover 1998.

Rainer Erb, Dr. rer. pol., geboren 1945, studierte Soziologie und Religionswissenschaft, langjähriger wissenschaftlicher Mitarbeiter am Zentrum für Antisemitismusforschung der TU Berlin.

Veröffentlichungen u. a.: (jeweils gemeinsam mit Werner Bergmann) ›Neonazismus und rechte Subkultur‹, Berlin 1994; ›Anti-Semitism in Germany. The Post-Nazi Epoch since 1945‹, New Brunswick / London 1997; ferner ›Die Legende vom Ritualmord. Zur Geschichte der Blutbeschuldigung gegen Juden‹, hrsg. v. Rainer Erb, Berlin 1993.

Der Streit um
Daniel J. Goldhagen

Geschichtswissenschaft und Öffentlichkeit

*Herausgegeben und
eingeleitet von*
Johannes Heil
und Rainer Erb

Mit Beiträgen von
Steven E. Aschheim,
Werner Bergmann,
Ruth Bettina Birn,
Olaf Blaschke,
Jane Caplan,
Christof Dipper,
Thomas Haury,
Raul Hilberg,
Uffa Jensen,
Habbo Knoch,
Angelika Königseder,
Marianne Kröger,
Hans-Ernst Mittig,
Alexandra Przyrembel,
Volker Rieß,
Bernd-A. Rusinek,
Harald Schmid und
Juliane Wetzel

Mit einem Vorwort von
Wolfgang Benz

Fischer
Taschenbuch
Verlag

Die Zeit des Nationalsozialismus
Eine Buchreihe
Herausgegeben von Walter H. Pehle

Originalausgabe
Veröffentlicht im Fischer Taschenbuch Verlag GmbH
Frankfurt am Main, Juni 1998

Übersetzungen der Beiträge von Caplan, Aschheim und Hilberg: Martina Strehlen
© 1998 by Fischer Taschenbuch Verlag GmbH, Frankfurt am Main
Alle Rechte vorbehalten
Redaktion: Dorothee Wahl
Gesamtherstellung: Clausen & Bosse, Leck
Printed in Germany
ISBN 3-596-14065-X

INHALT

Wolfgang Benz   **Vorwort**

»Wer kann überhaupt an den Worten Goldhagens zweifeln? Die
Beweislast ist eindeutig und zweifelsfrei. Die Deutschen sind
nicht mitschuldig, sie sind schuldig. Nicht nur, daß sie in dieser
Zeit jegliches Unrechtsbewußtsein vermissen ließen, macht sie zu
Tätern, sondern auch die Tatsache, sich später schützend vor ihre
perfiden Volksgenossen gestellt zu haben. Dieser überaus deut-
sche Charakterzug ist zeitlos und reicht von den Anfängen bis zur
Gegenwart. Es ist nicht ein Phänomen zu analysieren, welches
Deutschland heimsuchte, sondern die deutsche Psyche.«

Der Leserbrief im »Spiegel« (44/1997) macht das Problem deutlich, um das es in der Debatte um Daniel Goldhagens Buch wirklich geht. Zu konstatieren ist eine Spaltung zwischen Wissenschaft und Gesellschaft, wenn zeitgeschichtliche Phänomene
Gegenstand der Reflexion sind. Das gilt für die Goldhagen-Debatte ebenso wie für die öffentliche Auseinandersetzung um die
Verbrechen der Wehrmacht. An beiden Exempeln läßt sich demonstrieren, wie schwierig es ist, Distanz zu gewinnen zu Ereignissen, an denen man als Mitlebender vielleicht Anteil hatte, von
denen man auf jeden Fall aber jenseits aller Erwägungen über
Schuld und Unschuld betroffen ist. Die Auseinandersetzung um

den Nationalsozialismus und seine Verbrechen ist weithin ein ver-
späteter intergenerativer Diskurs, und dem Historiker erscheint
es oft, als würde die Debatte so rasch auf die moralische Ebene
verschoben – ehe Fakten geklärt und erläutert sind –, um die
tatsächliche Auseinandersetzung mit Inhalten zu vermeiden. Zu
bestimmen ist also die Frage von Kompetenz und Delegation im
Umgang mit Vergangenheit, und festzuhalten ist dabei, daß es unbewußt unterschiedliches Verhalten gibt gegenüber belasteter
und positiv besetzter Vergangenheit.

Daß der Nationalsozialismus als Gegenstand wissenschaftlicher
Forschung zuerst in die Kompetenz der Historiker fällt, scheint un-
strittig. Nach mehr als fünf Jahrzehnten historischer Arbeit, in der
Grundriß und Struktur nationalsozialistischer Herrschaft freigelegt, Ereignisse und Fakten in einer Vollständigkeit wie für keinen
anderen Abschnitt der deutschen Geschichte erhellt, handelnde
Personen und Programme des Regimes untersucht und das Gesamtbild von Staat und Gesellschaft wie auch der Charakter der NS-Zeit
ausgeleuchtet wurden, sind wir über fast alles, was mit den Methoden des Historikers erfaßbar ist, aufgeklärt.

Aber wollte das Publikum dies auch wissen, beziehungsweise
wollte es dies alles von den Historikern wissen? Allem Anschein
nach nicht, denn der vermeintliche Neuigkeitswert vieler Ent-
deckungen, jeweils unter Anklagen gegen die Historikerzunft in
den Medien präsentiert, spricht dagegen.

Das Sensationsbedürfnis als konstitutives Element der Medienwelt arbeitet gern mit Schuldzuweisungen an Experten, etwa die
langsamen und langweiligen Historiker, denen Journalisten oft an
Spürsinn und Findigkeit überlegen scheinen. Man muß die vermeintlichen Tagebücher Hitlers, über denen eine Illustrierte ihr
Gesicht verlor, als grotesken Auswuchs gar nicht zum Exempel
bemühen. Als jüngstes Beispiel wurde im Dezember 1997 der Öffentlichkeit mit gebotenem Tamtam der Fund einer »Geheimakte
Nazi-Gold« serviert, zu der kopierte Unterlagen im Nachlaß eines
Wiener Kaufmanns vom Entdecker, dem »journalistischen Mara-
thon-Rechercheur«, stilisiert wurden. Daß die originalen Unterlagen der historischen Forschung längst bekannt sind, haben die
fröhlichen Dilettanten nicht gewußt oder nicht wissen wollen,

weil sie einen »sensationellen Aktenfund«, der Historikern entgangen sei, vermarkten mußten. Neue Sensationen werden folgen und ihr Publikum finden.

Überhaupt hat sich eine Kluft zwischen historischer Arbeit und moralischer Bewegtheit aufgetan. Der »Historikerstreit« Mitte der achtziger Jahre signalisierte, daß die Beschäftigung mit dem Nationalsozialismus künftig im Zeichen eines Historismus stehen würde: Nicht mehr Konsensstiftung über den Abscheu vor einem kriminellen Regime und die vielfachen Verstrickungen der Mitlebenden und, nicht minder, auch der Nachgeborenen sollte im Mittelpunkt der Betrachtung stehen, sondern die Einordnung der nationalsozialistischen Zeit in die gesamte deutsche Historie. Das wurde von vielen als Relativierung und Verharmlosung verstanden. Gefragt war aber auch die Beurteilung und Deutung des historischen Phänomens in der Absicht, vor allem die guten Anteile deutscher Geschichte zu tradieren, um eine positive Identifizierung mit der Vergangenheit in toto zu ermöglichen und dadurch der Gesellschaft des prosperierenden westdeutschen Nachfolgestaates des Deutschen Reiches historischen Sinn mit Zukunftsperspektive zu stiften.

Kein Volk könne auf Dauer mit einer kriminalisierten Geschichte leben, lautete die Feststellung des Politikers Franz Josef Strauß, der anläßlich eines Festkommers zum 130jährigen Bestehen des Kartellverbandes der katholischen deutschen Studentenverbindungen auch den »Anspruch der Deutschen auf Normalität« anmahnte. Strauß nahm dafür die Kompetenz des Historikers in Anspruch. »Eine Art Schadensabwicklung« nannte in entgegengesetzter Position der Philosoph Jürgen Habermas die Versuche, dem Dilemma zwischen Sinnstiftung und Wissenschaft im Umgang mit dem Nationalsozialismus und insbesondere mit dem Holocaust zu entgehen. Im ostdeutschen Nachkriegsstaat wurde dagegen ein deklamatorischer Antifaschismus propagiert, der den kommunistischen Widerstand als Legitimation und Gründungsmythos in Anspruch nahm, darüber einen erheblichen Teil der Realität intellektuell und pragmatisch ausblendete und dem Holocaust im DDR-Geschichtsbild nur einen marginalen Status zuordnete.

Erfolgreich sind Historiker immer dann, wenn ihre Forschungsergebnisse und Interpretationen im Einklang stehen mit den Sehnsüchten, Träumen, Erlösungswünschen von Herrschaft und Gesellschaft ihrer Zeit. Paradebeispiel dafür sind die großen Namen des 19. Jahrhunderts. Die »Hohenpriester der Kultur« (Amos Funkenstein) artikulierten, von Wogen der Zustimmung ihres Publikums getragen, das Streben des Bürgertums nach einem kleindeutschen Nationalstaat unter preußischer Führung. Diese Historikergeneration legitimierte sich dadurch, daß sie, gestützt auf die Autorität der Wissenschaft, auch als Publizisten und Politiker die Ideologie der nationalen Einheit propagierten. Das brachte Ansehen und Geltung, stiftete Identität zwischen akademischer Gelehrsamkeit und öffentlichem Streben. Die Gesellschaft war stolz auf ihre Historiker, und umgekehrt galt dasselbe. Ihre Nachfahren, die mit der Erforschung des Nationalsozialismus nach dessen Zusammenbruch begannen, waren in einer anderen Position. Sie konnten nichts Erfreuliches berichten und keinen Trost bieten; sie wurden bald als Ankläger oder Richter mißverstanden. Überdruß an der »Vergangenheitsbewältigung« stellte sich aber auch aus anderen Gründen ein.

So ist über dem Bemühen, die dem Selbstbewußtsein und dem Bedürfnis der Deutschen, in der Welt anerkannt und beliebt zu sein, vermeintlich hinderlichen Trümmer der Geschichte aus dem Weg zu räumen, die psychische Dimension nationalsozialistischer Herrschaft weitgehend unerforscht und unbewältigt geblieben; eine politisch und historisch argumentierende Psychoanalyse, die den Umgang mit der nationalsozialistischen Vergangenheit als Gruppenprozeß begreift und Erklärungsmodelle bietet, steht auch eine Generation nach Mitscherlichs »Unfähigkeit zu trauern« noch in den Anfängen. Als Alleininterpreten des Hitlerstaats und der Hitlergesellschaft waren Historiker, Philosophen, Juristen, Sozialwissenschaftler offensichtlich überfordert, jedenfalls nicht akzeptiert: Sie konnten der Sehnsucht der Nachkriegsgesellschaft, von den Schatten der Vergangenheit erlöst zu werden, nicht gerecht werden und sahen sich bei jeweils öffentlichem emotionalen Aufruhr – der Fernsehserie »Holocaust« in den 70er Jahren, dem Film »Schindlers Liste« 1994 oder Goldhagens Traktat über den Völkermord an den Juden – ins Abseits gedrängt. Waren sie zuerst gegenüber emotionalen und psychologischen Abwehrmechanismen, die gegen die Beschäftigung mit der jüngeren Vergangenheit aufgebaut wurden und die je länger, desto reibungsloser funktionierten, mit ihren Forschungsergebnissen ohne Wirkung geblieben, ganz gleich, ob es sich um die Zahl der in Konzentrationslagern und Vernichtungsstätten ermordeten Opfer des Regimes, um die Bewertung der Rolle einzelner Protagonisten, um die Analyse des Ruins von Wirtschaft und Finanzen des Deutschen Reiches oder um Ursachen und Folgen der NS-Herrschaft handelte, so gerieten sie abermals in die Defensive gegenüber der mit allen Mitteln der Mediengesellschaft organisierten Wirkung des pauschalen Verdikts aus Amerika, als sie dem Urheber mit den Mitteln ihrer Wissenschaft entgegenhielten, daß es sich methodisch gesehen um die Proklamation eines Manifestes, nicht jedoch um die behaupteten neuartigen Forschungsergebnisse handele. Hatten die Historiker also weithin das medial inszenierte Goldhagen-Ereignis als fachwissenschaftlichen Diskurs mißverstanden, so regierte der gegenüber politisch-historischer Moral sensible und entsprechend zu bewegende Teil der Öffentlichkeit mit vehementer Parteinahme für die Sympathie und Betroffenheit stiftende zentrale Figur der medialen Inszenierung.

Aber auch wenn alles grundsätzlich zu begrüßen ist, was die einst vernachlässigte und immer noch so notwendige wie schwierige öffentliche Debatte um schuldhaften Anteil und Verstrickung der Deutschen in das System, in Ziele und Handlungen des Nationalsozialismus fördert, so müssen, wenn dies wie im Falle Goldhagen mit dem Anspruch der Wissenschaftlichkeit erfolgt, die Parameter solchen Anspruchs auf Erkenntnis und Aufklärung kritisch geprüft werden. Daß der Autor des Buches, dessen These »Hitlers willige Vollstrecker« Programm und definitive Aussage ist, dies zu verhindern sucht, durch charismatischen Appell an sein williges Publikum im medialen Diskurs und durch den Rechtsanwalt, der fachwissenschaftliche Kritik mit gerichtlicher Klage zu unterbinden droht – das sind nur zusätzliche Gründe zur Auseinandersetzung mit These und Methode des Buches über den »eliminatorischen Antisemitismus« der Deutschen.

Die Debatte um Goldhagen ist aber in noch weiterer Hinsicht aufschlußreich und weist auch auf Irritationen infolge des Verlusts zuvor gegebener einfacher Zuordnungsmöglichkeiten hin. War ein Buch zur Geschichte des Nationalsozialismus früher »links« oder wenigstens »liberal« (setzte es doch Anerkenntnis von Geschichte voraus), so wurden »rechts« Geschichtsvergessenheit und -blindheit vermutet. Spätestens seit Richard von Weizsäckers Rede zum 40. Jahrestag des Kriegsendes, Rita Süssmuths kämpferischer Geschichtsanerkenntnis, die sie selbst vor dem Kyffhäuser nicht ablegt, ist auf diese alten Gewißheiten aber kein Verlaß mehr. Geschichte als Gegenstand der politischen Kultur ist offen geworden. Im interessantesten Moment der Goldhagen-Debatte, als in den Tagen nach dem »Zeit«-Artikel vom 12. April 1996 das hektische setting publizistischer Positionen begann, ohne daß man schon strategisch vorgehen und die Reaktion der anderen Seite hätte beobachten können, da saßen sie plötzlich alle in einem Boot: Arning (FR), Niroumand (taz), Schirrmacher (FAZ), auch »Der Spiegel« mit Augstein, hart am Rand allerdings. Diese ungewöhnliche Partie hat am meisten wohl ihre Teilnehmer selbst überrascht. Das kurze Treffen im Boot hatte jedenfalls etwas Gutes für sich: Es ging – anders als beim »Historikerstreit« der 80er Jahre – zunächst nur um den Inhalt des Buches, nicht um den Standort des Betrachters. Die Irritation über den ungewohnten Gleichklang mag manchen Ressortleiter bewogen haben, alsbald auch andere Stimmen zu Wort kommen zu lassen. Rudolf Augstein ging mit Daniel Jonah Goldhagen am Strand spazieren, und der aufgezeichnete Dialog setzte die Welt von der Verständigung in Kenntnis, zu der beide (vorläufig) gefunden hatten. Daß liberale wie bürgerliche Presse mit der Zeit dem harschen Verdikt mildere Töne beimischten, war nicht zuletzt wohl dem Druck des Publikums, Goldhagens Leserschaft, geschuldet.

Dem Anliegen von Wissenschaft wäre nicht gedient, wollten die Herausgeber des Bandes und die beitragenden Autoren nun Publikumsbeschimpfung betreiben. Dem wird allein dadurch vorgebeugt, daß der Blick auf die Goldhagen-Debatte durch die Einbeziehung weiterer öffentlichkeitswirksamer Themen mit zum Teil gegenläufigen Reaktionsmustern geweitet wird. Auch wenn die Entgegensetzung von »Wissenschaft« und »Publikum« sich der Gefahr aussetzt, zu verkürzen – Goldhagen hat ja auch aus Wissenschaftskreisen die eine oder andere positive Resonanz erfahren – und schulmeisterlich zu wirken, geht es hier einzig um die Beschreibung offensichtlicher Lagergegensätze, dies insbesondere innerhalb unserer eigenen Gesellschaft. Anliegen des Bandes ist es daher, die Beweggründe der zum Teil vehement vorgetragenen Kritik an Goldhagen darzulegen und das Phänomen seiner zugleich um so enthusiastischeren Aufnahme durch die sich zu Wort meldende Öffentlichkeit zu beleuchten. Wenn die Beiträge dieses Bandes dazu dienen, beiden Seiten Anregungen zu geben und die offensichtlich gestörte Kommunikation zu verbessern, ist viel erreicht.

Johannes Heil
Rainer Erb   **Klage und Analyse im Widerstreit**
               Eine Einführung

Daniel Goldhagens Buch »Hitlers willige Vollstrecker« hat im Sommer und Herbst 1996 eine Welle öffentlichen Interesses und Diskutierens ausgelöst wie kaum ein Buch zuvor. Medienwissenschaftler schätzen, daß in diesem Zeitraum über siebenhundert Artikel, Rundfunk- und Fernsehbeiträge erschienen sind. Dieses enorme Textcorpus offenbart eine Entwicklung, teilweise auch einen individuellen Lernprozeß der Autoren. Die Gefahr, daß über das riesige Medienecho die Herausforderung des Themas zerredet werde, war bald eingetreten. Andererseits kann aber auch beobachtet werden, daß vom Buch und der Debatte darüber Anstöße ausgingen, die in vielfältiger Weise aufgenommen wurden. Akademiker, gleich ob Geistes- und Gesellschaftswissenschaftler, sowie Publizisten fragten sich: Können die vielen Forschungsleistungen zur Geschichte des Holocaust, deren Wert nicht in Abrede gestellt wurde, überhaupt den grauenhaften Ereignissen einen angemessenen Vorstellungsraum eröffnen? Und ist das Dilemma zwischen der »Banalität der Einzelforschung« und der »Monstrosität der Verbrechen« überhaupt aufzulösen? Muß nicht die Begrenztheit der rational-wissenschaftlichen Methode stärker reflektiert werden, und muß folglich nicht auch der Rationalität anderer Formen des Erinnerns in Literatur, Kunst und religiösem Leben mehr Bedeutung beigemessen werden? Wir alle haben uns an der Diskussion beteiligt und sind auf ihre Unschärfen und Polarisierungen gestoßen, die die fachliche Kritik behindert beziehungsweise öffentlichen Effekt und Fachkritik gegeneinander ausgespielt haben. Mittlerweile sind das Buch und seine These von der öffentlichen Agenda verschwunden, was aber nicht darüber hinwegtäuschen sollte, daß die Diskussion innerhalb und außerhalb der Wissenschaft weiterwirkt.

Wenn der Verlauf der Debatte und ihre Bedingungen aus der zeitlichen Distanz zum Erscheinen des Buches und zur Diskussion noch einmal beleuchtet werden, bietet sich die Gelegenheit, zentrale Argumentationslinien des Buches einer näheren, systematischen Überprüfung zu unterziehen. Es lassen sich ferner auch jene Streitpunkte benennen, aus denen die Diskussion ihre Dynamik bezog. Der Blick ist also zu weiten, auf den aktuellen Erinnerungsdiskurs auszudehnen, und es sind ferner andere, frühere oder gleichzeitige Geschichtsdebatten und Ausstellungskontroversen in die Betrachtung miteinzubeziehen.

Daß Goldhagens Buch etwas bewegt hat, steht außer Frage. Trotzdem hinterlassen Buch wie Debatte ein merkliches Unbehagen. Die Debatte hat gezeigt, daß weite Teile von Wissenschaft und Öffentlichkeit gegeneinander ganz unterschiedliche Erwartungen hegen. Dazu zählt der Anspruch der einen Seite, durch Ausbildung, Forschung und Quellenkritik ein zureichendes Maß an methodischer Schärfe und Sachkenntnis zu erwerben beziehungsweise zu vermitteln. Es entspricht daher einer falschen Erwartung zu glauben, der Rezipient wissenschaftlicher Abhandlungen könne sich deren Ergebnisse ohne Mühe und Zeitaufwand aneignen. »Die Zunft« hat in der Debatte vor allem versucht, Goldhagens Buch an ihren eigenen Standards zu messen, während das weitere Publikum gerade signalisierte, daß es derartige quellenkritische Einwände und theoretische Kontextualisierungen bislang eher als Behinderung empfunden hat: Eine der Stärken des Goldhagen-Buches ist das Angebot von Übersichtlichkeit, die einfache, schlüssige Antwort. Vielfach wurde Kritik an Goldhagen nicht rational bewertet; den Kritikern wurden rasch Absichten unterstellt, die außerhalb des argumentativen Rahmens lagen, sei es Verdrängung durch Methode oder sei es einfach Neid auf den jungen Erfolgsautor. Auch kann es sein, daß die Öffentlichkeit Mißtrauen hegte, ob ein Buch über die Shoah aus wissenschaftlichen Motiven kritisiert werden sollte. Hier tut sich eine Falle auf, insofern jener, der Kritik an einem Ergebnis der Holocaustforschung vorbringt, den Verdacht des Beschwichtigens und des Leugnens evoziert. Gerade an dieser Stelle haben Goldhagens Thesen polarisierend gewirkt und einen regelrechten Bekenntniszwang geschaffen; Äußerungen zum Buch waren für weite Teile der Öffentlichkeit nur zustimmend akzeptabel. Damit aber wird Lernen blockiert und Stillstand erreicht. Denn Forschung lebt vom Weiterfragen und -entwickeln; auch die Forschung zu den Motiven der Täter hat nicht erst mit Goldhagen angefangen und wird auch über seine Arbeit hinaus weitergeführt werden. Das jeweils jüngste Forschungsergebnis ist nie das letzte, sondern setzt sich der Kritik aus und trägt damit wesentlich zum Fortgang von Wissenschaft bei.

Holocaust-Forschung und das Sich-Verständigen über die Bedeutung der Shoah können sich auf ganz unterschiedlichen Ebenen vollziehen, die es auseinanderzuhalten und auszuhalten gilt. Das Bedürfnis nach Verbindlichkeit verkennt sowohl die Komplexität der historischen Realität als auch die gesellschaftliche Arbeitsteilung und Vielfalt, die in anderen Bereichen ja selbstverständlich akzeptiert wird. Für den Diskurs über die Shoah heißt dies, daß Blickwinkel und Ausdrucksformen des Künstlers nicht mit denen des Historikers deckungsgleich sind. Ergänzen können sich beide nur, wenn die Differenzen nicht verwischt werden. Beide stellen sich der Kritik, der eine der ästhetischen, der andere der wissenschaftlichen.

»Hitlers willige Vollstrecker« bietet die Opferperspektive zur Analyse der Motive der Verfolger und Mörder auf. Damit werden zwei Sichtweisen zusammengebracht, die so berechtigt wie grundverschieden sind. Die Überlebenden berichten von Verfolgung und Leiden ohne Aussicht auf Beantwortung ihrer Fragen. Die Täter drangen mit der Anonymität ihrer Macht über Leben und Tod ganz unmittelbar auf das Leben der Opfer ein. Wo sie Persönliches zu erkennen gaben, teilte es sich den Opfern unter den Bedingungen der Verfolgung mit. Die Wissenschaft analysiert die Bedingungen und Motive der Täter; ihre analytischen, auf Erklärung des Geschehens zielenden Antworten können die Überlebenden nicht befriedigen, weil Forschung hinter dem Erlebten ansetzt und die Täter letztlich entpersonalisiert. Dieser Dissens kann nicht aufgelöst werden, weil Wissenschaft nicht trösten kann und will, und den Überlebenden kann nicht abverlangt werden, Antworten in der Dürre der Analyse zu finden. Wissenschaft und Klage decken sich nicht.

Außerhalb der Wissenschaft hat sich der Eindruck eingestellt, Goldhagens Buch biete eine abschließende Analyse, zumindest einen Durchbruch, den zurückzuweisen nur als Zurückgehen hinter das Geleistete gedeutet werden könne und daher als Erkenntnisverweigerung, aus welchen Motiven auch immer, zu kritisieren sei. Diese Überzeugung spiegelt ein Mißverhältnis zwischen der Erwartung der Öffentlichkeit an die Wissenschaft und der Fähigkeit beziehungsweise der Bereitschaft dieser Seite, auf die Erwartungen des breiten Publikums einzugehen. Einander widersprechende theoretische Auffassungen stehen sich in der Diskussion gegenüber, wobei philosophisch-weltanschauliche Voraussetzungen, ethische Wertungen und politisch-nationale Standortgebundenheiten eine Übereinkunft erschweren. Bislang mögen diese Diskrepanzen nicht aufgefallen sein, weil jede Seite »ihre« Ausdrucks- und Verständigungsform über die Shoah fand: die Wissenschaft im nach außen spröde anmutenden Fachdiskurs, die breitere Öffentlichkeit ausschließlich oder ergänzend über das Interesse für autobiographische Darstellungen, Zeitzeugenberichte, lokale Spurensuche, aber auch über das Hören von Klezmer-Musik – all diesen Zugängen eignet die Suche nach Authentizität und angemessener Erinnerung. Beiden Seiten ging und geht es um Verstehen und um Empathie. Die Schnittmenge zwischen beiden Beschäftigungsweisen war und ist vergleichsweise gering. Nicht nur, daß Wissenschaft gegenüber der Gesellschaft über kein Interpretationsmonopol für das mit Abstand prägendste Geschehen des 20. Jahrhunderts verfügt. Die Öffentlichkeit hat sich die Erinnerung auf ganz unterschiedliche Weisen angeeignet. Wenn Goldhagens Erfolg gerade aus der Stellung seines Buches an der Schnittstelle zwischen beiden Erinnerungswelten zu erklären ist, dann ist die Leitungsfähigkeit der wissenschaftlichen Sprache, deren abstrakte Begrifflichkeit das Grauen des Holocaust auf Distanz hält, zu hinterfragen. Nicht minder ist das Interesse an einer Literatur kritisch zu beleuchten, die Wissen aus der Drastik der Darstellung gewinnt. Daß sich das Interesse der Öffentlichkeit auf die Täter am Ende der Befehlskette und ihre Motive bei der Tatausführung richten wird, hätten wir schon nach der Rede jenes Bundestagspräsidenten erkennen können, den die Öffentlichkeit bestenfalls als bedauernswerten Dilettanten wahrnahm, als er zum 50. Jahrestag der »Reichskristallnacht« eine nüchterne und spröde vorgetragene Chronologie der Ereignisse samt eigener Deutungsversuche vortrug und auf jederlei unmittelbare Schilderung von Grausamkeiten samt eindrücklicher Zitate verzichtete.

Forschungen zur deutschen Geschichte, insbesondere zur Geschichte des Nationalsozialismus, sind seit Jahrzehnten eine internationale Angelegenheit. Auch wenn länderspezifische Forschungstraditionen durchaus spezifische Blickwinkel und Ergebnisse bedingen, herrscht hinsichtlich der wissenschaftlichen Standardbedingungen doch ein breiter Konsens. Nicht zufällig glichen die Argumente, die im Ausland gegen Goldhagens Thesen vorgebracht wurden, den in Deutschland erhobenen. Die Öffentlichkeiten in verschiedenen Ländern haben, wie gleich mehrere Beiträge dieses Buches verdeutlichen, dagegen nach Intensität und Motiven ganz unterschiedlich auf Goldhagens Buch reagiert. Selbst in Zeiten ungehinderter globaler Austauschmöglichkeiten bleibt Wissenschaft letztlich immer in lokale Kommunikationsstrukturen eingebunden und differiert deshalb im Vergleich entsprechend den jeweiligen nationalen Traditionen. Wissenschaft findet allein schon ihre Fragestellungen und die dazu gehörenden Tatsachen nicht einfach vor, sondern konstruiert sie in einem dynamischen, sozial und kulturell vielfach bedingten Prozeß.

Daraus folgt auch, daß, trotz manch unvermeidbarer wie auch fruchtvoller Spannungen zwischen den Wissenschaftlern einzelner Länder, auf internationaler Wissenschaftsebene seit langem ein intensiver Austausch möglich ist und auch genutzt wird, während die Rückbindung wissenschaftlicher Ergebnisse in die jeweiligen Gesellschaften oft nur unter erheblicher Verkürzung erfolgt oder ganz ausbleibt. Dies gilt gleichermaßen von den »Schlüsselgesellschaften« beim Diskurs über die Shoah, Deutschland, Israel und den angelsächsischen Ländern.

Goldhagens Buch wie auch die anschließende Debatte haben eine Vielzahl von Problembereichen markiert. Um dem gerecht zu werden, haben wir Beiträge aus unterschiedlichen Disziplinen angefordert. Bei der Bewertung des Buches, der Diskussion und ihres Ertrags setzen die Autoren, Wissenschaftler aus Deutschland, Israel und den USA, durchaus unterschiedliche, in Einzelpunkten auch widerstreitende Akzente. Gemeinsamer Nenner ist dabei aber die Überzeugung, daß hier ein kritikwürdiges Buch eine Wirkung ohnegleichen erzielt hat, ein Paradoxon, das es zu beleuchten gilt.

Trotz der Vielzahl von Beiträgen war es nicht möglich, alle augenfälligen Aspekte und Bezüge der Goldhagen-Debatte eigens zu behandeln. Daher seien hier einige Überlegungen vorausgeschickt, die bei der Betrachtung des »Phänomens Goldhagen« wenigstens angerissen werden sollten.

Der Reiz, der dieses Buch zum Medienereignis machte, ist vielschichtig. Da ist einmal das Angebot einer klaren Antwort, auf Hunderten von Seiten ausgebreitet, repetiert und zugleich in wenigen Sätzen zusammenzufassen; das Buch bietet eine Kernthese, die sich merken läßt. Der Titel komprimiert sie auf drei Worte: »Hitlers willige Vollstrecker«.

Das Bedürfnis nach einer Antwort ist nachvollziehbar, es speist sich aus der Antwort-Not der Überlebenden und Nachgeborenen, es treibt überhaupt all jene an, die sich dem Warum? stellen wollen, des Sowohl-als-auch aber müde sind. Der klaren Antwort tritt die einfach-direkte Sprachführung zur Seite. Nicht nur, daß sie über weite Strecken deskriptiv bleibt, dafür aber ungemein drastisch schildert. Auch die Abbildungen sind in die Betrachtung mit einzubeziehen; sie sind keineswegs nur Beigaben, sondern

Argumente, weil gesehen werden kann, was der Text zuvor aufgebaut hat. Text und Bild ergänzen einander, der Text setzt sich letztlich aus beworteten Bildern zusammen. Hier korrespondiert der Stil mit den Sehgewohnheiten der Leser.

Fraglich erscheint uns, ob das leicht zu gewinnende Einverständnis mit Goldhagens Thesen den Blick schärft für die bleibenden Strukturen und Dispositionen zu Gewalt und Genozid. Erzählt das Fokussieren auf Motive und Handeln der Täter am Ende der Befehlskette etwas über die Verantwortlichkeiten an deren Anfang und die Ursachen der Etablierung dieses autoritären Regimes?

Lesbar ist dieses dicke Buch auch infolge einer merkwürdigen Doppelanlage: Man hat es gelesen, selbst wenn nur Abschnitte gelesen wurden. Hier bietet es – wie auch Goldhagens Auftritte während seiner Lesereise im Herbst 1996 – augenfällige Parallelen zur Dramaturgie und Rhetorik von TV-Predigern, deren Botschaft als verstanden empfunden werden kann, wenn nur ein Ausschnitt gehört wurde. Entscheidend ist die eine Botschaft, die immer wieder verlassene und erneut angestrebte Mitte der Argumentation, jeweils mit neuen Bildern und Beispielen angereichert und beschworen, was nie ermüdend immer neue Varianten der einen Antwort vermittelt. Lebhaft pflichtet das Publikum der Botschaft bei, als Zuhörer, als Leser. Der Hauptdarsteller verbündet sich mit seinem Publikum gegen übelmeinende Kritiker oder widerstreitende Kräfte. Die im Saal wissen um die Wahrheit, brauchen einander, sind gegen jene einig.

»Briefe an Goldhagen«, dieser 1997 nachgereichte Band, sollte wohl die Breite und Tiefe der Diskussion dokumentieren, bildet aber gerade das Beziehungssystem zwischen Goldhagen und seinem Publikum ab. Daß er in der »Antwort an seine Leser« so unbekümmert das Verdikt gegen die böswilligen, ihr Herrschaftswissen monopolisierenden Kritiker (»die Zunft«) mobilisieren würde (240 f., passim), war selbst nach 18 Monaten durchgestandener Goldhagen-Debatte noch eine Überraschung. Der Autor beließ es nicht bei rhetorischen Floskeln, die alleine schon Stirnrunzeln auslösten. Denn überaus ungewöhnlich ist auch, daß ein letztlich ganz gewöhnlicher akademischer Streit zum Gegenstand einer juristischen Auseinandersetzung gemacht wird, ein ausgesprochenes Novum im wissenschaftlichen Diskurs, das spätestens mit einem Beitrag in der »Frankfurter Allgemeinen Zeitung« am 4. November 1997 der Öffentlichkeit bekannt wurde. Überraschend war auch, wie der Autor in seine Argumentation einzubinden wußte, was sich in den veröffentlichten Briefen zum Teil ganz unterschiedlich darstellt. Denn diese geben zuerst einmal interessante Hinweise auf die Gefühlslagen, die Goldhagen ansprach, und die Sichtweisen, infolge derer er neben emphatischer Zustimmung auch Widerspruch erntete, der von sachlichen Einwänden über Aufrechnen bis zu antisemitischen Tiraden reichte. Die Briefe spiegeln – was den Anteil einzelner Reaktionstypen angeht, vielleicht verzerrt – das Publikum und dokumentieren seine heterogene Zusammensetzung. Hier interessiert vor allem jener Bereich, aus dem Goldhagen Zustimmung erfuhr, und ohne eine detaillierte Analyse jenes Feldes von Leserreaktionen bieten zu können, sei eine prägnante und zugleich typische Stellungnahme angeführt: Der Kritik, daß Goldhagen die komplexen Deutungsansätze zur Shoah auf einen einzigen Erklärungsstrang reduziert habe, setzt ein Brief kontrapunktisch die Aussage entgegen, das Buch sei »... gleichsam die Vorlage zu einem Puzzle gewesen, auf der (sich) Einzelinformationen zu einem Gesamtbild zusammensetzten« ließen (49). Hier wird ganz unmittelbar deutlich, worin die Leistungsfähigkeit der Deutung, wie Goldhagen sie bietet, besteht. Wir aber meinen, daß der Schreiber, auch wenn es schwerfällt, besser bei seinem disparaten Eindruck geblieben wäre, denn Geschichte geht nicht logisch-stringent auf. Ihre Deutung bleibt stets Annäherung und erreicht nie völlige, unangreifbare Gewißheit.

Ein anderer Grund für den Publikumserfolg mag auch in dem Wunsch begründet sein, sich gegen jede weitere Desillusionierung hinsichtlich der deutschen Verantwortlichkeiten in den Jahren 1933–1945 zu versichern: Machte die Bevölkerung nach Kriegsende zunächst Hitler, seine engeren Gefolgsleute und die SS für die Verbrechen verantwortlich, so wurde durch die voranschreitende Forschung der Kreis der Täter, Helfer und Mitwisser immer weiter. Bald schloß er weitere Instanzen wie Reichsbahn und Polizei ein, und auch die Legende von der »sauberen Wehrmacht« ließ sich nicht mehr halten. Hier bietet Goldhagen das unüberbietbare theoretische Maximum: Denn »die meisten Deutschen hätten werden können, was eine ungeheure Zahl ganz gewöhnlicher Deutscher tatsächlich wurde: Hitlers willige Vollstrecker« (531). Wer dem beipflichtet, gewinnt die Sicherheit von »historical correctness«, wasserdicht. Die Anerkenntnis dieser Extremposition wird durch die Fama von der völligen demokratischen Läuterung Nachkriegsdeutschlands erleichtert. Waren »gewöhnliche« Deutsche damals »willig«, so darf sich der Leser heute zu den »ganz gewöhnlichen« Westeuropäern rechnen. »Sie stellen die historische Wahrheit fest«, verlautet aus einem der 1997 veröffentlichten »Briefe an Goldhagen«. Der Rest, so verlautet dort, sei »Revisionismus« (79). Ist die Wahrheit gefunden, dann ist auch die Frage beantwortet; das Thema darf als erledigt gelten, der Schlußstrich ist gezogen. Ein tieferes, vielleicht weiterhin irritierendes und schreckendes Verständnis von den strukturellen Ursachen der nationalsozialistischen Herrschaft und von den Mechanismen des Krieges, in dessen Schatten die Shoah und der Genozid an anderen Gruppen erst möglich wurden, von der Labilität demokratisch verfaßter Gesellschaften, vom ungeheuren Tempo, mit dem neue Opfer bezeichnet und neue Täter gewonnen werden können, gewinnt der Leser nicht.[1]

Johannes Heil/Rainer Erb

Eine Einführung

---

1   Sofern durch den Text nicht anders ausgewiesen, beziehen sich hier und nachfolgend die Seitenangaben auf Daniel J. Goldhagen, Hitlers willige Vollstrecker. Ganz gewöhnliche Deutsche und der Holocaust, Berlin 1996. Die Originalausgabe erschien als: Hitler's Willing Executioners. Ordinary Germans and the Holocaust, New York 1996. Vgl. ferner: Briefe an Goldhagen. Eingeleitet und beantwortet von Daniel Jonah Goldhagen, Berlin 1997 (dazu auch die Besprechung durch Johannes Heil, in: Zeitschrift für Geschichtswissenschaft Jg. 45, H. 11, 1997); Julius H. Schoeps (Hrsg.), Ein Volk von Mördern: Die Dokumentation zur Goldhagen-Kontroverse um die Rolle der Deutschen im Holocaust, Hamburg 1996.

EIN BUCH UND SEINE THESEN

Raul Hilberg **Das Goldhagen-Phänomen**

Daniel Goldhagens Buch, das auf seiner politikwissenschaftlichen Dissertation basiert, wurde erstmals im Frühjahr 1996 veröffentlicht. Der englische Titel, »Hitler's Willing Executioners«, verkündet in Großbuchstaben, was wir eigentlich immer schon gewußt haben: Diese Männer waren nicht etwa nur Killer, sondern auch noch willig. Im Untertitel »Ordinary Germans and the Holocaust« wiederholt Goldhagen eine weitere bereits bekannte Tatsache: Die meisten Vollstrecker der Erschießungsaktionen wurden nicht eigens für diese Aufgabe ausgewählt; sie waren vielmehr ganz normale deutsche Polizisten, die bis dahin auf ganz normalen deutschen Straßen patrouilliert hatten. Für Goldhagen hat der Ausdruck »Ordinary Germans« jedoch eine ganz spezielle Bedeutung mit absichtlicher Spitze: Er war als Angriff auf einen renommierten Wissenschaftler, Christopher Browning, angelegt, der zuvor ein Buch mit dem Titel »Ordinary Men« verfaßt hatte. Im Zentrum von Brownings Studie steht das deutsche Polizeireservebataillon 101, dessen Mannschaft aus der Hamburger Region stammte und dann Massaker an Juden in Polen verübte. Auch Goldhagens Buch basiert auf der Untersuchung dieses speziellen Bataillons.

Polizeibataillon 101: »Männer« oder »Deutsche«?

Es war Browning, der eine Entdeckung gemacht und ihre Bedeutung erkannt hatte. An dem Tage, an dem das Bataillon erstmals mit der Aufgabe konfrontiert wurde, Juden zu töten, hielt dessen Kommandant, Major Wilhelm Trapp, vor seinen Männern eine Rede, in der er ihnen freistellte, ihre Gewehre gegen die Opfer zu richten. Einige der Männer traten daraufhin zurück, die anderen waren jedoch dazu bereit. Diese Szene ist von höchster Bedeutung, denn damit wurde die lange akzeptierte Meinung, lückenlose Befehle wären für die Teilnehmer an derartigen Aktionen eine Voraussetzung gewesen, in ihren Grundfesten erschüttert.

Warum also schrieb Goldhagen ein weiteres Buch über dasselbe Ereignis? Er wollte unbedingt etwas hinzufügen. In seinen Augen waren diese Schützen nicht nur willig, sondern brutal und eifrig bei der Sache. Da man allerdings den gesamten Holocaust als einen Akt der Brutalität charakterisieren kann, ist zu fragen, was Goldhagen im Sinn hatte, als er diese Charakterisierung ganz entschieden auf die Handlungen des erwähnten Bataillons bezog, und welche Beweise er für das, was er zu sagen hat, anführt. Es folgt, mit Goldhagens Worten, die Beschreibung einer Erschießungsaktion: »(Die Männer des Bataillons) entschieden ..., in ein Krankenhaus – einen Ort des Heilens also – einzudringen, um die Kranken zu erschießen, die sich sicherlich krümmten, bettelten und um Gnade flehten. Sie töteten selbst Babys. Doch keiner der Deutschen berichtet von diesen Details. Aller Wahrscheinlichkeit nach erschoß einer der Mörder ein Baby in den Armen seiner Mutter und die Mutter obendrein, oder aber er hielt das Kleine, wie es damals mitunter die Gewohnheit der Täter war, am Bein auf Armeslänge von sich, um es dann zu erschießen. Vielleicht mußte die Mutter dies voller Entsetzen mitansehen. Der kleine Körper wurde dann wie Abfall fallen gelassen, und man ließ ihn verrotten« (258).

Das ist aber noch nicht alles. Goldhagen wollte beschreiben, was diese Männer während solcher Aktionen dachten. Da sie einfache Polizisten und häufig nicht einmal Mitglieder der NSDAP waren, schließt er eine spezielle Indoktrination aus. Er ist sich jedoch sicher, daß sie, um handeln zu können, wie sie es taten, die Juden gehaßt haben müssen und daß dieser Haß in der deutschen Gesellschaft so »allgegenwärtig« und »tief verwurzelt« gewesen sein muß, daß sie ihn als vollkommen selbstverständlich in sich aufgenommen hatten. Der Ursprung dieses Hasses mußte, wie er weiter ausführt, Antisemitismus gewesen sein. Da jedoch diese Ideologie nicht auf Deutsche allein beschränkt war, mußte es sich bei der deutschen Variante um eine spezielle Ausprägung mit »Genozid-Potential« gehandelt haben. Diese Variante nennt er »eliminatorisch«. Nur solch ein alles durchdringendes Glaubenssystem sei, so erklärt er, in der Lage gewesen, eine »Kultur der Gewalt« gegen die Juden hervorzubringen.

Halten wir fest: Antisemitismus war gegen Ende des 19. Jahrhunderts und in den Jahren vor Ausbruch des Ersten Weltkriegs in Europa weit verbreitet. Antisemiten agierten mit Reden, Pamphleten und politischen Programmen. In einigen Ländern führten ihre Aktivitäten tatsächlich zur Diskriminierung der Juden. In Rußland steigerte sich die Gefährdung bis zu Pogromen, die der zaristische Innenminister, Graf Nikolaj Pawlowitsch Ignjatew, mit einem »Volksgerichts-Urteil« verglich. Der deutsche Antisemitismus war im Vergleich zum osteuropäischen nicht nur schwächer, sondern begann um 1914 sogar abzunehmen. Obwohl die Propaganda der Nationalsozialisten ihn wieder schürte, wurde er nie vollkommen salonfähig oder wirklich vorherrschend.

Goldhagen behandelt in seinem voluminösen Buch auch nicht die zahlreichen Organisationen, die das Gefüge des nationalsozialistischen Deutschland ausmachten. Der bürokratische Apparat wurde von Juristen, Ingenieuren, Buchhaltern und anderen Fachleuten geleitet. Diese Beamten waren moderne Männer mit klarem Durchblick und einem notwendigen Verständnis der Zusammenhänge. Die Eisenbahnen, die die Juden in ihren Tod transportierten, die Finanzämter, die ihr Eigentum konfiszierten, oder die fast zweihundert privaten Firmen, die sich am Bau von Auschwitz beteiligten, waren nicht mit hundertprozentigen Antisemiten besetzt, und genausowenig waren es die städtischen Polizeikräfte. Als Beweis, daß letztlich das gesamte Deutschland virulent antisemitisch eingestellt war, führt Goldhagen unter anderem Reimgraffitis und einen Vortrag des Tübinger Neutestamentlers Gerhard Kittel, eine der führenden Figuren der »Deutschen Christen«, an. Außerdem zitiert er noch aus »Mein Kampf«, hier nun allerdings nicht jene Stelle, wo Hitler schreibt, daß sein eigener Vater Antisemitismus als Zeichen von Rückständigkeit betrachtet habe. Auch erwähnt Goldhagen nicht, daß der junge Heinrich Himmler einmal einen deutschen Roman als »polemisch« und »voll von antisemitischen Vorträgen« beschrieb.

Goldhagen übertreibt Ausmaß und Tiefe des deutschen Antisemitismus. Gleichzeitig spielt er zwei Faktoren herunter, die seine Hauptthese erheblich schwächen müßten. Der eine ist, daß nicht alle Todesschützen Deutsche, der andere, daß nicht alle Opfer Juden waren. Unter den Tätern befanden sich auch sogenannte Volksdeutsche aus Bevölkerungsgruppen, die außerhalb von Deutschland gelebt hatten. Ein volksdeutsches Kommando, das aus Dörfern der Beresowka-Mostowoje-Region in der westlichen Ukraine rekrutiert wurde, erschoß dort mehr als 30 000 Juden. Darüber hinaus agierten Männer volksdeutscher Herkunft nicht nur als Todesschützen, sondern machten um 1944 mehr als ein Drittel der Wachmannschaften in Auschwitz aus. Goldhagen erwähnt sie nicht einmal. Die »Vollstrecker« waren zu großen Teilen auch Rumänen, Kroaten, Ukrainer, Esten, Letten und Litauer.

Rumänische und kroatische Einheiten führten die Politik ihrer eigenen Regierungen durch. Das große Massaker in Odessa vom Oktober 1941 war eine rumänische Aktion, und es war der rumänische Marschall Ion Antonescu, der am 16. Dezember 1941 fragte: »Warten wir darauf, daß in Berlin eine Entscheidung getroffen wird?«, bevor seine Männer 70 000 Juden in der Präfektur von Golta töteten. Tausende dieser Menschen wurden bei lebendigem Leibe verbrannt. Was Kroatien angeht, so bezeugen Photographien, was in diesem Satellitenstaat geschah. Baltische Helfer waren für die Deutschen unentbehrlich, wie der Fall der lettischen Straßen- und Hafenpolizei zeigt, deren Mitglieder sich in beträchtlichem Maß an der Massenerschießung von Juden in Riga beteiligten. Von den litauischen Polizeibataillonen, die in den Dienst gezwungen wurden, ist besonders das zweite von Interesse. Im Oktober 1941 wurde ihm befohlen, als Teil des

11. deutschen Reserve-Polizei-Bataillons von Kaunas nach Weißrußland zu gehen. Seine Aufgabe sollte sein, Juden zu erschießen. Beim Anblick der Opfer verkündete ein junger Litauer, daß er nicht in der Lage sei, Männer, Frauen und Kinder zu töten, woraufhin der Kommandant der Kompanie, Juozas Kristaponis, jeden seiner Männer, der ähnliche Bedenken hegte, aufforderte, beiseite zu treten. Einige gingen, die meisten jedoch blieben. Später war dieselbe Einheit an weiteren Aktionen beteiligt. In Slutsk kam es zu Vorkommnissen, die einen deutschen Polizeioffizier dazu veranlaßten, die Litauer »Schweine« zu nennen.

Es wäre schwierig, all diesen Männern, die nie zur deutschen Gesellschaft gehört hatten, die Variante des deutschen Antisemitismus zuzuschreiben, die nach Goldhagens Ansicht das »eliminatorische Potential« enthielt. Und ganz offensichtlich ist es unmöglich, die Tötungsaktionen gegen Nichtjuden auf irgendeine Weise mit Antisemitismus in Verbindung zu bringen. Dennoch fanden solche Aktionen statt. Ungefähr ein Viertel der deutschen Geisteskranken wurde vergast. Diese Menschen, die in Anstalten selektiert wurden, betrachtete man keineswegs als Bedrohung der deutschen Nation. Im Anschluß daran überführte man Personal und Technik von den Euthanasiestationen in Deutschland in die Lager nach Polen, so daß die Juden, wenn auch in weit größerem Maßstab, auf dieselbe Weise wie die deutschen Anstaltsinsassen umgebracht wurden. Im Fall der »Zigeuner« wurde die Reihenfolge umgekehrt; sie wurden ungeachtet der ganz unterschiedlichen Auffassungen, die die Nationalsozialisten von beiden Gruppen hatten, wie die Juden behandelt. So wurden Tausende Sinti und Roma in die Ghettos von Lodz und Warschau deportiert und zur gleichen Zeit oder etwas später als die Juden in Serbien, Lettland, auf der Krim und andernorts erschossen; oder man erstickte sie in den gleichen Gaskammern, die das Leben der Juden in Kulmhof, Treblinka und Auschwitz auslöschten.

Die Kritik in den Medien

Was also bleibt bei Goldhagens Buch ernstzunehmen? Seit mehr als fünfzig Jahren beschäftigt sich die Forschung mit den Tätern. Wichtige Werke sind über sie in zahlreichen Sprachen verfaßt worden. Wenn man die überall zugänglichen Forschungsergebnisse betrachtet, warum gilt dann gerade diesem Buch, dem es so sehr an sachlichem Umgang mit den Quellen und logischer Stringenz mangelt, ein so hohes Maß an Aufmerksamkeit?

Alfred E. Knopf Inc., Goldhagens amerikanischer Verlag, erklärt auf dem Schutzumschlag des Buches, daß dieses Werk »ein grundsätzliches Umdenken in bezug auf die Jahre 1933–1945 notwendig« mache. Knopf wies die Redakteure für Buchrezensionen sowie ausländische Verlage darauf hin, daß das Buch nicht übersehen werden dürfte. Kurz nach seiner Veröffentlichung erschienen dann auch überaus positive Besprechungen in amerikanischen und britischen Tageszeitungen. Die Rezensenten, in der Hauptsache Journalisten und Schriftsteller, begrüßten das Buch als Meilenstein und überschütteten es mit Lobpreisungen wie: »wirft Jahrzehnte konventioneller Gelehrsamkeit von angesehenen Wissenschaftlern über den Haufen«, »die einzige plausible Erklärung«, »eine monumentale Leistung«, »meisterhaft«, »ein gewaltiger Beitrag«. Schon bald schaffte »Hitler's Willing Executioners« den Sprung in die wöchentliche Bestsellerliste der »New York Times«. Dort konnte Goldhagen sich dann zwei Monate lang halten. Ferner arrangierte der Verlag mit dem Leiter des Forschungsinstituts des »United States Holocaust Memorial Museum« für das Frühjahr 1996 ein Kolloquium zu Goldhagens Werk. Dazu kamen Reporter, außerdem wurde es von einem auf ein intellektuelles Publikum ausgerichteten Fernsehsender übertragen. Von den vier wissenschaftlichen Kommentatoren waren zwei Gastforscher des Instituts: Christopher Browning, den Goldhagen angegriffen hatte, und Konrad Kwiet, ein Forscher aus Australien, dessen Kenntnis der archivalischen Quellen zur Holocaustforschung unübertroffen ist. Da von beiden erwartet wurde, daß sie sich gegen Goldhagen aussprechen würden, luden die Organisatoren zwei weitere Diskussionsteilnehmer ein, von denen man annahm, daß sie eher mit ihm sympathisierten: Hans-Heinrich Wilhelm aus Berlin, Verfasser einer Monographie über die Einsatzgruppe A[1], sowie Yehuda Bauer, der für viele Jahre der führende Holocaustforscher an der Hebräischen Universität in Jerusalem war. Wilhelms und Bauers Haltung zu dem Buch waren jedoch eindeutig ablehnend; Bauer ging sogar so weit, das Urteil jener Professoren der Harvard University, die Goldhagens Dissertation angenommen hatten, in Frage zu stellen.[2]

Das Kolloquium war der Vorläufer weiterer wissenschaftlicher Reaktionen. Ausgewiesene Wissenschaftler wie etwa Henry Friedlander, der ein aufschlußreiches Buch über die Männer des Euthanasieprogramms verfaßt hatte[3], oder Peter Hayes, der Autor der grundlegenden Geschichte zur I. G. Farben, der danach die Vorkriegsübernahme jüdischer Unternehmen untersuchte[4], entlarvten das Werk als dürftig. Experten in Deutschland äußerten sich genauso. Gegen Ende des Jahres 1996 war deutlich zu erkennen, daß die wissenschaftliche Welt – ganz im Unterschied zu vielen Lesern, die keine Fachleute waren – Goldhagen abgehakt hatte.

Beim Versuch, Goldhagens Popularität auf dem kommerziellen Markt zu verstehen, sollte man natürlich weder das Imprimatur aus den Augen verlieren, das die Harvard University ihm gewährt hatte, noch die intensive Werbekampagne seines Verlages. Dennoch hätte diese Unterstützung allein nicht gereicht, begeisterte Reaktionen hervorzurufen, wenn die breite Öffentlichkeit in dem Buch nicht irgend etwas besonders Anziehendes gefunden hätte.

Das Angebot der einfachen Antwort

Was Goldhagen seinen Lesern und Leserinnen versprach, war zunächst einmal eine Erklärung des Holocaust. Ohne Zögern widmete er sich der verstörenden Frage des »Warum?« und suchte ungeachtet aller Widersprüche eine einzelne Antwort aus. Bis zur Erschöpfung wiederholte er diese immer und immer wieder, in allen Kapiteln bis in die Fußnoten hinein, und behauptete dreist, als einziger die Lösung gefunden zu haben, womit die Angelegenheit erledigt sei.

Selbstverständlich erledigte seine »Erklärung« für Sachkundige, die sich mit denselben Fragen beschäftigt hatten, überhaupt nichts. Allerdings sprach sie eine große Zahl von Buchkäufern an, die selbst keine Forschung betreiben können, aber sich schon lange nach einer Erklärung gesehnt hatten: einer These, die ausreichend und daher auch befriedigend erscheinen mußte. Es waren allerdings nicht objektive Beweise, die sie überzeugten, denn Goldhagen kann nichts dergleichen anbieten. Was geboten wird, ist eine ganz einfache Argumentationskette, deren Einzelglieder längst bekannt sind: Deutsche – Antisemitismus – Haß – Brutalität. Dabei bot diese Zusammensetzung nichts, was irgendwie überzeugen könnte, sondern nur längst vertraute Klänge. Um sie noch vertrauter klingen zu lassen, benutzte Goldhagen in seinem sechshundert Seiten starken Buch zentrale Begriffe auffallend oft und fügte weitere hinzu, etwa »unaussprechlich«, »mörderisch«, »entsetzlich«, »dämonisch«, »haßerfüllt« und »grauenhaft«. Diese Adjektive klagen an; sie gehören in den Bereich der Politik, nicht der Politikwissenschaft. Mit ihrer Hilfe gelang es Goldhagen jedoch, den »Damm der Zurückhaltung« für ein Publikum niederzureißen, das hier über das deutsche Volk der nationalsozialistischen Ära gesagt fand, was bis dahin immer gedacht worden war.

Es überrascht nicht, daß die erste Reaktion auf Goldhagens Abhandlung in Deutschland Empörung war. Noch vor Veröffentlichung der Übersetzung war die deutsche Presse voller negativer Rezensionen. »Die Zeit« bot ein ganzes Team von Autoren zur Beantwortung auf. In all diesen, sich nur unwesentlich voneinander unterscheidenden Diskussionsbeiträgen wurde Goldhagens These als »Provokation« bezeichnet, die mit dem Vokabular der fünfziger Jahre und Anspielungen auf die sogenannte »Kollektivschuld« operiere und »Dämonisierung« der Deutschen auf dem Niveau von Schundliteratur im Gewand der Sozialwissenschaften betreibe. Man nannte ihn »Henker« oder einen der »kleinen Historiker«, die über die »kleinen Hitlers« schrieben. Doch nur sechs Monate später schrieb Josef Joffe, ein Kolumnist der »Süddeutschen Zeitung« und Mitglied eines Instituts der Harvard University, einen langen Essay in der »New York Review of Books« unter dem Titel »Goldhagen Conquers Germany«. Inzwischen hatte Goldhagen, wie Joffe berichtete, allein in München eine Halle mit 3200 Plätzen gefüllt, und mehr als 130000 Exemplare der deutschen Übersetzung waren in den Buchhandel gegangen. Was war in dieser kurzen Zeit geschehen?

Für gewöhnlich führen nahezu einstimmig negative Bewertungen nicht zur Steigerung von Verkaufszahlen. Als der Ausspruch des Historikers Eberhard Jäckel erschien, das Buch sei »einfach schlecht«, hätte allein dieses Urteil eine niederschmetternde Wirkung haben sollen. Auch handelt es sich hier keineswegs um einen Fall von überhaupt erst geweckter Neugierde oder ein »Es-selbst-sehen-wollen«, denn sämtliche deutschen Kritiker waren sich einig darin, daß Goldhagen keine neuen Fakten aufgedeckt oder neue Einsichten geboten hatte. Daher kann man sich nicht der Erkenntnis verschließen, daß irgend etwas an diesem Buch »ganz gewöhnlichen Deutschen« in der letzten Dekade dieses Jahrhunderts sehr gelegen kam.

Lange Zeit hatte man in Deutschland den Holocaust samt der Mehrzahl seiner Besonderheiten und Auswirkungen unterdrückt. Wenn überhaupt, dann wurde er als ein Werk betrachtet, das in der Hauptsache auf das Konto von fanatischen Nationalsozialisten oder SS-Männern ging. Ein Sohn konnte seinen Vater nicht fragen: Was hast du getan? Erst nachdem die ältere Generation abgetreten war, begannen Söhne und Töchter, Enkel und Enkelinnen, ernsthaft nachzufragen. Nun wurde das Ganze gleichsam zu einer Frage von Genealogie, Selbstprüfung und Identität. Manchmal erwarteten diese Jüngeren das Schlimmste. Die wenigsten unter ihnen waren in der Lage, die Information so präzise zu erlangen, wie sie erhofften. Wenn sie dabei ihre Vorfahren ablehnten und sich über sie empörten, konnten sie sich jetzt an Goldhagens Buch halten, eben weil sein Ton so scharf war. Zumindest konnten sie es zur Bestätigung eigener Gefühle lesen und mit den siebenhundert Seiten der deutschen Übersetzung winken.

Goldhagen hat uns das Bild eines quasi mittelalterlichen Incubus hinterlassen, eines im deutschen Geist stets latent vorhandenen Dämons, der nur auf die Gelegenheit zum Losschlagen gewartet hatte. Uns wird suggeriert, daß er bei seinem Erscheinen die Form eines durch Todesschützen und Wachen durchgeführten »Über-Pogroms« annahm. In solcher Schilderung wird der Holocaust orgiastisch, seine Hauptmerkmale sind das Demütigen und Quälen der Opfer. Alles andere, einschließlich der Gaskammern, in denen zweieinhalb Millionen Juden von den Tätern unbeobachtet starben, erscheint sekundär, ein bloßer »Hintergrund« für das Hinmorden unter freiem Himmel. Goldhagen beschäftigt sich nicht mit den zahllosen Gesetzen, Dekreten und Entscheidungen, die die Täter schufen, oder mit den Hindernissen, gegen die sie pausenlos kämpften. Er achtet nicht auf die Routine, die Alltagsimplikationen der gesamten Entwicklung – all das interessiert ihn nicht. Er vertieft sich weder in die Verwaltungsstrukturen noch beachtet er den bürokratischen Pulsschlag, der diese Maschine durchlief und der an Macht gewann, als der Prozeß sein größtes Ausmaß erreichte. Statt dessen ließ Goldhagen den Holocaust auf ein simpleres Format schrumpfen und ersetzte seinen komplexen Apparat durch Gewehre, Peitschen und Fäuste.

Bestürzt fragten Spezialisten beiderseits des Atlantiks sich selbst und untereinander besorgt, ob Goldhagens Buch ein vorübergehendes Ereignis oder eine bleibende Ergänzung der Literatur sei. Ihnen ist allerdings schon jetzt klar, daß der bisherige impulsive Verlauf allein den Verbleib des Bandes als Hardcover- und Taschenbuchausgabe in den Regalen der Buchhandlungen garantiert. Sie sind sich darüber bewußt, daß Wissen nur langsam und unter Schmerzen wächst und daß es viel Zeit, oft Jahrzehnte, braucht, bevor detaillierte Informationen auch nur die Gemeinde der Historiker erreichen. Das gilt erst recht für die breite Öffentlichkeit. In der Zwischenzeit wird Goldhagen von ignoranten Verallgemeinerern zitiert werden, denen nicht einmal bewußt ist, welche Fortschritte durch das Öffnen der Archive gemacht wurden und welche Möglichkeiten sich nun für interessierte Forscher bieten. Deshalb wird die Wolke, die Goldhagen geschaffen hat, weiter über der akademischen Landschaft schweben. Sie wird sich nicht so bald auflösen.*

1   *Einheit der Sicherheitspolizei in Bataillonsgröße, die im nördlichen Sektor der besetzten UdSSR eingesetzt wurde und dort mehr als 200000 Juden erschoß. Vgl. insbes. Hans-Heinrich Wilhelm, Die Einsatzgruppe A des Sicherheitsdienstes und des SD 1941/42, Frankfurt am Main 1996.*

2   *Die Beiträge von Kwiet und Wilhelm wurden in die hauseigene Dokumentation der Veranstaltung nicht aufgenommen; vgl. The »Willing Executioners«/»Ordinary Men« Debate. Daniel J. Goldhagen, Christopher Browning, Leon Wieseltier. Introduction by Michael Berenbaum. Selections from the Symposium (United States Holocaust Research Institute), Washington 1996. Auf diesen Vorgang bezieht sich auch Michael Jeismann, Der Schutz des allmächtigen Autors. Rechtsanwälte lassen lesen: Wie Daniel Goldhagen mit seinen Kritikern verfährt, in: Frankfurter Allgemeine Zeitung, 4. 11. 1997.*

3   *Vgl. Henry Friedlander, The Origins of Nazi Genocide. From Euthanasia to the Final Solution, Chapel Hill 1995; dt.: Der Weg zum NS-Genozid. Von der Euthanasie zur Endlösung, Berlin 1997.*

4   *Peter Hayes, Industry and Ideology. I. G. Farben in the Nazi Era, Cambridge 1987.*

*   *Erstdruck in: Les Temps Modernes, Nr. 592, 52 (1997) 2–3, S. 1–10.*
   Alle Anmerkungen wurden vom Herausgeber ergänzt. Übersetzungen des Textes aus dem Englischen von Martina Strehlen.

Ruth Bettina Birn
Volker Rieß **Nachgelesen**
Goldhagen und seine Quellen*

Über Daniel J. Goldhagen und sein Buch »Hitlers willige Vollstrecker« ist viel geschrieben worden, und es kann längst nicht
mehr darum gehen, eine weitere Rezension oder eine Rezension
der Rezensionen zu liefern. Um so lohnender erscheint es, Goldhagens Argumentation mit der Quellengrundlage seiner drei Fallstudien zu konfrontieren. Sie beruhen auf Ermittlungsunterlagen
deutscher Staatsanwaltschaften zu nationalsozialistischen Verbrechen, die sich mehrheitlich in der Zentralen Stelle der Landesjustizverwaltungen in Ludwigsburg (ZStL) befinden.

Schon diese Ausgangslage erfordert eine Erklärung: Zweck einer Ermittlung ist Strafverfolgung, nicht Aufklärung der Vergangenheit. Damit ist der Blickwinkel von vornherein eingeengt. Und
auch Zeugen haben oft gute Gründe, sich nicht oder nur selektiv
zu erinnern, und sie können in verschiedenen Verfahren wider-
sprüchliche Aussagen machen. Ermittlungsbehörden und Gerichte können zum selben Gegenstand unterschiedliche Resultate
erzielen. Zudem sind Aussagenprotokolle meist Zusammenfassungen durch Vernehmungsbeamte, spiegeln deren Horizont und
auch das politisch-soziale Klima der Zeit wider.[1] Ermittlungsver-

fahren sind also wichtige, aber mit Vorsicht auszuwertende Quellen; um gesicherte Erkenntnisse zu gewinnen, ist es unerläßlich, sie in den Kontext zeitgenössischer Zeugnisse einzubetten und vor allem auf breiter komparativer Basis zu arbeiten. Damit wird die Grausamkeit des Geschehens, von dem diese Quellen zeugen, keineswegs gemindert. Es kann nicht darum gehen, die Ereignisse »angenehmer« zu machen, sondern einzig um die Suche nach einem angemesseneren Verständnis für ein Geschehen, das sich der Erklärung zu entziehen scheint.

Goldhagen verwendet relativ wenig zeitgenössisches Quellenmaterial: aus dem wichtigen Bestand »Hauptamt Ordnungspolizei« des Bundesarchivs einige wenige Bände, dazu eine Anzahl Einzeldokumente, zumeist Nürnberger Dokumente. Auch die Quellenbasis an Aussagen ist dürftig, weniger als zweihundert werden zitiert; dazu Urteile, Sachstandsvermerke von Staatsanwaltschaften und ähnliches. Zu jedem behandelten Themenkreis aber gibt es zahlreiche Verfahren mit Zehntausenden von Aussagen.

Jüdische Zwangsarbeit

Diesen Abschnitt bezeichnet Goldhagen als Kernstück seiner Arbeit, in dem seine Hypothese auf »die härteste Probe« (543) gestellt werde. Er untersucht zwei jüdische Arbeitslager in Lublin, Lipowa und das Flughafenlager, und beschreibt detailliert die Grausamkeiten und Torturen, denen die Insassen ausgeliefert waren. Nach Goldhagen ist es entscheidend, daß dies vom wirtschaftlichen Standpunkt aus kontraproduktiv war. »Warum zwangen die Deutschen die Juden zur Arbeit?« fragt er. »Warum brachten sie sie nicht einfach um?« (335) und antwortet, daß die Elemente des »kognitiven Rahmens« bezüglich der Juden »in der deutschen Kultur verwurzelt« waren und rationalen Einsatz jüdischer Arbeit nicht zuließen (378 f.). Sie hatte nur »eine symbolische und eine moralische Dimension«, und der Zwang zur Arbeit habe einzig auf »emotionale Befriedigung« (336–338) und »Ursache jüdischen Leids« gezielt (378, ferner 382).

Hier macht sich die schmale Quellenbasis besonders bemerkbar. So wurde weder die Spezialliteratur zu den zwei ausgewählten Lagern rezipiert[2] noch auf die weitere Literatur, die für die historischen Bezüge notwendig wäre, eingegangen.[3] Goldhagens Thesen über die beiden Arbeitslager in Lublin basieren hauptsächlich auf zwei detaillierten staatsanwaltschaftlichen Aktenvermerken im Sammelverfahren »SS- und Polizeiführer Lublin« der ZStL und wurden mit nur wenigen Aussagen von Überlebenden und Tätern angereichert.[4]

Wichtig zum Verständnis der Arbeitslager in Lublin ist, daß sie in einer Periode betrieben wurden, in der der Völkermord an den europäischen Juden schon seinen Höhepunkt erreicht hatte. Die Idee, Juden zur Arbeit zu zwingen, war keine Änderung des allgemeinen Mordplans, sondern eine Nebenüberlegung dahingehend, soviel wie möglich aus den Opfern herauszuholen, bevor man sie umbringen ließ. Generelles und auf der politischen Führungsebene erklärtes Ziel blieb die vollständige Vernichtung.

Eine von Goldhagens Hauptquellen stellt die Absicht hinter den Lagern klar heraus, daß »von Anfang an ... daran gedacht« wurde, »keinen der dort tätigen jüdischen Häftlinge überleben zu lassen«.[5]

Das Verhalten der Einzeltäter, um die es Goldhagen geht, muß im Rahmen der politischen Vorgaben gesehen werden, an denen es sich orientierte. Gerade in Lublin, wo sich ein Zentrum des Massenmords befand, mußten auch niederrangige Täter wissen, daß das Leben eines jüdischen Menschen nichts mehr wert war. Daher ist es nicht sinnvoll, die Arbeitslager von Lublin mit Zwangsarbeitsprogrammen zu vergleichen, wie Goldhagen es tut. Hinter der Zwangsarbeit von polnischen oder russischen Arbeitern stand eine andere Absicht der deutschen Staatsführung, nämlich deren Arbeitskapazitäten auszunutzen, wenn auch unter härtesten Bedingungen. Die Lebensbedingungen von Zwangsarbeitern konnten demzufolge unterschiedlich sein, für einzelne Arbeiter auf deutschen Bauernhöfen vielleicht relativ human. Goldhagens Prämisse aber, wonach die Tatsache, daß ein deutscher Bauer einen polnischen Zwangsarbeiter einigermaßen anständig behandelte, als Beweis dafür gelten könne, daß Deutsche ausschließlich Juden quälten, weil die Aufseher in Arbeitslagern die jüdischen Häftlinge mißhandelten, ist unlogisch (vgl. 368 – 373).[6] Mit der Situation der slawischen Zwangsarbeiter ist die der Juden vergleichbar, die 1942 / 43 noch in einem deutschen Umfeld lebten. Victor Klemperer etwa beschreibt Goldhagens Szenario der Zwangsarbeit als Schikane. Das Verhalten der deutschen Bevölkerung unterschied sich stark nach politischer Einstellung, ideologischer Konformität und persönlichen Merkmalen.[7] Selbst im Fall der von Goldhagen behandelten Lager wird darauf verwiesen, daß im Vergleich zu den KZ-Aufsehern eine Gruppe von 15 Angestellten des SS-Unternehmens, die für die wirtschaftliche Produktion im Lager verantwortlich war, von den Opfern als im Grunde harmlos dargestellt wird.[8] Dieser aufschlußreiche Gegensatz kann Goldhagen nicht entgangen sein; er fängt an, aus dem Vermerk des Staatsanwalts in der Mitte jener Seite zu zitieren, auf der weiter oben diese Fakten dargestellt werden (646, Anm. 20). Eine angemessene Vergleichsebene für die Verhaltensursachen der KZ-Wärter in den Lubliner Arbeitslagern sind die Bedingungen in anderen Lagern – am besten in der Zeit bis 1941, vor dem Entschluß zum Völkermord. Die Appelle, bei denen Gefangene in sengender Hitze oder klirrender Kälte zugrunde gingen, grausame Bestrafungen, öffentliche Erhängungen, sinnlose Arbeit, den Tod beschleunigende medizinische »Versorgung« und viele willkürliche Demütigungen und Quälereien, welche Goldhagen für Lublin als ausschließlich gegen Juden gerichtet beschreibt, gehörten zum Alltag im KZ. Natürlich zeigte sich im Verhalten der Aufseher Judenhaß, der ein zentraler Bestandteil der NS-Ideologie war. Aber es bestanden gleichzeitig eine Vielzahl anderer, persönlicher Haßvorstellungen. Juden waren häufig die Opfer der Grausamkeit von Aufsehern – ebenso wie Homosexuelle, Brillenträger, Intellektuelle, Behinderte, Übergewichtige und Menschen, die auf irgendeine Weise Widerstand leisteten. Auch die von Goldhagen zitierte Literatur zeigt eine größere Spannbreite des Verhaltens, die nicht auf seine Floskel der »Handlungsweise gewöhnlicher Deutscher im Lager« (363) ausschließlich gegenüber Juden reduziert werden kann[9]. Als Beleg für die diskriminierende Behandlung jüdischer Häftlinge wird von ihm eine Episode bei Kogon zitiert. Kogon fährt allerdings fort:

»Das Kommando Latrinenreiniger war nicht weniger berüchtigt –
von der Ekelhaftigkeit der Arbeit ganz abgesehen ... Es war [in
Buchenwald] den Juden vorbehalten. In Dachau gehörten einem
entsprechenden Kommando lange Zeit die Herzöge Max und Ernst
Hohenberg an, die Söhne des österreichischen Thronfolgers Franz
Ferdinand.«[10]

Einer der wenigen Täter, die Goldhagen erwähnt, ist Christian
Wirth, 1942/1943 unter anderem Kommandant des Flughafenla-
gers. Wirth war 1939–1941 einer der Hauptakteure des »Euthanasie«-Programms zur Tötung von Anstaltspatienten. Danach in
den Distrikt Lublin versetzt, organisierte er maßgeblich den Aufbau der Todeslager Belzec, Treblinka und Sobibor und wurde
deren Inspekteur mit Sitz in Lublin. Er war »Experte« auf dem
Gebiet der Vergasung von Menschen. Wenn Goldhagens Charak-
teristik von Wirth und seinen Männern als »überzeugte, begeisterte Mörder mit Erfindungsgeist« (364) zutrifft, dann bezieht
sich dies wohl gleichermaßen auf die Ermordung von Juden und
Nichtjuden.[11]

Ausführlich beschrieben werden anhand der Aussage des KZ-
Wärters A. F. die Taten des D., Leiter des »jüdischen Arbeitsein-
satzes« im »Nachschublager/Komplex Alter Flughafen«. Goldhagen betrachtet D.s Handlungen als »beispielhaft dafür, wie sich
›der‹ ganz gewöhnliche Deutsche« im Lager verhielt. A. F. wird
seitenlang referiert, doch es fehlen die Teile, in denen er beschreibt, wie entsetzt er und ein anderer Neuankömmling über
die Mordtaten im Lager waren, weshalb sie sogar beim Lagerleiter
vorstellig wurden[12]. Wichtig ist vor allem die Charakterisierung:
»D. hat fast ständig getrunken und war abgesehen davon auch ein
sonderlicher Mensch. Ich erinnere mich, daß er einmal im Zustande der Betrunkenheit einen PKW genommen hat, der im Lager
stand, und ... losgefahren ist. Wir sind hinterhergefahren, um zu
verhindern, daß ein Unglück geschah. Ich meine damit, es war
uns vor allem darum zu tun, dass der Wagen nicht zu Schrott gefahren wurde. D. hat den Wagen dann in einen Graben gefahren,
hat sich in den Graben gelegt und auf uns geschossen. Hinterher
hat er dann den ganzen Tag geweint. Wie gesagt, D. benahm sich
absonderlich.«

Der Zeuge, selbst aus der Waffen-SS kommend, sah D., der von Anfang an in KZs tätig war, wohl nicht als »normalen Deutschen«.[13]

Todesmärsche

Dieser Teil konzentriert sich auf das Lager Helmbrechts, einem Außenlager für Frauen des KZ Flossenbürg. Die Basis für Goldhagens Darstellung bilden die Unterlagen des Prozesses vor dem Landgericht Hof gegen den ehemaligen Kommandanten Alois Dörr. Gegenstand waren die Verhältnisse im Lager und auf dem vom 13. April bis zum 5. Mai 1945 dauernden Evakuierungsmarsch durch das deutsch-tschechische Grenzgebiet.[14] Schon im Lager Helmbrechts waren die Bedingungen schrecklich, besonders für eine größere Gruppe jüdischer Frauen, die aus anderen Lagern dorthin verlegt worden waren und von Dörr in bezug auf Nahrung, Kleidung, Unterkunft und medizinische Versorgung besonders schlecht behandelt wurden. Der Marsch war grauenhaft. Die ausgemergelten Häftlinge wurden so gut wie nicht ernährt und bei schlechten Wetterverhältnissen vom weiblichen und männlichen Wachpersonal erbarmungslos vorangetrieben. Viele erlagen den Strapazen oder wurden umgebracht. Selbst als ein Befehl Himmlers, Erschießungen einzustellen, den Kommandanten erreichte, ging das Morden weiter.[15]

Goldhagen gibt dem grausamen Geschehen folgende Interpretation: Das Verhalten der Lagerwachen dient als Beweis für den dämonisierenden, unversöhnlichen Haß der »Deutschen« gegen die »Juden«, besonders angesichts des ausdrücklichen Befehls, keine Häftlinge mehr zu erschießen. Das Verhalten der Wachen zu einem Zeitpunkt, als Deutschland faktisch besiegt war, sei vollkommen irrational gewesen. »Bis zum letzten Moment brachten die gewöhnlichen Deutschen, die den Holocaust freiwillig, pflichttreu und entschlossen vollstreckt hatten, Juden um.« (436) – rational wäre nur eine Änderung des Verhaltens gewesen.[16]

Anklage und Urteil vermitteln ein anderes Bild. Die Marschkolonne, die Helmbrechts verließ, bestand je zur Hälfte aus jüdischen und nichtjüdischen Häftlingen. Am 5. Tag erreichten sie Zwodau, ein Nebenlager Flossenbürgs. Der dortige Kommandant ließ die Marschkolonne umorganisieren: Die Mehrzahl der nichtjüdischen Häftlinge blieb in Zwodau; jüdische Häftlingsfrauen aus Zwodau wurden der Gruppe aus Helmbrechts angeschlossen, die am 7. Tag mit dem Ziel Dachau weitermarschierte. Die Rekonstruktion des Todesmarsches durch die Justiz führt die Tötungen und Mißhandlungen für die jeweiligen Tage auf. Vergleicht man die beiden Abschnitte, so läßt das Verhalten der Wachen gegenüber den Häftlingen vor und nach dem Halt in Zwodau prinzipiell keinerlei Unterschiede erkennen.[17] Dieser Umstand muß nicht erst herausgearbeitet werden, sondern fand zuletzt durch die Arbeiten von Shmuel Krakowski Eingang in die Literatur. Goldhagen ignoriert diese Erkenntnis; für ihn wurde der Marsch von Helmbrechts für »die Jüdinnen und nur für sie ... zu einem Todesmarsch« (407).[18]

Auch die Umstände der Todesmärsche lassen noch gesteigerte diskriminierende Behandlungen einzelner Häftlingsgruppen eher unwahrscheinlich erscheinen[19], und Berichte zu anderen Märschen zeigen, daß die Umstände sich sehr ähnelten, auch bei solchen mit ausschließlich nichtjüdischen Gefangenen.[20] So waren die Opfer eines Todesmarsches, in dessen Verlauf in Gardelegen eine größere Anzahl von Häftlingen in einer Scheune verbrannt wurde, in der Mehrzahl nichtjüdische Polen. Letzteres läßt Goldhagen, der den Marsch unter Heranziehung grauenerregenden Bildmaterials behandelt, unerwähnt.[21]

Goldhagen begründet seine Meinung, daß die Wachen von Helmbrechts als »gewöhnliche Deutsche« anzusehen seien, nach Eingehen auf deren Lebensläufe und der Schlußfolgerung, daß es keine Hinweise auf besondere ideologische Identifizierung mit dem Nazismus gebe (394, 396). In bezug auf den Lagerkommandanten trifft das nicht zu. Dörr war SA- und NSDAP-Mitglied seit 1932, SS-Mitglied seit 1933, seit 1939 in der Totenkopf-Division und seit 1940 im KZ-Dienst – ein Judenhasser und der Hauptschuldige für viele der Verbrechen im Zusammenhang mit Helmbrechts.[22] Fraglich ist, inwieweit die Prämisse, daß es sich bei den Lageraufsehern im »Gegensatz zum vorherrschenden und weitgehend unrealistischen Bild ... nicht um speziell ausgesuchte und ausgebildete, ungewöhnlich glühende Nationalsozialisten handelte« (396), zur Erklärung ihres Verhaltens im KZ beitragen kann, oder ob nicht eher die Dauer der Tätigkeit in Lagern und die Adaption der jeweiligen Individuen an das Lagerverhalten ausschlaggebend ist. Fragestellungen dieser Art werden in der Literatur diskutiert; Goldhagens Sicht ist dabei keineswegs vorherrschend.

Das Verfahren, eine leicht widerlegbare These als »Forschungsstand« auszugeben, benutzt Goldhagen auch anderweitig. Im Fall Helmbrechts kommt noch anderes hinzu: Von 22 männlichen Wachen auf dem Todesmarsch stammten sieben aus Ungarn oder Rumänien[23]. Letztere waren relativ spät, 1943/1944, in ihrer Heimat rekrutiert worden. Wohl waren sie »Volksdeutsche«, aber Goldhagens Erklärungsmodell für Verhalten, nämlich historisch tradierte Denkmuster, können schwerlich auf Bevölkerungsgruppen übertragen werden, die seit Jahrhunderten von Deutschland getrennt lebten. Goldhagen beschreibt die Beteiligung der Volksdeutschen mit der Floskel: »...›Volksdeutsche‹, die ihr Schicksal mit dem des Reiches verbunden hatten, standen Seite an Seite mit ihren in Deutschland geborenen Landsleuten« (428). Der richtigen Beobachtung folgt keinerlei Analyse. Gerade für die letzten Kriegsjahre und die Todesmärsche wäre dies aber wichtig, da in dieser Periode das KZ-Personal teilweise bis zu 70% aus Nicht-Reichsdeutschen bestand.[24] Bei Helmbrechts kommt hinzu, daß drei seitens der Opfer immer wieder erwähnte, besonders berüchtigte Sadisten und Todesschützen zur Gruppe der Volksdeutschen gehörten.[25]

Wie wenig Goldhagens Erklärungsraster den Ereignissen gerecht werden können, zeigt ein vielfach bezeugter, schrecklicher Vorfall. Eine russische Lagerärztin wurde nach einem vergeblichen Fluchtversuch aus Helmbrechts auf besonders abscheuliche und langsame Weise vor den Augen der gesamten Insassen so gequält, daß sie bald darauf starb. Die Frau stammte aus Kiew, einer der Haupttäter war aus Stryj (Galizien).[26] Opfer und Täter hatten denselben ethnischen Hintergrund. Goldhagen erwähnt diesen markanten Vorfall nicht. Er ist schwer mit seiner Schlußfolgerung vereinbar: »Die Deutschen folterten und mordeten nicht blindlings ... Ihre Grausamkeit und ihr Tötungsdrang richteten sich auf bestimmte Ziele ... auf Juden und waren ausschließlich diesen vorbehalten« (419).

Die Reduktion auf den Gegensatz Deutsche/Juden führt zu weiteren problematischen Passagen. Ausgangspunkt ist die Aussage einer deutschen Häftlingsfrau, man habe sie gezwungen, an der Außenseite des Zuges zu marschieren, »um auf die anderen Häftlinge mit aufzupassen«. Goldhagen bezeichnet die kleine, beim Marsch gebliebene deutsche Häftlingsgruppe deshalb auch als »Bewacherinnen«. Die Art der sprachlichen Wiedergabe gibt dem Vorgang sukzessive eine andere Färbung. Deutsche Häftlinge hätten so hoch »über den Juden« gestanden, »daß man ihnen Aufgaben im Rahmen der zunehmenden mobilen Vernichtung der Juden übertragen konnte« (407). Eine erzwungene Handlung erscheint so fast als voluntaristischer Akt.[27] Die Technik der Transformierung des Inhalts von Aussagen durch ständige sprachliche Veränderungen in wiederholten Erwähnungen findet sich bei Goldhagen häufig.

Die Aufseherinnen, die in der Mehrheit spät und mehr oder weniger freiwillig zu Aufseherinnen wurden[28], sind die Gruppe, die für die Frage, wie »gewöhnliche« Menschen zu Mördern wurden, wirklich signifikant wäre. Für Goldhagen scheint mit der nationalen Zuordnung die Frage beantwortet.[29] In den Akten wird allerdings mehrmals ein ganz abweichendes Verhalten von »normalen« deutschen Einwohnern der Dörfer an der Marschstrecke beschrieben; erwähnt werden Versuche, Juden Essen, Trinken und Unterkunft zu geben, in mehreren Fällen die Aufnahme und Pflege in Häusern.[30] Es gibt auch Beispiele bösartigen und gewalttätigen Verhaltens der deutschen Bevölkerung.[31] Die Akte der Hilfe jedoch, die schon in der amerikanischen Ermittlung von 1945 dokumentiert werden, zeigen, daß nationale Identität und national tradierte »kognitive Denkmuster« als Erklärung für das Verhalten der Wärterinnen kaum ausreichen. Ein fruchtbarerer Erklärungsansatz wäre auch hier, der in der KZ-Literatur vielfach beschriebenen raschen Wandlung von zunächst unauffälligen Anfängern zu brutalen Schlägern nachzugehen, befanden sich doch die Frauen zum Zeitpunkt des Todesmarsches schon längere Zeit im Lagersystem.[32] In dieselbe Richtung weist die Feststellung des Urteils, daß ein Teil der Wachen, die von Landesschützeneinheiten zur SS abkommandiert worden waren, sich in ihrem Verhalten positiv unterschied.[33] Auch für diese Frage ist ein breiterer Vergleich hilfreich: Vergleicht man den Todesmarsch von Helmbrechts mit anderen, so zeigt sich, daß die Verhaltensformen des Wachpersonals weit stärker variierten, als Goldhagen es darstellt. Man kann Beispiele für fast jede Art von Verhalten finden, von extremer Grausamkeit bis zum Gegenteil, zum Teil im Wechsel.[34] Das im Einzelfall sehr unterschiedliche Verhalten der Aufseher scheint also persönlichkeits-, gruppen- oder situationsbedingte Ursachen zu haben.[35]

Eine vergleichende Perspektive läßt auch Zweifel an Goldhagens Darstellung aufkommen, daß das einzig denkbare rationale Verhalten der Aufseher angesichts der bevorstehenden Niederlage Deutschlands Freilassung oder humane Behandlung der Gefangenen gewesen wäre.[36] Die zahlreichen Zeugnisse über Verbrechen, die in den letzten Kriegswochen begangen wurden, belegen viele Fälle, in denen Polizei, SS und deutsche Soldaten brutal nicht nur gegen Juden, sondern auch gegen die deutsche Bevölkerung vorgingen, gegen jeden, der irgendwie Anzeichen von »Defätismus« zeigte.[37] Das menschliche Verhalten in einer Zeit des Chaos und der Zerstörung entsprach offenbar kaum dem, was Goldhagen als einzig »rational« beschreibt.

Ordnungspolizei

In diesen Teil des Buches, der von Polizeibataillonen handelt, ist die größte Menge von Material aus Ermittlungsverfahren eingegangen. Hier stellen sich aber auch die methodischen Fragen am drängendsten. Während es bislang eher um die Rekonstruktion historischer Fakten anhand von Aussagen ging, handelt es sich hier um eine gänzlich andere analytische Aufgabe, nämlich die Motive der Täter zu erkennen. Damit rückt die Frage nach Zuverlässigkeit und Glaubwürdigkeit von Aussagen im Rahmen staatsanwaltlicher Ermittlungen in den Vordergrund. Aussagen bieten allerdings die seltene Möglichkeit, etwas über Tätermotive zu erfahren, schon weil die Frage danach meist dezidiert gestellt wurde. Die Gründe, nicht die Wahrheit zu sagen, sind hier gewichtiger als in jeder anderen Situation.

Am ausführlichsten behandelt Goldhagen das Polizeibataillon 101, die einzige Polizeieinheit, über die zuvor bereits eine detaillierte Studie erschienen war.[38] Durch die Ermittlungen ist eine einprägsame Szene bezeugt: Vor dem ersten Einsatz zur Erschießung von Juden stellte der Kommandeur den Angehörigen seiner Einheit frei, sich zu melden, wenn sie nicht schießen wollten. Einige wenige machten von dem Angebot Gebrauch, die Mehrzahl nicht. Es stellt sich die Frage nach den Motiven der Männer, die dem Schießbefehl Folge leisteten. Goldhagens Erklärungsvorschlag ist, daß sie mitmachten, weil sie töten wollten. In einer der vielen verallgemeinernden Schlußfolgerungen stellt er fest: »Indem sie sich dafür entschieden, sich nicht vom Völkermord an den Juden freistellen zu lassen, machten die Deutschen selbst deutlich, daß sie Vollstrecker des Völkermords sein wollten.« (330)

Zudem nutzt Goldhagen seine Untersuchung des sozialen Hintergrunds der Bataillonsangehörigen – seiner Meinung nach ein repräsentativer Querschnitt der deutschen Bevölkerung (248 f.) – zu einer weiteren Folgerung[39]: daß solchermaßen »Einsichten in das wahrscheinliche Verhalten der anderen gewöhnlichen Deutschen« (S. 248) gewonnen werden könnten. In den Sozialwissenschaften ist diese Art Korrelationen zwischen individuellem sozialen Hintergrund und tatsächlichem situativen Verhalten umstritten; und die Tatsache, daß andere am Holocaust beteiligte Polizeibataillone eine völlig andere Zusammensetzung aufwiesen, macht die Argumentation nur noch fragwürdiger.[40]

Geleitet von seinen eigenen Prämissen stellt Goldhagen die weiteren Mordtaten von Bataillon 101 anhand von Aussagen seiner ehemaligen Angehörigen dar. Dabei weisen diese Aussagen in eine Richtung, die Goldhagens Interpretation entgegengesetzt ist. Die Männer zeigten sich nicht besonders eilfertig, zumal im Fall der ersten Massenexekution. Dies wird von jenen, die zurückblieben und nicht schossen, bestätigt. Dennoch verweigerten die anderen ihre Teilnahme nicht. Mit dem Fortgang der Massenmorde kristallisierten sich bestimmte Charaktertypen heraus: die sehr kleine Anzahl derer, die sich weiterhin weigerten mitzumachen; diejenigen, die sich freiwillig meldeten und ihren sadistischen Trieben freien Lauf ließen; und die, die den Massenmord einfach fortsetzten und dabei immer mehr verrohten. Browning stellt in seiner Untersuchung die Gesamtheit der Aussagen dar und erörtert ein breites Spektrum von Erklärungen für dieses Verhalten, wobei er sich auf Konzeptionen der Sozialpsychologie stützt.[41] Goldhagen verwirft nicht nur Brownings Interpretation, sondern auch die Erklärungsversuche, die aus den Aussagen selbst stammen. Er attackiert diese als »unbewiesene, apologetische Behauptungen« (617, Anm. 1)[42]; die methodischen Fragen hinsichtlich der Verwertbarkeit der Aussagen will er mit der Formel lösen: »alle apologetischen Aussagen zu ignorieren, wenn sie nicht durch andere Quellen bestätigt werden« (547). Abgesehen von definitorischen Problemen, ist diese Formel zu mechanistisch, um der diffizilen Aufgabe der Analyse solcher Texte gerecht zu werden. Zudem hält Goldhagen sich selbst nicht an seine Regel, sofern die jeweiligen Aussagen in sein Erklärungsraster passen. Er trifft eine Auswahl von ihm zufolge glaubwürdigen Aussagen, so daß nur der Anschein einer stringenten Methode erweckt wird, in Wirklichkeit aber willkürlich selektiv vorgegangen wird.

Ein Beispiel findet sich etwa im Zusammenhang der Ghettoräumung und der nachfolgenden Massenexekution in Miedzyrzecz im Sommer 1942. Hierzu brachte ein frisch verheirateter Offizier seine Frau mit, was viele Bataillonsmitglieder heftig kritisierten[43]. Auch der Kommandeur Trapp rügte dieses Verhalten öffentlich. Goldhagen interpretiert das lediglich als »Sinn für Ritterlichkeit« (289) und Sorge um »ihr Wohlergehen« (290), weil die Frau schwanger war, und insinuiert, Ehefrauen hätten bei den Massenmorden nicht nur zugeschaut (was vorkam), sondern auch teilgenommen (288).[44] Neben der schwangeren Offiziersfrau seien »auch die Ehefrauen einiger anderer am Ort stationierter Deutscher und eine Gruppe von deutschen Rotkreuzschwestern« dabeigewesen, die »aus erster Hand« erfahren konnten, »wie ihre

Männer die Welt von der jüdischen Gefahr ›erlösten‹« (288). Außer bei der Offiziersfrau ist keine persönliche Beziehung der weiblichen Augenzeugen zu den Tatbeteiligten belegt, geschweige denn eine von Goldhagen implizit unterstellte, stillschweigende Übereinstimmung.[45]

Ein anderes Beispiel: Goldhagen schreibt, Tausende von Protokollseiten der Ermittlungsakten allgemein referierend, daß die Polizisten »ihre Taten grundsätzlich billigten« (295 f.), obwohl Zeugen angaben, daß der Kommandeur Trapp selbst die Mordaktionen als verwerflich ablehnte.[46] Da Trapp zum Zeitpunkt der Ermittlung nicht mehr lebte und man leicht alle Verantwortung auf ihn hätte abwälzen können, ist kein Grund ersichtlich, diese Aussagen nicht zu akzeptieren.

Äußerungen von Scham und Mißbilligung durch Zeugen werden von Goldhagen als bloßer Ausdruck von »Ekel« abgetan und nicht als »moralische und grundsätzliche Ablehnung« verstanden (624, Anm. 68). Demgegenüber sagten die Zeugen: E. N., nachdem er schon die Behandlung der Juden bei der Ghettobewachung Lodz als grausam empfunden habe: »Diese Eindrücke wurden dann bei den Erschießungen noch verstärkt. Ich empfand sie als glatten Mord und ausgesprochene Schweinerei«[47]; F. B., der sofort seine Beteiligung an der Ghettoaktion in Josefow zugab: »Da dort schreckliche Dinge passiert sind, weiß ich heute noch das genaue Datum«[48] und F. V. in bezug auf Erschießungen in der Krankenstube des Ghettos: »diese Handlungsweise hat mich derartig angeekelt und ich habe mich derartig geschämt, daß ich mich sofort umdrehte und den Raum wieder verließ«[49]. Für die Glaubwürdigkeit von F. V. spricht, daß er als Sanitäter nicht zu schießen brauchte und er außerdem selbst auf seine Anwesenheit bei dieser Aktion hinwies, obwohl er dafür ein Alibi gehabt hätte.[50] Goldhagens Insistieren auf »prinzipieller Ablehnung« sowie auf »Anzeichen des Mitgefühls« und der Abqualifizierung entsprechender Aussagen als »ritualisiert« und »gefühllos« (632, Anm. 31) ist gemessen an der Tatsache, daß die Aussagenprotokolle nicht die Wortwahl des Aussagenden wiedergeben, unlogisch.

In bezug auf Bataillon 65 knüpft Goldhagen an eine Aussage, in

der die Mordtätigkeit einer Kompanie mit »Löcher schaufeln, um-
legen, zuschaufeln und Bäume draufpflanzen«[51] beschrieben
wird, folgende Interpretation: Die »angebliche Bepflanzung«
habe »unbewußt darauf hin(ge)deutet, wie wenig sie die Morde
im Dienst des Völkermords ablehnten«, und »verdeutlicht, wie
sehr es sich in ihren Augen um eine regenerative, erlösende und
verschönernde Aufgabe handelte«. (616, Anm. 73) In einer anderen Aussage zum selben Sachkomplex wird über einen Täter berichtet, der die Erschießung eines alten sowjetischen Ehepaares
mit »... in den ›Blumengarten‹ gebracht« kommentiert habe[52],
ohne daß Goldhagen seine Interpretation auf das Töten von Russen ausgedehnt hätte.

Anhand eines Abschnitts aus einem Ermittlungsbericht zu den
Aktivitäten des Bataillons 65 illustriert Goldhagen ein anderes
Mal seine Theorie, daß »die Deutschen« jeden Juden, »dessen sie
habhaft werden konnten«, töteten und daß sie dazu »weder eine
Aufforderung noch eine Erlaubnis« brauchten (233), weil dies
»ihren inneren Maßstäben entsprach« (232).[53] Wenn man den Bericht insgesamt heranzieht, wird deutlich, daß die Aktivitäten
von Bataillon 65 den Gesamtverlauf der deutschen Besatzungspolitik widerspiegeln; die einzelnen Bataillonsmitglieder führten
jedweden Befehl aus, gleich wann und wo er gegeben wurde[54].
Der Bericht stützt Goldhagens Interpretation nicht, daß die Tötung von Juden Priorität hatte und daß »jeder Deutsche ... Ankläger, Richter und Henker in einer Person« war (233). Ähnlich
selektiv verfährt Goldhagen mit einzelnen Aussagen. Er zitiert die
Aussage eines Zeugen, der beschreibt, wie ein Mann totgeschla-
gen wurde, nur weil der Name Abraham in seinen Papieren auf-
tauchte (614, Anm. 54)[55]. Dieser Vorfall wird auf Seite 2 der Aussage erwähnt; auf den Seiten 3 f. wird mit eindrücklichen Details
beschrieben, wie einer der Offiziere eine junge Frau auf brutale
und sexuell sadistische Weise umbrachte – die Stimmung, die damals in Rußland vorherrschte, wird dadurch drastisch veran-
schaulicht. Goldhagen erwähnt den Vorfall nicht. Das Opfer war
keine Jüdin.

Goldhagen geht nur näher auf die Aktivitäten eines weiteren
Polizeibataillons ein, des Bataillons 309, dessen Mordaktionen im

Juni 1941 in Bialystok er als »symbolische(n) Auftakt des befohlenen Völkermords« (229) betrachtet[56]; seiner Meinung nach sei der Endlösungsbefehl schon vor der Ankunft in der Sowjetunion gegeben worden, und die Deutschen konnten beim Einmarsch in Bialystok »endlich ohne jede Zurückhaltung über die Juden herfallen« (226). Es gab eine mit äußerster Brutalität durchgeführte Durchsuchung der jüdischen Viertel; die jüdische Bevölkerung wurde auf dem Marktplatz zusammengetrieben, ein Teil schließlich gewaltsam in die Synagoge getrieben und dort bei lebendigem Leibe verbrannt. Goldhagens Taterklärung hält einer näheren Analyse der Aussagen nicht stand. Er betont die Bedeutung des Endlösungsbefehls und greift Browning an, weil er diesen nicht erwähnt (612, Anm. 22).

Während einige ehemalige Bataillonsmitglieder die Existenz des Befehls bezeugen[57], widersprechen dem andere.[58] Und ein Bataillonsmitglied änderte im Laufe der Verhandlungen seine Darstellung grundlegend[59]. Das sollte einen Wissenschaftler mißtrauisch machen. Vermutlich war dies Teil der Verteidigungsstrategie der Hauptangeklagten, die intensiv kommunizierten. Zwei Verteidigungsstrategien sind erkennbar: auf einen Befehl von oben zu verweisen, um »militärische Notwendigkeit« vorzuschützen, oder die Schuld auf den Kommandeur zu schieben, der während der Untersuchung verstorben war.[60]

Die Mordaktion in Bialystok ist vermutlich als Pogrom anzusehen, angeführt von einer Gruppe von Offizieren, die aufgrund ihrer Nähe zur SS ideologische Fanatiker waren.[61] Das erlaubt eine genauere Identifizierung der Täter, von denen Goldhagen nur als »den Deutschen« spricht. Von den vierzehn Hauptbeschuldigten, die vor Gericht standen, waren dreizehn Berufspolizisten, einer kam aus der Waffen-SS, acht waren Parteimitglieder. Einer der beiden Kompanieführer war nach dem Ersten Weltkrieg in rechtsextremen Gruppierungen wie den Freikorps aktiv gewesen, der andere war schon 1933 SS-Mitglied.[62] Auch hier handelt es sich selbst nach den Maßstäben des nationalsozialistischen Deutschland wohl kaum um »ganz gewöhnliche Deutsche«.

Auch Goldhagens Erörterung der Entschlußbildung zum Holocaust zeigt, wie unzulänglich Schlußfolgerungen sind, die nicht mit Hilfe eines komparativen Ansatzes gewonnen werden; zudem sind seine Ausführungen nicht auf dem gegenwärtigen Stand der internationalen Diskussion. Seit einiger Zeit ist die Mehrzahl der Forscher der Meinung, daß der anfängliche Befehl, jüdische Männer und sowjetische Funktionäre zu töten, erst später zu einem allgemeinen Vernichtungsbefehl ausgeweitet wurde, der Frauen und Kinder mit einschloß. Goldhagen vertritt die ältere Ansicht, daß die Einsatzgruppen vor dem Abmarsch in die Sowjetunion einen allgemeinen Endlösungsbefehl erhielten. Er stützt sich dabei hauptsächlich auf die Aussagen der ehemaligen Einsatzkommandoführer Blume und Filbert, die er als überzeugend ansieht (185, 189). Blume folgte einer Verteidigungsstrategie, die von Otto Ohlendorf, vormals Leiter der Einsatzgruppe D, während des Nürnberger Kriegsverbrecherprozesses organisiert wurde. Ziel war, die Existenz eines allgemeinen Vernichtungsbefehls durch Hitler zu behaupten, um sich dadurch auf höheren Befehl berufen zu können. Alfred Streim hat diese Verteidigungsstrategie 1981 in einer sorgfältigen Analyse herausgearbeitet. Er hat auch gezeigt, wie grundlegend sich Aussagen ein und derselben Person im Lauf der Zeit ändern konnten; die Aussagen von Blume und Filbert gehören dazu[63]. Goldhagen akzeptiert in seiner Darstellung die Ohlendorfsche Linie unkritisch.[64] Ein Gerichtsgutachten, das von der Verteidigung über Ohlendorf angefordert wurde, bezeichnet er als »bemerkenswerte und äußerst aufschlußreiche Aussage der Nachkriegszeit« (460). Es bestätigt laut Goldhagen, daß die Täter wirklich von einem dämonisierenden Haß auf alle Juden motiviert waren. Für Ohlendorf war es allerdings aussichtsreich, sich auf Befehle »von oben« und ideologische Überzeugungen zu berufen. Damit ist diese Verteidigung, die in Nürnberg abgewiesen wurde, jedoch keinesfalls ein hinreichendes Beweisstück und bietet keinerlei Erklärung, die »keine andere Wahl läßt, als sie zu übernehmen« (668, Anm. 46).[65]

Insgesamt ist es problematisch, daß der faktische, soziale und historische Hintergrund, vor dem die Ordnungspolizei agierte, ausgespart wird. Weder der Krieg, noch die Besatzungssituation, noch das paramilitärische Polizeimilieu werden in die Analyse einbezogen.[66] Das Nicht-Verweigern eines Befehls wird in Goldhagens Darstellung unmerklich zu einer voluntaristischen Entscheidung zum Judenmord uminterpretiert. Dafür gibt es auch Beispiele, aber es sind nicht die hier diskutierten. Goldhagen läßt die Wertmaßstäbe der Zeit beiseite, die heute zwar schwer begreifbar und erträglich sind, aber näher an die historischen Realitäten heranführen als die pauschale Annahme des Judenhasses als monokausaler Erklärung.[67]

Ebenso wird jeder Vergleich zwischen dem Verhalten von deutschen und nicht-deutschen Tätern beiseite gelassen, obwohl dieser sich gerade bei der Ordnungspolizei aufdrängt. Das Polizeibataillon 11 zum Beispiel, von Goldhagen in Verbindung mit dessen Mordaktionen in Weißrußland im Herbst 1941 erwähnt (322), wurde durch das litauische Schutzmannschaftsbataillon 2/12 verstärkt, das aus litauischen Freiwilligen bestand.[68] Deutsche und Litauer wechselten sich mit dem Töten ab. Zeugenaussagen erwähnen, daß die Litauer im allgemeinen besonders brutal gewesen seien.[69]

Was bedeutet das für Goldhagens Theorie von den kognitiven Modellen der vom eliminatorischen Antisemitismus geprägten deutschen Kultur? Bei den stationären Einheiten der Ordnungspolizei – von Goldhagen nicht einmal erwähnt –, die für längere Zeit an einem Ort an allen Phasen des Holocaust beteiligt waren, stellt sich diese Frage ebenso, da sie nur zum kleinen Teil aus Deutschen und zu einem größeren Teil aus Nichtdeutschen bestanden.

Der Befund ist klar und niederschmetternd zugleich: Goldhagen hat einen viel zu kleinen Ausschnitt aus dem vorhandenen Material gewählt und zitiert daraus obendrein nur bruchstückhaft und verzerrend. Die besondere Problematik, die Unterlagen aus Strafverfahren als historische Quellen bereiten, ist dem Autor offenkundig entgangen. Seinen weitreichenden Thesen fehlt mithin die Basis. Die Auswahl der ohnehin spärlich verwendeten anderen zeitgenössischen Quellen erscheint vollends vom Zufall bestimmt, gerät immer wieder zur bloßen Garnierung oder zum Ausgangspunkt längerer spekulativer Exkurse. Vor allem verwundert, daß Fallstudien zu Tätern aus dem Bereich der Vernichtungslager oder der Sicherheitspolizei fehlen.[70] Immerhin hätte deren Verwendung die ohnehin schon schwachen Thesen völlig erschüttert. Wichtige Literatur wird zwar teilweise in den Fußnoten mitgeliefert, ihre Ergebnisse gleichwohl ausgeblendet. Auch fehlt jeder komparative Ansatz: Naheliegende Vergleiche werden wohl angesprochen, aber nicht durchgeführt. Nicht vom Quellenmaterial, sondern von ihrem Ziel, einfache, alles erklärende Thesen zu liefern, ist die Arbeit bestimmt. Machte man sich Goldhagens Methoden zu eigen, ließe sich mit den Materialien der Zentralen Stelle der Landesjustizverwaltungen in Ludwigsburg auch das völlige Gegenteil »beweisen«.

---

1 Das ist vor allem für nordamerikanische Leser nicht unmittelbar klar, weil im dortigen Rechtssystem verbatim protokolliert wird.

2 Dieter Pohl: Die Holocaust-Forschung und Goldhagens Thesen, in: Vierteljahrshefte für Zeitgeschichte, 45 (1997) 1, Anm. 114.

3 Die verwendete Literatur bezieht sich hauptsächlich auf Konzentrationslager und Zwangsarbeit allgemein.

4 Vgl. Zentrale Stelle der Landesjustizverwaltungen in Ludwigsburg (folgend ZStL) 208 AR-Z 74/60; dazu kommt insbesondere die Anklage gegen Michalsen. Weiter werden einige Nürnberger Dokumente und Teile von Urteilen zu Majdanek, Plaszow, Budzyn, Krasnik und Poniatowa benutzt.

5 ZStL 208 AR-Z 74/60, S. 10395 (Sachstandsvermerk); vgl. S. 10443, nach einer Aufzählung von selbst für ein SS-Zwangsarbeitslager ungewöhnlichen Vorkommnissen (Vergewaltigung, Probevergasungen etc.):
»Das alles war nur denkbar in einem Lager, bei dem die Menschen von Anfang an für den Tod bestimmt waren.«

6 Um seine Sicht zu stützen, daß »Deutsche (sich) mörderisch und grausam gegen jüdische Arbeiter (verhielten), und zwar in einer ausschließlich den Juden vorbehaltenen Weise« (S. 372), stellt Goldhagen die Lage der slawischen Zwangsarbeiter zu positiv dar (S. 371 f.). Er zitiert nach Gellately, daß schwangere polnische Frauen in ihre Heimat zurückgeschickt wurden, ignoriert aber, daß russische Frauen zum Teil dazu gezwungen wurden, ihre ungeborenen Kinder abzutreiben, und »rassisch minderwertige« Kinder in deutschen Heimen dem Hungertod preisgegeben wurden.

7 Victor Klemperer: Ich will Zeugnis ablegen bis zum letzten, Bd. 2, Berlin 1995, S. 21−48.

8 ZStL, 208 AR-Z 74/60, S. 8441−42 (Aktenvermerk); vgl. auch S. 10439 (Sachstandsvermerk). Wie verträgt sich das mit Goldhagens Behauptung: »In den Zeugenaussagen nach dem Krieg finden sich kaum Hinweise darauf, daß Partei- oder SS-Mitglieder sich durch besondere Einstellungen oder Handlungsweisen in bezug auf den Genozid von den anderen abgehoben hätten.« (S. 325)?

9 Vgl. seine Darlegungen zum besonderen Charakter »jüdischer ›Arbeit‹«, S. 370.

10 Eugen Kogon, Der SS-Staat, Frankfurt am Main 1946, S. 94; Goldhagens Beispiel sinn-
   loser Arbeit jüdischer Häftlinge ebenda, S. 90. Dazwischen beschreibt Kogon weitere
   Fälle von Arbeit zum Zweck der Vernichtung mit nichtjüdischen Häftlingen als Opfer.
   Auch andere KZ-Literatur wird in Goldhagens Buch sorgsam ausgewählt zitiert, so Falk
   Pingel (Häftlinge unter SS-Herrschaft: Widerstand, Selbstbehauptung und Vernichtung
   im Konzentrationslager, Hamburg 1978) als Beleg für die 100%-Sterblichkeitsrate der
   Juden in Mauthausen. Pingel allerdings setzt Mauthausen in Kontrast zu Buchenwald,
   wo die Sterblichkeitsrate niedrig war, und führt die Differenzen auf die »historischen
   Unterschiede zwischen den beiden Lagern« zurück (ebenda, S. 186).

11 Die Aufseher des Lagers Lipowa werden ebenfalls »ganz gewöhnliche Leute« (S. 354) genannt; es handelte sich aber zu drei Vierteln um SS-Männer, geprägt und verhärtet durch
   den Dienst in Lagern (ZStL 208 AR-Z 74/60, XLVI, S. 8400–12, Aktenvermerk). Eine
   Feier beim SS- und Polizeiführer Lublin, Globocnik, für einen Lagerkommandanten wird
   zum Indikator für »die Einstellung der Deutschen« (S. 353) – Globocnik war ein Altnazi,
   eine prominente Figur in der SS und einer der Haupttäter des Holocaust. Feiern oder
   »Totenmähler«, auf die Goldhagen später noch näher eingeht, waren schon aus Eutha-
   nasieanstalten bekannt. Sie sind also als Ausdruck der Verrohung von Mordkommandos
   anzusehen. Bei dem von Goldhagen für Cesis/Lettland erwähnten Beispiel (S. 530) wird
   nicht angegeben, daß es sich bei den Feiernden um Letten und Deutsche handelte (vgl.
   Ruth Bettina Birn: Revising the Holocaust, in: The Historical Journal 40 [1997], 1,
   S. 211).

12 ZStL 208 AR-Z 74/60, Bd. 38, S. 6680–86, A. F.; vgl. Goldhagen, S. 356–358, unter
   dem Pseudonym Albert Fischer.

13 Ebenda: »1940 bin ich als 16jähriger Junge zur Waffen-SS gegangen und habe mich freiwillig gemeldet, weil ich damals Feuer und Flamme für die Sache war«; in dieser Hinsicht, so Goldhagen, »sprach er wohl für seine Generation« (S. 358). Eine freiwillige Mel-
   dung zur Waffen-SS war die Ausnahme, nicht die Regel.

14 ZStL 410 AR 1750/61, StA Hof 2 Js 1325/62, mit Urteil LG Hof Ks 7/68 vom 31. 07.
   1969. US-Militärbehörden nahmen schon Mai 1945 eine Untersuchung vor, die Teil der
   Akten ist (ZStL ebenda I, S. 31–93).

15 ZStL SA 343, Urteil und Anklage; Goldhagen spricht vom Verbot, weitere Juden umzubringen (S. 418), was Urteil/Anklage widerspricht (vgl. ebenda, S. 48f., 164/S. 6).

16 Goldhagen sieht das »irrationale« Moment darin, daß die Wachen nicht hätten glauben
   können, daß die Häftlinge in ihrem völlig entkräfteten Zustand noch zur Arbeit zu verwenden gewesen wären. Aus anderen Verfahren wird klar, daß die Evakuierungsbefehle
   darauf abzielten, keinen Häftling lebend in Feindeshand fallen zu lassen; vgl. z. B. ZStL
   SA 386, Urteil (Lager Sonneberg), S. 10; SA 648, Urteil (Lager Wiener-Neudorf), S. 47,
   50f.

17 SA 343, Anklage/Urteil; die erste Häftlingsfrau, die nach dem offiziellen Erschießungs-

stopp nachweislich getötet wurde, war eine Polin (Urteil, S. 48–52); dagegen Goldhagen: »doch auf ihrem Weg sollten sie (die Juden) nur Ungleichheit erfahren« (S. 406).

18 Shmuel Krakowski (The Death Marches in the Period of the Evacuation of the Camps, in: The Nazi Concentration Camps, Jerusalem 1984) schätzt die Zahl jüdischer wie nichtjüdischer Opfer der Todesmärsche 1944/1945 auf über eine Viertelmillion und schlüsselt die prozentuale Verteilung der Gruppen für die Märsche auf. Er gelangt dabei keineswegs zu Goldhagens Befund. Vgl. auch ders., Todesmärsche, in: Enzyklopädie des Holocaust, Bd. 3, München 1995, S. 1413: »Die Juden wurden bei den anhaltenden ›Evakuierungen‹ ebenso behandelt wie die anderen Häftlinge.«

19 In der Regel blieben Schwache und Kranke zurück und wurden erschossen oder erlagen den Strapazen. Krankheit bzw. Marschunfähigkeit waren neben Fluchtversuchen eigentliches Tötungskriterium (Urteile wie Anm. 16). Dies galt bis auf zwei Massaker am Ende auch für den Helmbrechts-Marsch (vgl. Aufseherinnen C. S., S. 71, H. H., S. 77, und Überlebende B. B., S. 64, M. S., S. 83 f., alle ZStL 410 AR 1750/64, I).

20 Vgl. Todesmarsch von Wiener-Neudorf, wobei sich keine Juden befanden (Bertrand Perz, Der Todesmarsch von Wiener-Neudorf nach Mauthausen. Eine Dokumentation, in: Dokumentationsarchiv des österreichischen Widerstandes, Jahrbuch 1989, S. 117–137).

21 Pohl (wie Anm. 2), S. 35; vgl. Goldhagen, S. 432 f., 435.

22 ZStL SA 343, Urteil, Teil A. Das Beispiel Dörr steht auch einer anderen Vorstellung Goldhagens, die sich während seiner Vortragsreise in Deutschland von einer Fußnote ausgehend immer mehr in den Vordergrund der Argumentation bewegt hatte, entgegen, nämlich daß »die Deutschen« nach 1945 einen Wandel von halluzinierenden Antisemiten zu toleranten Demokraten durchlaufen hätten. Ein großer Teil der Einwohner seines Heimatortes solidarisierte sich mit Dörr, als ihm der Prozeß gemacht wurde (vgl. Presseausschnitte ZStL 410 AR 1750/61, I, S. 243, 248; II, S. 260, 307). »Die Tat« gibt damals vom Wahlergebnis ausgehend die politische Einstellung des Ortes (73.5 % CDU, 5.7 % NPD) als Grund dafür an (ebenda, I, S. 253 f.). Der Bezug auf konkrete politische Einstellungen fehlt bei Goldhagen durchgängig; es wird immer nur pauschal von »den Deutschen« gesprochen.

23 ZStL 410 AR 1750/61, I, S. 21, 96 (Personallisten); vgl. Aussagen C. S., ebenda, S. 65; H. H., ebenda, S. 74 f.; M. W., 407 AR-Z 297/60, Bd. 17, 3559 f; SA 343, Urteil, S. 9, 30.

24 Vgl. Ermittlung Eugene Cohens zu Mauthausen, Nürnberger Dokument PS-2176.

25 Goldhagen erwähnt dies und den Hintergrund der Täter, ohne die Implikationen auf seine Hypothese zu reflektieren (S. 414 f.).

26 ZStL 410 AR 1750/61, I, S. 96; SA 343, Anklage, S. 2, Urteil, S. 16 f.

27 Vier deutsche Häftlingsfrauen bestätigten ihre Bevorzugung (ZStL SA 343, Urteil, S. 209). Die Aussage einer von ihnen ist Goldhagens einziger Beleg für die Bewachungsfunktion (S. 407 mit Anm. 62; vgl. M. R. in 410 AR 1750/61, II, S. 399 ff.). Die jüdischen Überlebenden, jedenfalls nach den Unterlagen der ZStL, erwähnen die Aufsichts-

funktion der deutschen Häftlinge nicht (vgl. insbes. Beiband zu 410 AR 1750/61 »Inhalt von Akte F. Beweismittelband Israel«). Es gibt das Phänomen der Bewaffnung von bestimmten Häftlingsgruppen in der Endphase der KZ, meist von Berufsverbrechern, die schon zuvor Häftlingsfunktionäre waren, sowie auch die Inkorporierung von deutschen Häftlingen in kämpfende Einheiten, etwa von Kommunisten in das Sonderbataillon »Dirlewanger«. Diese Vorgänge unterscheiden sich aber deutlich von den von Goldhagen beschriebenen.

28 Vgl. ZStL 410 AR 1750/61, I, S. 128, W. M., die sich aufgrund eines Aushangs in der Fabrik gemeldet hatte, und SA 343, Urteil, S. 9.

29 »Produkte der deutschen Nation« (S. 399); vgl. »Sobald es Juden betraf, wußten die Deutschen – von den untersten Rängen bis hinauf zu Hitler –, was sie mit ihrem Handeln erreichen wollten« (S. 436).

30 ZStL SA 343, Urteil, S. 35, 50f., 65, 71. Zum Teil wurde vom Wachpersonal Gewalt angewandt: Ein Bauer wurde mit der Pistole bedroht; ein anderer, der gegen Mißhandlungen einschreiten wollte, wurde gezwungen, zeitweilig im Zug mitzumarschieren (Urteil, S. 69, 35). Aus der US-Untersuchung geht hervor, daß in Wallern vom Zeugen Kn. zusammen mit der Häftlingsfrau Anni K. ein Hilfsdienst für die zurückgebliebenen kranken Frauen organisiert wurde, bis die amerikanischen Truppen eintrafen (vgl. ZStL 410 AR 1750/61, I, S. 31ff.). Goldhagen erwähnt die Unterbindung von Hilfe durch Wachen, charakterisiert zugleich aber das Verhalten der deutschen Bevölkerung »mit dem weitverbreiteten Unwillen ortsansässiger deutscher Bürger, Lebensmittel an jüdische ›Untermenschen‹ abzugeben«. (S. 409)

31 Eine Überlebende berichtete den US-Militärbehörden, daß ein Bauer auf den Zug geschossen hätte; er wurde identifiziert und verhaftet (ZStL 410 AR 1750/61, I, S. 86, A.V.).

32 Die ausführlichste Passage zum Verhalten der Aufseherinnen im Lager auf S. 398 f., eine Reflexion über die »Gemeinschaft der Grausamkeit« (S. 398). »Deutsche hatten miteinander Geschlechtsverkehr in Baracken, die unmittelbar von ungeheurer Not und ständigem Grauen umgeben waren. Worüber unterhielten sie sich, wenn sie sich danach auf ihren Betten ausruhten ...« (etc., S. 399).

33 ZStL SA 343, Urteil, S. 82.

34 ZStL SA 343, Urteil, S. 57–59, 82 f., 194 f., 210; Perz (wie Anm. 20); Beispiele für beide Verhaltensweisen: Solly Ganor, Der Todesmarsch, in: Dachauer Hefte 11 (1995); Peter Sturm, Evakuierung, in: ebenda; ZStL SA 386, Urteil LG Marburg 6 Ks 1/68; SA 503, Anklage StA Hannover 11 Js 5/73 und Urteil LG Hannover 11 Ks 1/77.

35 Angesichts des Fehlens eines komparatistischen Ansatzes ist zu fragen, ob eine narrative Wiedergabe eines Fallbeispiels für eine wissenschaftliche Darstellung ausreicht. Im Falle Helmbrechts liegt eine Schülerarbeit vor, die ungefähr dieselben Erkenntnisse vermittelt wie Goldhagens Buch (Klaus Rauh, Helmbrechts. AL des KL Flossenbuerg. Facharbeit im Rahmen des Leistungskurs Geschichte, Helmbrechts 1994). Die narrative Wie-

dergabe wird zudem in den zahlreichen, zum Teil auch edierten Berichten von Überlebenden geleistet, die den Vorteil haben, authentisch zu sein.

36 Die Setzung einer persönlichen Ansicht als einzige Denkmöglichkeit, die damit allgemeinverbindlich wird, ist eine bei Goldhagen immer wieder anzutreffende Darstellungstechnik (vgl. z. B. S. 514 f.).

37 Vgl. die zahlreichen Beispiele für diese Verbrechen der Endphase in der Urteilssammlung von Rüter und in der regional- und heimatgeschichtlichen Literatur.

38 Christopher Browning, Ordinary Men. Reserve Police Battalion 101 and the Final Solution in Poland, New York 1992 (deutsch: Ganz normale Männer. Das Reserve-Polizeibataillon 101 und die »Endlösung« in Polen, Reinbeck 1993). Es gibt ungefähr 150 Ermittlungsverfahren zu anderen Polizeibataillonen, so daß zu fragen ist, warum gerade dieses eine zum zweiten Mal behandelt wurde.

39 Die Ordnungspolizei bestand nach Goldhagen also »weder aus kriegslüsternen Soldaten noch aus nationalsozialistischen Übermenschen« (S. 223).

40 Vgl. z. B. Polizeireservebataillon 45 (ZStL SA 429, Anklage StA Regensburg I 4 Js 1495/65); Polizeibataillon 306 (ZStL SA 447, Urteil LG Frankfurt 4 Ks 1/71); Bataillon 316 (ZStL, SA 387, Urteil LG Bochum 15 Ks 1/66).

41 Nach Browning ist die plausibelste Erklärung eine Mischung aus Gruppenzwang, Karrierismus und Gehorsam. Goldhagen verwirft sozialpsychologische Erklärungen des Holocaust generell (S. 448 f., 457).

42 Auffällig ist, daß ein beträchtlicher Teil von Goldhagens Auseinandersetzung mit dem Beweismaterial darin besteht, daß er Browning mit ungewöhnlich starken Ausdrücken angreift. So bezeichnet er Browning als gutgläubig, da er auf die Aussagen hereingefallen sei.

43 ZStL 208 AR-Z 27/62, V, S. 1031–38, F. B.; VI, S. 1359–68, F. B.; VII, S. 1493–96, H. E.; VIII c), Anklage StA Hamburg 141 Js 1957/62, S. 430–447.

44 Später im Buch wird dieser Vorfall zur Aussage verallgemeinert, daß die Täter die Erfahrung ihrer Mordtaten gewohnheitsmäßig mit ihren Frauen teilten.

45 Vgl. ZStL 8 AR-Z 236/60, Bd. V, I. L. Eine andere Aussage der L. dient Goldhagen andernorts als Beleg (S. 630, Anm. 12): »Ja, ich habe schreckliche Dinge erlebt.« Sie beschreibt, wie ihr Mann (Treuhänder einer Bürstenfabrik in Miedzyrzecz) zum Sammelpunkt am Marktplatz ging, um zu versuchen, die jüdischen Arbeiter seines Betriebs freizubekommen, wie entsetzt auch eine andere deutsche Frau über die Geschehnisse war, und berichtet für die folgende Zeit über weitere Mordaktionen an den Juden und das brutal-sadistische Verhalten der Sicherheitspolizei. Hinsichtlich der Rot-Kreuz-Schwestern stellt Goldhagen seine eigene Annahme in Frage, wenn er erwähnt, daß sich eine von ihnen immerhin über Morde an Kindern noch auf dem Marktplatz beschwerte (S. 630, Anm. 12). Schwestern im Soldatenheim Pinsk bezeichneten Angehörige der zur dortigen Ghetträumung 10/1942 eingesetzten Polizeieinheiten sogar offen als Mörder und weigerten sich, diese zu bedienen (ZStL SA 447, Urteil LG Frankfurt 4 Ks 1/71, S. 139).

46 ZStL 208 AR-Z 27/62, VI, S. 1356, F. B.; VI, S. 1116, E. N.; V, S. 1085, O. P.; III, S. 414–416, A. B.

47 ZStL 208 AR-Z 27/67, VI, S. 1127, E. N.

48 ZStL 8 AR-Z 27/62, VI, S. 1354f., F. B.

49 ZStL 208 AR-Z 27/62, V, S. 975, F. V.

50 Das Datum einer Erkrankung an Fleckfieber war falsch in seinen Papieren eingetragen (wie Anm. 49, S. 976).

51 Vgl. ZStL 206 AR-Z 6/62, III, S. 734, H. K.

52 ZStL 206 AR-Z 6/62, III, S. 783, E. L.; von Goldhagen wegen der Erschießung aufgrund des Namens Abraham zitiert (s. u.).

53 Vgl. Originalfassung, S. 193: »had internalized the need to kill Jews«.

54 In Litauen und Rußland töteten sie Juden und Russen, in Polen Juden und Polen. Sie deportierten Juden aus Dänemark, und gegen Kriegsende brachten sie in Nordjugoslawien Jugoslawen um.

55 ZStL, 206 AR-Z 6/62, III, S. 782–785, E. L.

56 Vgl. Originalfassung, S. 191: »the emblematic initial killing operation of the formal genocide«.

57 ZStL, 205 AR-Z 20/60, V, S. 1339 Rs, A. A.; VI, S. 1416, J. B.; 202 AR 2701/65; I, S. 95–96, H. G.

58 Unter ihnen auch der Schreiber, durch dessen Hände der Befehl hätte gehen müssen (ZStL, 205 AR-Z 20/60, I, S. 289–290, G. E.; vgl. IV, S. 1115–16, und IX, Anklage StA Dortmund 45 Js 21/61, S. 2303, H. Sch.; III, S. 681, und VII, S. 1926 Rs, R-J. B.; II, S. 485f., E. O.; II, S. 514, T. D.).

59 Von einem Befehl, alle Juden zu töten, ist nur in seiner letzten Aussage, auf die Goldhagen sich stützt, die Rede; ZStL, 205 AR-Z 20/60, III, S. 764 (1963); XII, S. 2794–95 (1965); VII, S. 1813 Rs (1966), E. M.

60 Diese Schlußfolgerung wird von Untersuchungen gegen Bataillone des Polizeiregiments Mitte gestützt; Ende Juli 1941 ermordeten dessen Bataillone 316 und 322 noch immer ausschließlich männliche Juden (ZStL SA 387, Urteil LG Bochum 15 Ks 1/66; SA 133, Urteil LG Freiburg 1 Ks 1/63).

61 ZStL, 205 AR-Z 20/60, V, S. 1217–20, H. B.; II, S. 374, A. O.; II, S. 465–473, H. Sch.; V, S. 1343–44, J. O.; SA 214, Urteil LG Wuppertal 12 Ks 1/67, S. 60–65. Dies bestätigen zwei Männer aus dem Mannschaftsstand, die angaben, in diese Aktion hineingedrängt worden zu sein, bevor sie wußten, wie ihnen geschah (ZStL, 205 AR-Z 20/60, III, S. 788–792, R. I.; V, S. 1280–84, W. L.; IX, Anklage StA Dortmund 45 Js 21/61, S. 2327–33). Einer beschreibt, wie angewidert er war, daß wehrlose Menschen in der Synagoge lebendig verbrannt wurden. Da beide Männer Schuldgeständnisse ablegten, sollte ihren Aussagen großes Gewicht beigemessen werden.

62 ZStL, 205 AR-Z 20/60, IX, Anklage StA Dortmund 45 Js 21/61; SA 214, Urteil LG Wuppertal 12 Ks 1/67, S. 8, zu R-J. B.

63 Alfred Streim, Die Behandlung sowjetischer Kriegsgefangener im Fall »Barbarossa«, Heidelberg 1981; ders., The Task of the SS Einsatzgruppen, in: Simon Wiesenthal Center Annual, Bd. 4; ders., Reply to Helmut Krausnick, in: ebenda, Bd. 6.

64 Während des Studiums schrieb Goldhagen eine Arbeit, seine B. A. Thesis über Ohlendorf, auf die er sich mehrfach bezieht – explizit und implizit (vgl. S. 668, Anm. 45); Werke von anerkannten Experten hingegen lehnt er ständig als unzulänglich ab.

65 Maurach ist wohl im übrigen den Revisionisten zuzurechnen, gegenüber dem kritische Distanz angezeigt ist (vgl. Reinhart Maurach, Die Kriegsverbrecherprozesse gegen deutsche Gefangene in der Sowjetunion, München 1950, mit dem erklärten Ziel im Vorwort, »zur Rettung der verurteilten deutschen Gefangenen im Osten beizutragen«). Die Technik, ein Beispiel als unangreifbare Wahrheit auszugeben und damit absolut zu setzen, verwendet Goldhagen wiederholt (vgl. S. 504–507). Generell scheint es Goldhagen schwerzufallen zu begreifen, daß Täter, die behaupten, von NS-Propaganda motiviert worden zu sein, nicht unbedingt aufrichtig sein müssen; es kann sich auch um Ausflüchte oder eine psychologisch sehr plausible Selbstrechtfertigungsstrategie handeln. Für begangene Verbrechen sollen »idealistische« Motive vorgeschoben werden.

66 Goldhagen nimmt zwar in Anspruch, sämtliche Facetten der Existenz des Individuums in den »institutionellen und sozialen Kontext« (S. 317) einzubeziehen. Dafür zieht er aber nicht die durchaus vorhandenen und sehr aufschlußreichen zeitgenössischen Akten heran, sondern knüpft eine Reihe von Spekulationen an eine Reihe von Tagesbefehlen des Kommandeurs der Ordnungspolizei Lublin (S. 313 ff.), ohne für seine Folgerungen irgendeinen historischen Nachweis zu haben.

67 So in einer Aussage, von der ein anderer Teil von Goldhagen benutzt wird, zu Himmlers Befehl, diejenigen, die die Erschießungen nicht aushalten könnten, abzulösen: »Im übrigen war dieser ganze Befehl meines Erachtens ein ganz übler Trick – ich möchte fast sagen, er grenzte an Niederträchtigkeit – denn welcher Führer und welcher SS-Mann hätte sich auf diese Weise schon selbst unmöglich gemacht? Einem Führer, der auf diese Weise von sich selbst behauptet hätte, er wäre für diese Dinge zu weich, wäre doch jede Führerqualifikation abgesprochen worden.«; vgl. in: »Schöne Zeiten«. Judenmord aus der Sicht der Täter und Gaffer, hrsg. von E. Klee, W. Dreßen, V. Rieß, Frankfurt am Main 1988, S. 82 f.

68 ZStL, SA 119, Anklage StA Kassel 31 Js 27/60, S. 14–17; Report of the Investigations of War Criminals in Australia, hrsg. von Attorney-General's Department, Canberra 1993, S. 124–129.

69 StA Kassel 3a Ks 1/61, F. W., E. B.

70 In den Vernichtungslagern der »Aktion Reinhard« waren fast nur politisch zuverlässige und bereits nach Teilnahme an der »Euthanasie«-Aktion verrohte Deutsche tätig. Die Sicherheitspolizisten der Einsatzgruppen bzw. -kommandos waren zumindest schon bei ihrer Einstellung weltanschaulich überprüft worden; die Führer wurden besonders ausgewählt (vgl. Adalbert Rückerl: NS-Vernichtungslager im Spiegel deutscher Strafprozesse,

München 1977, S. 295–298; Helmut Krausnick / Hans-Heinrich Wilhelm: Die Truppe des Weltanschauungskrieges, Stuttgart 1981, S. 142 f.).

* Die in diesem Beitrag geäußerten Ansichten sind allein die der Autoren und nicht die des kanadischen Justizministeriums.

Olaf Blaschke **Die Elimination wissenschaftlicher Unterscheidungsfähigkeit**
Goldhagens Begriff des »eliminatorischen Antisemitismus« – eine Überprüfung

> *»Aufgabe der Forschung ist es,*
> *ihre Unterscheidungen*
> *laufend zu verbessern und zu verfeinern.«*
> *(Marc Bloch)[1]*

Der Flurschaden, den Daniel J. Goldhagen[2] mit seinem Schlüsselbegriff »eliminatorischer Antisemitismus« in der öffentlichen Debatte, aber auch für die seriöse Geschichtswissenschaft angerichtet hat, läßt sich kaum ermessen. In atemberaubendem Tempo entfaltete diese eingängige Formel eine unkontrollierbare Eigendynamik. Bald war sie in aller Munde, und auch Wissenschaftler erliegen längst ihrem Charme. Wer solch geflügelte Begriffe wieder einfangen möchte, muß erfahren, daß ihre empirische Überprüfung ungehört verhallt und in diesem Fall sogar, daß empirische und analytische Bemühungen angesichts des Genozids als »unmoralisch« gebrandmarkt werden.

Für Karola Brede und Alexander C. Karp etwa beweist die kritische Auseinandersetzung damit bereits, daß im Freudschen Sinne verborgene Schuldgefühle abgewehrt werden. Die beiden Frankfurter Sozialpsychologen gehören zu den wenigen, die sich genauer mit dem Begriff »eliminatorischer Antisemitismus« beschäftigt haben. Sie bekennen dennoch, daß sie Goldhagens These, den Deutschen sei eine »spezifische, nämlich eliminatorische Art von Antisemitismus eigen gewesen, einleuchtend« finden, während sie Goldhagens Kritikern eine »emotionale Verstörung« angesichts verdrängter Affekte unterstellen, um sie schließlich an die Seite der »Peiniger« zu rücken.[3] Auch für Andrei S. Markovits oder Wolfgang Wippermann geraten Goldhagens Kritiker leicht in den Geruch derer, die sich der »Entschuldung der Vergangenheit« schuldig machen, einen »Schlußstrich« ziehen wollen und sich zudem häufig »nationalistischen und selbst antisemitischen Argumenten« öffnen.[4]

Dahinter stehen zweifellos wichtige Beobachtungen. Aber gegen Goldhagens Thesen lassen sich auch aus entgegengesetzter Perspektive Einwände erheben, von einer kritischen Antisemitismusforschung, die es sich nicht nehmen läßt, dem Differenzierungsgebot, das Wissenschaft auszeichnet, gerecht zu werden.[5] Lassen sich mit dem Begriff »eliminatorischer Antisemitismus« Unterscheidungen treffen? Und welche führt Goldhagen ein? Obwohl viele inzwischen enttäuscht meinen, das Buch selber sei einer intellektuellen Auseinandersetzung nicht würdig, spannend sei allein die aufgeregte Debatte, ist doch gerade wegen der Karriere, die das Idiom »eliminatorischer Antisemitismus« dort gemacht hat, eine Inspektion dringend erforderlich. Jürgen Habermas hat in seiner Laudatio Goldhagens »eliminatorische Idealvorstellung« (504) ebenso überzeugend gefunden wie Jan Philipp Reemtsma, der den »zu Recht eliminatorisch zu nennenden Antisemitismus« für gut belegt hält. Und Markovits ist bereits so weit, den »eliminationist anti-Semitism«, den Goldhagen »in den Mittelpunkt seiner Erklärung« rückt, auf ganz Europa auszudehnen.[6]

Wie weit trägt der Begriff analytisch? Wer sich mehr für Geschichtspolitik, »historical correctness« und Betroffenheit statt für wissenschaftliche Differenzierung interessiert, braucht sich nicht darum zu sorgen; auch nicht, wer im Gegenteil ohnehin einen konsensual verbreiteten Antisemitismus in der deutschen Bevölkerung ableugnet. Hier geht es ausschließlich um die Validität und Anwendbarkeit des Begiffs »eliminatorischer Antisemitismus« – nicht um die »Kollektivschuld« oder die zu Recht von Goldhagen aufgeworfene Frage nach der Motivation der Täter, und es geht nicht um Empathie und Moral. Vielmehr soll mit nüchterner Logik einzig die innere Schlüssigkeit, die analytische

Schärfe und die empirische Triftigkeit des von Goldhagen ange-
botenen »eliminatorischen Antisemitismus« überprüft werden,
was, soweit ich sehe, verblüffenderweise bisher noch niemand
ernsthaft unternommen hat.[7]

Dies soll in zwei Schritten geschehen: Erstens wird werkimmanent geprüft, wie Goldhagen seinen Zentralbegriff definiert und
ob er ihn kohärent verwendet, auch gemessen an seinem eigenen
Anspruch, einen »Begriffsapparat (zu) entwickeln, der eine präzise Beschreibung ermöglicht und analytisch ... von Nutzen ist«
(20f.). Dann erfolgt eine externe Plausibilitätskontrolle anhand
empirischer Forschung.

Innenansicht: Der »eliminatorische Antisemitismus« in Goldhagens Werk

Was versteht Goldhagen unter eliminatorischem Antisemitismus?
Fragt man aufmerksame Leser des Buches, antworten sie spontan:
einen auf Vernichtung zielenden Antisemitismus. Wer so reagiert,
erinnert sich zum einen an Worte wie »Auslöschungsmentalität«,
sodann an den Duktus des Werkes, der die Mordlust bei der
Judenvernichtung durch den spezifisch »bösartig-eliminatori-
schen Antisemitismus« der Deutschen erklärt. Wie aber definiert
Goldhagen selber seine Begriffsschöpfung?

a) Beim ersten Auftritt des Begriffs (10) erfahren wir nur, wie
belanglos es sei, ob sich der »bösartig-eliminatorische Antisemitismus« als Faktor des Massenmords auch in anderen Ländern findet, da nur in Deutschland das NS-Regime an die Macht kam.
Nachdem Goldhagen mehrfach betont hat, »daß die ganz ›normalen Deutschen‹ durch eine bestimmte Art des Antisemitismus motiviert waren, die sie zu dem Schluß kommen ließ, daß die Juden
sterben sollten« (28), er mithin eine spezifische, auf Mord ausge-
richtete Variante des Antisemitismus nahelegt, erscheint erst viele
Seiten später (39) eine nähere Bestimmung: Demnach hatte »sich
bereits lange vor dem Machtantritt der Nationalsozialisten in
Deutschland eine bösartige und gewalttätige ›eliminatorische‹,
also auf Ausgrenzung, Ausschaltung und Beseitigung gerichtete

Variante des Antisemitismus durchgesetzt ..., die den Ausschluß des jüdischen Einflusses, ja der Juden selbst aus der deutschen Gesellschaft forderte«. Zwei Aspekte sind festzuhalten: Erstens wird eine »Variante« des Antisemitismus eingeführt, also eine Abart, ein Typus, der sich von anderen Varianten durch spezifische Merkmale unterscheidet. Um welche Varianten es sich handelt, wird nicht gesagt. Aus den Merkmalen der erfolgreichen Variante (bösartig, gewalttätig, eliminatorisch) kann man nur auf eine unterlegene gutartige, friedliche und nicht-eliminatorische Variante schließen. Die taucht im gesamten Werk jedoch nicht auf. Ein Gegenbegriff zum »eliminatorischen Antisemitismus« fehlt. Ohne ihn sind Differenzbildungen aber ebensowenig möglich wie diachrone oder synchrone Vergleiche.

Zweitens umfaßt diese »Variante« nicht nur Auslöschung, sondern eine Reihe von Forderungen, die sich von der Ausgrenzung über die Ausschaltung bis zur Beseitigung erstrecken. Anscheinend haben sich die meisten Leser getäuscht. Denn Goldhagen identifiziert in seiner Definition den eliminatorischen nicht mit einem Vernichtungsantisemitismus, sondern vertritt einen weiten Begriff. Mehrfach bestätigt Goldhagen dieses weite Verständnis und ergänzt die Reihe der Forderungen sogar noch: Sie reichen von der Hoffnung, die Juden durch »Assimilation unsichtbar zu machen, über die Schaffung neuer rechtlicher Einschränkungen, die Rücknahme der Emanzipation eingeschlossen, bis zur ... Ausweisung und schließlich sogar totalen Vernichtung. Alle diese ›Lösungen‹, so unterschiedlich sie auch sein mögen, sind nur Varianten der eliminatorischen Einstellung«, da sie Deutschland »judenrein« machen sollten (96). Die beiden Beobachtungen zur »Variante« und zu den Lösungen können wieder aufgegriffen werden. Einmal werden nun »Varianten der eliminatorischen Einstellung«, also Untervarianten der Variante »eliminatorischer Antisemitismus« eingeführt (ohne die Untervarianten der noch immer verborgenen nicht-eliminatorischen Variante zu erfahren). Sodann erlangt der »eliminatorische Antisemitismus« eine Ausweitung, die selbst die Befürworter der Judenemanzipation erfaßt, da sie wünschten, die Juden nicht als Juden zu akzeptieren und gleichzustellen. Daß auch sie nicht frei von Ressentiments waren, ist unbestritten. Jetzt aber geraten Christian Wilhelm Dohm, dessen Schrift 1781 den entscheidenden Anstoß zur Judenemanzipation gab, oder die nichtjüdischen Liberalen, die sich später vehement gegen Antisemitismus zur Wehr setzen, an die Seite der Vernichtungsbefürworter. Damit wird »eliminatorischer Antisemitismus« zu einem alles umfassenden Dachbegriff. Ob das Sinn hat, ist eine andere Frage. Hier geht es nur darum, Goldhagen zu verstehen.

b) Überraschend ist, daß Goldhagen auf derselben Seite (96) plötzlich eine überaus enge Auffassung vom »eliminatorischen Antisemitismus« vertritt. Die »prominentesten antisemitischen Autoren« plädierten für die »Ausrottung der Juden«, und mit Klemens Felden[8] meint er, die »Vernichtung des Judentums bedeutete für die meisten Antisemiten die Rettung Deutschlands«. Unter Berufung auf 55 antisemitische Schriften, die Felden 1963 ausgewertet hatte, kommt Goldhagen zu dem Ergebnis, Ende des 19. Jahrhunderts sei »die Tendenz, die Vernichtung als radikalste Form der Ausschaltung in Erwägung zu ziehen und zu propagieren,« bereits »ausgeprägt« gewesen (97). In keinem anderen Land, heißt es später, hatte der Antisemitismus »so mörderische Züge angenommen und bereits im neunzehnten Jahrhundert immer wieder zur Vernichtung der Juden aufgerufen und die eliminatorische Konsequenz offenbart, die in Deutschland vorherrschend war« (490 f.). Eine definitorische Identifikation von eliminatorischem und Vernichtungsantisemitismus wird zwar vermieden, die Neigung zur Vernichtung ist ihm jedoch inhärent. Zwar gibt er zu: »Eliminatorische Auffassungen sind wie die meisten anderen multipotentiell«, betont aber zugleich, »daß diesen Auffassungen – bereits vor dem und unabhängig vom NS-Staat – eine ausgeprägte Tendenz zu Vernichtungs›lösungen‹ innewohnte« (575). Die Koppelung der Vernichtungslösung mit der eliminatorischen Variante – Eliminieren bedeutet im Deutschen und Englischen nichts anderes als Ausradieren, Beseitigen, Vernichten, Auslöschen – wird durch ein öfters auftauchendes Stufenmodell aufgeweicht. »Die Ausschaltungsmentalität verwandelte sich in eine Auslöschungsmentalität« (97).

˙c) Damit aber überschreitet Goldhagen die Grenze zu einem dritten Begriff vom »eliminatorischen Antisemitismus«. Er gliedert aus ihm die Vernichtung aus, wenn er von einem »Übergang von eliminatorischen zu exterminatorischen Konzepten« (491) spricht. Eliminatorischer Antisemitismus ist der dem Vernichtungsantisemitismus vorgelagerte Antisemitismus, dieser ist nur seine Konsequenz. Das bedeutet, eliminatorischer Antisemitismus ist alles andere, nur nicht Vernichtung.

Die Bestandsaufnahme ergibt mithin insgesamt drei sich bei Goldhagen fundamental widersprechende Verwendungsweisen von »eliminatorischem Antisemitismus«. Er bedeutet a) einen weiten, alle Lösungskonzepte umfassenden Dachbegriff, von der Assimilation bis zur Vernichtung; b) im engen Sinn nur Vernichtung; c) alles außer Vernichtung. Folgt man mithin Goldhagens Begriffsdefinitionen, entsteht nur Verwirrung. Einen präzisen Begriffsapparat stellt er nicht zur Verfügung.

Es gibt aber einen zweiten Weg, seiner Auffassung auf die Spur zu kommen. Er besteht darin, die semantischen Kontexte und die Stoßrichtung des Buches insgesamt zu interpretieren. Und diese läuft eindeutig darauf hinaus, den »eliminatorischen Antisemitismus« mit der Option zur Vernichtung (b) gleichzusetzen. Schließlich erhebt Goldhagen den Anspruch, für das zu erklärende Phänomen, das Explanandum Auschwitz, einen erklärenden Faktor heranzuziehen, das Explanans eines spezifisch deutschen »eliminatorischen Antisemitismus«. Wenn es sich nur um judenfeindliche Stereotypen handelte, die ja in allen europäischen Ländern virulent waren, würde diese Kausalzuschreibung keinen Sinn ergeben. Dann ließe sich eine Behauptung wie diese nicht aufstellen: »Der eliminatorische, in der Rassenlehre gründende Antisemitismus war ein hinreichender Grund, ein ausreichend starkes Motiv, Deutsche zum Mord an den Juden zu bewegen« (488).[9] Wie seine Verteidiger bestreitet Goldhagen zwar jetzt, daß er das meine, und betont, eine monokausale Erklärung sei dem »Holocaust niemals angemessen« (8), der Antisemitismus sei keine hinreichende, sondern doch nur eine »notwendige« Voraussetzung (9). Das genau aber wußten wir schon, das ist seit Jahrzehnten der Fluchtpunkt und »common sense« (Bartov) der kaum noch zu überschauenden Antisemitismusforschung. Und auch über die Vordenker der Vernichtung sind wir längst gut informiert.[10]

Die Absicht, Originelles und Neues zu präsentieren, hat den Preis der Reduktion auf den angeblich für Deutschland spezifisch »eliminatorischen Antisemitismus«. Und dieser läuft, versteht man das Werk im Ganzen, auf Mord hinaus, »tendierte ... zur definitiven ›Lösung‹.« Zwei Drittel aller prominenten antisemitischen Autoren hätten Ende des 19. Jahrhunderts für die »völlige Vernichtung der Juden« plädiert (519 f.; 96). Und es war »der gleiche bösartig-eliminatorische Antisemitismus, der die Deutschen dann, als die Bedingungen günstig waren, dazu bewog, Juden zu töten, zum Mord bereit und oft auch begierig zu sein« (521). »Der Völkermord gehörte ... zum kognitiven Modell, war Bestandteil der Praktiken und Handlungen, mit denen in den dreißiger Jahren das spätere Programm vorbereitet wurde« (525). Dieses Modell habe als »eliminatorischer Antisemitismus« bereits im 19. Jahrhundert zur »Normalausstattung der Deutschen« gehört (524). Kein Zweifel: »Der exterminatorische Impuls, der diesem Antisemitismus innewohnte« (681), wird von Goldhagen durch explizite und zahlreiche suggestive Formulierungen nahegelegt. Ein anfangs wohlwollend weiter Begriff verengt sich von Kapitel zu Kapitel geräuschlos zu einem engen, der »den« Deutschen schon im 19. Jahrhundert mörderisch-eliminatorische Motive unterstellt.[11]

Bereits der Begriff Elimination, und hier täuschen sich seine Leser keineswegs, zielt darauf ab. Da er im Deutschen und im Englischen mit Vernichtung konnotiert ist und nicht einfach nur mit Abneigung, auch nicht mit Intoleranz oder Diskriminierung, sollte der Terminus auf Vernichtung beschränkt bleiben, was Goldhagen ja auch suggerieren möchte. Seine Semantik sowie vor allem seine Schlußfolgerungen und der gesamte Band suggerieren einen engen Begriff, der auf Vernichtung zielt, nicht unbedingt teleologisch, aber ontologisch.

Wie ist dieses Vorgehen zu bewerten? Beide Extremvarianten, die weite und die enge, sind nicht tragfähig. Der weite Begriff führt sich selber ad absurdum, während der enge einer empirischen Überprüfung nicht standhält.

a) Als weiter Begriff (vergleiche die oben genannten Varianten a = alles und c = alles außer Vernichtung) ergibt »eliminatorischer Antisemitismus« für Goldhagens Argumentationsrichtung selber keinen Sinn, da er nicht spezifisch genug ist, um als Explanans den von Deutschen verübten Genozid zu erklären. Fungiert ferner »eliminatorischer Antisemitismus« als Dachbegriff, ist er so weit gefaßt, daß er als catch-all-term nichts mehr übrig läßt. Es gibt keinen Gegenbegriff, alle judenfeindlichen Ressentiments sind eliminatorisch. Was aber leistet dann dieses eine Unterscheidung nahelegende Adjektiv? Müßte folglich nicht jedes Ressentiment gegen Gruppen »eliminatorisch« genannt werden, soweit mit ihm verbunden ist, deren gesellschaftliche Partizipationschancen zu blockieren oder an bestimmte Bedingungen zu knüpfen, wie bei den Befürwortern der Judenemanzipation? Da sie die »bürgerliche Verbesserung der Juden«, ihre Anpassung oder gar Taufe verlangten, gelten sie Goldhagen als »antisemitische Wölfe im Schafspelz« (81).[12]

Elimination bedeutet mithin »nicht gelten lassen«; ihr Kriterium ist Ausgrenzung, Verhinderung von Partizipation und ihre Bindung an Bedingungen. Damit gelangt man ohne Umweg etwa zum »eliminatorischen Antifeminismus«. Wurden nicht auch Frauen aus entscheidenden Sektoren der Gesellschaft ausgegrenzt und ihre Emanzipation lange blockiert? Gleiche Karrierechancen waren eng an bestimmte Bedingungen geknüpft, etwa an die Aufrechterhaltung der Familie, und für Lehrerinnen und Beamtinnen galt die »Zölibatsklausel«: Heiraten hieß entlassen werden. Mit theologischen, moralischen und biologistischen Argumenten wurden Frauen als anders konstruiert. Wie den Juden unterstellte man ihnen diverse Defizite (Unmündigkeit, mangelnde Intelligenz und Willenskraft, Sentimentalität), die eine volle Emanzipation unmöglich machten und sie bis 1918 vom Wahlrecht und über die Jahrhundertwende hinaus vom ordentlichen Studium ausschlossen. Wissenschaftliche Arbeit würde Frauen vermännlichen und Männer verweiblichen, würde die Geschlechterdifferenz verwischen. Das ist dieselbe Befürchtung, die auf die Assimilation der Juden zielte, die sich mit »Ariern« mischten und jene zur Degeneration trieben. Der Topos der Verweiblichung ähnelt dem der Verjudung. Beides wollte man verhindern. Also Frauen oder das Weibliche eliminieren? Die Parallelisierung von »Frauenfrage« und »Judenfrage«, von »eliminatorischem Antifeminismus« und

»Antisemitismus« demonstriert, wie absurd der Eliminationsbegriff in seinem weiten Verständnis ist, was auch für »eliminatorischen« Antiamerikanismus oder »eliminatorischen« Antikatholizismus gilt.

b) Während der Wert des weiten Begriffs dahinschmilzt, sobald er mit rationalen Überlegungen in Berührung kommt, schwindet der Wert des engen Begriffs, wenn man ihn empirischen Anforderungen aussetzt. Auch das läßt sich noch werkimmanent belegen, bevor die externe Kritik zusätzliche empirische Befunde gegen eine Reduktion auf »Vernichtungslösungen« anführt. Dabei dient das Beispiel des Katholizismus als Prüfstein für die empirische Triftigkeit von Goldhagens Thesen.

Goldhagens Eindruck, daß den »eliminatorischen« Auffassungen »eine ausgeprägte Tendenz zu Vernichtungs›lösungen‹ innewohnte« (575), verläßt sich wesentlich (570) auf Klemens Feldens Arbeit von 1963. Nach Goldhagen habe er 55 zwischen 1861 und 1895 erschienene Schriften »prominenter Autoren« untersucht (96). Richtig ist, daß Felden im Anhang eine Liste von 55 zwischen 1803 und 1895 publizierten Titeln anführt, die von antisemitischen Autoren wie Richard Wagner, Heinrich von Treitschke und Adolf Stoecker stammen, vor allem aber von radikalen Judenfeinden wie Wilhelm Marr und Hermann Ahlwardt sowie von Außenseitern wie Ernst Stußlieb oder Carl Paasch. »Zwei Drittel dieser Antisemiten forderten den Völkermord« (96; 520), errechnet Goldhagen, denn 19 Autoren plädierten für die physische Vernichtung der Juden. Auch wenn nach meiner Berechnung 19 von 55 eher ein Drittel ergibt – diese Bilanz ist erschreckend. Aber sie erlaubt nicht, die Wahnvorstellungen von oft im Gefängnis, im Alkoholismus oder durch Selbstmord endenden Gestalten auf alle Antisemiten oder »die Deutschen« zu übertragen. Darüber hinaus fanden sich selbst unter diesen Extremisten »nur« 28 Schriften, die überhaupt eine »Lösung« der »Judenfrage« vortrugen, während immerhin 27 keine Lösung angaben.

Genau hier aber liegt der Kardinalfehler des Attributs »eliminatorisch«. Es reduziert den Antisemitismus auf seine Lösungsvorstellungen; es kategorisiert ihn nach Handlungsimperativen, nicht, wie üblich, nach verschiedenen Stereotypenmustern. Es ist unbestritten, daß die Mehrzahl der Deutschen, gleich welcher Klasse oder Konfession, antisemitische Vorurteile hegte. Aber die wenigsten hatten zugleich Lösungsvorschläge parat. Nur ganz nebenbei konzediert Goldhagen selber überrascht, »daß ein großer Teil der Antisemiten keinerlei Handlungsvorschläge machte« (95) und dies, obwohl sie alle die Juden der schlimmsten Vergehen bezichtigten. Doch wie soll der handlungsorientierte Begriff »eliminatorisch« in der engen (Vernichtung) – oder auch in der weiten – Variante noch zutreffen, wenn selbst die antisemitischen Agitatoren nur zur Hälfte auf Handlung gerichtete Ideen vertraten, diese mithin nachrangig waren, und wenn darunter nicht mehr als ein Drittel für die echte »Elimination« optierten? Damit verwickelt sich Goldhagen selber in einen unlösbaren Widerspruch zwischen einem handlungsnormativ definierten Leitbegriff und einem ohne Handlungsmaximen auskommenden Quellenmaterial. Schon die rein werkimmanente Kritik weist also auf innere Widerspüche und eklatante Defizite hin, die man, auch ohne Antisemitismusforscher zu sein, rasch erkennen müßte.

Außenansicht: Der Begriff »eliminatorischer Antisemitismus« und sein wissenschaftlicher Wert

Wer den engen Begriff »eliminatorischer Antisemitismus« verwenden will – der weite hat sich ja als gehaltlos erwiesen –, muß wissen, daß er sich auf ein Segment innerhalb des antisemitischen Diskurses einläßt, hier etwa auf die Teilmenge 19 von 55 dezidiert antisemitischen Schriften. Diese sind wiederum nur ein Ausschnitt aus dem viel umfangreicheren Korpus von Texten mit antisemitischen Passagen (in denen sich ebenfalls, aber seltener, eliminatorische Gedanken verbergen), und jene schließlich bilden nur einen Teil des Gesamtvolumens aller in Deutschland verfaßten Texte. Sie deuten keineswegs darauf hin, daß »Juden einen so zentralen Platz im Denken und Fühlen der Deutschen einnahmen« (87), wie Goldhagen behauptet, sondern zeugen davon, daß ganz andere politische und wirtschaftliche, kulturelle und lebensweltliche Probleme wichtiger waren. Unter ca. 800 Titeln und 80 Zeitschriften der nationalistischen und judenfeindlichen »Deutschbewegung« fand sich 1914 ein breites Themenspektrum von der Geschichte über Biologie, Sprache und Kunst bis zur Heraldik. Die Stichworte »Juden« oder »Judenfrage« tauchten nicht auf. Dem widmeten sich zwar einzelne Schriften, aber nur im Kontext vorrangiger Themen.[13] Ein ähnlicher Stellenwert kam dem Antisemitismus im Katholizismus zu: Von etwa 25 000 bis 1914 erschienenen katholischen Publikationen wiesen manche judenfeindliche Inhalte auf, aber zwischen 1870 und 1918 lassen sich »bloß« 56 Titel ausmachen, die offen antisemitisch waren. Diese Relation gilt auch für Zeitschriften. In den 82 Jahren von ihrer Gründung 1838 bis 1919 finden sich in den einflußreichen »Historisch politischen Blättern für das katholische Deutschland« insgesamt 617 Seiten antisemitischen Inhaltes bei rund 60 000 Seiten. Das ist mehr als 1 %. Dieser Befund ist hinreichend, um die Verankerung antisemitischer Deutungsmuster im katholischen Diskurs zu belegen. Aber er rechtfertigt nicht, dieses Prozent zum »Mittelpunkt« (87) des Denkens zu stilisieren.[14]

Und in allen antisemitischen Passagen trifft man vor allem auf negative Vorstellungen und Stereotypen über Juden, selten nur auf »Lösungen« und nicht ein einziges Mal auf die eliminatorische Lösungsvariante. Vielmehr neigten Katholiken wie Moralprotestanten ihrem Weltbild gemäß einer Form der Exklusionslösung zu. Nur bei ganz wenigen extremistischen katholischen Autoren, die dem Milieu längst entfremdet waren, trifft man auf tatsächlich eliminatorische Äußerungen. Joseph Roth, Kaplan in Indersdorf bei München, plädierte 1923 offen für die »Eliminierung« (!) der Juden aus der Gesellschaft und erklärte 1926 in dem Nazi-Blatt »Die Flamme«, der Rassenantisemitismus sei »für einen Christen nicht nur erlaubt, sondern sogar pflichtmäßig«. Im NS-Regime wurde Roth Ministerialdirigent im Reichsministerium für kirchliche Angelegenheiten.[15]

Aber die Katholiken verlangten nicht nach Rassereinheit, sondern nach Rekatholisierung, und diese Utopie war eingebettet in ihr papstzentriertes, dualistisch-ultramontanes Weltbild, in dem auch der Antisemitismus einen Platz hatte, nicht jedoch der »Vernichtungswille«.

Goldhagen dagegen identifiziert die eliminatorische Lösungs-variante mit allen »Lösungen«, diese mit dem Antisemitismus insgesamt, der vor allem aus Stereotypen, nicht aus Lösungen bestand, und diesen sodann mit einem »kulturell-kognitiven Modell«. »Der eliminatorische Antisemitismus in Deutschland (war) ein kulturell-kognitives Modell ..., das bei Machtantritt der Nationalsozialisten längst geprägt war« (468). Was sind kognitive Modelle? Goldhagens Definition klingt plausibel: »Kognitive Mo-delle bestehen ›in der Regel aus einer kleinen Anzahl von begriff-lich bestimmten Gegenständen und deren Beziehungen zueinan-der‹, und sie bestimmen die Sichtweise, die Menschen von allen Aspekten des Lebens und der Welt entwickeln, ebenso wie die Handlungsweisen. Ob es sich um Gefühle, um alltägliche Hand-lungen ... oder um Angelegenheiten handelt, bei denen es um Le-ben und Tod geht – in all diesen Zusammenhängen lassen sich Menschen sowohl in ihren Auffassungen als auch in ihrem Han-deln von den kognitiven Modellen ihrer Kultur leiten, deren sie sich oft kaum oder gar nicht bewußt sind« (52).[16] Sichtweisen, die alle Aspekte des Lebens bestimmen, können durchaus als kultu-rell-kognitive Modelle bezeichnet werden. Nur handelt es sich dabei um Weltbilder, die eine umfassende Penetrationskraft besit-zen müssen wie etwa ideologische oder religiöse Modelle. Vom Antisemitismus ließ sich nur eine verschwindend kleine Gruppe in ihren täglichen Handlungen leiten. Bereits ein sozialistischer oder protestantischer Standpunkt reichte aus, um alle Lebens-sphären zu prägen.

Damit aber zeigt sich – und das ist die Kernthese der vorliegen-den Überlegung –, daß Goldhagen insgesamt vier Unterscheidun-gen unterschlägt. Er identifiziert den Antisemitismus »der Deut-schen« mit nur einem Teil eines Teils seiner Teileelemente, und zwar mit der radikalsten aller »Lösungen« der »Judenfrage«, obwohl Lösungen nur einen Teil der Teilideologie Antisemitis-mus im Rahmen von Großideologien ausmachten. Anders formu-liert:

a) Was Goldhagen den kognitiven Modellen aufbürdet, gilt nur für die Großideologien (Sozialismus, Konservativismus, Moralpro-testantismus oder Ultramontanismus).

b) In diese Weltbilder war der Antisemitismus durchaus als Teil-ideologie integriert, bestand aber vorwiegend aus Stereotypen.

c) Nur ein geringer Teil der antisemitischen Deutungen reflektierte »Lösungen« der »Judenfrage«.

d) Und unter ihnen war die eliminatorische Variante nur eine neben der Inklusion und der Exklusion.

Die Dimension des »Eliminatorischen« Grafik 1

Zu a) Weltbilder, Großideologien und andere kollektiv verbindliche Lebensentwürfe strukturierten das Denken und Handeln der meisten Deutschen im 19. Jahrhundert, nicht der Judenhaß. Den Antisemitismus überhöhten selbst auf seinem parteipolitischen Gipfelsturm 1893 nur 3,4 Prozent der Wählenden zu einer solchen alles bewältigenden Ideologie. Jede dieser Weltanschauungen, auch der Antisemitismus als geschlossene Ideologie, ging von einem Grundproblem aus und suchte eine endgültige Lösung dafür. Während überzeugte Sozialisten meinten, das ausbeuterische System des Kapitalismus sei das Grundproblem, das mit der Revolution gelöst werden müsse, gingen die Ultramontanen davon aus, in der Entchristlichung der Gesellschaft seit Luther liege die Wurzel allen Übels, das mit einer Rekatholisierung behoben werden müsse. Bekenntnisantisemitische Ideologen hingegen sahen im Juden den Hauptschuldigen aller Mißstände und mithin in seiner Verfolgung eine »Problemlösung«.

Zu b) Im Rahmen dieser diachronen Dichotomien zwischen Ur-problem und Utopie, zwischen Diagnose und Heilung, fanden sich umfassende Deutungsmuster und häufig – bei Liberalen und Sozialisten weniger, bei Konservativen und Katholiken mehr – auch antisemitische Deutungsmuster. Die Mehrheit der Deut-schen hing solchen Weltanschauungen und Richtungen, Parteien und sozialmoralischen Milieus an. In diese Weltbilder war der Antisemitismus eingebunden und mithin ein Teilweltbild. Mit ihm allein verfügten keineswegs alle Antisemiten schon über ein »Weltbild, das ihnen selbst als in sich geschlossen, als logisch erscheint«, wie manche Autoren behaupten.[17] Überzeugte Pro-testanten oder Katholiken brauchten kein neues Weltbild, sie hatten längst eines, den Protestantismus beziehungsweise den Katholizismus. Nur für eine verschwindende Minderheit im Kai-serreich war der Antisemitismus selber schon eine »Weltanschau-ung«, obwohl sogar ein antisemitischer Radikalist wie Friedrich Lange 1893 erklärte, daß der Antisemitismus nur »ein Element und keineswegs das wichtigste einer viel weiter und höher grei-fenden nationalen Weltanschauung und Politik« sei.[18] Forscher wie Reinhard Rürup oder Werner Jochmann haben davor ge-warnt, den Antisemitismus isoliert zu betrachten, und erkennen in ihm ein indigenes Element umfassender Ideologien, einen »Aspekt« einer Weltanschauung, wie Shulamit Volkov betont, der nicht verabsolutiert werden darf, ein »passendes Element in einer komplexen und facettenreichen Kultur«.[19] Das bedeutet keineswegs, daß er weniger beachtenswert oder ungefährlicher als der ungebundene Antisemitismus war. Vielmehr erwies er sich als noch langlebiger und überzeugender als jener, darüber hinaus auch als ungemein funktional, während der Radauantise-mitismus keine politischen Perspektiven bot und deshalb bald seinen Niedergang erlebte.[20] Die gebundene Form wollte ein im Vordergrund stehendes Argument unterstützen und manife-stierte sich mithin als abhängige Funktion des eigentlichen Ar-gumentes, das nicht zuerst gegen Juden, sondern gegen etwas anderes zielte. Im Rahmen einer Großideologie bildete das eine konsensuale Deutungsfigur neben anderen Feindbildern (Sozialisten, Freimaurer, Gottlose, Liberale).

Dagegen nahm der ungebundene Antisemitismus in der Relevanzhierarchie der Werte bei Rassenideologen oder Parteiantisemiten eine weitaus höhere Position ein. Man darf diese Bekenntnisantisemiten, die zuerst und offenherzig Antisemiten waren, jedoch nicht mit dem Konsensantisemitismus der Durchschnittsdeutschen identifizieren, die zuerst Protestanten waren und als solche auch antisemitisch, zuerst Katholiken oder Konservative, aber als solche judenfeindliche Topoi tradierten. Während sich jene bekennerhaft mit dem Neologismus »Antisemitismus« schmückten, wiesen diese jede Anwandlung von Antisemitismus brüskiert von sich, verachteten die Antisemiten, gaben aber ihr Ressentiment als legitime Abwehr des »Judentums« aus.[21] Wer die fundamentale Unterscheidung zwischen Bekenntnis- und Konsensantisemitismus, zwischen autonomem und gebundenem, explizitem und implizitem Antisemitismus nicht ernst nimmt, verschließt sich jeder Differenzierungsfähigkeit.[22]

Zu c) Innerhalb des Antisemitismus ist es dringend erforderlich, zwischen Stereotypen und Lösungen zu unterscheiden. Darauf hatte bereits 1990 Donald L. Niewyk überzeugend hingewiesen, weil es analytisch lohnt und den Quellen angemessen ist.[23] Vorurteile gegen Juden zu haben, ist eine Sache, zu wissen, wie man die »Judenfrage« lösen wolle, eine andere. Stereotypen und Handlungsmodelle sind nicht identisch. Tatsächlich legen sowohl der Charakter des judenfeindlichen Ressentiments als auch die Quellen davon Zeugnis ab. Dazu gehören sogar die 55 von Goldhagen als Kronzeugen für seine Eliminationsthese herangezogenen Schriften, von denen er weiß, daß sich nur die Hälfte Gedanken über eine »Lösung« der »Judenfrage« machte, obwohl ihre Autoren davon umgetrieben waren. Hier mag man über das Verhältnis noch streiten. Aber vor allem das breite Spektrum der Texte, in denen der konsensuale Antisemitismus manifest wurde, macht noch deutlicher, wie selten »Lösungen« angesprochen wurden. Die Lektüre von Literatur und Periodika ganz gewöhnlicher Deutscher, ganz gewöhnlicher Journalisten oder Schriftsteller, Priester oder Politiker offenbart, daß rund 90 % der antisemitischen Passagen aus reinen Stereotypen bestehen, während nur 10 % dieser Texte »Lösungen« und konkret auf Juden bezogene Handlungsoptionen anbieten. Goldhagen fixiert sich jedoch mit seinem kategorial aus Verhaltensnormen abgeleiteten Begriff »eliminatorisch« auf dieses schmale Segment. Wo aber steckt etwa im oft bemühten Stereotyp vom »jüdischen« Liberalismus ein gegen Juden gerichtetes Vernichtungsgebot? Wer so argumentierte, zielte primär auf den Liberalismus, den er als flankierende Diskriminierung mit »jüdisch« etikettierte. Wenn etwa Katholiken so verfuhren, wollten sie nicht eigentlich die »Judenfrage« lösen, sondern die »Liberalismusfrage«. Daß diese Frage Vorrang hatte, zeigt sich nur, wenn man den Antisemitismus nicht isoliert betrachtet, sondern den gesamten Kontext der Ideologie berücksichtigt. Ungleich zahlreicher im Ultramontanismus sind die Artikel, Broschüren und Monographien, die sich gegen den Liberalismus wenden, als die gegen Juden. Nicht ohne Grund hat die Mehrheit der Antisemitismusforscher ihren Gegenstand bisher nach Stereotypen klassifiziert (religiöser, wirtschaftlicher, kultureller, rassistischer Antisemitismus) und nicht nach Lösungsvarianten.

Zu d) Selbst wenn man versucht, den Antisemitismus nach seinen Lösungsvarianten zu klassifizieren, darf man nicht ausblenden, was das Spezifikum des eliminatorischen im Kontrast zu anderen Ansätzen ist. Wieder sind Unterscheidungen zu treffen. Von größtem Nutzen erweist sich die Trennung von drei Lösungsansätzen: Inklusion, Exklusion und Elimination. Diese Dreiteilung stützt sich auf Niewyks differenzierte Studie. Sie ist hier in der Terminologie jedoch abgewandelt, um die Anschlußfähigkeit an Goldhagens Begrifflichkeit zu erleichtern. Die Begriffe, die Niewyk in der ersten Kategorie verwendet, lauten Integration, Amalgamierung und Assimilation, in der zweiten Segregation, Separation, Apartheid und antiemanzipatorische Ziele, in der dritten schließlich Exklusion und Expulsion mit »Pro-Zionist statements« (»Wie kriegen wir sie hinaus?«).[24]

1. Der Inklusionsansatz gilt als der am weitesten verbreitete. Im Unterschied zur rechtlichen und gesellschaftlichen Vollemanzipation ignorierte die Assimilationsforderung die Eigenständigkeit der jüdischen Kultur. Obwohl, so Niewyk, im Kaiserreich »das

Durchschnittschristentum« die Juden mit Säkularisierung und Materialismus assoziierte, »muß beachtet werden, daß dieser Antisemitismus gewöhnlich auf die Integration zielte und keine weitergehenden radikalen Forderungen formulierte.« Solange die meisten Antisemiten und Judenkritiker die Juden nur »ganz herein« statt »ganz heraus« bringen wollten, gab es keinen Grund zur Vertreibung.

2. Dagegen war der Segregationismus unter den Extremisten und bekennenden Antisemiten verbreitet. Die meisten Separatisten wollten Rechtsbeschränkungen für Juden. »Die Segregationslösung für die ›Judenfrage‹ reicht schon näher an Hitler heran, bleibt aber noch durch einen unübersehbaren, wenngleich nicht unüberwindbaren Graben davon getrennt.«

3. Erst Exklusion, Expulsion und Extermination kommen dem eliminatorischen Programm näher. Vertreter der »Deutsch-sozialen Reformpartei« sprachen tatsächlich von »Vernichtung«, ließen aber offen, was sie damit meinten. Die »Saat des Genozids« war eingepflanzt, jedoch in vagen Begriffen, die wenig Resonanz fanden. Direkte Aufforderungen dazu waren selten.

Niewyks Resümee: Am verbreitetsten war der Integrationismus, gefolgt vom Segregationismus. Selbst die Nationalsozialisten der »Kampfzeit« machten nur wenige und vage Andeutungen über eine »Vernichtung« der Juden. Sie waren auf jenen »respektablen« Antisemitismus angewiesen. Dieser allerdings erwies sich als anfällig für extremere Lösungen.[25]

Deutscher Katholizismus: Ein Testfall

Der vorzügliche Unterscheidungen treffende Ansatz von Niewyk läßt sich verfeinern und an einem Beispiel erhellen, an der Vorstellung einer Großgruppe gewöhnlicher Deutscher, die insgesamt immerhin ein Drittel der Bevölkerung stellte. Es geht um das Weltbild der Katholiken, die an das katholische Subsystem gebunden und ultramontanen Deutungsmustern verhaftet waren, was für die überwältigende Mehrheit der Katholiken mindestens bis zur Weimarer Republik zutrifft. Drei Ansätze können unterschieden werden (immer vor dem Hintergrund, daß die meisten Texte mit judenfeindlichen Passagen keine »Lösungen« feilboten): Inklusion, Exklusion und Elimination. Es handelt sich dabei um Idealtypen, deren Grenzen von einer moderaten zu einer radikalen Form in der Realität fließend sind, die sich jedoch aus analytischen Gründen voneinander trennen lassen. Bei jedem der drei Ansätze lassen sich noch einmal je eine radikale und, relativ dazu, eine »moderate« Version auseinanderhalten.

**Drei Ansätze zur Lösung der »Judenfrage«
und der katholische Ansatz** Grafik 2

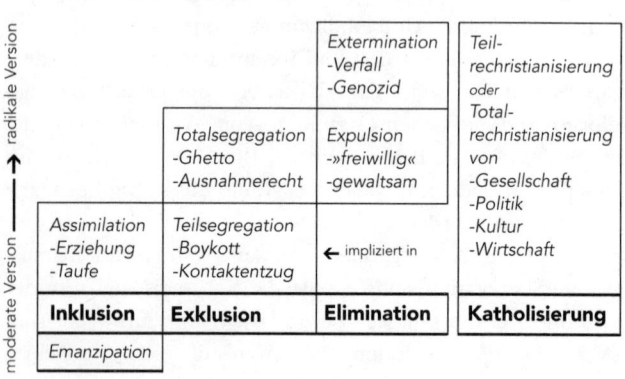

			Extermination -Verfall -Genozid	Teil- rechristianisierung oder Total- rechristianisierung von -Gesellschaft -Politik -Kultur -Wirtschaft
		Totalsegregation -Ghetto -Ausnahmerecht	Expulsion -»freiwillig« -gewaltsam	
	Assimilation -Erziehung -Taufe	Teilsegregation -Boykott -Kontaktentzug	← impliziert in	
	Inklusion	**Exklusion**	**Elimination**	**Katholisierung**
	Emanzipation			

↑ radikale Version

moderate Version

moderater Ansatz ——→ radikaler Ansatz

1. Die »Inklusionslösung« bestand zum einen aus dem Vorhaben der Emanzipation und, als die »Judenfrage« durch sie in Deutschland 1870 rechtlich gelöst war, daraus, sie zu verteidigen. Dahinter standen selbstverständlich die Juden, aber im großen und ganzen auch der Liberalismus. Demgegenüber haben sich Katholiken mit Eifer gegen die Emanzipation aufgebäumt, etwa durch Petitionen, und als es keinen Weg mehr zurück gab, haben sie ihrer Unzufriedenheit noch jahrzehntelang Ausdruck verliehen.

Inklusion konnte zum anderen aber auch Assimilation bedeuten. Selbst viele Liberale meinten im Anschluß an Dohm, die Juden sollten erst »verbessert« und erzogen werden. Sie müßten sich vollkommen anpassen und zuerst gute Deutsche werden, sich die Gleichstellung also gewissermaßen »verdienen«. Die meisten wollten wenigstens die religiösen Gebräuche der Juden nicht beschneiden. Manche gingen aber weiter und wünschten sich, daß die Juden durch die Taufe völlig in der Gesellschaft aufgingen und alle ihre Eigenarten ablegten.[26] Zwischen diesen beiden Versionen des Inklusionsansatzes verläuft die Grenze, die zwischen vorbehaltloser Emanzipation und judenfeindlichem Ressentiment trotz Emanzipationsoffenheit liegt. Volkov, deren Theorem des »kulturellen Codes« mit vorliegendem Modell kombiniert werden kann, hat gezeigt, daß sich in ihm die Spaltung der Gesellschaft in zwei »kulturelle Lager« ausdrückte. Sie gruppierten sich um die polaren Begriffe »Antisemitismus« auf der einen und »Emanzipation« auf der anderen Seite. Im Antisemitismus als »kulturellem Code« verständigten sich die Anhänger des konservativen und rechten Lagers.[27]

2. Auch in der verbreiteten Exklusionslösung läßt sich eine »gemäßigte« von einer radikaleren Form unterscheiden. Häufig verbanden sich mit dem Vorsatz, Juden auszugrenzen, ganz konkrete Vorstellungen und auch Praktiken. »Ihre« Warenhäuser oder Produkte sollten boykottiert werden, und zu vielen nicht einmal genuin katholischen Vereinen hatten Juden keinen Zugang.[28] Tatsächlich wurde den Juden nicht nur der Zugang zur Vereinsgeselligkeit, sondern auch zur Beamtenlaufbahn erschwert. Teilsegregation bedeutete, möglichst jeden Kontakt mit Juden, »jüdischen« Produkten oder als »jüdisch« geltenden Sachen zu vermeiden; Katholiken sollten keine »jüdischen« Zeitungen lesen, sondern nur katholische, nicht den »jüdischen« Liberalismus wählen, sondern das Zentrum. Und sie durften auf keinen Fall Juden heiraten, aber natürlich sollten sie auch nicht mit Protestanten anbändeln, damit weder der rechte Glauben noch das Milieu erodierten. Alle diese Handlungsmaximen zielen auf sektorale Exklusionsmechanismen, die jedoch Protestanten, Freimaurer, Sozialisten oder Altkatholiken genauso ausschlossen.

Dagegen zielte die Totalsegregation auf mehr. Die Antisemitenparteien verlangten mehrfach nach diversen Ausnahmegesetzen. Auch manche Katholiken verwünschten die Emanzipation so sehr, daß sie sich die »schönen« Zeiten zurückwünschten, als die Welt noch in Ordnung, die Menschen noch fromm und die Juden noch im Ghetto waren. Einerseits liebäugelten sie mit Ausnahmerechten – andererseits waren sich Katholiken der Gefahr bewußt, in die sie sich in der Kulturkampfatmosphäre des Kaiserreichs als Minderheit bei der Diskriminierung einer anderen Minderheit begaben. Immerhin verlangten sie als Minorität ja selber nach Gleichberechtigung, wie konnten sie es dann wagen, anderen diese zu verweigern?

3. Schließlich bleibt die Elimination als radikalster Ansatz. Um der heuristischen Differenzierungsfähigkeit willen sollte dieser Begriff alleine für diese Form reserviert bleiben, weil es nur hier wirklich darum ging, sich der Juden zu entledigen, sie zu beseitigen oder auszumerzen. Für diesen Fall ist der Begriff »eliminatorisch« durchaus angemessen. Wieder gibt es zwei Varianten. Radikale Antisemiten empfahlen, die Juden zu vertreiben, also »Expulsion«. Manche suggerierten, das könne freiwillig geschehen, indem man ihnen Madagaskar oder Palästina schmackhaft macht. Andere wollten sie mit Gewalt austreiben. Dieser Vorschlag war unter Katholiken selten zu finden.[29]

Auch die radikalste Variante war bei ihnen fast nie zu vernehmen: die »Extermination«, auf die Goldhagens ganze Argumentation gezielt hinsteuert. Innerhalb dieser im engen Sinne eliminatorischen Variante lassen sich zwei Motive unterscheiden: Manche hofften, die Juden würden aufgrund ihrer niedrigen Reproduktionsrate allmählich von alleine aussterben, während Katholiken erwarteten, dank ihres blühenden Kinderreichtums immer zahlreicher zu werden. Andere aber haben ganz offen für Mord plädiert. Die genozidale Semantik klang im Katholizismus jedoch äußerst selten an. Vielmehr war die Generallinie, solchen radikalen Auswüchsen wie auch dem Rassismus eine klare Absage zu erteilen.

Der deutliche Abstand zur eliminatorischen Lösung ergibt sich nicht nur aus dem Studium eines breiten Quellenrepertoires, sondern auch aus einer dem katholischen Diskurs angemessenen immanenten Logik. Weder die untergeordnete Frage nach »Lösungen« noch die vorrangige nach dem Arsenal antisemitischer Stereotypen dürfen von dem System, an das sie gebunden sind, gelöst werden. In beiden Fällen führt die Mißachtung des Kontextes zu verzerrenden Resultaten. Man muß die Relevanzhierarchie der Werte, die Sorgen und Utopien der Katholiken oder anderer Gruppen kennen und ernst nehmen, um zu verstehen, welchen Ort ihr Antisemitismus und mithin ihre Lösungskonzepte einnahmen. Die antisemitischen Ideen waren in das jeweilige Weltbild eingelassen. Das zeigt sich schon bei den Stereotypen, die bei Sozialisten eher auf den »jüdischen Kapitalisten« und bei Katholiken eher auf die »jüdischen Kulturkämpfer« zielten, weniger auf die »nichtarische semitische Rasse«. Dasselbe trifft auch auf die vorgebrachten Lösungsansätze zu. Unter den fanatischen Rassenantisemiten findet sich als Konsequenz ihres arischen Reinheitsideals durchaus die eliminatorische, auf Auslöschung zielende Variante. Dagegen favorisierten ganz gewöhnliche Katholiken die Rekatholisierung.

Im ultramontanen Denken vollzog sich Geschichte als quälender Säkularisierungsprozeß. Früher seien die Menschen fromm gewesen, während sie heute nicht mehr gottesfürchtig, sondern gewinnsüchtig und materialistisch seien. Aus diesem diachronen Dualismus ergaben sich alle Folgeprobleme, etwa der üble Kapitalismus oder der Sozialismus, die 1864 päpstlicherseits verurteilte Presse- und Gewissensfreiheit, aber unter anderem auch die »Judenfrage«. Aus dieser einen Diagnose – der »Dekatholisierung« – ergab sich konsequenterweise nur eine Lösung für alle gesellschaftlichen Probleme: die Rekatholisierung. Wenn die Menschen wieder katholisch und papstloyal würden, lösten sich alle Kalamitäten automatisch in nichts auf. Der Staat betreibe keinen Kulturkampf mehr, sondern folge kirchlichen Anweisungen, die Presse beschmutze nicht mehr die armen Jesuiten, sondern verkünde die ewige Wahrheit, und gewinnsüchtige Ausbeuter würden keine rechtschaffenen Christen mehr »auswuchern«, sondern aus Nächstenliebe hochwertige Waren für Gottes Lohn verkaufen. Und die Juden? Sie würden die Christen wieder mit Respekt behandeln, statt Freimaurer, liberale und sozialistische Parteien dazu aufzuwiegeln, die Kirche zu zertrümmern. Keine Frage: Die Rekatholisierung hätte verheerende Folgen für die Juden gezeitigt. In einer christlichen Gesellschaft wären ihnen obrigkeitliche Positionen strikt verwehrt geblieben, und auch die Reghettoisierung zeichnete sich ab. Nur, diese Frage war dem dualistischen Schema zugeordnet, Sondergesetze ohne Rekatholisierung waren verpönt, die »Judenfrage« war nur im Rahmen der Rechristianisierungsfrage zu lösen und darin noch nachgeordnet. »Converte te ad Dominum tuum ... das ist der katholische Antisemitismus«, proklamierte der Politiker Karl von Vogelsang. Und der Klagenfurter Redakteur Franz Zach erklärte: »Eine vollständige Lösung der Judenfrage ist aber nur möglich auf dem Boden des Christentums. Abkehr vom Christentum hat die Völker in die Knechtschaft des Judentums gebracht − Rückkehr zum Christentum wird die Fesseln der Knechtschaft wieder sprengen.«[30]

Was den Sozialisten ihre Revolutionsutopie war, bildete für Katholiken die Vision der Totalrekatholisierung. Diese hätte auch die im »Corpus Iuris Canonici« bis 1918 gültigen Restriktionen implantiert, wonach Katholiken nicht zu jüdischen Ärzten gehen oder nicht bei Juden arbeiten dürften. Etwas realistischer war die Partialkatholisierung. Sie brauchte durchaus nicht sture Norm zu bleiben, sondern konnte in die Praxis umgesetzt werden. Tatsächlich lasen Katholiken nicht die als »jüdisch« verpönten Zeitungen, gingen kaum Mischehen ein, mieden den Kontakt mit Juden und allem »Jüdischen«, auch mit den als solchen diskreditierten Parteien oder Vereinen. Daher kommt für das katholische Generalproblem die Generallösung der Rekatholisierung der verlangten und praktizierten Partialsegregation am nächsten, die jedoch nur als implizites Element des Katholizismus verstanden werden kann. Ähnliche Rechristianisierungsambitionen hegte übrigens auch der Protestantismus.[31]

Außer den vier großen Unterscheidungen (kognitive Weltbilder, antisemitisches Teilweltbild, Stereotypen und Lösungen, drei Lösungsansätze mit sechs Varianten), die Goldhagen nicht berücksichtigt, müßte eine fünfte Differenzierung diskutiert werden. Es handelt sich um die komplexe Transformation von Denken in Sprache, von einer normativen in eine tatsächlich ausgrenzende Semantik sowie den Umschlag zur Praxis. War, wenn von »Wiederverchristlichung« gesprochen wurde, wirklich die Totalrekatholisierung gemeint? Und war die »eliminatorische« Rhetorik tatsächlich ernst zu nehmen? Verlief der Weg vom »Rufmord« zum »Massenmord«? Zweifellos gibt es »Worte, die töten«. Und die Dehumanisierungsmetaphern über Juden als »Ungeziefer« suggerieren, daß man ihnen wie Ungeziefer beikommen müsse. Diese Semantik war eine Bedingung der Möglichkeit von Auschwitz.

Andererseits ist das Problem komplizierter. Im Gegensatz zu heute ging die damalige Sprache insgesamt schonungsloser und roher mit dem jeweiligen Gegner um. Und die Vernichtungsvokabeln blieben notorisch unpräzise. Sie dürfen nicht als direkte Vorboten der Shoah überinterpretiert werden. Auch das interkonfessionelle Gezänk gipfelte in gegenseitigen Auslöschungsdrohungen. Der »Evangelische Bund« drohte den Jesuiten die »Vernichtung« an. Schon Friedrich II. nannte die »Priester und Mönche, auch die Jesuiten, Canaille, Geschmeiß, Ungeziefer«, das er gerne »vertilgt« gesehen hätte.[32] Umgekehrt haßten Katholiken die finsteren Freimaurer noch mehr als die Juden, die keineswegs im »Mittelpunkt« standen. Der Wiener Ultramontane Joseph Müller wollte »diese Pest an der Menschheit austilgen«, da sie vom Satan sei. Aber auch diesen scheinbaren »eliminatorischen Freimaurerhaß« muß man im Kontext des ultramontanen Deutungssystems analysieren. Und das zielte letztlich doch wieder auf die Rekatholisierung: »Würden wenigstens alle Katholiken bestrebt sein, beständig in der Gnade Gottes zu leben, das Angesicht der Erde würde sich erneuern. Die Sozialisten würden verschwinden, weil die sozialen Fragen ... durch die christliche Nächstenliebe sehr bald gelöst sein würden. Aber auch die politischen Schwierigkeiten würden wenigstens größtenteils durch die katholischen Mächte gehoben. ... Laßt uns also unser Gebet vereinigen mit unserem hohen Oberhaupte, Papst Leo XIII. und allen Bischöfen, Priestern und guten Christen, um von der Tyrannei dieser Teufelsmacht bald befreit zu werden.«[33]

Wie in diesem Fall, so sind die Lösungsvorstellungen der Katholiken zu kontextualisieren. Die Elimination − als Expulsion wie als Genozid – widersprach ihrem Ethos. Der katholische Schriftsteller Georg E. Haas griff 1887 die Rassenantisemiten an, die sich aller Schwierigkeiten mit der Idee des »Judentodtschlages« entledigen wollten. Das sei abenteuerlich und »wahnsinnig«. Besser sei es, die Juden zu erziehen.[34]

Zusammenfassung: Vom Wert der Unterscheidungsfähigkeit

Nach allem läßt sich festhalten, daß wenigstens vier Unterscheidungen (mit der Praxis fünf) nötig sind, um das »eliminatorische« Element präzise zu bestimmen, nämlich zwischen a) Weltbild und antisemitischem Teilweltbild, b) zwischen Konsens- und Bekenntnisantisemitismus, also zwischen verbreitetem Teilweltbild- und extremistischem Weltbildantisemitismus, c) zwischen Stereotypen und Lösungen sowie d) zwischen den drei Lösungsvarianten. Hier erst hat der eliminatorische Ansatz als »Lösung« der »Judenfrage« seinen Ort. Goldhagen zieht, um es einmal im Computerjargon zu formulieren, dieses Fenster über alle drei anderen Fenster hoch und verdeckt sie damit. Gerade weil Goldhagen weiß, daß die Lösungen »multipotentiell« waren, kann dieses Verfahren nur vorsätzlich genannt werden. Seine Verabsolutierung stiftet mehr Schaden als Erkenntnis, was allein die werkimmanente Kritik ergab, sodann die von außen an das Werk herangetragene Kontrolle, wo der »eliminatorische Antisemitismus« am Vetorecht der Quellen scheiterte. Mit Goldhagens suggestivem Ansatz wird jede wissenschaftliche Unterscheidungsfähigkeit eliminiert.

Eine Differenzierung dagegen verharmlost den Antisemitismus keineswegs, sondern kommt im Gegenteil auch Goldhagens Anhängern zugute: Wer den »Vernichtungs-Antisemitismus« lediglich postuliert, ohne ihn nachweisen zu können, wird mit seinem durchsichtigen Versuch auf zu viele Gegenbeispiele treffen und kann von aufmerksamen Revisionisten und Verdrängern zu leicht ausgehebelt werden. Eben weil der »eliminatorische Antisemitismus« nur einen Zipfel der Lösungen innerhalb des Ausschnitts Antisemitismus im Rahmen von Großideologien erfaßt und damit den weitaus bedeutenderen Konsensantisemitismus ausblendet, kommt er den »gewöhnlichen Deutschen« nicht nahe. Im Kontrast zu seinen Bekennern wurde der Antisemitismus bei Katholiken – und vielen Protestanten – kein Ersatz der, sondern nur Zusatz zur Weltanschauung. Der Katholik war in erster Linie Katholik, und erst dann Antisemit. Aber er war Antisemit, um Katholik zu sein. Die analytische Trennung zwischen explizitem und implizitem Antisemitismus schützt davor, den aus den Texten herausgefilterten Antisemitismus zu einem »eliminatorischen Vernichtungsantisemitismus« und einem in Auschwitz mündenden Leitmotiv deutscher Geschichte zu machen. Gleichzeitig weist sie auf die vertikale Verbreitung und horizontale Langlebigkeit antisemitischer Motive und auf ihre Konsequenz für den Genozid hin, woran auch Goldhagen gelegen war. Mit dem Konsensantisemitismus, der sich im Rahmen von Großideologien andauernder und erfolgreicher bewährte, gerät viel mehr in den Blick. Er war um Längen wirkungsmächtiger. Das ist zugleich auch ein Plädoyer an die Antisemitismusforschung insgesamt, nicht bloß judenfeindliche »Weltbilder« herauszuisolieren, sondern sich die Mühe zu machen, auch die sie umgebenden Weltanschauungen zu untersuchen. Zwar finden sich durchaus zuweilen »eliminatorische Lösungsvorschläge«. Vom »eliminatorischen Antisemitismus« sollte man jedoch, da der Begriff durch seine jetzige Besetzung schon zu viel Irritation gestiftet hat, nicht mehr sprechen.

---

1 Marc Bloch, *Apologie der Geschichte oder der Beruf des Historikers*, 2. Aufl., Stuttgart 1980, S. 194.

2 Daniel J. Goldhagen, *Hitlers willige Vollstrecker* (wie S. 24, Anm. 1); darauf beziehen sich alle im folgenden eingeklammerte Seitenzahlen.

3 Karola Brede u. Alexander C. Karp, *Eliminatorischer Antisemitismus: Wie ist die These zu halten?* in: Psyche, Jg. 51, 1997, S. 606–628, 608, 626 f.

4 Wolfgang Wippermann, *Wessen Schuld? Vom Historikerstreit zur Goldhagen-Kontroverse*, Berlin 1997, S. 9. Vgl. Andrei S. Markovits, *Störfall im Endlager der Geschichte*, in: Schoeps (Hrsg.), *Ein Volk von Mördern?* (vgl. oben, S. 24, Anm. 1), S. 228–240, der sich zu Recht gegen die Diffamierung des Autors einsetzte.

5 Im Rücken des vorliegenden Aufsatzes steht zum Glück eine Studie, die gegen alle Bagatellisierungen, Verdrängungen und Apologie zeigt, daß auch die Katholiken sich nicht aus der Verantwortung für die Judenvernichtung heraustehlen können, weil ihr Antisemitismus durchaus mit dem der Protestanten vergleichbar ist. Aber eigentlich sollte man

es ja nicht nötig haben, sich von den Verdrängern, Nationalisten und »Peinigern« abgrenzen zu müssen. Vgl. jetzt: Olaf Blaschke, Katholizismus und Antisemitismus im Deutschen Kaiserreich, Göttingen 1997; ders., Kontraste in der Katholizismusforschung. Das antisemitische Erbe des 19. Jahrhunderts und die Verantwortung der Katholiken, in: Neue Politische Literatur 40 (1995), S. 411–420.

6 Jürgen Habermas, Über den öffentlichen Gebrauch der Historie. Warum ein »Demokratiepreis« für Daniel Goldhagen?, in: Blätter für deutsche und internationale Politik 42 (1997), S. 408–416, 415; Jan Philipp Reemtsma, Abkehr vom Wunsch nach Verleugnung. Über »Hitlers willige Vollstrecker« als Gegenstück zur »historischen Erklärung«, in: ebenda, S. 417–423, 419. Markovits, S. 237: Statt von »der Kultur des deutschen Vernichtungs-Antisemitismus« hätte Goldhagen »von dem des europäischen oder gar des christlichen« sprechen sollen.

7 Zur Debatte vgl. Schoeps (wie Anm. 4), sowie Psyche, Jg. 51, 1997; der Kritik an der Gesamtinterpretation, am »Mantel«, die Goldhagens drei empirische Teile (Polizeibataillone, Arbeitslager, Todesmärsche) noch zu würdigen wußte, folgten die Nachweise, daß selbst dieser Forschungsteil Verkürzungen und Verfälschungen enthält: Dieter Pohl, Die Holocaust-Forschung und Goldhagens Thesen, in: Vierteljahrshefte für Zeitgeschichte 45 (1997), S. 1–48; Ruth Bettina Birn, Revising the Holocaust, in: Historical Journal 40 (1997), S. 195–216.

8 Klemens Felden, Die Übernahme des antisemitischen Stereotyps als soziale Norm durch die bürgerliche Gesellschaft Deutschlands, 1875–1900, Diss., Heidelberg 1963.

9 Vgl. dagegen Markovits, S. 238: »Goldhagen macht deutlich, daß diese besonders virulente Ausprägung des Antisemitismus eine notwendige, aber keine hinreichende Bedingung für den Holocaust verkörperte.«

10 Omer Bartov, Ganz normale Monster, in: Schoeps (wie Anm. 4), S. 63–80, 67; vgl. etwa Rainer Erb u. Werner Bergmann, Die Nachtseite der Judenemanzipation. Der Widerstand gegen die Integration der Juden in Deutschland 1780–1860, Berlin 1989.

11 Goldhagen faßt die »Grundzüge des deutschen Antisemitismus im neunzehnten Jahrhundert – nicht die Ausnahmen und Abweichungen von der Norm« zusammen, wonach die Beschäftigung mit Juden Züge der Besessenheit angenommen hätte. »Moderne deutsche Antisemiten glaubten …, daß ohne die Vernichtung der Juden auf der Welt kein Frieden möglich sei. … Dieses kulturelle Modell der zweiten Hälfte des neunzehnten Jahrhunderts verband sich mit dem Konzept der ›Rasse‹« und sei damals schon »in allen sozialen Klassen und Sektoren der deutschen Gesellschaft weit verbreitet« gewesen (103); vgl. 96, 191 f., 197 (zum »unbedingten Vernichtungswillen der Deutschen«), 198, 342, 468, 488. So neu ist das doch wieder nicht. »Der moderne Antisemitismus zielte« auch nach Hermann Graml schon »tendenziell auf Vertreibung oder Ermordung«; Hermann Graml, Zur Genesis der »Endlösung«, in: Walter H. Pehle (Hrsg.), Der Judenpogrom 1938. Von der »Reichskristallnacht« zum Völkermord, Frankfurt am Main 1988, S. 160–175, 163.

12 »Aus ›Philosemiten‹ mit ›wohlwollenden‹ eliminatorischen Absichten wurden Antisemiten, die zu weniger wohlwollenden eliminatorischen ›Lösungen‹ neigten« (83). Auch
Moshe Zimmermann, Die Fußnote als Alibi, in: Schoeps (wie Anm. 4), S. 147–154,
151 f. (zuerst in: Neue Zürcher Zeitung, 29. 4. 1996), fragt sich, welcher Antisemitismus
dann nicht eliminatorisch war.

13 Shulamit Volkov, Antisemitismus als kultureller Code, in: dies., Jüdisches Leben und
Antisemitismus im 19. und 20. Jahrhundert, München 1990, S. 13–36, 20 f.

14 Vgl. Blaschke, Katholizismus (wie Anm. 5); vgl. die Auswertung der 6000 Autoren er-
fassenden Bibliographie von Heinrich Keiter (Hrsg.), Katholischer Literaturkalender,
Bd. 14, Köln 1914, bei Olaf Blaschke, Die Kolonialisierung der Laienwelt. Priester als
Milieumanager und die Kanäle klerikaler Kuratel, in: ders. u. Frank-Michael Kuhle-
mann (Hrsg.), Religion im Kaiserreich. Milieus, Mentalitäten, Krisen, Gütersloh 1996,
S. 93–135.

15 Joseph Roth, Katholizismus und Judenfrage, München 1923, S. 10; ders., Katholizismus
und Judenfrage, in: Die Flamme, 19. 3. 1926, zit. n. Thomas Breuer, Verordneter Wandel? Der Widerstreit zwischen nationalsozialistischem Herrschaftsanspruch und tradi-
tionaler Lebenswelt im Erzbistum Bamberg, Mainz 1992, S. 312.

16 Goldhagen stützt sich auf: Roy D'Andrade, A Folk Model of the Mind, in: Dorothy Holland u. Naomi Quinn (Hrsg.), Cultural Models in Language and Thought, Cambridge
1987, S. 112.

17 Julius H. Schoeps und Joachim Schlör (Hrsg.), Antisemitismus. Vorurteile und Mythen,
München 1995, Einleitung, S. 10–12.

18 Friedrich Lange, Reines Deutschtum. Grundzüge einer nationalen Weltanschauung,
5. Aufl., Berlin 1905, S. 109, zit. nach Volkov, Code (wie Anm. 13), S. 21.

19 Volkov, Code, S. 21. Reinhard Rürup, Emanzipation und Antisemitismus (1975),
2. Aufl., Frankfurt am Main 1987. Werner Jochmann, Struktur und Funktion des deutschen Antisemitismus 1878–1914, in: Werner E. Mosse / Arnold Paucker (Hrsg.), Juden
im Wilhelminischen Deutschland 1890–1914, Tübingen 1976, S. 389–477.

20 Richard S. Levy, The Downfall of the Anti-Semitic Political Parties in Imperial Germany, New Haven 1975. Die Untersuchung ist Goldhagen nicht bekannt.

21 Vgl. Blaschke, Katholizismus (wie Anm. 5), S. 70–106.

22 Auch die Diskurstheoretiker unterscheiden den fragmentarischen, abhängigen Diskurs,
der nur ein Element als nicht-autonomen Gegenstand behandelt, von dem autonomen und
kohärenten Gegenstand, über den sich ein unabhängiger Diskurs bildet, dessen Texte sich
ausdrücklich über dieses Thema auslassen. Vgl. Michael Titzmann, Kulturelles Wissen – Diskurs – Denksystem. Zu einigen Grundbegriffen der Literaturgeschichtsschrei-
bung, in: Zeitschrift für französische Sprache und Literatur 99 (1989), S. 47–61, 51.

23 Donald L. Niewyk, Solving the »Jewish Problem« – Continuity and Change in German
Antisemitism 1871–1945, in: Leo Baeck Institute Yearbook 35 (1990), S. 335–370. Goldhagen kennt diesen für seinen Ansatz entscheidenden Aufsatz nicht.

24 Heinrich Pudor, Wie kriegen wir sie hinaus? Deutsche Nutzanwendungen, Leipzig 1913.

25 Niewyk (wie Anm. 23), S. 342 f., 346, 358, 368, 370.

26 Vgl. dagegen, völlig unsinnig, Goldhagen, S. 93: die Taufe und das Stereotyp des Gottes-
    mordes hätten schon Ende des 19. Jahrhunderts keine große Rolle mehr gespielt.

27 Volkov, Code (wie Anm. 13), von Goldhagen ignoriert.

28 Goldhagen, S. 197, nennt den Boykottaufruf am 1. 4. 1933 einen »symbolischen elimina-
    torischen Anschlag auf die jüdische Gemeinschaft«. Angemessener wäre: Exklusion.

29 Die Antisemiten »wollen einfach Ausweisung der Juden«, erkannten die katholischen
    »Christlich-socialen Blätter«. »Vom christlichen Standpunkt kann man diese Maßregel
    nicht billigen, sondern nur wieder und wieder betonen, daß wir wieder echte Christen
    werden … müssen. Durchdringt erst wahres echtes Christenthum unser gesammtes
    Volksleben, … dann wird auch der unheilvolle Einfluß des Judenthums schwinden. Den
    Juden möge aber die gegen sie gerichtete Strömung eine Warnung sein.« Zur antisemiti-
    schen Bewegung, in: Christlich-sociale Blätter, 13 (1880), S. 498 f.

30 Vogelsang 1881, nach W. von Klopp, Die sozialen Lehren des Freiherrn Karl von Vogel-
    sang. Grundzüge einer katholischen Gesellschafts- und Volkswirtschaftslehre nach Vo-
    gelsangs Schriften, 2. Aufl., Wien 1938 (1894), S. 69. Franz Zach, Die Juden – die Her-
    ren der Welt, Klagenfurt 1912, S. 61.

31 Vgl. Claudia Lepp, Protestantisch-liberaler Aufbruch in die Moderne. Der deutsche Pro-
    testantenverein in der Zeit der Reichsgründung und des Kulturkampfes, Gütersloh 1996,
    S. 396.

32 H. G. Rütjes, Für die Jesuiten! Kurzgefaßte Geschichte der Gesellschaft Jesu im Gegen-
    satze zum Protestantismus und Freimaurerthum, Emmerich 1872, S. 38.

33 Michel Germanus (= Joseph Müller), Die Geheimnisse der Hölle oder: Miß Diana Vau-
    ghan, ihre Bekehrung und ihre Enthüllung über die Freimaurerei, den Kultus und die Er-
    scheinungen des Teufels in den palladistischen Triangeln, Feldkirch 1896, S. IV f.

34 G. E. Haas, Der österreichische Antisemitismus, in: Historisch-politische Blätter für das
    katholische Deutschland 100 (1887), S. 354–379.

GOLDHAGEN UND DIE HISTORIKER

Christof Dipper **Warum werden deutsche Historiker nicht gelesen?**
Anmerkungen zur Goldhagen-Debatte

Es ist natürlich viel zu pauschal zu behaupten, deutsche Historiker würden nicht gelesen. Leider sind keine Auflagenziffern bekannt, mit deren Hilfe man diese Aussage bestätigen oder falsifizieren könnte. Aber zwei Dinge treffen ohne Zweifel zu. Erstens: Was das »Dritte Reich« betrifft, so haben deutsche professionelle Historiker in der letzten Zeit keine sensationellen Bucherfolge mehr erreicht, wenn man Goldhagens rund 200 000 verkaufte Exemplare allein in Deutschland als Meßlatte nimmt.

Auflagen

Das war schon einmal anders (und ist noch anders in anderen Bereichen: Lothar Gall, Christian Meier, Thomas Nipperdey, Hans-Ulrich Wehler haben nicht nur wichtige Bücher geschrieben, sondern damit auch viel Geld verdient). In meinem Bücherschrank steht Wolfgang Schefflers »Judenverfolgung im Dritten Reich« von 1964; von dem damals vier Jahre alten Büchlein waren schon 131 000 Exemplare verkauft. Hans Rothfels hat mit seiner »Deutschen Opposition gegen Hitler« allein in der Taschenbuchausgabe binnen sechs Jahren, von 1958 bis 1964, 112 000 Stück verkauft; dabei ist es nicht geblieben, denn 1971 kam eine überarbeitete Auflage auf den Markt. Vergessen wir nicht Walther Hofers Dokumentation zum Nationalsozialismus, die damals konkurrenzlos war, als sie 1957 auf den Markt kam; bis Dezember 1962 waren von ihr 375 000 Exemplare gedruckt.

Zweitens: Sollte ich mich trotzdem getäuscht haben, so täusche ich mich nachweislich gemeinsam mit den Experten für das »Dritte Reich«. Sie sind jedenfalls frustriert, manche beleidigt. Nehmen wir Hans Mommsen, der auf einer Veranstaltung der Friedrich-Ebert-Stiftung im September 1996 ausrief: »Wir haben hier eine ganz neue Erscheinung: die öffentliche Meinung in den Ländern, die beteiligt sind, goutiert das Buch. Die Fachhistoriker hingegen sagen: Was ist aus der Geschichtswissenschaft geworden? Ein holländischer Kollege rief mich an und fragte: ›Wozu sind wir überhaupt da?‹ Es gibt in dem Buch überhaupt nichts, was in lesbaren historischen Darstellungen nicht mehr oder minder beschrieben worden ist.«[1] Und weiter: »In dieser Angelegenheit sind die Historiker, ob das die israelischen, die amerikanischen, die englischen, die niederländischen oder die deutschen sind, eigentlich eines Sinnes. Sie sind insofern tief enttäuscht, als ihnen klargemacht wird: Auch wenn ihr die besten Bücher produziert, funktioniert es nicht. Da kommt so ein junger Mann daher, der hat eine verrückte Idee, die er bis ins letzte durchzieht. Er sieht nur einen einzigen Zusammenhang, an dem er starr festhält, und er mißachtet die Ergebnisse der Sekundärliteratur. Ihm gegenüber stehen die, die sich mehr als vierzig Jahre bemüht haben, der Struktur des Systems auf den Grund zu gehen.«[2] Jane Caplan äußerte sich in derselben Veranstaltung ähnlich: »Allmählich fürchte ich, daß nur noch schlechte und vereinfachende Bücher gelesen werden und Erfolg finden können. Vor drei Jahren kam das vortreffliche Buch von Christopher Browning, das auch eine weite Verbreitung fand, heraus. Da es jedoch nicht sensationell geschrieben worden war, zog es keine Debatte nach sich.«[3]

Bücher, die sich gut verkaufen, haben offensichtlich den Nerv getroffen, sie mögen gut oder schlecht sein. Manchmal genügt schon der Titel und eine kurze öffentliche Diskussion, zur Lektüre kommt es dann oft gar nicht mehr. Goldhagens 539 Seiten Text in der deutschen Ausgabe sind ja nicht gerade wenig. Ich glaube nicht, daß alle Käufer das Buch gelesen haben. Welchen Nerv hat denn Goldhagen wohl getroffen? Darüber liegen, soweit ich weiß, keine Untersuchungen vor, deshalb kann man nur die folgenden Mutmaßungen anstellen. Dazu muß ich ein wenig ausholen. Ich möchte auf drei Arten hinweisen, wie mit der deutschen Vergangenheit umgegangen wird. Da sind zum einen natürlich diejenigen, die professionell arbeiten. Professionell heißt in diesem Fall: methodisch korrekt, sine ira et studio, mit dem Blick für die richtigen Dimensionen. Dazu muß man kein Ordinarius sein. Im besten Falle erreichen solche Beiträge die von Martin Broszat 1985 entwickelten Standards der Historisierung: das »Dritte Reich« nicht in der verkehrten chronologischen Reihenfolge, von rückwärts, von Auschwitz her gesehen, sondern von seinen Anfängen ausgehend – wie man das auch sonst zu machen pflegt. Bücher zur römischen Geschichte fangen ja auch nicht beim kläglichen Ende von 476 an. Historisierung ist also die eine und wie ich meine, einzig korrekte Art des Umgangs mit dem »Dritten Reich«; anders kann man es nicht verstehen.

Entsorgen und Sorgen

Es gibt daneben noch eine zweite Art und Weise des Umgangs. Sie ist sehr bekannt, schließlich hat sie den Historikerstreit ausgelöst und manche anderen Kontroversen provoziert. Die Rede ist von den »Entsorgern«, den »Normalisierern«. Die volkspädagogische Absicht ist hier wichtiger als die wissenschaftliche: Die Deutschen sollen endlich aufhören, in Sack und Asche zu gehen. Daß das am Problem vorbeigeht, weil heute niemand mehr verlangt, in Sack und Asche zu gehen, wo gerade noch zwanzig Prozent der Bevölkerung das Kriegsende bewußt erlebt haben, steht auf einem anderen Blatt. Historiographisch – und darum geht es hier allein – lassen sich die Vorstöße der Normalisierer in drei Kategorien einteilen. Sie betreiben die »Entsorgung der deutschen Vergangenheit« (Habermas) durch die vergleichende Verharmlosung (Nolte), durch die

Wiederentdeckung der Präventivkriegsthese gegen Rußland (Hoffmann, Post) und schließlich durch die trivialisierende Verwendung der Modernisierungstheorie (Prinz/Zitelmann).

Diese Vorstöße sind in der Öffentlichkeit nicht ohne Erfolg geblieben. Nolte hat mehrere Auflagen seines teuren Buches über den »Europäischen Bürgerkrieg« verkauft, Zitelmann ist überhaupt recht präsent auf dem deutschen, ja internationalen Buchmarkt, und Weißmann, der diese ganzen Entsorgungsversuche in einer prominenten Reihe zur deutschen Geschichte zusammengefaßt hat,[4] konnte nur durch den Aufschrei der Intellektuellen und die Drohungen der endlich aufgewachten Hauptherausgeber vom Buchmarkt genommen werden. Sonst wäre seine Geschichte des »Dritten Reiches« womöglich noch zum Volksbuch geworden.

Warum sind diese Vorstöße zur »Entsorgung« immer wieder so populär? Diese Frage richtet sich nicht nur an den allgemeinen Leser, sondern auch an die Historiker. Die »Normalisierer« verdanken ihren Vorsprung an Publizität nämlich ihrer Fähigkeit, das Abgründige zu verharmlosen, aber gleichzeitig Fragen zu stellen beziehungsweise aufzugreifen, die das große Publikum tatsächlich bewegen. Diese Fragen lauten:

1) Darf man die »Endlösung« mit anderen Verbrechen vergleichen?

2) Waren Rassismus und Antisemitismus nicht vielleicht doch eine viel überzeugendere und deshalb handlungsanleitende Weltanschauung, als uns der »hilflose Antifaschismus« glauben machen will?

3) Haben die Nazis nicht auch echte Leistungen vollbracht?

4) War der nationalsozialistische Antibolschewismus wirklich so falsch, nach allem, was die Kommunisten angerichtet haben? Muß der Beginn des Kalten Krieges nicht doch auf 1933 datiert werden, und hatte nicht Hitler den richtigen Spürsinn?

Das sind gewiß wichtige, ja zum Teil beunruhigende Fragen. Die Geschichtswissenschaft ist ihnen in der Vergangenheit nicht ausgewichen, aber ihre Beweisführung hat das Publikum offenbar nicht erreicht oder nicht zufriedengestellt. Deshalb hatten und haben die Versuche, auf komplizierte Sachverhalte einfache Antworten zu geben, immer wieder Konjunktur.

Aber nicht nur auf der »Rechten«, wenn dieser Ausdruck der Einfachheit halber gestattet sei, gibt es die Sehnsucht nach einfachen Antworten auf komplizierte Fragen – sondern auch auf der »Linken«. Deshalb gibt es neben Historisierung und Entsorgung noch eine dritte Art und Weise des Umgangs mit der deutschen Vergangenheit. Es ist ihre Ontologisierung. Hier verselbständigt sich die NS-Vergangenheit, sie ist nicht eingebettet in historische Zusammenhänge, die Autoren wägen nicht ab, sie vergleichen nicht, die Vergangenheit muß als Denkmal des Unfaßlichen erhalten bleiben. Hier soll nicht verstanden werden, sondern gerichtet. Die Richter sind, das liegt in der Natur der Sache, auf ein einziges Thema festgelegt. Früher war es das deutsche Monopolkapital, das, um an der Herrschaft zu bleiben, vor nichts zurückschreckte, auch nicht vor dem Engagement Hitlers, um nach 1945 umstandslos mit den amerikanischen Kapitalisten seine Weltherrschaftspläne fortzusetzen.[5] Heute ist es die jeden Vergleich, jede Differenzierung verweigernde Hypothese vom historischen Projekt der Deutschen, die Juden umzubringen – von Luther zu Hitler eine gerade Linie. Bücher dieser letzteren Art hatten direkt nach Kriegsende Konjunktur, dann verschwanden sie von der Bildfläche. Karl Jaspers hatte mit seiner »Schuldfrage« das Nötige gesagt.[6] Außerdem machten Kalter Krieg und Wiederaufrüstung Thesen wie diese inopportun. Aber nicht jedermann mochte sich bekanntlich mit Kaltem Krieg und Wiederaufrüstung abfinden. Kein Wunder, daß jetzt, da dieser Rahmen entfallen ist, auch die Debatte »von Luther zu Hitler« wieder Anhänger findet.[7]

Was macht die Bücher der »terribles simplificateurs« so attraktiv? So viel wurde schon gesagt: Bücher, die sich gut verkaufen, haben, nicht zuletzt dank breiter Medienkampagnen, einen Nerv freigelegt. Wenn die »Entsorger« beunruhigende Fragen stellen und wenn Goldhagen, wie zu Recht festgestellt worden ist, mit seinem »aufwühlenden Narrativ von Polizeibataillonen und Todesmärschen … einen Nerv getroffen hat«[8], der unsere Bilder-Zivilisation besonders reizt, dann kann das umgekehrt ja auch heißen, daß die Historiker versagt haben. Wissenssoziologisch ist deshalb zu den Beiträgen von »Entsorgern« und »Richtern« zu sagen, daß ihre Attraktivität zum einen vom Sieg der Funktionalisten profitiert, deren Formelgebäude sich zuletzt gelegentlich in abstrakten Höhen bewegte. Sicher: Der gelehrte Diskurs wird prinzipiell mit jenem Grauen nicht fertig, das sich im Osten ereignet hat. Aber es ist nicht nur das Unvermögen des Publikums, wenn Formeln wie »kumulative Radikalisierung« und »Ausweg aus einer Sackgasse« »die ›Endlösung‹ in manchen Ohren wie einen Betriebsunfall erscheinen lassen«; so jedenfalls hielt es ein zorniger Diskutant Hans Mommsen entgegen.[9] Zweitens ist zu sagen, daß bei aller außerwissenschaftlicher Motivation der »Richt-« und »Entsorgungsversuche« gleichwohl Erträge oder zumindest Anregungen für die Geschichtswissenschaft nicht auszuschließen sind, daß aber drittens die herrschende Lehre, die gesellschaftsgeschichtliche Neoorthodoxie, bei ihren Versuchen, das Deutungsmonopol zu sichern, nicht immer allseits überzeugende Formulierungen fand. Während sie im Historikerstreit vornehmlich politisch, wenn nicht gar persönlich argumentierte und sich prompt den Vorwurf einhandelte, »Frageverbote« auszusprechen, übersieht sie jetzt ihren eigenen ungewollten Anteil an der Konjunktur eines »Richters« namens Goldhagen. Christopher Browning, der das ungleich bessere Buch geschrieben hat (es verkauft sich übrigens neuerdings nicht so schlecht), kann ja nichts dafür, daß er jetzt von Wehler, Mommsen, Frei und vielen anderen ständig als Beleg ins Feld geführt wird. Aber man sollte nicht vergessen, daß Browning 1981 die funktionalistische »Sackgassen«-These über die Genesis der »Endlösung« angegriffen hat [10] – wohl mit Recht, wie ich noch zeigen werde – und daß seine »Ganz normalen Männer« [11], alltagsgeschichtlich, wie sie angelegt sind, ebenfalls nicht den komplizierten Pfaden gängiger Methoden gefolgt sind.

Deutsche Geschichtswissenschaft und Nationalsozialismus

Zum Verständnis der gegenwärtigen Lage der Geschichtsschreibung empfiehlt sich ein Rückblick auf den Gang der Erforschung des Genozids in den letzten zwanzig Jahren. Bis Anfang der 70er Jahre war die Totalitarismustheorie tonangebend. Ihr zufolge waren Terror und Ideologie bestimmend für die Geschehnisse zwischen 1933 und 1945. Das absolute Macht- und Befehlsmonopol machte Hitler zum starken Diktator, der entschlossen auf Radikalisierung hinwirkte, um seine Ziele durchsetzen zu können.[12] Der Eichmann-Prozeß belehrte das Publikum dann aber eines Besseren, jedenfalls was die Weltanschauung betraf. Hannah Arendt dementierte ihre eigene Totalitarismustheorie gewissermaßen selbst mit ihrer aufsehenerregenden Studie »Eichmann in Jerusalem«. Seit dieser 1963 in englischer, 1964 in deutscher Sprache erschienenen Reportage – die Goldhagen übrigens beiläufig für unhaltbar erklärt,[13] während er sich auf die andere Hannah Arendt mehrfach beruft[14] – gehört es zu den weithin, auch im Ausland anerkannten Tatsachen, daß die Täter keine weltanschaulichen Fanatiker waren, ja womöglich nicht einmal vorrangig aus weltanschaulichen Motiven handelten: Mommsen, Broszat, Hilberg, Browning und viele andere sind sich hier einig. Hannah Arendts These von der »Banalität des Bösen« löste ungeheure Erregung aus, gewissermaßen eine Goldhagen-Debatte mit verkehrter Front.[15] Immerhin konnte sie mit dieser These zwei Dinge erklären, die bis dahin einer überzeugenden Antwort harrten. Erstens wurde nunmehr endgültig klar, daß zwischen Pogromen beziehungsweise Massenerschießungen und industriell-bürokratisch betriebenem Massenmord ein grundlegender Unterschied besteht; letzterer ist das absolut Neuartige und deshalb das Explanandum der Geschichtswissenschaft. Zweitens bot Arendts These eine Erklärung für die unauffällige deutsche Nachkriegsgeschichte. Wenn die Deutschen schon mordeten, dann perfekt und emotionslos, aber nur, weil es befohlen war; ein Kielce[16] gab es deshalb hierzulande nicht. Goldhagen bietet für das zweite Problem eine wenig überzeugende Erklärung an, das erste interessiert ihn gar nicht; Auschwitz ist nicht sein Thema.

Der Fall Eichmann war ein Hinweis, daß das »Dritte Reich« vielleicht doch anders funktioniert hat als bis dahin angenommen. Hinzu kam der Blick auf den italienischen Faschismus, übrigens dank Ernst Noltes bahnbrechender Arbeit von 1963.

Und schließlich fand ein Generationenwechsel statt: Die um 1930 Geborenen, die das »Dritte Reich« noch allenfalls als Hitlerjungen erlebt hatten und damals extremem Weltanschauungsdruck ausgesetzt waren, betraten die wissenschaftliche Bühne. Es formierten sich gegen die totalitarismusorientierten Intentionalisten die Funktionalisten, die behaupteten, daß Terror und Ideologie eine geringere Rolle spielten im Vergleich zur Massenmobilisierung und systemimmanenten Radikalisierung; man konnte nun Zerstörung und Selbstzerstörung auch ohne Hitlers aktives Zutun erklären. Dem »starken« wurde ein »schwacher« Diktator entgegengestellt.[17] Die Frage der Massenmobilisierung führte zur Entdeckung der Alltagsgeschichte des »Dritten Reiches« und erbrachte ganz neue Einsichten in die innere Mechanik des Regimes. Sie verwischte freilich auch die Trennlinie zwischen Opfern und Tätern. Deshalb verlangte Martin Broszat 1985 die Historisierung des Nationalsozialismus, von der bereits einleitend die Rede war. Dieser methodisch bedeutsame Vorstoß rief zwei entgegengesetzte Wirkungen hervor. Zum einen konnte er moralisch mißverstanden, schlimmer noch: mißbraucht werden zur »Normalisierung« der deutschen Vergangenheit. Auch davon war bereits die Rede. Zum anderen hat er den Intentionalisten vollends den Boden unter den Füßen weggezogen. Der Judenmord als Resultat einer von langer Hand geplanten Vernichtungsstrategie – diese Hypothese hat mittlerweile an Zuspruch verloren.

Die Parteigänger des struktur-funktionalistischen Erklärungsansatzes haben sich damit ein schwerwiegendes Problem eingehandelt: Sie mußten, vereinfacht gesagt, einen Massenmord erklären, der weder Fanatismus als hinreichendes Motiv hatte noch von langer Hand geplant war. Er sollte sich vielmehr aus der »atavistischen Struktur des NS-Herrschaftssystems« ergeben.[18] Im Zentrum dieses Entwurfs standen keine Personen, vor allem keine fanatischen Antisemiten beziehungsweise Rassisten. Jedenfalls konnte man den Genozid allein mit Personen, die entweder »gedankenlos«[19] oder aus »technokratisch-subalternen Einstellungen«[20] oder aus Kameradschaft handelten[21], nicht erklären. Es wurde deshalb nötig, die »Endlösung« aus sich selbst heraus zu begründen. Die wichtigsten argumentativen Bestandteile waren erstens, dem Nationalsozialismus überhaupt die Fähigkeit abzusprechen, Pläne aufzustellen und zu realisieren. Zweitens erklärte man deshalb die »Endlösung« zur »Realisierung des Utopischen«

(Mommsen), durch die sich der Nationalsozialismus, irrational wie seine Ziele nun einmal gewesen seien, auch noch, und zwar »wahnhaft«, um sein »Kampfsymbol«[22] gebracht habe. Die strukturalistische Argumentationsweise, die den Genozid in letzter Konsequenz zum Selbstläufer zu erheben scheint, der einer planmäßigen Steuerung, freilich auch Bremsung entzogen war, kommt drittens in Formulierungen wie »kumulative Radikalisierungstendenz«[23] und: »die Phraseologie mußte sich schließlich selbst ›beim Wort nehmen‹«[24] besonders deutlich zum Ausdruck. Am Ende steht dann viertens die Feststellung, daß es sich bei dem Ganzen um einen »›Ausweg‹ aus einer Sackgasse« gehandelt habe, bei dem erst das Morden und dann das »Progamm« gekommen sei.[25]

Martin Broszat und Hans Mommsen haben diese Argumentationskette das eine um das andere Mal wiederholt, und namentlich letzterer verstieg sich dabei – oder ließ sich dazu provozieren – zu Formulierungen, die nur noch dem Kreis der Eingeweihten die wirklich gemeinte Botschaft vermittelten. In der Öffentlichkeit wurde, einen komplexen Zusammenhang extrem verkürzend, mit Aussagen wie jener, daß Hitler ein »schwacher Diktator« gewesen sei, daß es nicht die erklärte Absicht von Hitler gewesen sei, die Juden zu ermorden,[26] daß die Täter »überwiegend gedankenlos ihrem Geschäft ... nachgegangen« seien, das Gegenteil von dem erreicht, was beabsichtigt war: statt Aufklärung Irritation. Das ist jedenfalls der Schluß, der sich beim Blick auf Goldhagens Bucherfolg aufdrängen kann, und der bei Diskussionen um dieses Buch auch offen formuliert[27] beziehungsweise durch Beifallsbekundungen signalisiert worden ist.[28] Ja mehr noch: Die Erklärung, der Massenmord habe sich gleichsam zwingend aus der Struktur des »Dritten Reiches« ergeben, konnte, vor allem bei den überlebenden Opfern, sogar als Apologetik gedeutet und damit gründlich mißverstanden werden![29] Das war falsch, aber psychologisch verständlich.

Solcherlei Mißverständnisse könnten die Behauptung illustrieren, warum »deutsche Historiker nicht gelesen werden«. Außerhalb der Universitäten und Forschungsinstitute werden die Funktionalisten, die Faschismustheoretiker, kaum zur Kenntnis genommen. Das ist auch eine Generationenfrage. Der übliche Generationswechsel drückt sich darum auch in Gestalt eines Paradigmenwechsels aus: die Aly, Herbert, Manoschek, Safrian, Sofsky, Wildt – sie alle sind runde zwanzig Jahre jünger als die Broszat, Hüttenberger, Mommsen, Rürup, Schieder, aber auch als die Jäckel, Hildebrand und Hillgruber. Die Beiträge dieser neuen Generation profitierten natürlich von den Vorarbeiten der Älteren, die Goldhagen einfach beiseite schob, aber sie bedurften auch nicht des Anstoßes durch Goldhagen. Sie konnten ihm daher viel unbefangener gegenübertreten und sagen: ein schlechtes Buch, aber die richtige Frage.[30]

Zwei alte Themen tauchen in den Werken dieser Generation wieder auf, ja stehen im Mittelpunkt: die Täter und die Weltanschauung. Beide sind eng miteinander verknüpft und überdies mit der tatsächlich naheliegenden Frage verbunden, wie sich die deutsche Bevölkerung zum NS-Regime und dessen Judenpolitik verhalten hat. Rassismus ist die Klammer, die diese Fragen zusammenhält, und es ist daher um so bedauerlicher, daß wir über ihn noch vergleichsweise wenig wissen. So viel aber ist dank der neueren Forschungen mittlerweile bekannt:

1) Es gab mehrere Formen des Antisemitismus, die für die Machtergreifung und Judenpolitik der Nationalsozialisten von unterschiedlicher Funktion waren.

a) Zunächst der Antisemitismus als »kultureller Code« (Shulamit Volkov), das heißt als Erklärung der Welt, als Deutung der Gegenwart. Das war kein Rezept zum Handeln. Antisemiten dieser Art schlugen nicht die Schaufenster jüdischer Geschäfte ein. Aber sie waren der Meinung, daß die Juden einen Fremdkörper im deutschen Volk darstellten, daß sie einen verhängnisvollen Einfluß hätten und daß sich dies ändern müsse. Möglicherweise dachte schon vor 1933 die Mehrheit der Deutschen so, nach 1933 wohl in jedem Falle. Solange die Regierung diesen Vorstellungen nachkam und die Juden auf »gesetzlichem« Wege ausschloß und verdrängte, war von dieser Seite kein Widerstand zu befürchten. Das war der kurze Weg vom Denken, besser: vom Ressentiment zum Handeln, vom Antisemitismus als kulturellem Code zum »Apartheids-Antisemitismus« (W. Schieder).

b) Daneben gab es Fanatiker, Vertreter eines »Antisemitismus der Tat«, radikal in ihren Zielen und in der Wahl ihrer Mittel. Der eine Teil ist den Radau-Antisemiten vom Schlage Streichers zuzurechnen, und wenn auch ihre Aktionen bisweilen sogar innerhalb der NSDAP auf indignierte Ablehnung stießen, so hatten sie doch niemals eine Maßregelung durch Hitler zu befürchten. Der Zulauf war wohl größer als man denkt, am größten bei der nachwachsenden Generation. Der andere Teil verstand sich als elitärer Radikal-Antisemitismus. Man konnte mit ihm schon seit 1918 in völkischen Gruppen und auf der Universität in Berührung kommen, und tatsächlich waren seine wichtigsten Vertreter vielfach Akademiker. Sie stellten zugleich die Elite von Sicherheitspolizei und SD. Hier entstanden bereits in den 30er Jahren Pläne für eine »Endlösung«. Mord war noch nicht vorstellbar, aber mitleidslose, kalt berechnete und geplante vollständige Verdrängung war das angepeilte Ziel. Die akademischen Radikal-Antisemiten begannen als Schreibtischtäter, aber sie blieben es nicht.

Es war diese Personengruppe, die die »Endlösung« durchführte. Sie hat sie auch geplant. Dieser Kreis von Tätern war nicht das Ergebnis von »negativer Selektion«,[31] sondern es waren die besten Technokraten, die das Regime außerhalb der alten Bürokratie überhaupt besaß. Sie bedurften keiner antreibenden Befehle von Hitler, sie wußten auch ohne ihn, daß die Juden »verschwinden« mußten, denn sie waren weltanschaulich seit Studententagen trainiert. Die Juden waren für sie deshalb auch nicht »Kampfsymbol«,[32] sondern reale Gegner, die es emotions-, aber auch gnadenlos zu bekämpfen galt: durch Ermordung der russischen und durch Deportation der übrigen Juden Europas »hinter den Ural«, als der Krieg endlich diese Möglichkeit zu bieten schien. Und sie haben das Regime damit nicht in eine »Sackgasse« manövriert, sondern, als die Blitzkriegsstrategie der Militärs fehlschlug, waren sie es, die binnen eines halben Jahres den »Ausweg« entwickelten und organisierten: die bürokratisch-industrielle Vernichtung des europäischen Judentums. Der Weltanschauungskrieg war besser vorbereitet als der militärische!

·2) Es ging dem Regime nicht nur um die Juden. Gerade die akademisch gebildeten Radikalen waren rassistisch geprägt in einem ganz allgemeinen Sinne. Der deutsche »Volkskörper« mußte überhaupt von unerwünschten »Beimengungen« »gereinigt« werden: von »Asozialen«, von »Zigeunern«, von geistig und körperlich Behinderten. Das war keine Aufgabe, die nur die Juristen von Gestapo und SD anging. Ärzte und Psychologen waren ebenso gefordert. Und als nach Kriegsbeginn im Osten die gigantische »Umvolkung« anlief, kamen Demographen, Siedlungsfachleute, Agrarexperten, Volkswirte und viele andere Berufsgruppen hinzu. Sie verstanden sich als Sozialingenieure, als Mitarbeiter am großen Projekt der »Reinigung« und »Aufartung«.

3) Die Täter handelten vielfach aus eigenem Antrieb, wie wir dank der neuesten Untersuchungen zur Entschlußbildung wissen. Manoschek weist zu Recht auf die Einmütigkeit von Intentionalisten und Funktionalisten hin, daß »ein Befehl oder eine Weisung von der SS-Spitze vorliegen (mußte), ehe man mit der Vernichtung vor Ort beginnen konnte«[33]. Dies war in Serbien jedoch nicht der Fall. Es waren die »men on the spot«, die die Entwicklung vorantrieben, ehe die Zentrale überhaupt reagieren konnte – ein bereits aus der Geschichte des Imperialismus wohlvertrauter Vorgang. Wildt hat auf der Ebene der (damals noch) Schreibtischtäter im SD ähnliches festgestellt. Er spricht von »Kongruenz«[34], Manoschek von »Antizipationsfähigkeit«[35] im Verhältnis zur SS-Spitze.

Brechen wir mit dieser beunruhigenden Bilanz ab und halten wir fest, daß die neueste Forschung Ideologie und Terror, Planung und Absprache einen Stellenwert einräumt, wie er seit langem nicht mehr begegnet ist. Gleichzeitig aber wird die systemimmanente Radikalisierung ebensowenig bestritten wie die im Hintergrund bleibende Funktion Hitlers, der die entscheidenden Schritte genehmigte. Elemente des Intentionalismus und des Funktionalismus sind nunmehr auf eine bislang undenkbare Weise miteinander verbunden. Damit sind einige Antworten, die sich das Publikum erhofft, sehr viel plausibler geworden.

Richtiges, Grundfalsches und die Suche nach einer angemessenen Sprache

Kehren wir deshalb zurück zu Goldhagen. Sein Buch – das scheint nach den neuesten Besprechungen vollends unbezweifelbar – ist wissenschaftlich wertlos![36] Willkürliche Auswahl der Quellen, Nichtbeachtung der wissenschaftlichen Literatur, Manipulation der Belege, ja romanhafte Passagen mit der »Beschreibung« von Vorfällen, für die es gar keine Quellen gibt.[37] Gleichwohl hat das Buch auf dem Markt Erfolg, und das ist vermutlich nicht nur dem Marketing zu danken, denn aus den öffentlichen Veranstaltungen wissen wir, daß es ein Publikum gibt, das sich mit ihm identifiziert. Was sind die Gründe? Der Umgang mit dem »Dritten Reich« ist, menschlich gesehen, schwierig. Erst recht gilt das für seine Verbrechen. Einer oft geäußerten Behauptung zufolge läßt Auschwitz sich nicht verstehen; Wissenschaftler argumentieren da etwas eleganter und sprechen vom »Weg aus der Geschichte«.[38]

Wer nicht verstehen kann (weil er glaubt, das sei dasselbe wie »verständlich finden« im Sinne eines moralischen Urteils), dem bleibt nichts anderes als der Versuch emotionaler Vergegenwärtigung, ja Bewältigung. Das endlose Grauen klärt einen nicht nur darüber auf, wer die Bösen sind beziehungsweise waren und die Guten, und bietet damit Identifikation, sondern auch eine Erklärung. Aber was wird mit all den Berichten und Zeugnissen aus dem Inferno eigentlich erklärt? In der Regel der Alltag aus der Sicht der Opfer. Das sind zunächst einmal Geschichten von Arbeit, Hunger, Kälte, Schlägen und Mord, also darüber, wie Menschen miteinander umgehen, was sie sich antun. Dies ist eine anthropologische Dimension, und deshalb treffen uns diese grauenvollen Berichte ja auch unmittelbar. Daß die Opfer Juden und die Täter Deutsche sind, hängt mit den allgemeinen Umständen zusammen, erklärt aber zunächst einmal wenig. Mir ist kein Beleg erinnerlich, wo man in diesen Zeugnissen liest: So können nur Deutsche sein. Warum wir, die Leser, die Texte allerdings so verstehen, sagt uns unser historisches Vorverständnis. So werden Geschichten in unserem Kopf zu Geschichte.

Goldhagen läßt sich auf die Offenheit, die diesem Zeugenschrifttum eigen ist, nicht ein. Täte er das, könnte er seine These nicht durchhalten. Er schreibt zwar im Stil der Augenzeugen – seitenlange drastische Schilderungen des Grauens füllen sein Buch –, aber er benutzt ganz andere Quellen: die Aussagen von Beschuldigten, Angeklagten und Zeugen, und zwar wie sie von Kriminalbeamten, Staatsanwälten oder gerichtlichen Protokollanten formuliert worden sind. Anderes Material gibt es nämlich von den Tätern so gut wie nicht. So weit ist das von Goldhagen gewählte Verfahren einwandfrei. Was aus solchem Material herausgeholt werden kann, wenn man es situativ interpretiert, hat Browning glänzend vorgeführt. Goldhagen präsentiert jedoch dieses Material losgelöst von seinen Bedingtheiten und verkündet als Anthropologe gleich noch: Das ist deutsch.

Damit erweist er jenem Typ von Lesern einen Dienst, der eingangs als »Richter« bezeichnet worden ist. Das Urteil wird gleich mitgeliefert, und man ist der Mühe enthoben, aus Geschichten im eigenen Kopf Geschichte herzustellen. Die Emotionalisierung als Zugang bleibt auf diese Weise erhalten, man kann sich ganz seinen Empfindungen hingeben, das Verstehen wird durch Abscheu verdrängt beziehungsweise ersetzt. Auf diese Weise eignen sich Goldhagen und seine Lesergemeinde die Stimmen der Überlebenden und ihre moralische Autorität als Zeugen an.

Die Bedingung des Historikers ist aber seine Distanz. Sie wird nicht durch zeitlichen Abstand hergestellt, sondern durch Verfahren. Der regelhafte, argumentative Umgang mit Vergangenheit hat freilich seinen Preis. Das ist keine Entschuldigung für schlechtes Deutsch oder unbeholfenes Denken. Aber wir können und dürfen auch nicht in Konkurrenz treten wollen zu den Beiträgen der Zeitzeugen. Diese bleiben zwar vorwissenschaftlich, sind aber uneinholbar authentisch. Ist es deshalb nicht ein gutes Zeichen, daß von Eugen Kogons »SS-Staat« zwischen 1946 und 1994 nicht weniger als eine halbe Million Exemplare verkauft worden sind? Daß sich die noch ungleich authentischeren Tagebücher Victor Klemperers besser verkaufen als Goldhagens Buch, und das so gut wie ohne Werbefeldzug?

Damit sind einige Gründe benannt, warum deutsche Historiker nicht gelesen werden. Erstens, weil sie sich in der Regel hüten, wie Goldhagen die Grenze zu einer vorgetäuschten Authentizität zu überschreiten. Das ist verdienstvoll. Zweitens, weil sie einfache Antworten verweigern. Auch das ist ihnen sehr hoch anzurechnen. Drittens, weil die Funktionalisten in bester Absicht gelegentlich Erklärungsversuche bieten, die den gesunden Menschenverstand überfordern. Menschenverstand genügt zwar nicht zur Erforschung der Vergangenheit, aber zur Lektüre der Ergebnisse muß er genügen. Daß Hitler schwach, daß die Nationalsozialisten politikunfähig und die Ermordung der Juden gleichsam eine Notlösung war – das alles ist irgendwie richtig, aber auch so formuliert, daß sich der Verstand erst einmal dagegen sträubt.

Wir wissen heute, daß der Nationalsozialismus in außerordentlich hohem Maße die Erwartung und Ziele der Deutschen erfüllt, ja übertroffen hat. Das Regime war in den Augen der Mehrheit erfolgreich und populär. »Unklug« war nur, daß es den Krieg angefangen und die Juden umgebracht hat. So jedenfalls sahen es die Deutschen, die zwischen 1945 und 1947 von den Amerikanern nach ihrer Einstellung zur jüngsten Vergangenheit befragt worden sind. Dieses Urteil ist so naiv wie unbequem. Mein Vorschlag wäre, aus dieser Perspektive die Geschichte des »Dritten Reiches« zu rekonstruieren, denn das ist es, was der Zugriff der Historisierung von uns verlangt. Wir müßten dann die Antwort auf die eingangs gestellten Fragen nicht länger den »Entsorgern« überlassen und hätten auch der Ontologisierung der deutschen Vergangenheit einen Riegel vorgeschoben, indem wir das »Dritte Reich« mit der Nachkriegszeit verkoppelten. 1945 gab es bekanntlich keine »Stunde Null«.

1 Dieter Dowe (Hrsg.), Die Deutschen – Ein Volk von Tätern? Zur historisch-politischen Debatte um das Buch von Daniel Jonah Goldhagen »Hitlers willige Vollstrecker. Ganz gewöhnliche Deutsche und der Holocaust« (Friedrich Ebert-Stiftung, Reihe Gesprächskreis Geschichte; 14), Bonn 1996, S. 66.

2 Ebenda, S. 67.

3 Ebenda, S. 73.

4 Karlheinz Weißmann, Der Weg in den Abgrund. Deutschland unter Hitler 1933–1945, Berlin 1995.

5 Reinhard Kühnl, Kampf ums Geschichtsbild, in: Junge Welt, 24. 6. 1996.

6 Karl Jaspers, Die Schuldfrage. Zur politischen Haftung Deutschlands, München 1946 (ND München 1987).

7 In gewisser Weise noch radikaler als Goldhagen, nämlich wirklich bei Luther einsetzend, ist das Buch von John Weiss, Der lange Weg zum Holocaust. Die Geschichte der Judenfeindschaft in Deutschland und Österreich, Hamburg 1997.

8 Josef Joffe, Das Goldhagen-Phänomen, in: Süddeutsche Zeitung, 11. 9. 1996, S. 4.

9 Dowe (wie Anm. 1), S. 72.

10 Christopher Browning, Zur Genesis der »Endlösung«. Eine Antwort an Martin Broszat, in: Vierteljahrshefte für Zeitgeschichte 29 (1981), S. 97–109.

11 Ders., Ganz normale Männer. Das Reserve-Polizeibataillon 101 und die »Endlösung« in Polen, Reinbek 1993.

12 Hannah Arendt, Elemente und Ursprünge totaler Herrschaft, Frankfurt am Main 1955 (und öfter), S. 580–583, passim.

13 Daniel J. Goldhagen, Hitlers willige Vollstrecker (wie oben, S. 24, Anm. 1), S. 561, Anm. 43.

14 Ebenda, S. 40, bzw. 666, Anm. 23.

15 Vgl. hierzu insbesondere den Beitrag von Rudolf Schroers, Der banale Eichmann und seine Opfer, in: Friedrich A. Krummacher (Hrsg.), Die Kontroverse. Hannah Arendt, Eichmann und die Juden, München 1964, insbes. S. 200f.

16 In der südpolnischen Stadt Kielce wurde im Juli 1946 ein »klassisches« Pogrom verübt, dem 42 Juden, allesamt Überlebende des Holocaust, zum Opfer fielen; vgl. dazu mit weiterführender Literatur zuletzt Klaus-Peter Friedrich, Antijüdische Gewalt nach dem Holocaust. Zu einigen Aspekten des Judenpogroms in Kielce, in: Jahrbuch für Antisemitismusforschung 6, hrsg. von Wolfgang Benz, Frankfurt am Main / New York 1997, S. 115–147.

17 Hans Mommsen, Nationalsozialismus, in: Sowjetsystem und demokratische Gesellschaft, Band 4, Freiburg 1971, Sp. 702.

18 Ders., Die Realisierung des Utopischen: Die »Endlösung der Juden« im »Dritten Reich«, in: Geschichte und Gesellschaft 9 (1983), S. 420.

19 Ders., Die dünne Patina der Zivilisation, in: Die Zeit, 30. 8. 1996, S. 14 (Mommsen beruft sich hier auf Hilbergs Studie über die deutschen Eisenbahner).

20 Mommsen, Realisierung (wie Anm. 18), S. 382.

21 Dazu vor allem Browning, Ganz normale Männer (wie Anm. 11), passim.

22 Martin Broszat, Soziale Motivation und Führer-Bindung des Nationalsozialismus, in: Vierteljahrshefte für Zeitgeschichte 18 (1970), S. 408.

23 Hans Mommsen, Hitlers Stellung im nationalsozialistischen Herrschaftssystem, in: Gerhard Hirschfeld, Lothar Kettenacker (Hrsg.), Der »Führerstaat«: Mythos und Realität. Studien zur Struktur und Politik des Dritten Reiches, Stuttgart 1981, hier S. 56, 59; vgl. ebenda, S. 66.

24 Broszat, Soziale Motivation (wie Anm. 22), S. 408.

25 Ders., *Hitler und die Genesis der »Endlösung«*, in: Vierteljahrshefte für Zeitgeschichte 25 (1977), S. 753.

26 Die Betonung liegt natürlich auf »erklärt«, aber das kann überhört bzw. überlesen werden. Hans Mommsen in einem Interview in: Die Woche, Juni 1996.

27 Vgl. bei Dowe (wie Anm. 1), S. 55, 72.

28 Vgl. den Hinweis auf die Berliner Podiumsdiskussion vom 5. 9. 1996 bei Wolfgang Wippermann, *Wessen Schuld? Vom Historikerstreit zur Goldhagen-Kontroverse*, Berlin 1997, S. 104. Genauso verhielt es sich bei der entsprechenden Veranstaltung in Aschaffenburg am 8. 9. 1996.

29 Dowe (wie Anm. 1), S. 50.

30 So beispielsweise Walter Manoschek, Der Judenmord als Gemeinschaftsunternehmen; Ulrich Herbert, Die richtige Frage, beide jetzt in: Julius H. Schoeps (Hrsg.), *Ein Volk von Mördern? Die Dokumentation zur Goldhagen-Kontroverse um die Rolle der Deutschen im Holocaust*, Hamburg 1996, S. 155ff., 214ff.

31 Vgl. Mommsen, Realisierung (wie Anm. 18), S. 420.

32 Broszat, Soziale Motivation (wie Anm. 22), S. 408. Alle realen Ziele der Nationalsozialisten – Judenmord und Ostraumeroberung – werden hier stets als »Symbole« bezeichnet. Das ist nicht nur mißverständlich, sondern falsch.

33 Walter Manoschek, *»Serbien ist judenfrei«. Militärische Besatzungspolitik und Judenvernichtung in Serbien 1941/42*, München 1993, S. 193.

34 Michael Wildt (Hrsg.), *Die Judenpolitik des SD 1935–1938. Eine Dokumentation*, München 1995, S. 63.

35 Manoschek, »Serbien« (wie Anm. 33), S. 194.

36 So mit den präzisesten Nachweisen Ruth Bettina Birn, Revising the Holocaust, in: The Historical Journal 40 (1997), S. 195–215; vgl. auch in diesem Band, S. 38–62.

37 Ein Beispiel bei Goldhagen, Hitlers willige Vollstrecker, S. 258.

38 Eberhard Jäckel, *Hitlers Herrschaft. Vollzug einer Weltanschauung*, Stuttgart 1986, S. 123 (Kapitelüberschrift).

Bernd-A. Rusinek **Die Kritiker-Falle: Wie man in Verdacht geraten kann**
Goldhagen und der Funktionalismus

In einer noch zu schreibenden Geschichte der Öffentlichkeit in der Bundesrepublik dürfte die Goldhagen-Debatte zu jenen Großkontroversen gezählt werden, die über die Sphäre der Geschichtswissenschaft hinauswirkten und das gebildete Laienpublikum polarisierten. Zu diesen Streits gehört die 1961 entstandene Fischer-Kontroverse über die Schuld am Ausbruch des Ersten Weltkrieges und die Kontinuitäten deutscher imperialistischer Politik, die Debatte des Jahres 1978 um Hellmut Diwalds unsägliche »Geschichte der Deutschen«, worin der bis dahin renommierte Erlanger Historiker Positionen der Auschwitz-Leugner einnahm, schließlich der »Historikerstreit« 1986 über Ernst Noltes »prius«-These, wonach der nationalsozialistische Judenmord die überschießende und zugleich präventive Kopie der bolschewistischen Massenmorde im Zuge der Oktoberrevolution gewesen sei.

Verglichen mit diesen Auseinandersetzungen ist die Goldhagen-Kontroverse, der von Beginn an das Etikett »Historikerstreit« angeheftet wurde[1], von komplizierterer Architektur. Goldhagens Behauptung eines spezifisch deutschen eliminatorischen Antisemitismus sowie sein Blick auf das blutige Handwerk eines in

sechs- bis siebenstelliger Zahl angenommenen deutschen Mörder-
kollektivs ist nicht nur die Neuauflage der Kollektivschuldthese,
wobei Goldhagens Versicherung, diese These nicht zu verfech-
ten[2], wenig überzeugt; das Buch will zugleich eine Kampfansage
an die progressive Richtung der bundesdeutschen Geschichtswissenschaft seit den sechziger Jahren sein, namentlich an den sogenannten »Funktionalismus«[3] in der NS-Forschung. Diese Front-
stellung ist Gegenstand meines Beitrages.

Zur Funktion des Funktionalismus

Der Funktionalismus, im begrifflichen Durcheinander zuweilen
auch als »Strukturalismus« bezeichnet, steht für ein inzwischen
etabliertes Methodenarsenal, das seit Mitte der sechziger Jahre
von einer um 1930 geborenen Historikergeneration gegen das
konservative Zunft-Establishment geformt wurde. Nicht zuletzt
sollte ein besseres Verständnis der nationalsozialistischen Diktatur gewonnen werden. Der Funktionalismus erklärt das Herr-
schaftsgefüge des »Dritten Reiches« und die in dieser Zeit mobili-
sierten Kräfte durch Faktoren wie Eigendynamik von Bürokratien
und konkurrierenden Instanzen, zuwiderlaufende Interessen,
eingeräumte Ermessensspielräume zur Lösung vom Regime geschaffener Probleme, unterschiedliche Grade des ideologischen
Fanatismus sowie schlichte Kontingenz.

Ein Kennzeichen des Funktionalismus ist es, den Willen des
»Führers« nicht als allein maßgeblich anzusehen. Er wird mitunter geradezu marginalisiert, da der »allmächtige Führer« als vom
NS-Regime geschaffener Mythos und zwiefache Vernebelung
angesehen wird: Erstens wurde damit bereits im Nationalsozialismus die Regime-Praxis ideologisiert und verschleiert; zweitens würde in der historischen Forschung das Starren auf
Charisma und Dämonie des »Führers« und seiner »Paladine«
den Nationalsozialismus von der deutschen Gesellschaft abkop-
peln.

Der Funktionalismus in der historischen Analyse des NS-Regimes hat sich gegenüber dem intentionalistischen weitgehend

durchgesetzt, weil er, wie etwa am Beispiel der nationalsozialistischen Wirtschafts- oder der Kulturpolitik leicht darzulegen wäre,
das leistungsfähigere Konzept ist. Gewiß können einzelne Aussagen der Funktionalisten pointiert klingen, was nur deshalb nicht
zu Lärm und Eklat führte, weil ihnen eine großzügige moralische
Kreditlinie eingeräumt wurde.

Die von Goldhagen angegriffenen funktionalistisch und sozialhistorisch vorgehenden Historiker, die inzwischen selbst das
Establishment stellen und sich durch einen ihrer prominentesten
Vertreter, Hans-Ulrich Wehler, als liberal-demokratisch und der
linken Mitte zugehörig[4] einordnen, fürchten, wie noch zu zeigen
sein wird, die Wirkung einer gleichsam »umgekehrten« Fischer-
Kontroverse und einen methodologischen roll-back des unterdes-
sen erreichten Standards.

Daher der innerhalb der Historikerzunft aufgebrochene Streit
und zugleich die Behauptung, Goldhagens Buch sei der Diskussion
eigentlich nicht wert. Auf dem Münchner Historikertag im September 1996 erklärte ein namhafter Historiker, er wolle seinen
guten Doktoranden nicht die Ungerechtigkeit zumuten, einem
schlechten Doktoranden – gemeint war Goldhagen – öffentliche
Aufmerksamkeit zu verschaffen. Und dann begann die Diskussion.

Individuelles Handeln oder staatliche Strukturen?

Goldhagens mitunter in irritierender Reklamemanier vorgetrage-
ner Anspruch ist kein geringerer, als mit »Hitlers willige Vollstrecker« die bisher noch fehlende Erklärung für den Holocaust
zu geben.[5] Alle herkömmlichen Deutungen werden abgelehnt,
wenn der Autor einigen auch »einen wahren Kern« konzediert[6];
einem »neuen Verständnis des modernen deutschen Antisemitismus« soll der Weg gebahnt werden[7], allen ernsthaft bemühten
Menschen will Goldhagen Gelegenheit geben, sich dem von ihm
präsentierten Wissen »offen und ehrlich zu stellen«.[8]

Der Autor geht, um diesen Anspruch zu erfüllen, mit einer rigoristischen Ein-Punkt-Argumentation vor. Angesichts der Konzentration auf die Mörder und ihre Opfer in den zentralen Kapi-

teln seines Buches erscheinen die meisten auf eine Theorie der Holocaust-Gesellschaft abzielenden Reflexionen wie Ablenkungsmanöver. In markerschütternder Brutalität werden aufgesetzte Kopf- und Genickschüsse geschildert, schreckliche Verletzungen, halbtote Opfer beiderlei Geschlechts und jeden Alters, denen die Schergen den letzten Schuß »verpassen«. Diese vielfach wiederholten naturalistischen Beschreibungen entdifferenzieren und archaisieren das nationalsozialistische Mordgeschehen. Es war nach Goldhagen im wesentlichen nicht in dem schrecklichen Sinne modern wie die fabrikmäßigen Gaskammern von Auschwitz-Birkenau, sondern schinderhaft-handwerklich.

Bei der Konstruktion seiner zentralen These gelangt Goldhagen zu Überlegungen, die man bisher doch eher auf der Seite der Auschwitzleugner und »Revisionisten« vermutet hätte. Er rechnet nämlich die Auffassung, die meisten Juden seien in Gaskammern ermordet worden, den »Mythen« zu.[9] Dieses Argument markiert die Hauptkampflinie mit der etablierten Forschung über den Nationalsozialismus: Immer dort, wo vom Kapitalistisch-Industriemäßigen der Tötung, von technischen Systemen, selbsterzeugten Zwängen des Regimes oder bürokratischer Eigendynamik die Rede ist, erkennt er auf ein Verwischen der konkreten individuellen Schuld einer Vielzahl von Deutschen. Wer von der industriell-betriebsförmigen Massenliquidierung spricht, der verweist in dieser Optik auf kapitalismus-induzierte anonyme Systemzusammenhänge, die nicht spezifisch deutsch sind, wo aber doch die Täter Deutsche gewesen seien, und der wendet daher den Blick von den Tätern ab, um mit den Strategen der Exkulpation gemeinsame Sache zu machen. Auf Horkheimers Diktum, daß, wer vom Faschismus spreche, vom Kapitalismus nicht schweigen dürfe, könnte Goldhagen antworten: Wer vom Faschismus im Medium des Kapitalismus als einer akteursunabhängigen gesellschaftlichen Struktur spreche, der beschweige die Mörder.

Nach Goldhagens Lesart nehmen Erklärungsversuche dessen, was im Nationalsozialismus geschah, um so höhere Grade von Verfänglichkeit an und werden um so stärker unter Entschuldigungs- und Reinwaschungsverdacht gestellt, je abstrakter sie sind und je weiter sie sich von der unmittelbaren Akteursebene entfernen, der Face-to-face-Situation zwischen Mörder und Opfer. Weil er Theoriebildungen systematisch diesem Mißverständnis aussetzt, ist Goldhagen offensiv theoriefeindlich.

Getreu seiner These von »den Deutschen« als willigen Vollstrekkern untersucht und zerpflückt Goldhagen die gängigen Erklärungsversuche für die millionenfachen Bluttaten an den Juden [10]: Banal sei das Böse nicht gewesen, sondern lustvoll; unnötig sei es, so wendet er gegen Hilberg ein, das Tötungsgeschehen in eine Stufenfolge für sich genommen undramatisch erscheinender bürokratischer Vorgänge aufzufächern, um das Gewissen der Beteiligten zu beruhigen, weil es dieses schlechte Gewissen gar nicht gab; Christopher Browning spreche von den Menschen, wo es doch die Deutschen waren.

Bereits mit dem Titel seines Buches, »Hitlers willige Vollstrekker«, bekennt sich Goldhagen als hochgradiger Intentionalist. Er bedient sich des theorieärmsten Erklärungsversuches für die nationalsozialistische Effizienz: Hitler habe den Genozid angeordnet, und diese Anordnung sei befolgt worden, weil die Deutschen ebenfalls nichts anderes gewollt hätten. Das Dämonologie-Konzept vom verführenden Führer und die damit implizierte Exkulpierung großer Bevölkerungsteile werden von Goldhagen vermieden, indem er Führer- und Volksintention miteinander verschränkt. Der Holocaust erhält gewissermaßen populistische Züge.

Daniel Goldhagen konzentriert sich auf die Täter am Ort ihrer Taten. In einem Rückblick auf die Wirkung seines Buches erklärte er im Frühjahr 1997: »Die Diskussion, die wir seit einem Jahr führen, hat eine neue Qualität. Sie entfernt sich von der theoretischen Debatte um Diktaturen und staatliche Strukturen, bewegt sich hin zu einer Debatte um die Menschen, die handelnden Personen.« [11]

»Keine Deutschen, kein Holocaust«

Von den eingangs genannten Historikerkontroversen unterscheidet sich der Goldhagen-Streit unter anderem dadurch, daß sich dessen Position nicht ohne weiteres dem politischen Links-Rechts-Schema fügt, wie dies bei Fischer auf der einen, Diwald und Nolte auf der anderen Seite mühelos vorgenommen werden konnte. Goldhagen weist zwar denkbar kraß auf die deutsche Schuld hin, die hervorzuheben – wenn auch, ohne einer Kollektivschuldthese das Wort zu reden – eine Angelegenheit der deutschen Linken und des Gedenkstättendiskurses ist, aber von gesellschaftlichen Strukturen, sozialökonomischen Bedingungen des Nationalsozialismus, insbesondere vom Kapitalismus ist an keiner Stelle seines Werkes die Rede. Statt dessen wird konsequent personalisiert und auf geistesgeschichtlicher Trasse gearbeitet, indem etwa der deutsche eliminatorische Antisemitismus bis auf Martin Luther zurückgeführt wird.

Wollte man die Irritation pointieren, so müßte man sagen, die Ratlosigkeit vieler Historiker bei der Goldhagen-Lektüre rührt von der Kombination aus »linkem«, anti-nationalsozialistischem Ethos und »rechter« Methodologie her. So entstand die auf den zahlreichen Podien der Jahre 1996 und 1997 zu beobachtende Hilflosigkeit jener Kritiker, die sich nicht dazu verstehen wollen, in den Chor jener einzustimmen, die Goldhagen als schlicht strukturierten Doktoranden abstempelten.

Aller Kritik an den Überzeichnungen und Fehlern Goldhagens sowie an seinem methodologischen roll-back, über den ohnehin nicht podiumswirksam zu diskutieren ist, steht seine Konstatierung »keine Deutschen, kein Holocaust«[12] entgegen. Psychologisch kommt hinzu, daß es schwerfällt, an einer Darstellung herumzukritteln, in deren narrativem Zentrum etwa der Mord an kleinen Kindern per Genickschuß steht.

Wir wissen, daß Goldhagens These vom eliminatorischen Antisemitismus nicht haltbar ist. Es ist wenig einleuchtend, in den verbogenen Biographien und der pathologischen Querulanz deutscher Antisemiten von Hundt-Radowsky über de Lagarde, Eugen Düring, Friedrich Zöllner bis hin zu Lennard, Stark und Streicher die Mentalität »normaler« Deutscher erkennen zu wollen. Es ist ein leichtes, darauf hinzuweisen, daß bereits Hans Rothfels in seiner frühen Würdigung des deutschen Widerstands von der »schwarzen Internationale« der Letten, Russen, Ukrainer in den Reihen der Judenmörder gesprochen hat.[13]

Aber wer in öffentlichen Debatten und auf Podien solche und ähnliche Argumente ins Feld führt, der stellt irritiert fest, daß das wie Relativierung klingt, und er somit auf eine Seite gerät, auf die er keinesfalls gehören will, weil dort die deutsche Schuld eingeebnet und kleingeschrieben wird. Diese Situation könnte als »Goldhagen-Falle« bezeichnet werden. Angehörigen einer Wissenschaftlergeneration, zu deren politischer und kultureller Identität die Einsicht in die deutsche Schuld und der Kampf gegen ihre »Verdrängung« zählen, fällt es schwer, in einer Diskussion über den Holocaust und seine Ursprünge auf die europäische Dimension des Antisemitismus hinzuweisen.

Hans Mommsen und Daniel J. Goldhagen

Auch wenn Goldhagen auf seine Herleitungskapitel über den eliminatorischen Antisemitismus verzichtet hätte, wäre es zu der Kontroverse gekommen; die prekären Abschnitte bieten wohl nur die geeignetere Angriffsfläche als die Detailschilderungen von Genickschüssen.

»... keine Deutschen, kein Holocaust ...« – angesichts dieser Tatsache, die weder durch die »schwarze Internationale« noch durch die Fehlerhaftigkeit der Passagen über die Geschichte des Antisemitismus berührt wird, ist es befremdlich, daß der Holocaust lange Zeit nicht in gebührendem Maße Gegenstand der bundesdeutschen Nationalsozialismus-Forschung gewesen ist. Eine Gesamtdarstellung seitens deutscher Historiker fehlt.[14] Die eingehendere Opfer- und Täterforschung begann erst vor wenigen Jahren.

Noch in einer furiosen Debatte des Jahres 1980 wurde einem namhaften Vertreter der funktionalistischen Richtung vorgeworfen, er würde in seinen Darlegungen zum Nationalsozialismus die Judenpolitik deshalb überhaupt nicht erwähnen, weil seine auf das Problem der Kapitalismusstabilisierung reduzierte Faschismus-Theorie in der Auseinandersetzung mit der Judenpolitik Hitlers scheitern müsse.[15] Das war gewiß eine überzogene Polemik ad personam, aber tatsächlich ist die nationalsozialistische Judenvernichtung einschließlich des Holocaust von der deutschen Geschichtswissenschaft viel zu lange nicht als das zentrale Merkmal des Nationalsozialismus angesehen worden. Generalisierend wird man sagen dürfen: Je linker die Faschismus-Theorie, desto geringere Bedeutung wurde dem Holocaust beigemessen.[16]

Es kennzeichnet eine vertrackte Situation, daß unter den Historikern der Bundesrepublik – soll man sagen: »ausgerechnet«? – Ernst Nolte von früh an die nationalsozialistische Judenvernichtung in das Zentrum seiner Faschismus-Deutung gerückt hat. Sein Konzept, so Nolte 1978, wäre allein dann im Kern getroffen, »wenn die sensationalistische These sich als richtig erwiese, daß Hitler von der ›Judenvernichtung‹ nichts gewußt habe«.[17]

Für Goldhagen hat der »Funktionalismus« in der NS-Forschung in eine falsche und gefährliche Richtung geführt, nämlich von den Tätern weg. Für ebenso markant wie abstrus hält er die radikalfunktionalistische Auffassung, Hitler selbst habe vom Holocaust nichts gewußt oder nichts davon wissen müssen.

Diese »sensationalistische These« aber haftet dem Funktionalismus in der verkürzenden öffentlichen Wahrnehmung der NS-Forschung wie eine Erkennungsmarke an. Als Hauptvertreter des Funktionalismus gilt Hans Mommsen. Er ist zugleich einer der schroffsten Goldhagen-Gegner.

Unter dem Titel »Die Realisierung des Utopischen. Die ›Endlösung der Judenfrage‹ im ›Dritten Reich‹«[18] hat Hans Mommsen 1983 einen programmatischen Aufsatz publiziert, der seitdem in universitären Lehrveranstaltungen über das »Dritte Reich« zur studentischen Pflichtlektüre gehört. Der prominente Aufsatz liest sich wie eine vorweggenommene Polemik gegen Goldhagen oder – anders gewendet – wie die Summe all dessen, wogegen Goldhagen anschreibt.

Während Mommsen es für »nahezu unerklärlich« hält, »warum sich die Anführer und Mitglieder der ›Einsatzgruppen‹ zu diesem unvorstellbar grausamen Mordhandwerk hergaben«[19], und konstatiert, daß es im Wesen der menschlichen Natur liege, sich der »Reproduktion des unermeßlich Schrecklichen« der Einsatzgruppen zu entziehen[20], bezeichnet Goldhagen solche Aussparung als »klinischen Ansatz«, den er gerade vermeiden will[21]. Goldhagen ist der Überzeugung, daß die Deutschen Juden töten wollten; Mommsen schreibt: »Wir wissen, daß viele der für die ›Endlösung‹ verantwortlichen Funktionäre nicht primär antisemitisch indoktriniert waren.«[22] Während Mommsen andeutet, daß die Reproduktion des unermeßlich Schrecklichen objektiv nicht weiterhelfe, wenn der Holocaust historisch erklärt werden soll, will Goldhagen diese historische Erklärung gerade aus der Phänomenologie der Mordtaten heraus gewinnen.

Kennzeichnend für Goldhagen ist – wir haben es gehört – ein geradliniger Intentionalismus. Dieser Intentionalismus wird von Mommsen in Abrede gestellt: »Der Holocaust beruhte nicht auf einem langfristig entwickelten Programm.«[23] Und: »Die von Eichmann und Heydrich aufgebaute bürokratische Maschinerie funktionierte gleichsam automatisch.«[24] Goldhagen spricht in seiner historischen Herleitung des eliminatorischen Antisemitismus so emphatisch von den Deutschen, daß ihm die Erklärung, die Kollektivschuldthese nicht zu vertreten, schwer abzunehmen ist; bei Hans Mommsen heißt es dagegen: »Die politisch-bürokratischen Maßnahmen, die den Gedanken der Massenausrottung zur Wirklichkeit werden ließen, sind auch unter anderen gesellschaftlichen Bedingungen denkbar«[25]; weiter hebt Mommsen die »Verführbarkeit sonst normaler Individuen« hervor; der Holocaust weise »auf die anhaltende Gefährdung auch fortgeschrittener Industriegesellschaften« insgesamt hin[26].

Manche Passagen in Hans Mommsens Aufsatz von 1983 und Goldhagens dreizehn Jahre später publiziertem Buch sind so direkt aufeinander bezogen, daß ein fiktives Streitgespräch montiert werden könnte. Das betrifft insbesondere die Interpretation jener schrecklichen Prophezeung Hitlers am 30. 1. 1939, dem Jahrestag der »Machtergreifung«, vor dem Reichstag in der Kroll-Oper: »Ich will heute wieder ein Prophet sein: Wenn es dem internationalen Finanzjudentum gelingen sollte, die Völker noch einmal in einen Weltkrieg zu stürzen, dann wird das Ergebnis nicht die Bolschewisierung der Erde und damit der Sieg des Judentums sein, sondern die Vernichtung der jüdischen Rasse in Europa.«[27]

Hatte Hitler damit den Völkermord an den Juden angekündigt oder nicht? Hans Mommsen: »Die Schlußfolgerung ..., hiermit sei bereits die radikale rassenideologische Zielsetzung des kommenden Krieges bewußt aufgenommen worden, verleiht diesen Äußerungen ein zu hohes Gewicht.«[28] Daniel Goldhagen: »Ich kenne kein anderes Beispiel in der Geschichte dafür, daß ein Staatschef in einer so wichtigen Angelegenheit mit so offenkundiger Überzeugung eine Intention verkündete und sie schließlich auch so ausführte, und dann Historiker später behaupten, man solle seine Worte nicht so genau nehmen. Er habe nicht eigentlich beabsichtigt, das durchzuführen, was er der ganzen Welt angekündigt hatte.«[29]

Fritz Fischer: »1968« vor 1968

Werden einzelne Sätze Hans Mommsens wie jener Satz über Hitlers Rede vom 30. 1. 1939 oder darüber, daß selbst hohe Würdenträger des Nationalsozialismus vom Holocaust nichts gewußt hätten, isoliert, so mögen sie den Verdacht der Exkulpation auf sich ziehen. Aber wir haben der Charakterisierung des Funktionalismus in der NS-Forschung entnehmen können, daß der Unterschied zwischen dessen Bestreben, die nationalsozialistische Effizienz in die Struktur der deutschen Gesellschaft hineinzuverlegen, und Goldhagens Holocaust-Voluntarismus jedenfalls kein sich vollkommen ausschließender ist. Denn anders als in der Kontroverse um Nolte wird die Entstehung der nationalsozialistischen Verbrechen auf beiden Seiten in der deutschen Gesellschaft selbst verortet; und anders als in der Kontroverse um Diwald sind die Konfliktparteien wenigstens über die Faktizität der Judenmorde einen Sinnes.

Um die Furiosität des »Historikerstreits« um Goldhagen zu verstehen, müssen wir die Entwicklung der Geschichtswissenschaft in der Bundesrepublik bedenken. Bis 1960 waren die Methoden der deutschen Geschichtswissenschaft grob gesprochen nicht viel anders als in den 1920er Jahren und beruhten auf Traditionen, die sich vor 1914 herausgebildet hatten.[30] Nach 1945 hatten sich in einer überwiegend konservativen Geschichtswissenschaft der Bundesrepublik der Historismus und eine geistesgeschichtliche Orientierung wiederum durchgesetzt.[31]

Die Fischer-Kontroverse ab 1961 um die Schuld des Deutschen Reiches am Ausbruch des Ersten Weltkrieges[32] kann als Durchbruchskrise einer neuen Geschichtswissenschaft angesehen werden. Sie war der bis heute wissenschaftlich folgenreichste Historiker-Streit in der Bundesrepublik. Fritz Fischer hatte mit dem Konsens, das Deutsche Reich sei wie die übrigen kriegsteilnehmenden Mächte in den Ersten Weltkrieg »hineingeschlittert«, ebenso gebrochen wie mit konservativen Grundanschauungen über die »Kriegsschuldlüge« und statt dessen das Kontinuitätsproblem zwischen Wilhelminismus und Nationalsozialismus in den Mittelpunkt gerückt.[33]

Vom Zunft-Establishment wurde dem Autor vorgehalten, seine Darstellung entspreche der antideutschen Kriegspropaganda. »Bethmann Hollweg, der Hitler des Jahres 1914?«[34], fragte Michael Freund entrüstet, und »Der Spiegel« bejahte diese rhetorische Frage, indem er die »kaiserliche(n) Ostlandfahrer« mit den »späteren Haken-Kreuzritter(n)« ineinssetzte[35]. Auf den ersten Augenschein nicht anders als das heutige Establishment gegen Goldhagen, zog das damalige gegen Fischer alle Register der akademischen Kritik bis hin zum Stümpervorwurf.

Mit der Fischer-Kontroverse war es – wie Hans Mommsen rückblickend schrieb – erstmals »zu einer eindeutig politisch motivierten Auseinandersetzung innerhalb des Fachs« gekommen.[36] Im Ergebnis wurden konservative Positionen überwunden, die die bundesdeutsche Geschichtswissenschaft bis zum Ende der Adenauerzeit bestimmt hatten. Fischers Werk war zugleich methodischer Modernisierungsanstoß für das Fach Geschichte, indem der Autor nach zunächst konventionellem politikgeschichtlichen Zugriff von Neuauflage zu Neuauflage immer stärker sozioökonomische Faktoren und Strukturelemente der Gesellschaft einbezog; er wurde ein »Haupt der kritischen politischen Sozialgeschichte« und versammelte kritische und begabte Studenten um sich.[37]

In jenen Jahren hatte die Geschichtswissenschaft gewissermaßen ihr »1968« vor 1968: »Als fortgeschrittene Studenten und Doktoranden, als Assistenten und Dozenten arbeiteten um 1960 in den Historischen Seminaren Angehörige einer Generation, die mehrheitlich von der Grunderfahrung ausging, daß Nationalsozialismus, Weltkrieg und Zusammenbruch die überlieferten nationalpolitischen und idealistischen Denkmuster definitiv diskreditiert hatten. Gegenüber den alten Paradigmata der ›Staats- und Hauptaktionen‹ empfanden sie begründete Skepsis, während sie die rasche Entfaltung der Sozial- und Politikwissenschaft begrüßten. Das Angebot dieser systematischen Nachbarwissenschaften hielten sie für eine erwünschte Ergänzung.«[38]

Ein Kampfplatz war insbesondere die Zeitgeschichte und damit der Nationalsozialismus. Kennzeichen der frühen Forschungen zum Nationalsozialismus waren die der NS-Ideologie zugemessene besondere Bedeutung, die Vorstellung von einem monolithisch geschlossenen System und die Tendenz, Regime-Handlungen als Konsequenzen der in »Mein Kampf« niedergelegten Ziele Hitlers anzusehen.[39]

Die »progressiveren Ansätze«[40] der jüngeren Generation[41] bemühten sich dagegen, »den Nationalsozialismus nicht mehr als monolithische Führerdiktatur, sondern als eine Polykratie konkurrierender Machtträger zu verstehen, die den ideologischen Stereotypen der Goebbelspropaganda in mancher Hinsicht noch folgende Fixierung auf Hitler ... zu überwinden und ... die restriktiven Bedingungen des Handelns vor allem in der Innenpolitik, aber auch in der Außenpolitik herauszuarbeiten«. Vor allem hatten Martin Broszat und Hans Mommsen, Peter Hüttenberger und Wolfgang Schieder der neuen Position Gehör verschafft.[42]

In diesen Auseinandersetzungen innerhalb der bundesdeutschen Geschichtswissenschaft wurde auch darüber diskutiert, welche Bedeutung den Tötungsverbrechen bei der Erforschung des Nationalsozialismus beizumessen sei, und dabei flossen geschichtswissenschaftliche und geschichtsdidaktische Argumente ineinander. Hans Mommsen warf der Geschichtswissenschaft der

Nachkriegszeit vor, sie hätte mit einer »Akzentuierung der moralisch verwerflichen Züge« des Nationalsozialismus sowohl die sozialen Ursachen wie die »Mitverantwortlichkeit der herrschenden Eliten« an der Durchsetzung der faschistischen Diktatur weitgehend überdeckt.[43] In der Konzentration der NS-Forschung auf die Verbrechensseite wurde also eine Exkulpation der alten Eliten und der bürgerlichen Rechten erblickt: Je mehr Raum für die sadistischen Verbrechen und die Schurken in einer historischen Darstellung des Nationalsozialismus, desto höher die Trennwand zwischen nationalsozialistischer Diktatur und bürgerlicher Reaktion. Die Herausstellung der moralisch verwerflichen Züge wurde geradezu als erkenntnisverhindernd angesehen. Bestialische Akteure mußten den Nationalsozialismus aus dem Kontinuum der deutschen Geschichte herausfallen lassen, wo es doch als Erkenntnis durchzusetzen galt, daß der Nationalsozialismus in dieses Kontinuum hineingehört.

Wenn wir erklären wollen, warum es in der Geschichte der nationalsozialistischen Exzeßtaten so viele weiße Flecken gibt, kann es mithin nicht genügen, nach Lektüre von Dieter Pohls profunder Goldhagen-Besprechung auf »die Vielzahl neuentdeckter Schlüsseldokumente aus osteuropäischen Archiven« zu verweisen.[44] Man hatte die Darstellung und Erforschung dieser Exzeßtaten zurücknuanciert – jedoch aus anderen Gründen, als Goldhagen sie unterstellt.

Dasselbe gilt für Geschichte als Darstellung des Handelns von Einzelpersonen. Die Überwindung des Historismus bedeutete, sich von konventionellen Formen des Erzählens ebenso abzuwenden wie von der Ereignisgeschichte, und nicht »Personalisierung« lautete die Parole, sondern: »Weg vom Akteur!« Statt dessen wurde in Anlehnung an die französische »Annales«-Schule[45] die »Erfassung von überindividuellen Zusammenhängen«[46] angestrebt, und zwar unter Zuhilfenahme sozialwissenschaftlicher Methoden. Es ist daran zu erinnern, daß man bei der Adaption an die »systematischen Nachbarwissenschaften« eine Szientifizierung der Geschichtswissenschaft anstrebte, um der Gefahr zu begegnen, daß die Politik- und Sozialwissenschaften der Geschichte den Rang ablaufen könnten.[47] Auch aus dieser Perspektive der sechziger Jahre rührt der Verzicht auf Personalisierung, Einzel-fallschilderung und klassisches Erzählen her.

Es ist nun unschwer zu erkennen, daß Daniel Goldhagen hinter all diese Positionen zurückgeht: In »Hitlers willige Vollstrecker«, einem der auflagenstärksten wissenschaftlichen Bücher über die NS-Zeit, ist Goldhagen krasser Intentionalist, seine Perspektive ist die deutsche Nation, er verzichtet weitgehend auf Methoden der Sozialwissenschaft, er argumentiert geistesgeschichtlich, er erzählt, er personalisiert und präsentiert Einzelfallkaskaden in minutiösen Detailschilderungen; er stellt schließlich die Ver-brecherseite des Nationalsozialismus in das Zentrum. Zwei Aspekte von »Hitlers willige Vollstrecker« haben den Zorn der funktionalistischen Kritiker hervorgerufen: Erstens wirft Gold-hagen dem Funktionalismus vor, er entlaste die deutsche Gesell-schaft, und rückt damit die »progressiveren Ansätze« von einst auf die Seite jener deutschnationalen Verdrängung, die von ihnen so vehement bekämpft worden ist. Zweitens wird für den Fall, daß Goldhagens Vorgehensweise bei der Nationalsozialismus-Analyse Schule machen sollte, befürchtet, die Goldhagen-Kontro-verse könne die umgekehrte Wirkung zeitigen wie einst die Fischer-Kontroverse und in die Methodenstandards der 50er Jahre zurückführen.

Analyse oder Ablenkung?

Ein Generationenkonflikt ist der Goldhagen-Debatte förmlich ins Gesicht geschrieben. Bei den öffentlichen Streitgesprächen in Arenen und Fernsehstudios saß der »junge Harvardprofessor« vorwiegend älteren, teilweise bereits emeritierten Herren gegen-über. Das Publikum mochte sich fragen, ob es denn in Deutsch-land zum Beispiel keine Historikerin unter fünfzig gibt. Jene mögen triumphierend lächeln, nach deren Auffassung der Gene-rationenkonflikt keiner Generation erspart bleibt.

Es steht aber bei dem Streit um Goldhagen ganz anderes und weit mehr auf dem Spiel. Hans Mommsen hatte sich 1983 gegen die »Reproduktion des unermeßlich Schrecklichen« durch den

Historiker gewandt und hinzugefügt, das gelte auch »in einem objektiven Sinne«.[48] Tatsächlich rangieren die Mordtaten, die Goldhagen in das Zentrum seiner Arbeit stellt, so abgrundtief, waren die Täter im Wortsinne ent-menscht und zivilisatorisch heruntergebrochen, daß der Historiker nicht mehr analysieren, sondern nur mehr stumm auf ein blutiges Geschehen verweisen kann. Und ließen sich aus der Goldhagenschen Nahoptik nicht auch Aspekte des Vertreibungsgeschehens seit 1944 abschildern? Auch hier entfesselte Barbarei: Kinder, lebendig verbrannt im Frühjahr 1945, »im Osten« zu Tode vergewaltigte Mütter, erschossene Greise. Es ist in letzter Konsequenz ein makabrer Wetteifer unter Greuelhistorikern denkbar, an dessen Ende die Entdifferenzierung des historischen Geschehens stünde.

Hans Mommsen hält es für »zwingend«, daß es einen förmlichen Befehl Hitlers zur Vernichtung der europäischen Juden nicht gegeben hat. Angesichts der Tatsache, daß ein solcher Befehl bis heute nicht aufgefunden wurde [49], versucht der Funktionalismus, die Grauzone zwischen dem zweifellos vorhandenen, wenn auch nicht »eliminatorischen« Antisemitismus der deutschen Gesellschaft, der kumulativen Diskriminierung der Juden ab 1933, den verschiedenen, oft einander widersprechenden ideologischen Verlautbarungen des Nationalsozialismus und den Genozid-Verbrechen während des Krieges zu ergründen.

Nicht allein gelegentlich pointierte Äußerungen, sondern die historischen Untersuchungen selbst führen zur Möglichkeit mißgeleiteten Verstehens, ein Risiko, dem sich jede differenzierende Darstellung aussetzt. Es braucht nur von der wissenschaftlichen Seite auf die einer rigoristischen Moral gewechselt zu werden, die allein auf den physischen Täter blickt, alles Weitergehende aber als Ablenkung und Täuschungsmanöver abtut – und schon erscheinen diese Anstrengungen als frivol oder zynisch, sehen Differenzierungen wie eine Verwässerung, Hinweise auf Strukturen wie eine Ablenkung vom Blut an den Täterhänden aus.

Solch sozusagen staatsanwaltschaftliche Verkürzung einer komplexen Problematik kann den funktionalistischen Historiker des Holocaust ebenso im trüben Licht eines Rechtsbeistands für die Täter erscheinen lassen wie etwa jenen, der die Biographie eines abgetauchten ehemaligen SS-Führers in der Bundesrepublik untersucht und Läuterungsprozesse nicht ausschließen will. Hier tut sich die Theoretiker-Falle im Goldhagen-Streit auf.

Die pauschale Kollektivschuldthese und der Goldhagensche Holocaust-Voluntarismus sind vermutlich die einzigen Erklärungsversuche für den Nationalsozialismus und seine Verbrechen, die sich auch bei gröbstem Mißverstehen nicht für Entlastungsstrategien eignen.

Ein unter dem Motto »Weg vom Akteur« operierender und auf den Selbstlauf von Bürokratien abhebender Strukturansatz könnte letztlich auch von Tätern und Verstrickten als Apologie angeführt werden. Die funktionalistische Deutung des Holocaust ließe sich als Doublette der einst von Fritz Fischer bekämpften Auffassung lesen: Ist das »Dritte Reich« in den Holocaust »hineingeschlittert«? Der Polykratie-Ansatz könnte es gestatten, das Verhalten der Beteiligten bei systemimmanenter Konkurrenz einzelner NS-Dienststellen im nachhinein zum »Widerstand« zu stilisieren. Aber das wäre zynisches Interpretieren als Teil einer Hermeneutik des Mißverstehens.

Dichotomien von einst und neue Synthesen

Goldhagens Darstellung ist schockierend und emotional. Er wendet sich gegen die »klinische Methode«. Er wirft der ganzen funktionalistischen und strukturorientierten Richtung der historischen NS-Forschung vor, am Verdrängungsgeschäft und an der Auslöschung individueller Schuld beteiligt zu sein. Auch innerhalb einer vorwiegend jüngeren Generation von Historikern in der Bundesrepublik wird die Schuld des sogenannten kleinen Mannes inzwischen viel stärker in den Blick genommen. Diese Tendenz belegt die Kritik am »Resistenz«-Begriff des »Bayern-Projekts«.

Martin Broszat wurde als Modernisierer der Zeitgeschichtsforschung bereits genannt. Der unter seiner Ägide entwickelte »Resistenz«-Begriff sollte Schattierungsgrade und Randzonen des

Widerstands sozialhistorisch erfassen. Die umfangreichen Arbeiten des Instituts für Zeitgeschichte förderten dabei ein breites Potential von »Resistenz« zutage.[50]

Dagegen attestierte bereits 1984 der frühverstorbene Detlev Peukert den Münchener Arbeiten zur Resistenz »eine gewisse Überschätzung des widerständigen Potentials im ›Dritten Reich‹«.[51] 1985 nahm der grundsätzliche Hinweis eines kritischen Journalisten auf die moralischen Implikationen des erweiterten Resistenzbegriffs die Richtung des Goldhagenschen Argumentierens vorweg. Unter dem bezeichnenden Titel »Der kleine Mann und seine Liebhaber« hieß es: »Wenn es tatsächlich wahr ist, daß viele Deutschen sich unter dem Nationalsozialismus freier bewegt und entschieden mehr herausgenommen haben als bisher angenommen, dann konkretisiert sich, vergrößert sich damit doch ihre Verantwortung für das, was mit den anderen geschah.«[52]

Klaus Michael Mallmann und Gerhard Paul haben schließlich die »Resistenz« nicht dem Widerstand, sondern dem dynamischen Funktionieren des NS-Systems zugeordnet. Der größte Resistenzfaktor des »Dritten Reiches«, so spotteten sie in polemischer Überzeichnung, sei der Nationalsozialismus selbst gewesen.[53] In ihren eigenen Forschungen zur Gestapo rekonstruieren beide Autoren die politische Polizei des Nationalsozialismus als Teil eines sozialen Netzwerkes, das über Denunzianten und V-Leute weit in die deutsche Bevölkerung hineinreichte. Ihre Zwischenbilanz der Gestapo-Forschung resümiert zudem ein »Unbehagen an einer subjektlosen Strukturgeschichte«, das (kollektiv-) biographische Forschungsansätze provoziert habe.[54]

Dieses Unbehagen führte bei jüngeren Vertretern der deutschen Geschichtswissenschaft lange vor Goldhagens Publikation dazu, Täter und Opfer schärfer ins Auge zu fassen, also die »visible hand« statt der »invisible hand« des Strukturgeschehens. Niemand würde das Standardwerk über die »Fremdarbeiter« in der NS-Zeit deshalb kritisieren, weil darin die Massenmorde in der Schlußkriegsphase eindringlich geschildert werden.[55]

Inzwischen gehören die geschichtswissenschaftlichen Kontroversen der sechziger Jahre selbst zur Geschichte. Die Dichotomien von einst – Struktur versus Ereignis, bürokratische Eigendynamik versus einzelne Akteure, »harte« Methoden der Sozialwissenschaften versus Erzählen – führen heute kaum mehr weiter. Geschichtswissenschaftliche Studien über nationalsozialistische Exzeßtaten würden heute nicht mehr – wie um 1970 – im Geruch stehen, mit der Akzentuierung der Schreckensseite des NS-Regimes solle das rechte Bürgertum als Säule der »Machtergreifung« aus dem Blick genommen werden.

Eine Bemerkung Martin Broszats von 1980 läßt zudem die Überlegung zu, ob Depersonalisierung und Versachlichung bei der geschichtswissenschaftlichen Untersuchung der NS-Verbrechen nicht auch auf ein Quellenproblem zurückzuführen sei: »Die vielfach dominierende Darstellung der NS-Judenverfolgung auf der Grundlage amtlicher deutscher Dokumente und damit aus der Perspektive der ehemaligen NS-Akteure verfehlte oft die eigentliche Geschichte der jüdischen Katastrophe, die Juden blieben blaße Schemen, statistische Objekte.«[56]

Vielleicht ist der abstrakte, hochaggregierte Darstellungsmodus, das sozusagen kalte Theorie-Design, das Goldhagen als »klinisch« bezeichnet, mit zurückzuführen auf die in den sechziger Jahren geforderte Adaption der Geschichte an die systematischen Nachbarwissenschaften, um den Bestand der Geschichtswissenschaft für die Zukunft zu garantieren. Aber von solch einer Bedrängungssituation spricht heute niemand mehr.

Die Goldhagen-Kontroverse selbst ist ein Hinweis darauf, daß die Geschichte unter den Geisteswissenschaften die Diskursherrschaft hält, und in der geschichtswissenschaftlichen Produktion der letzten Jahre zeigt sich eine Konjunktur der im landläufigen Verstande am wenigsten szientifischen Darstellungsform der Geschichte: der Biographie. Aber diese Biographien bewegen sich zumindest in ihren Referenzbeispielen[57] auf dem seit den sechziger Jahren durchgesetzten Reflexionsniveau.

Wenn das analytische Niveau beibehalten wird, das die von Goldhagen kritisierten funktionalistischen Historiker erarbeitet haben, ist kein Grund dafür zu erkennen, in einer historischen Analyse nationalsozialistischer Verbrechen den Lesern nicht auch die konkreten Hergänge vor Augen zu führen. Freilich darf es damit nicht sein Bewenden haben. War es nicht gerade ein Ideal des gescholtenen Historismus, daß der Historiker sein Selbst gleichsam auslöschen sollte?

Die historische Darstellung muß die Ebene »konkretistisch« verstandener Akteure untergreifen, aber sie braucht deshalb nicht von ihnen wegzublicken. Wie die Geschichtswissenschaft in den sechziger Jahren die Brechtschen »Fragen eines lesenden Arbeiters« beantworten wollte, müßte sie auch auf die imaginären »Fragen eines lesenden Überlebenden« eingehen.

Unter diesem Gesichtspunkt betrachtet, ist Goldhagens Werk eine wertvolle Provokation.

1 Vgl. Volker Ullrich, Hitlers willige Mordgesellen. Ein Buch provoziert einen neuen Historikerstreit: Waren die Deutschen doch alle schuldig?, in: Die Zeit, 12. 4. 1996.

2 Goldhagen (wie S. 24, Anm. 1), S. 11. (Dieser Hinweis bezieht sich wie alle folgenden auf die deutsche Erstausgabe, Berlin 1996.)

3 Die Begriffe »Funktionalismus«, »Intentionalismus«, aber auch »Historismus«, »rechts« und »links« als heuristische Trassen; eine Ausdifferenzierung läßt der knappe Raum nicht zu.

4 Hans-Ulrich Wehler, Geschichtswissenschaft heute, in: Jürgen Habermas (Hrsg.), Stichworte zur »Geistigen Situation der Zeit«, Bd. 2: Politik und Kultur, Frankfurt am Main 1979, S. 750.

5 Goldhagen, S. 28.

6 Ebenda, S. 27.

7 Ebenda, S. 69.

8 Ebenda, S. 13.

9 Ebenda, S. 23, S. 603 (Anm. 81).

10 Vgl. zum folgenden: ebenda, S. 15−41, 439−485.

11 Vgl. Die Woche, 14. 3. 1997.

12 Goldhagen, S. 18f.

13 Hans Rothfels, Die deutsche Opposition gegen Hitler. Eine Würdigung, Krefeld 1949, S. 25.

14 Die grundlegende Frage nach der Zahl der Opfer wird systematisch abgehandelt in Wolfgang Benz (Hrsg.), Dimension des Völkermords. Die Zahl der jüdischen Opfer des Nationalsozialismus (Quellen und Darstellungen zur Zeitgeschichte; 33), München 1991.

15 Klaus Hildebrand, Nationalsozialismus ohne Hitler? Das Dritte Reich als Forschungsgegenstand der Geschichtswissenschaft, in: Geschichte in Wissenschaft und Unterricht 31 (1980), S. 297.

16 Man lese das Vorwort einer DDR-Darstellung des Häftlingswiderstands im Lager Auschwitz. Keine Silbe über die ermordeten Juden, dafür um so mehr über Adenauers

Politik, die westdeutschen Konzerne und das Kernenergieprogramm der Bundesrepublik. Vgl. Bruno Baum, Widerstand in Auschwitz, Berlin (DDR) 1962, Vorwort zur 2. Aufl., S. 6ff.

17 Ernst Nolte, Rückblick nach fünfzehn Jahren, in: Der Faschismus in seiner Epoche, Action française. Italienischer Faschismus. Nationalsozialismus, 2. Aufl., München, Zürich 1986, S. XV.

18 Hans Mommsen, Die Realisierung des Utopischen. Die »Endlösung der Judenfrage« im »Dritten Reich«, in: Lutz Niethammer/Bernd Weisbrod (Hrsg.), Hans Mommsen – Der Nationalsozialismus und die deutsche Gesellschaft. Ausgewählte Aufsätze, Reinbek 1991, zuerst in: Geschichte und Gesellschaft 9 (1983).

19 Hans Mommsen, Realisierung, S. 207.

20 Ebenda, S. 184.

21 Goldhagen, S. 38.

22 Hans Mommsen, Realisierung, S. 208.

23 Ebenda, S. 213.

24 Ebenda, S. 214.

25 Ebenda, S. 217.

26 Ebenda.

27 Zit. nach Max Domarus, Hitler. Reden und Proklamationen, Bd. 2, München 1963, S. 1058.

28 Hans Mommsen, Realisierung, S. 195.

29 Goldhagen, S. 604 (Anm. 92).

30 Wehler, Geschichtswissenschaft heute (wie Anm. 4), S. 709.

31 Hans Mommsen, Betrachtungen zur Entwicklung der neuzeitlichen Historiographie in der Bundesrepublik, in: Géza Alföldy/Ferdinand Seibt/Albrecht Timm (Hrsg.), Probleme der Geschichtswissenschaft, Düsseldorf 1973, S. 130.

32 Vgl. Fritz Fischer, Der Griff nach der Weltmacht. Die Kriegszielpolitik des kaiserlichen Deutschland, Düsseldorf 1961.

33 Vgl. Wehler, Geschichtswissenschaft heute (wie Anm. 4), S. 727ff.

34 Vgl. Frankfurter Allgemeine Zeitung, 28. 3. 1964.

35 Wilhelm der Eroberer, in: Der Spiegel, 29. 11. 1961.

36 Hans Mommsen, Entwicklung (wie Anm. 31), S. 138f.

37 Wehler, Geschichtswissenschaft heute (wie Anm. 4), S. 729.

38 Ebenda, S. 724.

39 Vgl. Hans Mommsen, Entwicklung (wie Anm. 31), S. 133f.

40 Ebenda, S. 144.

41 Wehler (Geschichtswissenschaft heute, wie Anm. 4, S. 731f.) bezeichnete diese jungen Historiker in damals anderer Stoßrichtung des Begriffs als »Revisionisten«.

42 Ebenda.

43 Hans Mommsen, Entwicklung (wie Anm. 31), S. 132.

44 Vgl. Dieter Pohl, Die Holocaustforschung und Goldhagens Thesen, in: Vierteljahrshefte für Zeitgeschichte 45 (1997) 1, S. 43.

45 Wehler, Geschichtswissenschaft heute (wie Anm. 4), S. 723.

46 Ebenda.

47 Mommsen, Entwicklung (wie Anm. 31), S. 125.

48 Mommsen, Realisierung (wie Anm. 18), S. 184.

49 Ebenda, S. 194; vgl. dazu jetzt auch Hermann Graml, Ist Hitlers »Anweisung« zur Ausrottung der europäischen Judenheit endlich gefunden? Zu den Thesen von Christian Gerlach, in: Jahrbuch für Antisemitismusforschung 7 (1998).

50 Vgl. Martin Broszat / Elke Fröhlich / Anton Grossmann (Hrsg.), Bayern in der NS-Zeit, 6 Bde., München / Wien 1977ff.

51 Detlev Peukert, Widerstand und »Resistenz«. Zu den Bänden V und VI der Publikation »Bayern in der NS-Zeit«, in: Archiv für Sozialgeschichte 24 (1984), S. 663.

52 Ernst Köhler, Der kleine Mann und seine Liebhaber, in: Freibeuter 24 (1985), hier S. 95.

53 Klaus Michael Mallmann / Gerhard Paul, Resistenz oder loyale Widerwilligkeit? Anmerkungen zu einem umstrittenen Begriff, in: Zeitschrift für Geschichtswissenschaft 40 (1993), S. 116.

54 Vgl. dies., Auf dem Wege zu einer Sozialgeschichte des Terrors. Eine Zwischenbilanz, in: dies. (Hrsg.), Die Gestapo – Mythos und Realität, Darmstadt 1995, S. 12.

55 Vgl. Ulrich Herbert, Fremdarbeiter. Politik und Praxis des »Ausländer-Einsatzes« in der Kriegswirtschaft des Dritten Reiches, Bonn 1986, Abschnitt »Karwoche 1945« (S. 336ff.).

56 Martin Broszat, Holocaust-Literatur im Kielwasser des Fernsehfilms, in: Geschichte in Wissenschaft und Unterricht 31 (1980), S. 22.

57 Ulrich Herbert, Best. Biographische Studien über Radikalismus, Weltanschauung und Vernunft (1903 – 1989), Bonn 1996.

Werner Bergmann **Im falschen System**
*Die Goldhagen-Debatte in Wissenschaft
und Öffentlichkeit*

Der Historiker Hans Mommsen, der wohl entschiedenste Kritiker
des Buches »Hitlers willige Vollstrecker« von Daniel J. Goldhagen,
klagte während einer Podiumsdiskussion im Rahmen des Histori-
kertages in München, daß die deutsche Debatte um dieses Buch
zum Großteil irrational geführt worden sei. Er beklagte, es sei
»den deutschen Historikern abverlangt worden, ihre Erkenntnisse
zu vergessen und Trivialitäten zu übernehmen« (Der Tagesspiegel,
21. 9. 1996). Diese Beobachtung Mommsens spricht meines Erachtens genau den verborgenen Kern der sogenannten »Goldhagen-
Debatte« an: Ihre Irrationalität ergab sich – systemtheoretisch gesprochen – aus der Vermischung von zwei Systemreferenzen,
nämlich von Wissenschaft und Medienöffentlichkeit, zwei gesellschaftlichen Teilsystemen, die in ihrer Kommunikation jeweils
einer anderen Logik folgen. Die Historiker glaubten, im Wissenschaftssystem zu operieren, und begriffen nicht, daß sie sich mit
ihren Diskussionsbeiträgen im System Medienöffentlichkeit befanden (und damit seiner Logik unterlagen), während umgekehrt
massenmediale Effekte, wie die breite Diskussion und die Zahl der
verkauften Bücher, von der Öffentlichkeit zum Ausweis wissenschaftlicher Bedeutung und Diskussionswürdigkeit wurden.

Bevor ich auf die entsprechenden Phänomene in der »Goldhagen-Debatte« eingehe, soll in gebotener Kürze die Systemlogik von Wissenschaft und Öffentlichkeit charakterisiert werden.[1] Wissenschaft unterscheidet sich von allen anderen Funktionssystemen dadurch, daß sie unter dem Code wahr/unwahr kommuniziert, das heißt, alles, was sie kommuniziert, ist entweder wahr oder falsch. Wahre Aussagen implizieren eine vorausgehende Prüfung und Verwerfung ihrer etwaigen Unwahrheit. Wissenschaft kann als operativ geschlossenes und autonomes System nur eigene Operationen als Anlässe für Zustandsänderungen anerkennen. Entsprechend müssen Umweltgegebenheiten, etwa eine öffentliche Debatte, in Wahrheitskommunikation transformiert werden und an den erreichten Forschungsstand als neues Wissen anschließbar sein. Methoden und Themen werden von der Wissenschaft autonom gewählt, und weder die öffentliche Meinung, der Rang des Wissenschaftlers oder andere außerwissenschaftliche Kriterien (wie Verkaufszahlen eines wissenschaftlichen Buches, Aktualität etc.) spielen hier eine Rolle. Wissenschaftliche Kommunikation erfolgt über Publikationen, deren Adressaten Leser sind, die wiederum auch als wissenschaftliche Autoren in Betracht kommen. Luhmann hat auf die sich daraus ergebende Rollendifferenzierung hingewiesen: »Der Autor bemüht sich, die Wahrheit, Neuheit und vor allem die Sicherheit der Erkenntnisse herauszustellen. Der Leser bemüht sich um Kritik, er versucht, die Leichen im Keller zu finden oder den Erkenntnisgewinn zu relativieren.«[2] Überzogene Präsentationen sind also ebenso üblich wie die entsprechend kritischen Zurückweisungen. Diese Form der Kritik hält die wissenschaftliche Kommunikation in Gang, sie ist also ein Systemerfordernis und wird in der Wissenschaft nicht auf besondere Motive des Kritikers zurückgeführt.

Im Fall der massenmedialen Öffentlichkeit, die ihre Themen aus allen gesellschaftlichen Bereichen gewinnt, unter anderem auch aus der Wissenschaft, sind die Adressaten der Kommunikation unbestimmt, und ihre direkte Rückkommunikation besitzt wenig Bedeutung. Der Leser ist nicht wie in der Wissenschaft zugleich auch Kritiker und Autor. Über die Codestruktur des publizistischen Systems herrscht bisher keine Einigkeit.[3] Ob man den Code in der Differenz von Information / Nichtinformation (wie Niklas Luhmann) oder in der von öffentlich / nicht-öffentlich (wie Frank Marcinkowski) sieht[4], in jedem Fall wählt das System aus der Umwelt diejenigen Ereignisse aus, die einen Informationswert haben, publiziert diese und schließt alle anderen aus. Die Funktion der Massenkommunikation liegt folglich darin, Themen aus anderen gesellschaftlichen Bereichen mit Publizität auszustatten, öffentliche Aufmerksamkeit auf sie zu lenken und ihnen Status zu verleihen. Damit schaffen die Medien Voraussetzungen für weitere massenmediale und Alltagskommunikation, die ein bestimmtes Wissen als selbstverständlich gegeben voraussetzen kann und nicht mehr mitkommunizieren muß. Die Nachricht selbst verliert mit der Veröffentlichung ihren Informationswert und kann nicht noch einmal gebracht werden. Das System besitzt eine außerordentliche Dynamik, da es mit bereits Veröffentlichtem nichts mehr anfangen kann und deshalb, wenn es beim Thema bleiben will, ständig neue Beiträge bringen muß, was den Thematisierungen einen kampagnenartigen Eindruck gibt. Das System ist eingestellt auf schnelles Erinnern und Vergessen. Indem die Medien täglich einen Bedarf nach neuer Information wecken, veralten frühere Informationen sehr schnell. Dies setzt auch die anderen Teilsysteme unter Druck, ständig Neues zu produzieren. Aus den Bedingungen eines weiten Adressatenkreises und der Neuigkeitsorientierung ergeben sich eine Reihe von Nachrichtenfaktoren (Selektionskriterien), wie sie die empirische Medienforschung herausgearbeitet hat: 1) Bevorzugt werden neue Informationen, die mit bestehenden Erwartungen brechen, wobei die Diskontinuität betont wird. 2) Medienkommunikation wählt Konflikte aus, die Spannung auf eine Fortsetzung der Kommunikation ermöglichen. 3) Besondere Beachtung genießen Normverstöße (gegen Recht, Moral, political correctness), insbesondere wenn sie durch Moralisierung einen Anlaß zur Achtung / Mißachtung von Personen bieten. 4) Dieser Bezug auf Personen ist für die Medien wichtig. Komplexe Hintergründe für Entscheidungen oder Meinungen bleiben zugunsten einer Personalisierung auf Handelnde und ihre Motive unterbelichtet. 5) Andere Medien sind wichtige Bezugspunkte für die Berichterstattung, so daß die Medien sich in sich selbst spiegeln, Medienereignisse kreieren und ihnen über Kommentare, Kritiken, Stellungnahmen usw. Bedeutung verleihen. 6) Weiterhin spielen bei der Auswahl von Themen noch Momente der leichten Verständlichkeit (simple story line) für das disperse Publikum, Fragen von »human interest«, der lokale Bezug usw. eine wichtige Rolle.

Diese Faktoren eröffnen einen Selektionshorizont, doch determinieren sie die Auswahl nicht. Vielmehr spielt das Publikationsinteresse von Journalisten für die zweckbewußte Auswahl und die entsprechende Nachrichtengestaltung, zum Beispiel in der Gewichtung von Beiträgen durch Umfang, Plazierung, Aufmachung, Verknüpfung mit anderen Themen usw., die zentrale Rolle. Der Journalist orientiert sich dabei einerseits an seinen Berufsnormen, ökonomischen Zwängen und den eigenen politischen und persönlichen Einstellungen, aber auch an der erwarteten Aufmerksamkeit des Publikums.[5] Die Journalisten können also Ereignissen die oben genannten Nachrichtenfaktoren zuschreiben, indem sie Personen als prominent einführen, Provokationen übertreiben, Pseudoereignisse schaffen (zum Beispiel in unserem Fall durch Interviews, Dossiers, Einwerbung von Stellungnahmen) usw. Wenn es so ist, daß die Publizistik immer eine Beobachtung zweiter Ordnung ist, also die Wissenschaftspublizistik die Wissenschaft auf interessante neue Themen oder neue Beiträge zu etablierten Themen hin absucht, dann ist für unseren Fall zu fragen, wie die Auswahl gerade des Goldhagen-Buches zustande kam und warum Wissenschaftler darauf so reagiert haben.

Das allgemeine Verhältnis von Öffentlichkeit und Wissenschaft weist im Fall der Geschichtswissenschaft, insbesondere der Zeitgeschichte, noch einige Besonderheiten auf. Einmal ist Geschichte bis heute immer noch sehr stark Nationalgeschichte, das heißt einmal, daß die Ergebnisse zumeist für die kollektive Identität bestimmter Nationalgesellschaften von besonderer Bedeutung sind, zum anderen, daß bei aller Internationalität der Forschung nationale Zurechnungen stärker sind als in den meisten anderen Disziplinen.

Eine Besonderheit ist weiterhin die engere Verknüpfung mit einem Publikum außerhalb der Zunft, sei es durch die Existenz von noch lebenden historischen Akteuren (Zeitzeugen), sei es durch die Erwartung, die Geschichte sei in besonderem Maße zur Belehrung der Zeitgenossen geeignet, wenn nicht gar verpflichtet. Jürgen Habermas spricht in seiner Laudatio auf Goldhagen von den zwei Adressaten der modernen Geschichtsschreibung: die Zunft der Historiker und das allgemeine Publikum, und deshalb sollte sie zugleich den kritischen Maßstäben der Wissenschaft und den Erwartungen einer interessierten Leserschaft gerecht werden (Die Zeit, 14. 3. 1997). Und er fügt hinzu, der Historiker dürfe sich freilich nicht vom Interesse der Leser dirigieren lassen. Die interessante Frage ist nun, was passiert, wenn zwar den Erwartungen der Leser in hohem Grade entsprochen, aber die wissenschaftliche Güte nach Meinung der Experten verfehlt wird! (»Ein Rückschritt in der Holocaustforschung«, so der Holocaustforscher Wolfgang Scheffler zu Goldhagens Buch, Der Tagesspiegel, 3. 9. 1996.)

Diese Besonderheiten können erklären, wieso gerade Historikern häufig ein Versagen im Hinblick auf die öffentliche Verbreitung ihrer Ergebnisse vorgeworfen wird. Bereits im Jahre 1979 erlebten sie einen »Schwarzen Freitag für die Historiker« (Der Spiegel, 5 / 1979), als die deutsche Bevölkerung durch die Ausstrahlung der Fernsehserie »Holocaust« bewegt wurde. Es ist sicher kein Zufall, daß die Resonanz Goldhagens häufig mit der Wirkung der »Holocaust«-Serie verglichen wurde.[6] Die – allerdings nur unterstellte – Tatsache, mit ihrer Forschungsarbeit die Bevölkerung nicht erreicht zu haben, wurde den Historikern als Versagen angekreidet. In ähnlicher Weise wurde ihnen der öffentliche Erfolg Goldhagens kritisch vorgehalten, so als ob öffentliche Resonanz oder gar die Volkserziehung für die Wissenschaftler das zentrale Wertkriterium darstellte. Die Verwechslung der Systemreferenzen Wissenschaft, Öffentlichkeit und Erziehung, die gerade in Fragen der Zeitgeschichte naheliegt, ist für die »Irrationalität« der Goldhagen-Debatte verantwortlich.

Robert Leicht, Chefredakteur der »Zeit«, hat das hier angesprochene Problem sehr gut formuliert: »Ginge es allein um das kritische Urteil, ja den mitunter militanten ›Abwehrkonsens‹ einer Mehrheit unter den Historikern, dann dürfte eigentlich kein Hahn mehr krähen nach dem Buch von Daniel J. Goldhagen ... Trotzdem treffen Autor wie Werk auf ein äußerst lebhaftes Interesse des Publikums ... Dieses Paradox läßt sich nicht mit einem simplen Schlagwort abtun: Medienereignis« (6. 9. 1996). Der Historiker Hans Mommsen konstatiert vom wissenschaftlichen Standpunkt aus ebenfalls, daß »das Buch selbst, das bewußt provozieren will, die neu entbrannte Debatte eigentlich nicht rechtfertigt« (Die Zeit, 30. 8. 1996). Dennoch ist er einer der Hauptbeteiligten gewesen, und dennoch haben die Zeitungen die Debatte immer wie einen wissenschaftlichen Konflikt behandelt (»neuer Historikerstreit« – Die Zeit, 12. 4. 1996) und vorrangig Historiker zu Wort kommen lassen und nicht etwa das Publikum. Dieses Verhalten läßt sich nur aus der Logik der massenmedialen Kommunikation heraus verstehen, denn natürlich war die Goldhagen-Debatte ein Medienereignis, da in Deutschland seit April 1996 in den Printmedien, in Radio und Fernsehen über ein Buch diskutiert wurde, das dem Publikum noch völlig unbekannt war (die deutsche Ausgabe erschien ja erst Anfang August). Auch die Entscheidung der »Zeit«, im April über das Buch auf der Titelseite zu berichten, war medieninduziert: Es war die journalistische, nicht die wissenschaftliche Berichterstattung in den USA (New York Times, Washington Post), die den Rezeptionsdruck in der deutschen Publizistik auslöste, und nicht die Kenntnis des Buches.[7] Nachdem die Chefredaktion der »Zeit« sich entschlossen hatte, das Thema aufzugreifen, blieben dem zuständigen Redakteur Volker Ullrich nur wenige Tage Zeit, das Buch zu lesen und seinen Leitartikel zu verfassen, und auch der erste Artikel von Rudolf Augstein im »Spiegel« am 15. April hat, wie Rainer Erb richtig beobachtet hat, den »Charakter hastiger Nachtarbeit« (Das Parlament, 18. 10. 1996).

Der Zeit-Redakteur Ullrich, der mit seinem Leitartikel die Debatte in Deutschland anstieß, hatte nach eigener Aussage die kurzschlüssige und damit unhaltbare Argumentation des Buches bemerkt, doch gleichzeitig war ihm seine Brisanz klar, das heißt die Eignung zur Auslösung eines Konflikts, eines »neuen Historikerstreits« (Die Zeit, 12. 4. 1996). Die Auswahl des Buches erfolgte also nicht nach wissenschaftlichen Qualitätskriterien, sondern nach der Konfliktlogik der Medien.[8] Robert Leicht verlagerte denn auch – ebenso wie Jürgen Habermas in seiner Laudatio im März 1997 – den Schwerpunkt vom Buch selbst weg und versuchte zu begründen, »warum der *Streit* um die Studie sich lohnt« (Die Zeit, 30. 8. 1996, Hervorhebung W. B.). Es ist deshalb nicht überraschend, daß in den vierzehn Tagen nach dem »Zeit«-Artikel in einem typischen Prozeß des »intermedia-agenda-setting« alle überregionalen Zeitungen in den Konflikt einsteigen, teils zustimmend, teils ablehnend.[9] Zugleich werden aber von der »Zeit« und auch von anderen Medien Historiker zur Stellungnahme aufgefordert.[10] Anders als im Historikerstreit, wo die Medien nur das Forum für einen wissenschaftlichen Streit bildeten, waren die Wissenschaftler, ohne es zu merken, nun Teil des publizistischen Systems und – zu einem späteren Zeitpunkt – Teil einer Werbekampagne für das Goldhagen-Buch.

Die Debatte wurde denn auch mediengerecht als ein »Schaukampf« zwischen dem jungen Herausforderer und dem Establishment *deutscher* Historiker inszeniert, wobei man die jungen deutschen Experten ebenso beiseite ließ wie die Tatsache, daß sich deutsche Historiker in nichts von ihren Kollegen in anderen Ländern unterschieden. Es handelte sich vor allem bei den öffentlichen Diskussionen in Deutschland nicht um eine Debatte zwischen Historikern, bei denen – innerwissenschaftlich gesehen – ihre Herkunft und Nationalität keine Rolle hätte spielen dürfen, sondern um einen medialen »Schaukampf« zwischen einem amerikanischen Juden und Historikern beziehungsweise Publizisten, die unter der Hand zu Vertretern »deutscher Interessen« gemacht wurden, das heißt, es zählte ihre Nationalität sehr viel mehr als ihr Expertenstatus.[11] In einem solchen Schaukampf gelten andere Regeln als im wissenschaftlichen Streit, in dem etwa Argumente zur Person, Affektivität, die Frage nach Motiven, Moral etc. unzulässig sind. Genau diese Momente bildeten jedoch den Kern der Goldhagen-Debatte. Robert Leicht hat dies durchaus gesehen, wenn er die Debatte ihrem Charakter nach plötzlich aus der Wissenschaft hinausdefiniert: »Dies ist in erster Linie nicht ein historisches, sondern ein moralisches Buch – kein Gutachten, sondern ein Urteil. Moralische Urteile können ja einseitig, ja ungerecht sein – aber trotzdem treffend, bewegend, verstörend: verletzt und verletzend« (Die Zeit, 6. 9. 1996).[12] Goldhagen und auch seine Kritiker definieren den Streit zwar nach wie vor als sachliche, innerwissenschaftliche Auseinandersetzung, doch sowohl ihr Verhalten als auch das der Öffentlichkeit zeigen, daß es sich in der Tat um einen massenmedial inszenierten, moralisch getönten Konflikt handelt – und wir wissen über den polemogenen, streitverschärfenden Charakter von Moral, da es in derartigen Konflikten immer um die Achtung von Personen geht.

Sowohl Goldhagen wie auch seine Kritiker geraten als Personen in den Blick, nach deren außerwissenschaftlichen Motiven und Gefühlen gefragt wird (»Was treibt ihn an?« fragt »Der Tagesspiegel« am 6. 9. 1996). Gegen Goldhagen richtet sich der Motivverdacht als Jude, der die alte Kollektivschuldthese in wissenschaftlich verkleideter Form propagiere (so u. a. Peter Gauweiler und Rudolf Augstein). Der journalistische Rückbezug auf seinen Vater, einen Überlebenden des Holocaust, soll die persönlichen (Rache-)Motive des Autors offenbaren. Die deutschen Historiker beteiligen sich logischerweise nicht an dieser Motivsuche, da sie sich in einer wissenschaftlichen Debatte wähnen, wo der Forschungskontext, die Fragestellung, Quelleninterpretation und Methoden im Vordergrund stehen und nicht persönliche Antriebe und die Herkunft des Forschers. Sie müssen sich umgekehrt allerdings nach den Motiven ihrer zum Teil harschen Kritik fragen lassen. Hanno Loewy fragt, warum sich gerade die Historiker so brüskiert fühlten und woher die »kaum versteckte Wut« stamme (Newsletter Nr. 11, 1996, S. 32). Dabei legt er ein Verdrängungsmotiv nahe: Mit dem schwachen Buch solle zugleich ein wichtiges Thema »erledigt« werden. Auch Goldhagen selbst spielt auf dieser Motivklaviatur, wenn er in der Vehemenz, mit der sein Buch verrissen wird, ein Indiz dafür sieht, »daß noch mehr dahintersteckt« (Der Tagesspiegel, 6. 9. 1996). Auf die Nachfrage des Interviewers hin weicht er einer Antwort aus (»Diese Frage müssen Sie den Kritikern stellen«) beziehungsweise verweist auf die »verletzte Eitelkeit« derer, die ihr Lebenswerk verteidigten. Peter Glotz bringt das Problem auf den Punkt, wenn er sich fragt, ob uns die fachgerecht nüchterne Kritik am Erstling aus dem Computer eines jüdischen Gelehrten nicht als »unsensibles Leugnen ausgelegt werden« könnte

(Die Woche, 19. 4. 1996). Namhafte NS-Forscher sehen sich plötzlich als »Verdränger« und Verharmloser angesprochen, indem ihre
wissenschaftliche Kritik als Vermeidungsstrategie interpretiert
wird.[13] Buch und Debatte werden eben nicht unter dem Aspekt
des wissenschaftlichen Ertrags thematisiert, sondern bilden nur
den Anlaß für eine erneute Diskussion über die NS-Vergangenheit. In der deutschen Presse wurde der Einstieg in die Kontroverse auch mit dem Hinweis begleitet, daß sich die Debatte über
das Buch aufklärerisch gegen alle »Schlußstrichzieher« wenden
ließe (so die richtige Beobachtung von Malte Lehming, Der Tagesspiegel, 15. 4. 1996).[14] Dieser unterstellte der »Zeit«, sie habe mit
einigen Reizworten – wie Judenvernichtung, Deutsche, Harvard-
Professor, Historikerstreit – die Vergangenheitsbewältigungsma-
schinerie in Gang setzen wollen.[15] Das Thema, das Lehming nach
keines ist, sollte bloß die Gelegenheit bieten, »die gute Gesinnung
zur Schau zu stellen« (ebenda). Damit spricht er die typische
Funktionsweise der Medien an: Entsprechend den Nachrichtenfaktoren wird eine Situation dramatisch und konflikthaft zugespitzt, obwohl es empirisch im Grunde gar keine Anhaltspunkte
dafür gibt, daß sich in Deutschland die Fraktion der »Schlußstrichzieher« im Vormarsch befindet.[16]

Das Buch wurde vom amerikanischen Verlag und auch in der
deutschen Presse von vornherein als Sensation und »Provokation« verkauft, das heißt primär im Öffentlichkeitssystem pla-
ziert, in dem Konflikt vorrangig die Aufmerksamkeit bindet.[17] Die
Ausrufung einer Provokation ist ein Medienereignis und läßt einen Anschlußzwang auch für die entstehen, die sie zurückweisen
wollen. Damit entsteht eine Springflut von Reaktionen, seien sie
positiv oder negativ. Reflexiv lassen sich dann wiederum die Dis-
kussionsbeiträge zum neuen Thema machen usw. Schließlich
wird das Phänomen der Resonanz selber zum erklärungsbedürfti-
gen Phänomen, gerade weil die Experten die wissenschaftliche
Bedeutung bestreiten. Dabei wird in einer zirkulären Argumentation das Publikumsinteresse als Grund für die Resonanz und für
die Bedeutung des Buches angeführt, obwohl man wissen könnte,
daß veröffentlichte, massenmediale Kommunikation in ihrer per-
sonalen Umwelt besonders resonanzfähig ist.[18] Resonanz als sol-

che (»Wucht der Wirkung«), wenn sie denn in die richtige Richtung zu gehen scheint, wird als positiv bewertet und dem Buch und nicht etwa der Agenda-Setting-Funktion der Medien und der Verlagskampagne zugeschrieben. Die Resonanz löst also eine Art Rechtfertigungszwang aus, da man sich ja nur mit etwas ausgiebig beschäftigen sollte, das große Bedeutung besitzt. Es wundert darum nicht, daß dem Buch vielerlei Stärken zugeschrieben werden: die »Radikalität, mit der Goldhagen seine These entfaltet« (Die Zeit, 12. 4. 1996); »Eindringlichkeit und moralische Kraft der Darstellung« (Blätter für deutsche und internationale Politik); ein Buch, das die richtigen Fragen stellt. – In diesen Kontext gehört auch der Seitenwechsel einiger Publizisten, wie etwa Rudolf Augsteins und Frank Schirrmachers, die Goldhagens Thesen zunächst scharf abgelehnt hatten, dann aber in die Erfolgsstory einstiegen. Das gleiche Phänomen findet sich übrigens in der Berichterstattung zu der TV-Serie »Holocaust«, die zunächst von den deutschen Journalisten als dem Thema »Judenmord« unangemessene »Seifenoper« niedergemacht wurde, dann aber nach der überwältigenden Resonanz in den USA und in England immer positiver bewertet und schließlich nach dem Erfolg in der Bundesrepublik geradezu überschwenglich als »Deutschstunde« und Zäsur in der Nachkriegsgeschichte gepriesen wurde.[19] Daß diese Wirkung vor allem auch ein Resultat der fast einjährigen Begleitpublizistik und Vorbereitung auf die Serie war, wurde nicht mehr in Rechnung gestellt. Es gehört zu den Wertkriterien der Massenmedien, daß öffentliche Resonanz (Einschaltquoten und Verkaufszahlen – immer wieder wird der Bestseller-Erfolg zum Argument für Goldhagens Buch) zu einem Maßstab für die Qualität eines Produkts oder der Bedeutung eines Ereignisses wird.[20]

Am deutlichsten wird die Verwechslung von Wissenschaft und Öffentlichkeit auf der »Deutschlandtournee« Goldhagens, die ihn zum »sympathischen Medienstar« hat werden lassen (Süddeutsche Zeitung, 12. 3. 1997). Begriffe wie »Tournee, die zum Triumphzug wurde« (Die Zeit, 13. 9. 1996), »Star« und »Profi« (Der Tagesspiegel, 5. 9. 1996) stellen die Diskussionsveranstaltungen zu Recht in den Kontext einer PR-Kampagne, in der Goldhagen die Rolle des Stars zufällt, während die deutschen Historiker nur als

Stichwortgeber fungieren und sich selber so verhalten, als ob sie im System Wissenschaft operierten. Volker Ullrich sprach vor allem mit Blick auf die Konfrontation von Daniel J. Goldhagen und Hans Mommsen von einer bühnenreifen Konstellation, bei der die deutschen Historiker in mehrfacher Hinsicht »alt« aussahen[21]: Sie sind gegenüber Goldhagen alt an Jahren; sie sind die »Mandarine« der Wissenschaft, Goldhagen der junge »Shooting-Star«; sie vertreten eine »kalte«, schwerer verständliche Strukturtheorie gegenüber einem dem Alltagsverständnis umstandslos einleuchtenden Intentionalismus, sie analysieren die bürokratischen und situativen Zwänge, Goldhagen betont Moral, Entscheidungsfreiheit und Emotionalität. Goldhagen verhielt sich in diesen Streitgesprächen, die im Grunde eine Art Talk-Show waren, PR-gerecht, indem er sich ganz im Kontrast zu seinen vorherigen und parallelen Interviews, in denen er seine Kritiker aufs schärfste attackierte und damit natürlich die Publikums- und Medienerwartungen für die öffentlichen Veranstaltungen anstachelte[22], konziliant und gelassen gab, Kritik als bedenkenswert zu akzeptieren schien (»I agree, I totally agree«) usw. Unter der Überschrift »Mit Bravour pariert« berichtete Malte Lehming im »Tagesspiegel« (6. 9. 1996) von der Hamburger Diskussionsveranstaltung wie von einem TV-Wettstreit von Präsidentschaftskandidaten: Goldhagen habe viele Herzen der Zuschauer erobert und »verließ – wenn man das so sagen darf – das Podest als Sieger. Bereitwillig klärte er die gröbsten Mißverständnisse auf, großzügig räumte er Schwächen ein. Hier saß kein bornierter Provokateur, so schien es, sondern ein kluger junger Mann, dem nur die Zunft übel mitspielt.« In dieser Konstellation, in der sich das Publikum auf die Seite des jungen »Sympathieträgers« Goldhagen stellte, mußte die harsche wissenschaftliche Kritik der »etwas ältlich wirkenden deutschen Historiker« (Die Zeit, 13. 9. 1996) deplaziert wirken. Und tatsächlich konnten sich manche von ihnen dem »Sympathiesog« (ebenda) nur schwer entziehen.[23] Die Kritiker operierten im »falschen« System (und halfen – gegen ihren Willen – durch ihre Teilnahme an den Diskussionen dem Erfolg des Buches kräftig auf), da es sich um einen öffentlichen »Schaukampf« handelte (Die Zeit, 13. 9. 1996) und nicht um eine wissenschaftliche Debatte. Dies läßt sich schon daran erkennen, daß Goldhagen sich zwar in jeder Diskussion lernwillig zeigte, Argumente für bedenkenswert hielt etc., aber am nächsten Abend – wie eine Gummiwand – wieder in seine radikalen Ausgangspositionen zurücksprang und denselben vorbereiteten Text verlas, um sich wiederum gegenüber der gleichlautenden Kritik lernwillig zu geben. Die »Tournee« hatte den Charakter der Lesereise eines Dichters, der aus den eigenen Werken liest. Der Gipfel der Kuriosität wurde in dem mehrfachen Zusammentreffen von Goldhagen und Mommsen erreicht. Letzterer hatte nicht nur in mehreren Zeitungsartikeln das Buch scharf kritisiert, sondern traf mit Goldhagen an einem Nachmittag in Berlin zunächst auf einer Diskussionsveranstaltung zusammen, um von dort aus mit seinem Kontrahenten ins Fernsehstudio des SFB zu fahren und dort die Diskussion vor laufenden Kameras zu wiederholen, gleichsam »nachzustellen« (später trafen sie noch einmal in einer ZDF-Fernsehdiskussion in Aschaffenburg aufeinander). Hier wird die öffentliche und massenmediale Inszenierung unübersehbar: Mit den gleichen Argumenten treffen zwei Wissenschaftler mehrfach aufeinander, obwohl schon beim ersten Mal alles Wesentliche gesagt worden ist. Diese Verdoppelung folgt also ganz und gar der Medienlogik des Schaukampfes und nicht der wissenschaftlicher Debatten. Auch für Volker Ullrich verdichtete sich nach einigen Diskussionsabenden der Eindruck, daß Goldhagen »Kritik, für die er sich immer artig bedankt, nur selektiv aufnimmt« (Die Zeit, 13. 9. 1996).

Natürlich konnte Goldhagen auf einer Werbetournee gar nicht anders handeln und etwa plötzlich von zentralen Thesen abrücken. Er wählte statt dessen eine wissenschaftlich gesehen »unmögliche« Immunisierungsstrategie, indem er in Interviews verkündete, es gäbe nicht »eine einzige Kritik, die er nicht bereits beim Schreiben seines Buches berücksichtigt habe« (Der Tagesspiegel, 6. 9. 1996). Er erklärte das Buch selbst schon als die Antwort auf die Kritiker, so daß es Kritik daran per definitionem gar nicht mehr geben konnte, beziehungsweise diese nur noch auf persönliche Motive (gekränkte Eitelkeit etc.) zurückführbar war. Damit verletzte er eines der Grundprinzipien wissenschaftlicher Kooperation.

Die Differenz von wissenschaftlicher Debatte und öffentlicher Talk-Show zeigte sich auch in der Rolle des Publikums, das Goldhagen sehr gezielt einbezog, während seine Kritiker es zumeist als aktive dritte Partei ignorierten. In der Wissenschaft setzt eine Diskussionsbeteiligung Fachwissen voraus, das heißt, es handelt sich gewöhnlich um ein Fachpublikum, das zugleich auch als Autor in dem Gebiet fungieren könnte. Viele Kritiker, wie Hans Mommsen, Jürgen Kocka, Reinhard Rürup u. a., argumentierten fachintern (»hochgelehrt«, wie man ihnen vorwarf), indem sie von den bereits wissenschaftlich umformulierten Fragestellungen ausgingen, die natürlich nicht mehr den naiven Fragen eines Alltagsverständnisses entsprechen. Goldhagen hingegen machte sich zum Anwalt dieses naiven Fragens, indem er vorgeblich »einfache« Fragen und Tatsachen formulierte.[24] Das Publikum bei den Großveranstaltungen war nicht als Diskussionspartner vorgesehen, spielte aber eine wichtige Rolle als Resonanzboden für die Kontrahenten auf dem Podium. Die Zeitungsberichte spiegeln mit ihren Hinweisen auf die »Stimmung« im Saal und auf »Verschiebungen von Gefühlslagen« diese Funktion. Überhaupt werden Stimmungen und Gefühle zu einem zentralen Bewertungskriterium – auch dies ein Indiz, daß man nicht im Wissenschaftssystem operiert. So wird dem Buch geradezu eine therapeutische emotionale Wirkung zugeschrieben, nämlich »Schleusen zu öffnen und Verhärtungen aufzubrechen – wie einst die ›Holocaust‹-Serie aus Hollywood« (Die Zeit, 13. 6. 1996).

Dies führt auf einen letzten Punkt, nämlich der (immer wieder enttäuschten) Erwartung an die Geschichtswissenschaft, auf direktem Wege so etwas wie Volkserziehung oder Psychotherapie leisten zu können. Der unspektakuläre Weg, den wissenschaftliche Forschungsergebnisse über die Schule etwa nehmen und der über die letzten 50 Jahre zu einem völlig veränderten Bild des Dritten Reiches in Deutschland geführt hat, wird in der Öffentlichkeit aufgrund seines kontinuierlichen und diskreten Charakters übersehen zugunsten von Thematisierungskampagnen, denen dann massive, vor allem affektive Wirkungen zugetraut werden. – Tatsächlich wissen wir nur wenig über deren langfristige Auswirkungen (vgl. Bergmann 1997). Die »Holocaust«-Serie, der Film »Schindlers Liste« und auch »Hitler's Willing Executioners« verdanken ihre Resonanz den kommunikativen Effekten der Massenmedien[25], die zwar nicht die Meinungen, wohl aber die Gesprächsthemen, also die Agenda bestimmen, gerade bei einem in Deutschland nach wie vor hochempfindlichen Thema wie dem durch Deutsche ausgeführten Mord an den europäischen Juden.[26] Diese Agenda-Setting-Funktion wird dann wiederum belohnt und verstärkt durch die Verleihung von Preisen, seien es sieben Oscars an den Spielberg-Film, sei es der »Demokratiepreis« an Goldhagen. Letzterer wird von der Jury begründet mit wesentlichen Impulsen für das öffentliche Bewußtsein in der Bundesrepublik Deutschland (für andere »schien der Anlaß konstruiert, die Begründung nicht sehr schlüssig«, SZ, 12. 3. 1997). Hier wie auch in Habermas' Laudatio auf Goldhagen verschiebt sich der Fokus vom Buch weg hin auf die Resonanz: »Die Frage ist nicht, wer von den Zeithistorikern die Aufmerksamkeit einer breiten Leserschaft verdient *hätte*, sondern wie die ungewöhnliche Aufmerksamkeit interessierter Bürger zu bewerten ist, die das Buch tatsächlich gefunden hat.«[27] Wie groß die Aufmerksamkeit außerhalb der Medien war und wen das Buch überhaupt erreicht hat, wissen wir allerdings gar nicht – hohe Auflagenzahlen allein besagen noch wenig über das tatsächliche Rezeptionsverhalten und seine Wirkung. Preise, die ihrerseits ja bereits auf öffentliche Resonanz reagieren und dabei etwas davon für sich beziehungsweise die Preisverleiher abzweigen, wirken als Resonanzverstärker. Luhmann hat in diesem Zusammenhang von (beunruhigenden) Effektkumulierungen gesprochen, deren auffälligstes Merkmal ihr plötzliches Auftreten und ihr rasches Wiederabklingen ist.[28] Ob das Buch Goldhagens dem geschichtspolitisch gewollten Selbstverständigungsdiskurs förderlich ist oder aber sein Erfolg »schmerzhaft deutlich auch die Grenzen des aufgeklärten Konsens über das Verhältnis zum Nationalsozialismus« zeigt, wie Hermann Rudolph vermutet, muß offenbleiben.[29] Ob die Bewertung der öffentlichen Resonanz (im Sinne von: alles ist besser als der Schlußstrich) völlig von der Frage der wissenschaftlichen Wahrheit entkoppelt werden kann, wäre allerdings des Nachdenkens wert.

1 Ich folge hier der Systemtheorie Niklas Luhmanns. Vgl. für das Wissenschaftssystem ders., Die Wissenschaft der Gesellschaft, Frankfurt am Main 1990.

2 Luhmann, ebenda, S. 319.

3 Niklas Luhmann, Die Realität der Massenmedien, Opladen 1996; Frank Marcinkowski, Publizistik als autopoietisches System. Politik und Massenmedien. Eine systemtheoretische Analyse, Opladen 1993; Thorsten Grothe und Wolfgang Schulz, Politik und Medien in systemtheoretischer Perspektive, oder: Was sieht die Wissenschaft, wenn die Politik sieht, wie die Medien die Gesellschaft sehen?, in: Rundfunk und Fernsehen 41 (1993/94), S. 563–576.

4 Vgl. Luhmann, Realität (wie Anm. 3), S. 36; Marcinkowski (wie Anm. 3).

5 Joachim Friedrich Staab, Nachrichtenwerttheorie. Formale Struktur und empirischer Gehalt, Freiburg 1990.

6 Volker Ullrich bescheinigt der Goldhagen-Studie, daß sie Schleusen öffne und Verhärtungen aufbreche – »wie einst die ›Holocaust‹-Serie aus Hollywood« (Die Zeit, 13. 9. 1996). In der gleichen Ausgabe referiert er die Aussage des FAZ-Herausgebers Frank Schirrmacher, das Goldhagen-Buch markiere eine »Zäsur – auf ganz anderem Niveau als der Holocaust-Film«.

7 Jacob Heilbrunn sieht die Basis der Kontroverse darin, daß Goldhagen nachdrücklich behauptet, etwas ganz Revolutionäres und Neues zu bieten und daß in den USA zuerst die Kolumnisten das Buch besprochen hätten und nicht zuerst die Fachhistoriker (Die Woche, 19. 4. 1996).

8 Dies läßt sich in diesem Fall an dem thematisch ja verwandten Buch »Ganz normale Männer« von Christopher R. Browning gut demonstrieren, das etwa Volker Ullrich für das wissenschaftlich bessere Buch hält (Kolloquium des Moses Mendelssohn Zentrums, Potsdam, 16. 6. 1997), dem aber die Brisanz für eine Mediendebatte fehlte, so daß es nur unter der Rubrik »Politisches Buch« eine Fachrezension bekam.

9 Zum Verlauf der öffentlichen Debatte vgl. Rainer Erb, Das Parlament 43 (1996).
Die Berichterstattung der anderen Zeitungen bestimmt in hohem Maße, welche Prioritäten Journalisten selbst wählen. Hinzu kommt ein hoher Grad an Übereinstimmung in den professionellen Normen der Journalisten. Zur Analyse der Medienberichterstattung vgl. auch Harald Schmid, in: Menora 1997; Matthias Heyl, Die Goldhagen-Debatte im Spiegel der englisch- und deutschsprachigen Rezensionen von Februar bis Juli 1996. Ein Überblick, in: Mittelweg 36 (1996) 4, S. 41–56.

10 Die Auswahl der Historiker erfolgte vor allem nach dem Gesichtspunkt der Prominenz und nur zum Teil aufgrund der spezifischen Fachkenntnis. Jüngere unbekannte Spezialisten (wie Dieter Pohl, Thomas Sandkühler) kamen nicht zu Wort, dagegen Gordon Craig, Jan Philipp Reemtsma oder Christian Meier, die man kaum als Experten für Antisemitismus und Holocaust-Geschichte ansprechen kann.

11 Siehe »Goldhagen und die Deutschen«, Aufsatztitel in »Die Zeit«, 13. 9. 1996.
Daß die deutschen Historiker zu Vertretern der sog. »Täternation« gemacht werden,

spricht Goldhagen in einem Interview aus, als er darauf hinweist, daß ihm von den Betroffenen, den Opfern, überwiegend Wohlwollen entgegenschlage, da endlich einmal jemand ausspreche, was sie am eigenen Leib erlebt hätten (Der Tagesspiegel, 5. 9. 1996). Vgl. dort auch das Interview am 6. 9. 1996.

12 Hanno Loewy verschiebt den Fokus der Debatte unmerklich in die gleiche Richtung, wenn er fragt: »Soll hier ein offenkundig schwaches Buch ein ebenso starkes Thema ›erledigen‹« (Fritz Bauer Institut Newsletter Nr. 11, 1996, S. 32).

13 Daß dieser Verdacht auch mit der Generation zu tun hat, der die Historiker angehören, darauf hat der israelische Philosoph Gabriel Motzkin hingewiesen. Ältere Historiker, wie Hans Mommsen, hätten es schwerer, ihre Erklärungsmuster für die Shoah verständlich zu machen als ihre jüngeren Kollegen. Bei den Älteren klinge es entschuldigend, bei den Jüngeren habe es einen anderen Tonfall und werde akzeptiert (FAZ, 10. 12. 1996).

14 »So mancher habe sich in der Gewißheit gewiegt, das leidige Thema endlich los zu sein« (Zeit); »entgegen manchem Wunsch, es möge Schluß sein« (FR) (zit. nach Tagesspiegel, 15. 4. 1996).

15 Norbert Seitz schrieb zur Verleihung des Demokratiepreises an Goldhagen, daß den Protagonisten der Veranstaltung »Goldhagens Œuvre als Mahnmal gegen die drohende Desensibilisierung eines normalisierten Deutschland erscheint« (SZ, 12. 3. 1997). Kritisch merkt er allerdings an, daß der Laudator Jürgen Habermas gegen die Vermischung von Geschichtswissenschaft und Geschichtspolitik argumentiert, diese aber im Fall Goldhagens positiv zu bewerten scheint.

16 Wir haben es genaugenommen sogar mit drei Systemreferenzen zu tun: Einige sprechen im Wissenschaftssystem, es geht dann um Methoden, Quellen, Interpretationen unter dem wahr/falsch-Code; einige sprechen im Mediensystem, dabei geht es um den Beitrag des Buches zur Unterhaltung und Spannung, es geht um Publizität, Aufmerksamkeit des Publikums etc.; einige sprechen in der politischen Öffentlichkeit, wobei es dann um den geschichtspolitischen Einfluß, um Meinungsführerschaft in der historischen Bewertung einer Epoche geht.

17 Lew Kopelew stufte in seinem Nachwort zur Debatte das Buch auch als nur angeblich wissenschaftlich, in Wirklichkeit aber »journalistisch-sensationelle Anklageschrift gegen die deutsche Nation« ein (Die Zeit, 27. 9. 1996). Auch Heilbrunn erhebt den Vorwurf: »Im Gegensatz zu Browning sensationalisiert Goldhagen. Er vermischt die beiden Ebenen Publizistik und Wissenschaft« (Die Woche, 19. 4. 1996). Es erscheint mir naiv, wenn Jürgen Habermas annimmt, eine breite Resonanz sei bei dem Themenzuschnitt des Buches trivialerweise zu erwarten gewesen (Die Zeit, 14. 3. 1997); das wird etwa schon durch die weitaus schwächere Rezeption des in vielem gleich gelagerten Browning-Buches widerlegt.

18 Habermas bringt dies in seiner Laudatio auf den Punkt, wenn er schreibt, es ginge nicht darum, wer von den Zeithistorikern die Aufmerksamkeit einer breiten Leserschaft verdient hätte, sondern wie die ungewöhnliche Aufmerksamkeit der Bürger zu bewerten sei,

die Goldhagens Buch gefunden hat. Die Preisverleihung sollte nun besagen, daß »die öffentliche Resonanz, die Buch und Autor in der Bundesrepublik gefunden haben, ebenso verdient wie begrüßenswert ist« (Die Zeit, 14. 3. 1997).

19 Vgl. dazu meine Darstellung: Die TV-Serie »Holocaust« als Medienereignis, in: Werner Bergmann, Antisemitismus in öffentlichen Konflikten. Kollektives Lernen in der politischen Kultur der Bundesrepublik 1949–1989, Frankfurt am Main 1997, S. 351ff.

20 Man kann durchaus annehmen, daß dies nicht ohne Auswirkung für die Wissenschaft bleibt, in der Reputation heute auch über Medienresonanz zu laufen scheint.

21 Kolloquium des Moses Mendelssohn Zentrums, Potsdam, 16. 6. 1997.

22 »Das Versagen der Kritiker« (Die Zeit, 2. 8. 1996); »Goldhagen wirft Kritikern verletzte Eitelkeit vor« (Der Tagesspiegel, 6. 9. 1996).

23 Über die Diskussion in Hamburg hieß es, es ging »sachlich und harmonieheischend zu«, so als wolle niemand (außer dem Historiker Reinhard Rürup) Goldhagen reizen (Der Tagesspiegel, 6. 9. 1996).

24 In der Berliner Diskussionsveranstaltung etwa erregte Mommsens Bemerkung, »viele Täter seien sich über ihre Motive selbst im unklaren gewesen«, den Unmut des Publikums, da er die Voraussetzungen für diese These nicht explizierte. Goldhagen nutzte diese Situation, indem er sich an das Publikum mit der Frage wandte, ob es jemand im Saal gäbe, der mit Professor Mommsen meinte, daß die Judenmörder nicht wußten, was sie taten. Hermann Rudolph konstatiert, daß bei dem Thema Holocaust der Rekurs auf die »hundertfach gestellte Wie-konnte-es-geschehen-Frage immer wieder alles rationale Argumentieren hinwegfegt« (Der Tagesspiegel, 5. 9. 1996).

25 Das Buch steht nicht zufällig neben den beiden ästhetischen Behandlungen des Holocaust. Jürgen Kocka hat in der Berliner Diskussionsrunde zu Recht darauf verwiesen, daß sich Goldhagen in der Schilderung des Grauens der Ästhetik der Medien annähert. Ullrich fragt deshalb auch, ob dies vielleicht erklärt, »warum Goldhagens Buch gerade auch bei einer jüngeren Generation von Lesern Anklang findet« (Die Zeit, 13. 9. 1996).

26 Habermas sagte dazu lapidar: »Eine breite Resonanz auf ein solches Buch war trivialerweise zu erwarten« (Die Zeit, 14. 3. 1997).

27 Auch Habermas muß natürlich gegen das Urteil der Fachwissenschaftler annehmen, daß die Resonanz auf der Qualität des Buches beruht, denn er fährt fort: »Der performative Sinn der Preisverleihung besagt, daß die öffentliche Resonanz, die Buch und Autor in der Bundesrepublik gefunden haben, ebenso verdient wie begrüßenswert ist« (Die Zeit, 14. 3. 1997); vgl. auch den Beitrag von Uffa Jensen in diesem Band.

28 Niklas Luhmann, Soziale Systeme, Frankfurt am Main 1984, S. 545.

29 Rudolph vermutet, daß die Historiker an der Resonanz vor allem der Eindruck düpiert, daß »alles Forschen und Publizieren und, vor allem, Differenzieren nicht ausreicht, die Öffentlichkeit gegen Behauptungen erschütterungsfest zu machen, die die Historiker in mühsamer Arbeit in den letzten Jahrzehnten entkräftet, ja widerlegt hatten« (Der Tagesspiegel, 5. 9. 1996).

Uffa Jensen **Ein Ritterschlag zum Lehrmeister?**
*Die Apotheose des Daniel J. Goldhagen in der
Laudatio von Jürgen Habermas*[1]

> *Wir meinen, daß das letzte Ziel der Wissenschaften
> vom Menschen nicht das ist, den Menschen zu
> konstituieren, sondern das, ihn aufzulösen.*
> *(Claude Lévi-Strauss)*[2]

Einleitung

Zu Beginn seiner Laudatio auf Daniel J. Goldhagen meint Jürgen
Habermas, daß der »performative Sinn der Preisverleihung« –
hinzugefügt sei: der Laudatio – besage, daß die öffentliche Resonanz, die das Buch »Hitlers willige Vollstrecker« und der Autor in
der Bundesrepublik gefunden habe, ebenso verdient wie begrüßenswert sei.[3] Der Sinn dieses Essays ist es, dies zu bezweifeln:
Goldhagens Verdienst, den Sinn der Preisverleihung und den der
Laudatio von Habermas. Die Frage aus dem Untertitel der Laudatio muß daher erneut gestellt werden: Warum ein »Demokratiepreis« für Daniel Goldhagen? Welche Argumente begründen diesen intellektuellen Ritterschlag, und welche Auffassungen über
die NS-Geschichte und den Umgang mit ihr zeichnen sich dahinter ab?

In seiner Laudatio vereinnahmt Habermas das Werk Goldhagens für seine Überlegungen zum »öffentlichen Gebrauch der Historie«. Das Buch wird vor der Kritik durch die Historiker bewahrt, die Goldhagen-Debatte erscheint als Idealfall aufgeklärter

»Vergangenheitsbewältigung«, und die Reaktion des Publikums läßt auf einen Bewußtseinswandel in der politischen Kultur schließen, der »durch politische Aufklärung« (416) erreicht wurde. Letztlich erweist sich Habermas' Laudatio als ein Plädoyer für einen aufklärerischen Umgang mit Geschichte, der hier keineswegs grundsätzlich in Frage gestellt werden soll. Ein solches Ideal sollte jedoch nicht über die »Mühen der Ebene« hinwegtäuschen und einen kritischen Impuls vorschnell ad acta legen.

Jürgen Habermas und Daniel J. Goldhagen

Habermas geht in seiner Laudatio von der öffentlichen Resonanz aus, die Goldhagens Buch hervorgerufen hat. Am wissenschaftlichen Streit unter Fachhistorikern möchte er sich nicht beteiligen, sondern seinen Blick auf den »Selbstverständigungsdiskurs« richten, in dem die »Bürger dieser Republik« (409) sich mit ihrer nationalen Geschichte auseinandersetzen. Es müsse nun, so Habermas, »unser Selbstverständnis affizieren, wenn Goldhagen einem repräsentativen Kreis von irgendwie doch überzeugten Tätern eine subjektive Rechtfertigung zuschreibt, die ein integraler Bestandteil damals herrschender Grundüberzeugungen gewesen ist« (409).

»Affizieren« könnte durchaus noch eine kritische und skeptische Haltung gegenüber Goldhagens Thesen meinen, Habermas stimmt jedoch im Verlauf dem wichtigsten Argument der Goldhagen-Studie zu. Deren Wert sieht er in den Fallstudien zu den nationalsozialistischen Tätern begründet. Goldhagen habe seine Untersuchungsgegenstände wie »nachgestellte Experimente« organisiert, um »von beobachteten Handlungsweisen auf orientierende Deutungsmuster und Mentalitäten« (412) schließen zu können. Der amerikanische Politologe beschäftigte sich mit einem »Kreis von Tätern«, der »durch die Zugehörigkeit zu Mordinstitutionen und die unmittelbare Teilnahme an Aktionen der Judenvernichtung« (412) definiert sei. Offensichtlich teilt Habermas Goldhagens Schlußfolgerung: »Wenn aber diese Leute vorsätzlich, ohne drastischen äußeren oder offensichtlichen inneren

Zwang und nicht einmal aus Nützlichkeitserwägungen gehandelt haben, drängt sich das Bild von Tätern auf, die kein Unrechtsbewußtsein hatten« (413).

Habermas nimmt Goldhagen gegen den Vorwurf in Schutz, eine Kollektivschuld-These vertreten zu haben. Goldhagen spreche zwar von »ganz normalen Deutschen«, habe aber den Nachweis erbracht, daß ein von ihm betrachtetes Polizeibataillon »annähernd repräsentativ« (414) sei. Keineswegs werfe Goldhagen den Deutschen vor, »ein Volk von Mördern« oder von »potentiellen Mördern« zu sein. Er gehe vielmehr von einer Analyse der faktischen Handlungen aus, daher ergäben seine Behauptungen Sinn: »Denn«, so meint Habermas, »kontrafaktische moralische Vorwürfe sind sinnlos. Face to face können sich moralische Vorhaltungen nur auf faktisches Handeln oder Unterlassen beziehen« (414). Der philosophische Sprachgestus verdeckt nur die einfache Tatsache, daß Goldhagens angeblich repräsentative Analyse die Schlußfolgerungen über die »ganz normalen Deutschen« nicht trägt und daß er sehr wohl generalisierende Vorwürfe macht.

In Habermas' Laudatio finden sich aber auch einige Vorwürfe an die Adresse des jungen amerikanischen Autors: Goldhagen erweitere den Blick von den unmittelbaren Tätern »auf die große Zahl der indirekt Beteiligten« (414). Er spreche dabei in problematischer Weise von einem »nationalen Projekt der Deutschen« und gehe von einem »geraden Weg nach Auschwitz« aus. Hierauf hatte sich die Debatte konzentriert, und Goldhagen wurde wissenschaftliche Unredlichkeit vorgeworfen, da seine Verallgemeinerungen empirisch nicht gedeckt seien. Habermas versucht hingegen auch hier, Goldhagen zu retten: »Gegen diesen Goldhagen, der den Kredit seiner empirischen Untersuchungen intentionalistisch zu überziehen und daraus einen globalen Erklärungsanspruch abzuleiten scheint, kann man Goldhagen selbst ins Feld führen – den, der sich entschieden gegen monokausale Ansätze wehrt, der sich für ein komparatives Vorgehen stark macht« (415).

Diese Rettung funktioniert nicht. Habermas' Einwand gegen Goldhagen, den Kredit der Fallstudien überzogen zu haben, kann nicht mit der eleganten und beruhigenden Geste des Philosophen begegnet werden: Der radikale Goldhagen läßt sich nicht von dem empirischen und vergleichenden Goldhagen trennen, der eine »klare Argumentationslinie« (413) besitzt, mit der er seine Fallstudien sozialwissenschaftlich zu organisieren und behutsam die Gegenargumente auszuschließen vorgibt. In seinem uneingeschränkten Lob für diesen vermeintlichen Empiriker verwundert, daß der Sozialphilosoph Habermas die zentrale methodische Schwierigkeit ignoriert, kontrollierte Rückschlüsse von Handlungen – das heißt den abscheulichen Taten der »ganz normalen Deutschen« – auf die zugrundeliegenden Motive zu gewinnen. Außerdem stammen die radikalen Thesen aus den Fallstudien selber. Das Modell des »eliminatorischen Antisemitismus« ist in ihnen unterstellt und gleichzeitig ihr Resultat. Der »gerade Weg nach Auschwitz« und das »nationale Projekt der Deutschen« bedingen sich gegenseitig und organisieren so die Fallstudien. Trennen kann das nur, wer loben will.

Geschichtswissenschaft als kritische Instanz

Wer Goldhagen loben wollte, konnte sich angesichts der heftigen Historiker-Schelte nur auf dessen Beitrag zur »öffentlichen Auseinandersetzung« um die NS-Vergangenheit zurückziehen. Goldhagen habe, so die Initiatoren des Demokratiepreises, »die Sensibilität für Hintergründe und Grenzen einer deutschen Normalisierung« geschärft. In der Laudatio heißt es, Goldhagen habe »einen weiteren Impuls zum Nachdenken über den richtigen öffentlichen Gebrauch der Historie« (409) gegeben.

Über das Verhältnis von »fachlicher Diskussion« und »öffentlicher Debatte« schrieb Charles S. Maier einmal in bezug auf den Historikerstreit, daß »der Diskurs wohlbegründeter historischer Urteile und der Diskurs des öffentlichen Gewissens möglicherweise unterschiedlichen Zielen folgen«.[4] Maier wandte sich damals gegen Habermas, der wie schon 1986 so auch in der Goldhagen-Debatte eine Aufbereitung historischer Ergebnisse für die »ethisch-politische Selbstverständigung der Bürger« (411) forderte. Auch in der Laudatio betont Habermas, daß sich historisches Wissen verändere, wenn es in einer öffentlichen Debatte benutzt wird. Habermas läßt sich hier vielleicht so verstehen, daß aus dem neutralen Wissen der »Experten« »Standpunkte« gegenüber der Vergangenheit gebildet werden. Doch wie gestaltet sich dieser Übergang? Läßt sich Goldhagens Buch wirklich abgehoben von der wissenschaftlichen Kontroverse positiv bewerten? Kommt man ohne den Historiker Goldhagen aus?

Der öffentliche Gebrauch der Historie dokumentiert sich nach Habermas in Deutschland vor allem in der Selbstverständigungsdebatte zum Thema NS-Vergangenheit. Deshalb betreffe Goldhagens historische Arbeit über die Täter unser Selbstverständnis. Dahinter steht die Auffassung, die gegenwärtigen Deutschen stünden mit der NS-Zeit in einem historischen Zusammenhang: »... die jeweils lebenden Generationen (sind) in der Art ihres Denkens und Empfindens, in der Gestik des Ausdrucks und in der Weise ihrer Wahrnehmung über ein Gespinst kultureller Fäden mit Lebensformen und Denkweise vergangener Generationen verknüpft« (409).

Über diesen historischen Zusammenhang lassen sich in den politischen Schriften des Frankfurter Philosophen viele Ausführungen finden. So schrieb Habermas in einem seiner Beiträge zum Historikerstreit über die deutsche Lebensform und Auschwitz:

»Nach wie vor gibt es die einfache Tatsache, daß auch die Nachgeborenen in einer Lebensform aufgewachsen sind, in der das möglich war ... Unsere Lebensform ist mit der Lebensform unserer Eltern und Großeltern verbunden durch ein schwer entwirrbares Geflecht von familialen, örtlichen, politischen, auch intellektuellen Überlieferungen – durch ein geschichtliches Milieu also, das uns erst zu dem gemacht hat, was und wer wir heute sind. Niemand von uns kann sich aus diesem Milieu heraus stellen, weil mit ihm unsere Identität, sowohl als Individuen wie als Deutsche, unauflöslich verwoben ist.«[5]

Dennoch hält Habermas unbeirrt an einer Dialektik zwischen dieser Gebundenheit und einer Wahl fest, denn »... unsere Identität ist nicht nur etwas Vorgefundenes, sondern eben auch und gleichzeitig unser eigenes Projekt. Wir können uns unsere Traditionen nicht aussuchen, aber wir können wissen, daß es an uns liegt, wie wir sie fortsetzen.«[6] Aus Habermas' Äußerungen spricht immer wieder dieses aufklärerische Zutrauen in eine rationale Wahl: Traditionen schreiben sich nicht einfach nur in die einzelnen Mitglieder einer Gemeinschaft ein, sie werden von ihnen jeweils auch aktualisiert. Die Geschichte wird dabei zur kritischen Instanz in einer (selbst-)kritischen Öffentlichkeit:

»Wenn die Geschichte überhaupt zur Lehrmeisterin taugt, dann als eine kritische Instanz, an der, was wir im Lichte unseres kulturellen Erbes bislang für richtig gehalten haben, scheitert. Dann fungiert Geschichte als eine Instanz, die uns nicht zu Nachahmungen, sondern zu Revisionen herausfordert.«[7]

Geschichte als Lehrmeisterin, als kritische Instanz: In diesem Rahmen lobt Habermas Goldhagen. Die Betrachtungen zu den Tätermotivationen unterwerfen in seinen Augen unseren eigenen Traditionsbezug einer notwendigen Revision. Goldhagen beförderte eine »kritische Einstellung gegenüber Eigenem« (410), und darin liege sein Verdienst für die Debatte um die NS-Vergangenheit.

Es ist allerdings nicht einzusehen, warum hier das kritische Potential der Geschichtswissenschaft ignoriert werden soll. Mit ihr ließe sich zunächst das Ziel einer Selbstverständigung hinterfragen. Bereits im Historikerstreit war es eine von fast allen geteilte Annahme, daß historisches Wissen eine kollektive Identität oder ein Selbstverständnis produzieren könne. Zwar ist Habermas sicher kein Nationalpädagoge, und er hat seine Ansichten zum Problemfeld Geschichtswissenschaft und posttraditionale Identität im Nachklang des Historikerstreits konkretisiert.[8] Dennoch scheint er auch heute noch auf einer Identitätsproduktion zu beharren, und im Abstand von einem Jahrzehnt taucht daher schon die ketzerische Frage auf: Was war denn nun der Unterschied zu Michael Stürmers Nationalpädagogik in dieser Frage, wo auch in Habermas' öffentlichem Gebrauch der Historie Geschichtswissenschaft auf das Ziel einer kollektiven Identitätsproduktion hin interpretiert wird?

Außerdem zeigte die wissenschaftliche Auseinandersetzung, daß Goldhagens Buch den kritischen Maßstäben der Geschichtswissenschaft nicht genügt. In der Laudatio bleibt unklar, weshalb Goldhagen und sein Werk in der Öffentlichkeit trotzdem wie ein Lehrmeister wirken soll. Die reale Debatte zeigte ebenfalls, wie schwer wissenschaftlichen Erkenntnissen und Maßstäben Gehör zu verschaffen ist und wie schnell sie verlorengehen können. Die Laudatio von Habermas geht dagegen in den theoretischen Ausführungen nicht auf die Kriterien für eine öffentliche Rezeption von »Geschichte« ein. Es muß Habermas entgegengehalten werden, daß eine historische Studie nur dann als kritische Instanz aufklärerisch wirken kann, wenn sie selber einer solchen unterworfen wird – und zumindest halbwegs besteht. In einer öffentlichen Debatte wäre eine Entsorgung der Geschichtswissenschaft der falsche Schritt, da sonst die von Habermas geforderte Traditionskritik auf Sand bauen würde, der schnell verrinnen kann.

Kolonisierung der Selbstverständigungsdebatte

Die publizistische Form, in der die öffentliche Aufbereitung von Goldhagens Thesen stattfand, betrachtet Habermas in seiner Laudatio nicht. Eher zeichnet er die Debatte als einen Idealfall aufgeklärter »Vergangenheitsbewältigung« der Bürger in einem öffentlichen Raum. Die problematischen Gesichtspunkte bleiben ausgeblendet, letztlich um die Würdigung zu ermöglichen. Das ist nicht nur im Hinblick auf die Traditionsrevision fragwürdig; es irritiert auch, weil sich dieser Aspekt, die publizistische Inszenierung, in Habermas' eigener Theoriesprache hervorragend ausdrücken läßt. Es dürfte im Sinne der »Theorie des kommunikativen Handelns« sein, einem Hauptwerk von Habermas aus dem Jahre 1981, die öffentliche Selbstverständigungsdebatte eng an die spontanen Prozesse der Lebenswelt zu binden.

Habermas entwickelte in jener Schrift wesentliche Begriffe für eine Gesellschaftsanalyse: Er unterscheidet »Lebenswelt« und »System«. Die Lebenswelt meint die aus der Alltagssprache und -praxis kommenden Grundüberzeugungen, die den Mitgliedern einer sozialen Gemeinschaft nicht bewußt sind, aber ihr Sprechen und Handeln entscheidend strukturieren. Aus der Lebenswelt entwickeln sich die spontanen Prozesse der Privatsphäre und der Öffentlichkeit. Das System dagegen stellt die verfestigte Gesamtheit der sozialen Prozesse dar, die aus den sozialen Kontakten der

Mitglieder untereinander entstehen. Eine Kernthese der »Theorie des kommunikativen Handelns« behauptet eine »Kolonisierung der Lebenswelt« durch wirtschaftliche, rechtliche und bürokratische Einflüsse. Diese Überwältigung der Lebenswelt durch das System gelte es zu verhindern: »Es geht darum, Lebensbereiche, die funktional notwendig auf eine soziale Integration über Werte, Normen und Verständigungsprozesse angewiesen sind, davor zu bewahren, den Systemimperativen der eigendynamisch wachsenden Subsysteme Wirtschaft und Verwaltung zu verfallen.«[9]

Doch gerade die Goldhagen-Debatte ist ein gutes Beispiel für die Vereinnahmung der Lebenswelt, hier für die Kolonisierung des Selbstverständigungsdiskurses über die Geschichte durch ein publizistisches »System«. Goldhagens Werk offenbart einen Grad an Inszenierung (z. B. des Täterbildes)[10], der nur von seiner öffentlichen Selbststilisierung übertroffen wird. Seine Argumente wurden ungeachtet ihrer zweifelhaften wissenschaftlichen Haltbarkeit system(at)isch propagiert: Die öffentliche Debatte wurde durch publizistische Mechanismen angeregt. In seinen Äußerungen über führende Historiker setzte sich Goldhagen medienwirksam mit dem Vorwurf in Szene, sie verdrängten die wichtigsten historischen und politischen Fragen. Seine Deutschland-Tournee schließlich, die am Fernsehschirm von einem breiten Publikum verfolgt werden konnte, gereichte jedem PR-Büro zur Ehre.

Indem Habermas die Goldhagen-Debatte mit jenen positiven aufklärerischen Attributen belegt, die er auch im Potential der Lebenswelt sieht, blendet er die realen Bedingungen der öffentlichen Auseinandersetzung aus, unter denen Marktgesetze das Verhältnis von historischer Zunft und Öffentlichkeit verzerren. Die von Habermas im allgemeinen zu Recht angemahnten aufklärerischen Ideale der kritischen Auseinandersetzung sind in diesem Fall gegen ihn und seine Deutung der Debatte ins Feld zu führen: Das »Subsystem Geld« ist mit Goldhagen in den rational-aufklärerischen Diskurs der Selbstverständigungsdebatte eingedrungen, der sich zwischen Historikern und Lesern entspannen könnte, und droht, ihn zu »kolonisieren«, wenn sich ähnliche publizistische Praktiken in Zukunft etablieren.

Bewahrung der politischen Konstellation?

Auch in einem anderen Punkt ist Habermas' Sichtweise der Gold-hagen-Debatte fragwürdig. Er überträgt die politischen Katego-rien des Historikerstreits auf die neue Debatte und nimmt die Rea-lität der Goldhagen-Debatte nicht wahr. Die Laudatio muß vor dem politischen Hintergrund gelesen werden, der Habermas im-mer wieder dazu veranlaßt hat, in politische Diskussionen einzu-greifen. Die Auseinandersetzung über die NS-Vergangenheit – im-mer verbunden mit deutlichen Warnungen vor neokonservativen Tendenzen – nahm dabei die prominenteste Stellung ein. So war es zunächst überraschend, daß sich Habermas in der Goldhagen-Debatte lange zurückhielt. Anscheinend hat ihn deren politische Dimension schließlich doch zum Eingreifen bewogen. Haber-mas spricht in der Laudatio von Vorwürfen, die sich gegen die Le-ser Goldhagens gerichtet hätten: »Gutmenschentum«, »negativer Nationalismus«, Flucht ins »schimärisch Postnationale« (408f.). Diese Kategorien ähneln deutlich denen des Historikerstreits; eine Quellenangabe liefert Habermas bezeichnenderweise nicht. Of-fensichtlich will Habermas den Eindruck erwecken, daß sich wie-der ein paar Aufrechte und eine zunehmende Zahl ewiggestriger Nationalpädagogen gegenüberstehen:

»Diese kritische Einstellung gegenüber Eigenem ist es, was Goldhagens Studie fördert – und was die Besorgnis mancher Kon-servativer auf den Plan ruft. In diesen Kreisen glaubt man, daß nur fraglose Traditionen und starke Werte ein Volk ›zukunftsfä-hig‹ machen. Deshalb gerät gerade jeder skeptisch sondierende Rückblick in den Verdacht hemmungsloser Moralisierung ... Das jämmerliche Verdrängungsvokabular jenes unsäglichen ›Glossari-ums‹ (von Carl Schmitt), das sich bei jedem selbstkritischen Wort gegen ›falsche Bußwilligkeit‹ aufbäumt, ... wirkt heute, im Sog des erfolgreichen Ablenkungsmanövers gegen ›political correct-ness‹, weit über den Kreis der Unbelehrbaren hinaus. Auch An-dersgesinnte scheinen zu fürchten, daß Goldhagens Studie eine fragwürdige moralische Abrechnung mit dem ›unwissenden‹ Zeitgenossen des Holocaust schürt« (410).

Wer sind nun diese Andersgesinnten, die sich von den Unbe-

lehrbaren haben anstecken lassen? In der Goldhagen-Debatte ver-
laufen die Fronten anders als im Historikerstreit: Die Vertreter der
neuen und alten deutschen Rechten haben diesmal keine pronon-
cierte Position bezogen. Die »Frankfurter Allgemeine Zeitung« –
noch im Historikerstreit das Medium der Habermas-Gegner –
schöpfte diesmal sogar beide Möglichkeiten aus: von einem
aggressiven Verriß bis zu mildem Lob.[11] Goldhagens Thesen wurden dagegen überwiegend von Historikern abgelehnt, und gerade
von solchen, die gemeinhin als linksliberal bezeichnet werden.
Waren sie also die »Andersgesinnten«, die sich im Dschungel der
Debatte auf die falsche Seite verirrten? Das wäre absurd. Auch für
das noble Ziel einer »kritischen Einstellung gegenüber Eigenem«
muß man nach stichhaltigen Argumenten suchen dürfen, ohne
gleich politisch suspekt zu werden. Zudem ist es vielleicht ein viel
bemerkenswerterer Befund, daß es in der Goldhagen-Debatte
augenscheinlich weniger um Politik ging als im Historikerstreit.
Die Art und Weise, wie Habermas der Debatte politische Kategorien überstülpt, wirkt daher eher als Rückzugsgefecht, aber nicht
wie eine treffende Analyse. Es läßt sich hier eine Verschiebung in
der intellektuellen Landschaft der neuen Bundesrepublik zeigen:
War Habermas 1986 noch der Angreifer, verteilt er 1997 Lob.
Heute erweist sich, daß Habermas nicht nur den Historikerstreit
gewonnen zu haben scheint. Er ist auch um das Erbe jenes Streites
besorgt: das Selbstverständnis, das die »richtige« Einstellung zur
Vergangenheit mit politischen Überzeugungen verband. In der
Logik des Historikerstreits sind die Gegner auf dem historischen
Feld gleichzeitig politische Gegner. Dieser Zusammenhang hat
sich – so zeigt die Goldhagen-Debatte – zumindest abgeschwächt.
Dennoch bewahrt Habermas den Nexus, und seine Suche nach
einem politischen Gegner geht ins Leere. »Wie hältst du es mit
Goldhagen?« eignet sich nicht als politische Gretchen-Frage.

Rettung des Konkreten

Möglicherweise erklärt sich Goldhagens Würdigung durch Habermas auch daraus, daß er ihm etwas »Neues« gezeigt hat. Die Behauptung, daß es unser Selbstverständnis affizieren müsse, wenn Goldhagen den überzeugten Tätern eine subjektive Rechtfertigung zuschreibe, könnte dann ganz persönlich auf den Philosophen bezogen sein.

In seinen vielen Äußerungen zur deutschen Diskussion um die NS-Vergangenheit spricht Habermas immer wieder von Auschwitz:

»Auschwitz (ist) zur Signatur eines ganzen Zeitalters geworden – und geht uns alle an. Hier ist etwas geschehen, was bis dahin niemand auch nur für möglich halten konnte. Hier ist an eine tiefe Schicht der Solidarität zwischen allem, was Menschenantlitz trägt, gerührt worden; die Integrität dieser Tiefenschicht hatte man bis dahin – trotz aller naturwüchsigen Bestialitäten der Weltgeschichte – unbesehen unterstellt. Ein Band der Naivität ist damals zerrissen worden.«[12]

Dieses Auschwitz verunsichert aufgrund seiner Singularität die deutschen Traditionen, die deutsche Lebensform; es prägt unsere Identität. In den politischen Schriften von Habermas ist Auschwitz über weite Strecken der einzige Begriff, mit dem die NS-Verbrechen, ja die gesamte Epoche belegt wird.[13] Er mag dies von seinem Lehrer Adorno übernommen haben, es mag aber auch einem Unbehagen mit anderen Begriffen (»Holocaust«) entstammen. Auschwitz dient hier als Pars pro toto. Zugleich erhält es, je häufiger es benutzt wird, Eigenschaften einer unspezifischen Chiffre. Die Verbrechen der Deutschen werden benannt, aber mit einem Symbol gebannt. Auschwitz steht für den Prozeß der industriellen Massenvernichtung, für den modernen Charakter des Mordens am Fließband, was dem Geschehen seine singuläre Signatur verleiht. Die Chiffre Auschwitz diente Habermas nicht zuletzt im Historikerstreit dazu, die Singularität der Tat zu begründen.

Habermas könnte nun in Goldhagens Fallstudien entdeckt haben, was jenseits der Chiffre Auschwitz steht. Die grausamen Einzelheiten, die gerade nicht mit dem System der Konzentrations-

und Vernichtungslager verbunden waren, werden ihm so vor Augen geführt. Und auch das Ausmaß der mörderischen Handlungen von Tätern, die nicht in Lagern agierten, findet er in Goldhagens Werk vielleicht. Die These von den »ganz normalen Männern« basiert ja gerade auf dieser erweiterten Tätergruppe. Goldhagen dehnt diese schon durch Christopher Browning vorgetragene These zudem noch aus: Mit den »ganz normalen Deutschen« verweist er auf die spezifische, kulturell verankerte Mentalität. Dies soll einen ähnlichen Zweck wie die Chiffre Auschwitz erfüllen: Die Tat war singulär, weil die Täter singulär waren. In diesen Überlegungen erscheinen die Intentionen Goldhagens Habermas auch deshalb opportun, weil das Modell des eliminatorischen Antisemitismus viel stärker als die Chiffre erlaubt, aufklärerische Ziele zu begründen. Die »ganz normalen Deutschen« hatten sich offensichtlich von jeglicher aufklärerisch-kritischen Tradition verabschiedet; eine solche Mentalität läßt sich nur durch kritische Reflexion vermeiden. Die Deutung von Auschwitz als »modernes«, abstraktes und technisches Phänomen, zu der Habermas bisher neigte, könnte sich damit erledigt haben – zugunsten der Mentalität ganz normaler Deutscher.

Dagegen spricht jedoch der generalisierende Gestus, mit dem Habermas das politisch bedeutsame Nachwirken jener Mentalität auf den öffentlichen Raum beschränkt. In einem Selbstverständigungsdiskurs müssen laut Habermas moralische Schuldfragen, die sich ein Individuum stellen muß, von ethischen Fragen getrennt werden, die sich in einer politischen Öffentlichkeit diskutieren lassen:

»(Bei einer ethisch-politischen Selbstverständigung der Bürger) geht es nicht primär um Schuld oder Entschuldigung der Vorfahren, sondern um eine kritische Selbstvergewisserung der Nachkommen ... Schmerzliche Enthüllungen über das Verhalten der eigenen Eltern und Großeltern, die ja nur Trauer auslösen könnten, bleiben eine private Angelegenheit zwischen den unmittelbar Beteiligten. Als Bürger nehmen hingegen die Nachfahren ein öffentliches Interesse am dunkelsten Kapitel ihrer nationalen Geschichte ... Sie wollen sich über die kulturelle Matrix eines belastenden Erbes Klarheit verschaffen, um zu erkennen, wofür sie gemeinsam haften und was gegebenenfalls von den Traditionen, die damals einen verhängnisvollen Motivationshintergrund gebildet haben, noch fortwirkt und der Revision bedarf.« (411/412)

Diese Trennung von politisch-ethischer und existentiell-moralischer Dimension einer »Vergangenheitsbewältigung« läßt wieder die Chiffre Auschwitz erkennen; denn in einer öffentlichen Debatte kann nur dann von der Chiffre die Rede sein, wenn der private, familiäre Hintergrund der Auseinandersetzung beiseite geschoben wird. Erst in ein abstraktes Symbol gepreßt, kann Auschwitz zu einem universalen Fluch werden:

»... liegt nicht seit jener moralischen Katastrophe, in abgeschwächter Weise, auf unser aller Überleben der Fluch des bloßen Davongekommenseins? Und ... begründet nicht die Zufälligkeit des unverdienten Entrinnens eine intersubjektive Haftung – eine Haftung für entstellte Lebenszusammenhänge, die das Glück oder auch bloß die Existenz der einen einzig um den Preis des vernichteten Glücks, des vorenthaltenen Lebens und des Leidens der anderen einräumen?«[14]

Hier kann man sich des Eindrucks nicht erwehren, daß die Opferperspektive auf uns alle – also auch auf die Täter und ihre Nachkommen – erweitert wird. Sind denn wirklich alle Mitmenschen Auschwitz entronnen? Es ist auch für die Nachkommen ein fundamentaler Unterschied, daß die Vorfahren von einigen dieses Schicksal erleiden mußten, andere hingegen Vorfahren haben, die sich zu Herren über diese Schicksale aufwarfen. Für die einen erwächst daraus die Erkenntnis, daß sie dorthin deportiert worden wären und daß sie die Entronnenen sind. Für die anderen wäre dies eine Anmaßung.

Das aufklärerische Ideal, das Habermas dem Selbstverständigungsdiskurs zugrunde legt, täuscht darüber hinweg, daß fundamentale Unterschiede zwischen seinen Teilnehmern existieren. Wie soll aber eine Konfrontation der Vergangenheit praktisch aussehen, wenn sie nicht von den konkreten und unterschiedlichen Erfahrungen der Vergangenheit und deren Nachhall ausgeht? Erschüttert das unkonkrete Allgemeine, wie es aus Habermas' Worten spricht, wirklich einen Traditionszusammenhang? Erst der persönlich-familiäre Hintergrund rettet das Konkrete; dieser läßt

sich nicht so einfach abschütteln und in eine fragwürdige Selbstvergewisserung bannen, wie es in der Goldhagen-Debatte tatsächlich geschah. Der Gedanke, daß uns die Täter viel ähnlicher sind,
als wir oft zuzugeben bereit sind, daß sie »ganz normale Männer«
und unsere Vorfahren waren, dieser Gedanke bringt uns in die
verunsichernde Nähe der Täter.

Schluß

Die verunsichernde Nähe der Täter schien vermeintlich in dem
Werk Goldhagens und in der Debatte durch. Sie gilt daher als der
eigentliche Ertrag von Werk und Debatte, was für Habermas ein
Lob rechtfertigt. Damit ist aber ein unvoreingenommener Blick
auf die Probleme der Debatte verstellt. Die wissenschaftliche Kor-
rektheit von Aussagen ließ sich als ein unwichtiges Kriterium
nörgelnder Historiker ignorieren. Der grundsätzlich wertvolle
Charakter dieses Selbstverständigungsdiskurses rechtfertigte die
publizistische Inszenierung. Es machte diesen Diskurs nur be-
deutsamer, wenn ein eindeutiger Gegner auszumachen war, der
der Verdrängung angeklagt werden konnte. So wurde schließlich
eine Debatte unangreifbar – die Kritiker brauchte man nur als
Gegner, nicht ihre Argumente.

In seiner Laudatio versucht Habermas letztlich, Goldhagen für
sein aufklärerisches Projekt der Selbstverständigung in Dienst zu
nehmen. Die Chiffre Auschwitz wird konkretisiert, sie wird mit
ganz normalen Deutschen angefüllt. Und dennoch wehrt Habermas die Verunsicherung ab: Die konkreten und persönlichen Fragen bleiben in den privaten Raum verbannt. Dies ist das gleiche
Spiel von Distanz und Nähe, das sich wie ein roter Faden durch
das Werk Goldhagens, durch die Laudatio und durch die Debatte
zieht. Goldhagen suggeriert eine greifbare Nähe zu den antisemitischen Tätern und ihren Greueltaten. Zugleich beläßt er sie in
weiter Ferne, ein kultureller Umschwung trennt uns von ihnen.
Goldhagen trat ja mit einem merkwürdigen Argument auf: Die
Shoah ergab sich aus einer Kultur, die in einem langen Prozeß
von einem eliminatorischen Antisemitismus geprägt worden war.

Nach 1945 bricht diese Linie ab, und das »Modell Bundesrepublik«, ein Vorbild im Umgang mit der Vergangenheit, kommt zum Vorschein.[15] Habermas lobt gerade diesen methodisch fragwürdigen und historisch geschönten Aspekt an Goldhagens Werk als eine Abkehr von »anthropologischen Universalien« (416), da es die Möglichkeit eines kulturellen und politischen »Bewußtseinswandels« (416) eröffnet. So wird aus dem Deus ex machina Goldhagens ein Schulterklopfen für die Aufbauleistung der Nachkriegsdeutschen.

Zugleich paßte Goldhagen nunmehr in die deutsche Selbstverständigungsdebatte, die sich in den Sälen der Goldhagen-Tournee offenbarte. Sie ließ nur vordergründig eine Beschäftigung mit den Tätern erkennen. Das Potential an Irritation war dieser Auseinandersetzung genommen, es fiel den Zuschauern – heute, fünfzig Jahre danach – leichter, in den NS-Tätern auch wirklich welche zu sehen. Goldhagens eindeutige Erklärung für die Shoah wurde bereitwillig akzeptiert, ja schien fast sehnsüchtig erwartet worden zu sein. Es half dieser Bereitwilligkeit, daß das Ganze nichts mehr mit uns zu tun haben soll. Wie wenig dagegen noch immer die wirkliche, verwandtschaftliche Nähe der Täter konfrontiert werden kann, zeigen viele der Reaktionen auf die fast gleichzeitig stattfindende Wehrmachtsausstellung.[16] Am Ende der Goldhagen-Debatte sanktionierte Habermas' Laudatio ein Befragen der nationalen Vergangenheit, das ohne persönliche Verunsicherung einer Erlösung entgegenzustreben hofft. So vermeinten wir an einer kollektiven Katharsis teilzuhaben und nickten uns erlöst zu: Die ganz normalen Deutschen leben auf einem fremden Planeten – dort, wo der eliminatorische Antisemitismus wütet.

---

1 Ich danke Habbo Knoch (Göttingen), Matthias Sommer und Moritz Föllmer (beide Berlin) für die hilfreichen Hinweise.

2 Claude Lévi-Strauss, Das wilde Denken, Frankfurt am Main 1968.

3 Jürgen Habermas, Über den öffentlichen Gebrauch der Historie. Warum ein »Demokratiepreis« für Daniel Goldhagen?, in: Blätter für deutsche und internationale Politik, 42 (1997) 4, S. 408–416, hier S. 408. Im weiteren Text beziehen sich die Zahlen in Klammern auf die Seitenangaben dieser Veröffentlichung.

4 Charles Maier, *Die Gegenwart der Vergangenheit. Geschichte und die nationale Identität der Deutschen*, Frankfurt am Main 1992, S. 71 ff.

5 Jürgen Habermas, *Vom öffentlichen Gebrauch der Historie*, in: ders., *Eine Art Schadensabwicklung. Kleine politische Schriften VI*, Frankfurt am Main 1987, S. 140.

6 Jürgen Habermas, *Grenzen des Neohistorismus*, in: ders., *Die nachholende Revolution. Kleine politische Schriften VII*, Frankfurt am Main 1990, S. 155.

7 Jürgen Habermas, *Aus der Geschichte lernen?*, in: ders., *Die Normalität der Berliner Republik. Kleine politische Schriften VIII*, Frankfurt am Main 1995, S. 15.

8 Habermas scheint dies für einen der wichtigsten Aspekte des Historikerstreits gehalten zu haben. In einer Rede behauptete er 1987 ein kompliziertes Verhältnis zwischen Verfassungspatriotismus als posttraditionaler Identität und den traditionellen Bindungen einer konkreten Gemeinschaft. Geschichtswissenschaft als kritische Instanz hat darin weiterhin eine wichtige Funktion, da traditionelle Bindungen auch in Zeiten eines posttraditionalen Verfassungspatriotismus wirksam bleiben. Vgl. dazu Jürgen Habermas, *Geschichtsbewußtsein und posttraditionale Identität. Die Westorientierung der Bundesrepublik*, in: ders., *Schadensabwicklung* (wie Anm. 5), S. 161–179. Für eine Analyse vgl. Maier (wie Anm. 4), S. 151 ff.

9 Jürgen Habermas, *Theorie des kommunikativen Handelns*, Bd. 2, Frankfurt am Main 1981, S. 547.

10 Vgl. dazu den Aufsatz von Habbo Knoch in diesem Band.

11 Vgl. dazu Frank Schirrmacher, *Hitlers Code*, in: *Frankfurter Allgemeine Zeitung*, 15. 4. 1996, und ders., *Wunderheiler Goldhagen*, ebenda, 13. 9. 1996. Die Goldhagen-Debatte steht damit im krassen Gegensatz zu den Diskussionen um die Wehrmacht-Ausstellung. Lediglich Peter Gauweiler nahm an beiden Diskussionen mit heilloser Polemik teil (*Ein deutsches Phänomen*, in: *Bayernkurier*, 12. 10. 1996).

12 *Geschichtsbewußtsein und posttraditionale Identität* (wie Anm. 8), S. 163.

13 Eine genaue Analyse der politischen Schriften von Habermas kann hier nicht geleistet werden; sie würde aber zeigen, daß Habermas fast ausschließlich von »Auschwitz« spricht, wenn er die nationalsozialistischen Verbrechen meint.

14 *Geschichtsbewußtsein und posttraditionale Identität* (wie Anm. 8), S. 164.

15 Vgl. dazu die Dankesrede für den Demokratiepreis: Daniel J. Goldhagen, *Modell Bundesrepublik. Nationalgeschichte, Demokratie und Internationalisierung in Deutschland*, in: *Blätter für deutsche und internationale Politik*, 42 (1997) 4, S. 424–442.

16 Vgl. dazu auch den Beitrag von Angelika Königseder in diesem Band.

EIN BUCH UND SEIN PUBLIKUM

Habbo Knoch **Im Bann der Bilder**
Goldhagens virtuelle Täter und die deutsche
Öffentlichkeit

Daniel J. Goldhagen hat sich mit einem rhetorisch scharf konturierten, medial beschleunigten Täterbild in das sensible, störan-
fällige Netz aus Diskursen zur NS-Vergangenheit in Deutschland
katapultiert. Dort diente der Gegenstand seines Buches schon
bald nur noch als Bühnenbild eines Schauspiels, das von medialen
Inszenierungen und einem tribunalen Rechtfertigungsklima geprägt war. Etablierte Historiker mußten ihre Arbeit gegen den
Vorwurf verteidigen, die von Goldhagen untersuchten Täter jahrzehntelang verdrängt zu haben. Ihre heftige Kritik an seinen
Anmaßungen und akademischen Regelbrüchen wurde als Exkul-
pations- und Fluchtversuch gedeutet. Beim Publikum fand
augenscheinlich gerade das von den Experten Bemängelte – die
detaillierten Schilderungen der Tat und die eindeutige, vorbe-
haltlose Deutung der Tätermotivationen – großen Zuspruch.

Die öffentliche Konfrontation von Historikern und Publikum wurde zu einem zentralen Bestandteil der publizistischen Aufblähung des Buches. Rasch galt Goldhagen vielen als Auslöser einer Katharsis. So hat Jan Philipp Reemtsma die Zustimmung und Kaufbereitschaft des Publikums mit einer »kollektiven Bereitschaft« erklärt, sich endlich der »Betrachtung des Jedermann« unter den deutschen Tätern zu stellen.[1] Doch der Rekurs auf Verdrängung und Katharsis erklärt nicht Goldhagens Wirkung, sondern verfestigt lediglich die publizistisch inszenierten Fronten der Debatte. Er greift zu kurz, wenn nicht die mediale Dimension von Erinnerung einbezogen wird. Bildhaushalte, zeitgenössische Sehweisen, Sagbarkeitsregeln und Übertragungen aus anderen Themenbereichen spielen in der Gestaltung von Erinnerungskulturen eine bislang unterschätzte aktive Rolle.[2] Die Goldhagen-Debatte haben sie maßgeblich bestimmt.

Der Bildschirm-Effekt. Goldhagens Spiel mit den Perspektiven

Goldhagen sieht in den Tätern der Erschießungskommandos, der Arbeitslager und der Todesmärsche weder gefühllose Funktionäre noch robotergleiche Tötungsmaschinen, sondern fanatische und begeisterte »Weltanschauungskrieger«. Goldhagens Täter waren nicht widerwillig bei der Sache, sondern unbarmherzig und übereifrig gegen die Opfer, stolz und überzeugt, das Richtige zu tun, statt gespalten oder von Zweifeln geplagt. Ihr »eliminatorischer Antisemitismus« ließ sie freiwillig unvorstellbare Brutalitäten begehen, denen noch nicht einmal der eliminatorische Zweck des Unterfangens »rationale« Grenzen setzen konnte. Die Täter folgten gleichsam einer habituell angelegten Handlungslogik: Lange bevor sie den Osten erreichten, waren sie potentielle »Vollstrecker des Völkermords«. In gewisser Weise Kampfhunden vergleichbar, die sich von zivilisierten Zuchtrassen durch niedrige Aggressionshemmschwellen und bestimmte, mental eingeschriebene Signal-Reaktions-Mechanismen unterscheiden, waren sie im Demütigen und brutalen Massenmorden ganz bei sich.

Um dieses Täterbild zu vermitteln und rhetorisch abzudichten, nutzt Goldhagen Strategien unterschiedlicher Genres (»dramatic script«, »special pleading«). Sie versetzen die Leser in ein verwirrendes, aber kontrolliertes Spiel aus verschiedenen Perspektiven und Entfernungen zu den Tätern, zur Tat und zu sich selbst. Widerspruchsvoll und damit spannungsreich ruft er Nähe und Distanz, Identifikation und Abneigung hervor. Dazu greift er auf das Konzept der »dichten Beschreibung« zurück, das Clifford Geertz entwarf, weil die unterschiedlichen Perspektiven von Beobachtern und Beobachteten in ethnologischen Feldstudien nicht zur Deckung zu bringen sind. Doch nach einer Reflexion seiner Beobachterrolle sucht man bei Goldhagen vergebens. Er setzt sich als unbezweifelbares Medium in Szene, das den richtigen Zugang zum Geschehen erlaubt sowie zwischen dem »unvorstellbaren« Geschehen und einem vermeintlich bislang gezielt desinformierten Publikum vermittelt.

Goldhagen behauptet zwar, auf diese Weise den Wahrnehmungshorizont der Täter zu rekonstruieren, gestaltet ihn jedoch wie ein Regisseur, der ein Geschehen filmgerecht arrangiert. Sein Drehbuch ist das »sozial-kognitive Modell« des eliminatorischen Antisemitismus. Diese Schablone trägt die gesamte Darstellung und erlaubt ihm, zentrale Schnittstellen für die Tätermotivation, etwa den Übergang vom latenten zum praktizierten »eliminatorischen Antisemitismus«, auszulassen. Den mit Aus- und Überblendungen konturierten Handlungsrahmen füllt Goldhagen mit Schilderungen, die als objektive Abbildungen der Tat gelten sollen. Harte Schnittechniken und Nahaufnahmen sollen den Eindruck erwecken, daß die Tat tatsächlich so war, wie Goldhagen sie beschreibt. Die Leser werden auf nächstmögliche Distanz herangebracht. Der drastische, scheinbar tabulose Blick erzeugt zwar Nähe zur Tat, soll aber zugleich das Bildfundament für eine Distanzierung von den Tätern liefern. Doch Goldhagen durchbricht diese Distanz, indem er die Täter als »gewöhnlich« postuliert und die Leser ihnen damit annähert: Die deutschen Täter seien keine ideologischen Fanatiker gewesen, sondern Männer aus dem Volk, mit viel Lebenserfahrung und einem gesunden moralischen Urteilsvermögen. Diese Vergleichbarkeit der Lebenshorizonte ver-

hindert einen frühen Rückzug auf Absurd-Pathologisches als Taterklärung.

Aber mit seiner zentralen Prämisse befreit Goldhagen die Leser
zugleich auch aus dieser bedrohlichen Nähe zu den Tätern: Diese
verkörpern für ihn gerade nicht die Eruption des grausamen
»anderen« in uns, nach dem manche vor Goldhagen beim Blick
auf die »gewöhnlichen« Täter gefragt haben. Er betrachtet sie
als »Fremde«, bei denen mörderische Brutalität und zivilisiertes
Verhalten aufgrund einer einzigartigen kulturellen Konstellation
gleichsam miteinander verschmolzen und keineswegs widersprüchlich waren. Anstelle der »Moderne« und ihrer Verwerfun-
gen oder unmenschlicher Potentiale betont Goldhagen die Bedeutung kulturell bedingter Unterschiede. Die Tat selbst zeige, daß
die Deutschen jener Zeit in einer radikal anderen Kultur gelebt
hätten. Damit distanziert er sich und die Leser bereits noch vor
der Betrachtung des Geschehens vom Kollektiv der Deutschen.

Doch anders, als Geertz es vorsah, sucht Goldhagen kein »Gespräch« mit diesen »Fremden«. Er will sich statt dessen in sie
»hineinversetzen«. Die Leser bezieht er in diesen Perspektivenwechsel mit ein. Goldhagen greift hier auf gerade jenes hermeneu-
tische Konzept zurück, das Geertz mit der »dichten Beschreibung« überwinden wollte. Das Problem der perspektivischen
Brechungen, das durch die eigene, von Goldhagen rhetorisch und
darstellerisch auch artikulierte Beobachterhaltung entsteht, wird
zugunsten des Eindrucks unmittelbarer Zugänglichkeit ignoriert.

Das »Hineinversetzen« ist allerdings nur eine methodische
Farce, denn Goldhagen liest in die Handlungen lediglich Motivationen hinein, die seinem übergeordneten »sozial-kognitiven
Modell« entsprechen. Seine detaillierten Darstellungen der Brutalitäten haben keine explikative Funktion, denn »Motivationen«
lassen sich nicht einzig an Handlungen ablesen. Nicht umsonst ist
das Verhalten in der »fremden Welt« bei Geertz nur eine Quelle
unter anderen. Die Sinnwelten der Täter erschließen sich erst,
wenn sie auch aus ihren Selbstbeschreibungen rekonstruiert werden, die Goldhagen aber nur begrenzt zur Verfügung stehen. Er
bietet statt dessen einen visuell-imaginativen Zugang an. So drük-
ken seiner Ansicht nach Handlungen ihre antisemitische Motiva-

tion dann aus, wenn das beschreibbare Verhalten der Beteiligten nicht auf eine Ablehnung der Tat schließen läßt. Er überläßt es den Lesern weitgehend selbst, den Bezug zwischen der Handlungslogik im Einzelfall und der ideologischen Überwölbung der Tat herzustellen. Insofern dient die genaue Beschreibung der Tat lediglich als spektakuläre Illustration einer vorauslaufenden Annahme, nicht aber einer Rekonstruktion von Sinnwelten oder Motivationen.

Mit Hilfe der verschiedenen Perspektiven und Entfernungen zu Tat und Tätern versucht Goldhagen, die Leser auf seine Seite zu ziehen. Folgen sie ihm, können (und dürfen) sie seine Beobachterposition einnehmen. Seine geschickte Komposition der verschiedenen Perspektiven und die Kombination aus seriös-distanzierter und drastisch-bildreicher Sprache erzeugen letztlich einen Bildschirm-Effekt: Man glaubt sich dem Geschehen ganz nahe, der letzten Erklärung auf der Spur und ist auch emotional erregt, kann aber im Innern unbeteiligt bleiben und sich endgültig distanzieren, wenn das, was Goldhagen geradezu als Spektakel inszeniert, beendet ist.

Der Trug der inszenierten Eindeutigkeit.
Goldhagens Erlösungsangebot

Geertz ging es um die »Vielfalt komplexer, oft übereinandergelagerter oder ineinander verwobener Vorstellungsstrukturen«, die »fremdartig und zugleich ungeordnet und verborgen sind«.[3] Weil Goldhagen jedoch auf ein möglichst homogenes Täterbild abzielt, bedient er sich essentialistischer Schreib- und Leseweisen, um die mit seiner eigenen Darstellung der Tat verbundenen Imaginationen zu kontrollieren. Seine modellgeleitete Deutung bändigt die aus der Beschreibung des Geschehens entstehenden Assoziationen, die auf eine Vielfalt miteinander bestehender Handlungsgründe schließen lassen könnten.

Seine derart vereinfachte Antwort vermittelt Goldhagen im Gestus einer Offenbarung. So werden die Leser in den rhetorisch inszenierten Erklärungsleerstellen am Ende der drei empirischen

Kapitel im unklaren über die Tätermotivationen gelassen, obwohl er das Modell des eliminatorischen Antisemitismus bereits eingeführt und andere Erklärungen brüsk verworfen hat. Zusammen mit der potentiellen Nähe zu den »gewöhnlichen Tätern« ruft diese Offenheit Unbehagen hervor. Doch Goldhagens beständig plädoyer-ähnliche Dilemmastrategie enthält das Angebot, sich nicht nur im Empfinden, sondern auch durch die Erklärung der Tat von den Tätern zu distanzieren: Trägt die kulturelle Prägung des eliminatorischen Antisemitismus als Erklärung, dann können trotz aller voyeuristischen Annäherung an die Tat all jene sich von den Tätern distanzieren, die bei sich keine solche Prägung feststellen. Genau dies erlaubt vordergründig Goldhagens wenig fundierte, aber ob der vorhergehenden Greuel trostspendende Einschätzung der vermeintlich phänomenalen Entwicklung der Bundesrepublik nach 1945.

Goldhagens Buch mündet somit in einem Akt der Erlösung, auf den hin die Tat als Versuchsanordnung arrangiert ist. Seine appellative und plastische Argumentationsstruktur hat eine religiöse Tiefendimension, die auf Ergriffenheit, Selbstbezichtigung (diese Täter bislang verdrängt zu haben) und Auswegsuche (in Form einer griffigen Erklärung) abzielt. Gleichzeitig gibt sich Goldhagen als kühler und nüchterner Wissenschaftler, für den es sich beim Holocaust um einen historischen Gegenstand wie jeden anderen handelt. Das Buch und Goldhagens Verhalten in den öffentlichen Diskussionen, in denen er sich, von den Experten bedrängt und isoliert, gleichsam märtyrerhaft als unverstandener Revolutionär präsentiert hat, erwecken den Eindruck eines Glaubenskampfes, in dem mit dem Habitus wissenschaftlicher Seriosität um Anhänger geworben wird.

Goldhagen hat dabei einen soziologischen Argumentationsstil, juristische Streitkultur und das Genre einer bildreichen, auf existentielle Fragen gerichteten religiösen Sprache mit dem sprachlichen Substrat der massenmedialen Bildkultur verschmolzen. Die schrittweise imaginative Veralltäglichung des Holocaust in den letzten zwei Jahrzehnten hat auch ihn geprägt und sein Buch in dieser Form erst ermöglicht. Goldhagen hat die sachliche Argumentation zugunsten eines attraktiven Spiels mit Vorstellungen aufgegeben. Sein Täterbild ist medienkonform und als aussichtsreiche Ware auf den inzwischen reichhaltigen, teilweise kommerzialisierten Markt der Erinnerungskultur zugeschnitten. Dort werden Bilder der Vergangenheit nach dem Kriterium medialer Brauchbarkeit ausgewählt, dem Goldhagens Täterklischee entspricht: Es ist politisch anschlußfähig, weil es die »modernen« Demokraten von den quasi-archaischen, »fremden« Deutschen absetzt; es ist interpretatorisch effizient, indem es auf mehrdimensionale Erklärungsangebote verzichtet; und es ist plakativ genug, um Seherwartungen des bildgewohnten Publikums zu entsprechen.

Zugleich folgt Goldhagens Täterbild Sagbarkeitsregeln, die in der Erinnerungskultur der USA gelten und jüngst erst durch das Holocaust-Museum in Washington manifestiert wurden. Dort sollte zunächst auf eine Präsentation der Täter verzichtet werden, da man meinte, solche Bilder verletzten den »Erinnerungsraum« des Museums. Man einigte sich schließlich darauf, sie mit Hilfe von Fotografien, die die Täter zufrieden und diensteifrig bei der Arbeit zeigen, in die Ausstellung aufzunehmen.[4] Um den Gedenkzwecken zu genügen, mußten die Täter als einheitliches, distanzierbares Kollektiv visualisiert werden. Die dann ausgewählten Aufnahmen, von Deutschen zu Zwecken der Präsentation von Effizienz und eigener Leistungsfähigkeit aufgenommen, suggerieren eine Geschlossenheit von Arbeitsbereitschaft und ideologischer Übereinstimmung, wie sie auch Goldhagen unterstellt.

Sagbarkeitsregeln befestigen jeweils ein bestimmtes Bild der Tat. Ihre formative, vereinheitlichende Kraft hat eine identitätspolitische Funktion, denn ein homogenes Täterbild, wie Goldhagen es zeichnet, versichert die Erinnerung an das Geschehen dagegen, im Strudel der Pluralisierung von Sichtweisen ihren Halt zu verlieren. Ihre einmalige Bedeutung als Reflex der betonten Einmaligkeit der Tat bleibt gewahrt. Insofern richtet sich Goldhagen mit seinem Täterbild nur vordergründig gegen das Image des banalen Bürokraten. Vielmehr wendet er sich gegen eine Verschiebung zwischen den beiden bisherigen Strängen in der Täterdeutung, die sich in den letzten Jahren abzeichnet: Statt kulturelle Eigenschaften zu betonen, wie dies in der amerikanischen Bildkultur nach dem Krieg unter Bezug auf die militaristische

Prägung oder den Obrigkeitsgehorsam der Deutschen getan worden ist, heben neuere Arbeiten – etwa von Zygmunt Bauman oder Christopher Browning – vor allem auf die übergeordnete Frage nach dem menschlichen oder modern-dialektischen Potential zum Bösen ab. Die Eindeutigkeit altbekannter Täterbilder löst sich auf.

Das zeigt sich etwa an den Tätercharakteren in Steven Spielbergs »Schindlers Liste«. Die eher im Hintergrund agierenden SS-Männer wirken im Vergleich zu den Hauptfiguren Oskar Schindler und Amnon Goeth wie Statisten, die ihre eigene Darstellungstradition karikieren. Dagegen werden der abenteuernde Geschäftsmann und der versoffene Lagerleiter facettenreich profiliert, weil es auch Spielberg um eine filmische Rekonstruktion der »Lebenswelt« dieser beiden Protagonisten ging. Der Zuschauer bleibt ihnen gegenüber mit einem doppelten Unbehagen zurück. Trotz ihrer charakterlichen Nähe gehen Goeth und Schindler unterschiedliche Wege. Ungelöst bleibt zudem, was Schindler letztlich zu seinem Verhaltenswandel bewogen hat. Krisen, Brüche und moralische Defizienz, die beiden eigen sind, lassen es nicht zu, Goeth als homogenes, statisches und unnahbares Schreckbild oder Schindler als heldenhafte Identifikationsfigur zu funktionalisieren.

Goldhagens »Weltanschauungskrieger« sind das griffige Gegenbild zu diesem Trend zum Amorphen, der auch mit einer Annäherung an die Täter und ihre Lebenshintergründe oder seelischen Belastungen verbunden ist. Es soll dem Verschwimmen von Grenzen und Klischeekonturen ein Ende bereiten. Doch Goldhagens Unterfangen endet in einem Paradox: Sein Bemühen um Eindeutigkeit läßt ihn auf das Korrektiv vielfältiger Erklärungsansätze und auf multiple Perspektiven verzichten. Er vertraut einer dokumentarisch-realistischen Darstellungsweise, die ihre eigenen Brechungen und Annahmen nicht reflektiert. Das Geschehen wird durch das alles durchziehende »sozial-kognitive Modell« als ein allein von Goldhagens Deutungsmuster des eliminatorischen Antisemitismus getragenes Schauspiel von der historischen Wirklichkeit abgehoben. Damit liegt sein Täterbild jedoch im Trend gerade jener Entwicklung der Vergangenheit zu einem »multitudinous photographic simulacrum« (Frederic Jameson), die für die

von ihm bekämpfte Pluralisierung von Täterbildern mitverant-
wortlich ist. Das Fremde der Täter wird als Spektakel präsentiert,
die Bindung an historische Quellen geopfert. An die Stelle historiographischer Erklärung, die ihre Grenzen reflektiert, ist bei
Goldhagen die Simulation als Modus der effektvollen Inszenierung getreten.

Diese Ablösung harmoniert mit der religiösen Tiefendimension
in Goldhagens Sprache. Mit seinem Täterbild transportiert er eine
abschreckende Ikone in unsere sensationsgewohnte Welt. Sie verleiht der Tat wieder etwas von jenem dämonischen Charakter, den
sie unter dem Einfluß der vielfältigen Zugänge zur Tat und zur
Täterfrage verloren hat. Indem Goldhagen diese Ikone jedoch zum
alles erklärenden Zentrum des Geschehens macht, erscheint die
Tat selbst nur noch als ihr illustratives Beiwerk. Eine solche negative Sakralisierung der Täter, die Kriterien des wissenschaftlichen
Diskurses mißachtet, reduziert die Bilder der Tat und ihrer Täter
auf eine Glaubenssache.

Das Dilemma der Bilder.
Goldhagen und die deutschen Historiker

Die nahezu einhellige Kritik der Historiker war bemüht, Goldhagens Sakralisierungsversuch wissenschaftlich zu begegnen, um
den »säkularen« Charakter von Geschichtswissenschaft zu bewahren. Ihm wurde nicht zugestanden, die akademischen Spiel-
regeln zum Zweck populärer Wirkung nach Belieben außer Kraft
zu setzen. Die Verteidigung etablierter Standards professioneller
historischer Arbeit gegen ihre kommerzielle Vereinnahmung
wurde vorschnell als Weigerung gedeutet, sich mit Goldhagens
Täterbild auseinanderzusetzen. Mag dies für manche auch zutreffen – als pauschales Urteil kollektiviert es doch auf unzulässige
Weise die in sich heterogene Gruppe der Historiker. Gleichwohl
ist zu fragen, wie gesellschaftlich verankerte Wahrnehmungs-
codes auch deren Fragen und Arbeiten geprägt haben. In ihrer Re-
serviertheit gegenüber Goldhagen äußern sich neben professionellen Vorbehalten vielfach Seherfahrungen einer Generation, für

die der Holocaust bei seiner Rückkehr in die deutsche Erinnerungskultur seit den späten fünfziger Jahren noch nicht im Bereich des visuell Sagbaren lag. In den kulturellen Sehweisen dieser Zeit war Gewalt, mithin die Brutalität der Tat, noch kein medial vermitteltes Alltagsobjekt. Goldhagen hat die schrittweise visuelle Enttabuisierung des als unvorstellbar Angenommenen mit vorangetrieben. Seine Distanz zu den anders geprägten Historikern hat er noch zusätzlich verstärkt, indem er einen weitreichenden Konsens über die Grenzen der Darstellbarkeit der Tat wortlos aufgekündigt hat.

Dieser Kodex visueller oder imaginativer Tabuisierung selbst hatte wesentlichen Anteil an der Formierung jenes Bilderhaushaltes, mit dem die Tat seit den sechziger Jahren imaginiert wurde und den gerade die Abwesenheit der unmittelbaren Mordtat kennzeichnete. Die Metaphern und Fotografien von Auschwitz als »Vernichtungsfabrik« ergänzten sich mit dem Täterbild des Bürokraten, der in »ordentlicher« Arbeit dafür gesorgt hatte, daß der Mord verdeckt, reibungslos, mithin »sauber«, durchgeführt wurde. Auch wenn die Dimension der Verdrängung des »Vaters« als Täter-Jedermann in diesem Bild für die deutsche Gesellschaft noch genauer zu untersuchen ist, darf dennoch das Bilddoppel aus Eichmann und der Entladerampe in Auschwitz-Birkenau nicht vorschnell darauf zurückgeführt werden. In seiner Offenheit richtete es sich zunächst gegen die distanzierende Reaktion auf jene Fotografien, die unmittelbar nach 1945 Leichenberge aus den befreiten Konzentrationslagern gezeigt hatten[5], und gegen das nachfolgende visuelle Beschweigen der Tat.

Das neue visuelle Narrativ der sechziger Jahre reflektiert, wie nun auch in einer breiteren Öffentlichkeit die Vernichtungslager als historisch einmalige Mordstätten wahrgenommen wurden. Auf eine paradoxe Weise entsprach dieses Bild jedoch den Bemühungen der fünfziger Jahre, die »gewöhnlichen Männer« der Wehrmacht von Verbrechen jeglicher Art freizusprechen. Die neue Erinnerung an das (vermeintlich) perfektionierte FließbandMassenmorden stabilisierte zugleich Strategien, die die weitreichende Tatbeteiligung der deutschen Gesellschaft verdrängen sollten. Dieses Dilemma ist durch die Erstarrung der visuellen Relikte von Auschwitz zu Ikonen des Holocaust bis in die Gegenwart hineingetragen worden.

Solche Sagbarkeitsregeln haben auch die Täterbilder der etablierten Historiker geprägt. Sie wirkten wie ein Sperriegel gegen erweiterte Blicke auf das Geschehen. Weil die Erforschung des inneren Systems des Nationalsozialismus im Vordergrund stand, hat es in der Bundesrepublik bis in die jüngste Zeit Holocaust-Forschung im engeren Sinn in nur vergleichbar geringem Umfange gegeben.[6] Bezeichnend dafür ist der Zuschnitt der einzigen wissenschaftlichen Debatte, die hier den Holocaust thematisierte. Im Streit zwischen den »Intentionalisten« und »Funktionalisten« wurden Mitte der siebziger Jahre Erkenntnisse aus der Forschung zum NS-System ohne nennenswerte weitere empirische Forschung auf den Holocaust übertragen. Von Tätern war dabei in einem wesentlich auf die politisch-bürokratische Ebene beschränkten Sinn die Rede, was dem Fokus des Bildhaushaltes zur Tat entsprach.

Vor allem wegen dieses Mangels an Forschungsäquivalenten konnten die Historiker im Überbietungsdiskurs der leistungsorientierten Medien das taktische Hauptargument des Provokateurs Goldhagen gegen ihre eigenen Arbeiten nicht aushebeln. Im Gegenteil: Jeder Hinweis auf die »konventionellen« Täterbilder aktivierte den versteckten oder den offenen Vorwurf der Verdrängung. Die deutschen Historiker haben sich in der Debatte auch deshalb schlecht verkauft, weil sie vor allem wissenschaftliche Standards verteidigen wollten. Vor allem zielten sie an Funktion und Wirkung von Goldhagens Buch vorbei, weil nicht die tatsächlichen Motivationen der Täter das Problem waren. Denn es ging um die Frage der Vereinbarkeit der deutschen Holocaust-Erinnerung mit einem provokanten Täterbild – und damit auch um die von den angeklagten Historikern mitgestaltete Erinnerungskultur nach 1945. Indem diese ihre wissenschaftlichen Positionen verteidigten, nicht aber deren erinnerungskulturellen Ort thematisierten, verstärkten sie nur den Eindruck, sich Goldhagens »Erkenntnissen« zu verweigern.

Goldhagens Vorwurf und seine Akklamation durch das Publikum haben jedoch den Hintergrund des kritisierten Bürokraten-

Täterbildes in den fünfziger Jahren völlig übersehen. Was heute angesichts der plastisch dargestellten Mordtaten manchem als überholt erscheint, war hochaktuell und gleichsam revolutionär, als in den sechziger Jahren Hans Mommsen oder Martin Broszat mit ihren Arbeiten nahezu allein standen. Die sogenannte »funktionalistische« Deutung des Nationalsozialismus hatte nichts weniger zum Ziel, als die in jener Zeit begangenen Verbrechen und die Verantwortung für sie wieder – gegen eine totalitaristische und eine intentionalistische, auf kleine Führungsgruppen beschränkte Sichtweise – an die deutsche Gesellschaft zurückzubinden.

Dabei galt vor allem Hans Mommsen die politisch-bürokratische Sphäre als eine für die Tat entscheidende Schnittstelle, an der sich die NS-Gesellschaft im Modus der Mordtat zeigt. Seine Frage nach der Einbindung von Bürokratie und Eliten in die Mordaktionen und deren Planung richtete sich im zeitgenössischen Kontext ausdrücklich gegen die stille bürgerliche Integration gerade dieser Täter- und Mittätergruppen in den fünfziger Jahren, deren Pendant die Kriminalisierung der wenigen verurteilten »KZ-Täter« (im übrigen: »gewöhnliche Männer«) war. Die Bürokraten in die Öffentlichkeit zurückzubringen, durchbrach die exkulpierende Trennung in einen »sauberen« und einen »kriminellen« Teil der Bevölkerung. Das Potential dieses Ansatzes ist bislang weder wissenschaftlich noch gesellschaftspolitisch ausgeschöpft worden. Zwar erscheint die Frage nach der habituellen Prägung der Akteure im bürokratisch-politischen Bereich angesichts der allgemeinen Schaulust konventionell. Doch bevor das Ableben des Alten zugunsten des Spektakels gefeiert wird, sollten die Weisheiten des scheinbar Überholten erst noch in ihrer ganzen Tragweite erfaßt werden.

Die virtuelle Konfrontation mit den Tätern.
Goldhagen und sein Publikum

Das »Publikum« der Goldhagen-Debatte war zum Teil eine Fiktion der Berichterstattung. Es gab zwar die Käufer des Buches, die seinen Markterfolg garantierten. Aber wer von ihnen hat es wirklich gelesen? Die Besucher der Podiumsdiskussionen waren nur ein nicht-repräsentativer Ausschnitt dieses Publikums und der deutschen »Jedermann«-Gesellschaft. Sie haben zudem, Statisten vergleichbar, nicht wirklich an der Debatte teilgenommen. Gleichwohl wurden Indizien ihrer Reaktion sogleich in manifeste Deutungen über eine neue, durch Goldhagens Buch vermeintlich ausgelöste Gemütslage umgewandelt. Wenn dies auch in Zweifel zu ziehen ist, so gab es doch zumindest ein weitverbreitetes Wohlwollen des »sichtbaren« Publikums gegenüber Goldhagen, das zahlreiche Gründe hatte: die Solidarität mit dem von alten Gelehrten bedrängten Jungakademiker; der Klischee-Effekt des Bildes der Tat selbst, indem in ihm langgehegte Vermutungen über Motivationen ausgesprochen wurden; die polarisierende Dynamik der Debatte. Auch hat die »lange Rückkehr« der Täter in die deutsche Erinnerungskultur der neunziger Jahre, die sich in Forschung, Gedenkstättenarbeit und Denkmalsdiskussionen geäußert hat, zu einer größeren Sensibilität für diese Fragen geführt.

Womöglich waren aber Seiteneffekte für die Publikumsrezeption zumindest ebenso wichtig. Zum einen hat die Vereinigung der beiden deutschen Staaten zwei schwierige Täterdebatten hervorgebracht. In den spannungsvollen, belastenden Diskussionen um die justizielle Handhabung und um die Verstrickung eines großen Teils der DDR-Bevölkerung in das staatliche Überwachungssystem sind weder moralisch noch juristisch einfache Lösungen möglich. Zudem haben die Anschläge rechtsextremer Kreise eine Gesellschaft verunsichert, die sich von habitueller Gewaltprägung frei fühlte. Man sucht nach Antworten entlang jener Bahnen, die auch die Diskussion um die NS-Täter bestimmen. Kommen die jungen Gewalttäter aus ideologisch homogenen, sie prägenden Milieus oder ist ihr Handeln vor allem Ausdruck einer Gesellschaft, die aus der Mitte heraus soziale Kälte ausstrahlt, Randgruppen stigmatisiert und so erst den habituellen und ideologischen Boden für die Gewalttaten schafft? Goldhagens Kahlschlag bietet sich gegenüber der kleinschrittigen Bewältigungsarbeit im einen und der bedrängenden Ungewißheit im anderen Fall als Befreiung von der Last des Unklaren an.

Mit seinem Erlösungsangebot hat Goldhagen also wahrscheinlich eher dem Bedürfnis nach einer klaren Orientierung entsprochen, die aus der Gemengelage verschiedener Ereignisse entsprungen ist, als daß eine Bereitschaft zur Auseinandersetzung mit den Vätern die Sympathie für ihn und seine Thesen getragen hätte. Im Gegenteil: Sein Erklärungsmodell ermöglichte es gerade, sich von der Frage nach dem Bezug zwischen der Tat und bestimmten, womöglich noch andauernden gesellschaftlichen Strukturen zu distanzieren. Die »ganz anderen« Täter Goldhagens haben augenscheinlich weder mit uns noch mit unserer Gesellschaft zu tun. Sie gehörten wie die Tat selbst einer »anderen Welt« an. Diese Verkündigung Goldhagens fundierte die unbewußte quasi-religiöse Beziehung zwischen ihm und Teilen des Publikums zusätzlich.

Zur Solidarisierung zwischen Goldhagen und dem überwiegend jüngeren Teil des Publikums trug aber vor allem sein Darstellungsmodus bei. Er entsprach gegenwärtigen Seherwartungen und ließ nicht zuletzt Bilder aus aktuellen Kriegskontexten assoziieren. Vor die Lagerbilder haben sich Aufnahmen von den Metzeleien in Ruanda und im ehemaligen Jugoslawien geschoben. Sie – wie auch die Kritik an der »klinisch-sauberen« Präsentation des Golfkriegs 1991 – haben den Übergang von einer Generation der visuellen Tabuisierung zu einer Generation des obsessiven Hinsehens gefördert. Sie fordert Offenheit in der Tatschilderung als Ausweis der Bereitschaft ein, sich mit ihr unverstellt auseinanderzusetzen. Drastische Bilder sind zum Wahrheitskriterium geworden, weil sie Echtheit verheißen. Angesichts der Allgegenwärtigkeit von Leichenbildern erscheinen die Fotografien von Auschwitz, deren Ikonisierung inzwischen selbst zum Gegenstand einer kritischen Forschung geworden ist, als überholt. Scheint hier eine Sättigung erreicht, so erfüllt »das Neue« des bei Goldhagen detailliert geschilderten Grauens – die Tat aus nächster Nähe – ein ambivalentes Bedürfnis nach »authentischer« Information. Es wundert von daher nicht, daß neuere, präzise Feldstudien zur Genese des Holocaust »vor Goldhagen« kaum öffentlich beachtet wurden, jedoch Wolfgang Sofskys Buch über »das Lager« breite Resonanz erfahren hat.

Der unterstellte Zusammenhang zwischen Rezeption von Gold-hagens Täterbild und kollektiv-kathartischer Vergangenheitsbe-arbeitung läßt sich noch weiter auflösen. Der im Frühjahr 1996 uraufgeführte Film »Der Hauptmann von Muffrika« von Paul Meyer und Rudolf Kersting ist unter anderem als typisches Bei-spiel des neuen deutschen Dokumentarfilms kommentiert wor-den: »Der Blick richtet sich noch immer auf die Nazivergangen-heit, aber die Richtung hat sich geändert. Es geht nicht mehr um Geschichte, sondern um Geschichten, nicht um den moralbe-wehrten Kampf gegen die Väter, sondern um einen faszinierten Blick auf Existentielles.«[7] Hat sich mit der Pluralisierung der Bil-der auch die Konzentration auf den generationell vermittelten Be-zug zur Tat als politisch-moralisches Problem aufgelöst? Der Blick des Publikums auf die Tat reicht offensichtlich schon über jene Frage nach der Vaterbeziehung hinaus, die den Interpretationen von Reemtsma und anderen zugrunde liegt: Aus einem schmerz-lichen, mit unmittelbaren Belastungen des familiären Zusammen-halts verbundenen Prozeß der realen Auseinandersetzung ist eine virtuelle Konfrontation geworden, in der es vor allem um gegen-warts- und selbstbezogene Probleme geht.

Doch der Herold-Film dokumentiert zugleich, wie eng beides miteinander verbunden werden kann, wenn man sich auf die richtigen Fragen einläßt und nicht vorschnell abstrakten Model-len vertraut. Der »falsche Hauptmann« Willi Herold fand im Frühjahr 1945 als 19jähriger eine Hauptmannsuniform und ließ anschließend mit einer Handvoll versprengter Soldaten Erschie-ßungen von Deserteuren und »Verrätern« auf seinem Weg sowie schließlich von fast 200 Häftlingen im Emslandlager Aschendor-fermoor durchführen – allesamt keine Juden. Der Film versucht, den bis dahin als »Henker« titulierten Herold zu entdämonisie-ren, indem der Blick von einer vermeintlich ideologisch determi-nierenden NS-Sozialisation auf die konkrete Handlungssituation gelenkt wird.

An Herold war nichts Fremdes, bis er durch einen Zufall die Ge-legenheit erhielt, seine Machtphantasien auszuleben und eine so-ziale, wenn auch nur kurzfristige Aufwertung zu erleben. Herolds Machtphantasien waren gewiß mit einer Gewaltbereitschaft ver-

bunden; spätestens die paramilitärische Erziehung im Nationalso-
zialismus hatte sie mit sich gebracht. Zudem ließ der Kontext die
Mordtaten zu, weil rechtliche und moralische Normen in der
»Gegnerbekämpfung« außer Kraft gesetzt waren. Und schließlich
war die gesamte Situation im Angesicht anrückender feindlicher
Soldaten instabil. Der Hauptmann suggerierte Ordnung im Chaos,
indem er an bis dahin hochgehaltene, keineswegs NS-spezifische
Ideale im katholischen Emsland appellierte.

Im Unterschied zu Goldhagen lassen die Filmautoren den Be-
trachter ohne eindeutige Antwort zurück. Der Film ist chronolo-
gisch aufgebaut, zirkuliert aber hinsichtlich der Tätermotivation
um die bildlich und musikalisch erzeugte Unverfänglichkeit der
Hauptperson. Keine ideologisch infizierte Bestie also, sondern ein
Mensch ohne handlungsleitendes Konzept: Kritiker des Films sehen Herold darin verharmlost, er sei zu nett und zu unverbindlich
dargestellt. Offensichtlich trifft der Film nicht das verbreitete Bedürfnis nach »besonderen« Erklärungen für die Tat und ihre Täter, wie Goldhagen sie geliefert hat. Müssen diese aber erst zu
Akteuren gemacht werden, die völlig anders sind, bevor sie uns
nahekommen dürfen?

Das Medium Goldhagen

Der wesentliche Anlaß für den Verlust der wissenschaftlichen Re-
spektabilität Goldhagens wie für die populäre Breitenwirkung
seines Buches war sein hermetisches Täterbild. Trotz einiger Indizien, die auf eine bewußt verkaufsfördernde Inszenierung hinweisen, erscheint dieses Täterklischee eher wie eine Flucht vor
dem Amorphen des Geschehens. Erst die Realisierung, daß dieses
Offene nicht einfach in den Griff zu bekommen ist, hat womöglich
seinen Versuch einer wasserdichten Modellierung angetrieben.
Dazu hat Goldhagen, vielleicht ohne sich dessen bewußt zu sein,
eine Vielzahl gegenwärtiger Darstellungstechniken in einer ge-
schickten Komposition vereint. Ebenso wie die von ihm kritisierten Historiker und das applaudierende Publikum war er auch von
Bildern der Tat gefangen, die in vielfältiger Weise von außen be-

einflußt sind: Eine Bilderzeit schreibt sich ihr Buch – ihr Medium ist Goldhagen. Die Erkenntnis, daß der Bann der Bilder eine konstruktive Auseinandersetzung mit der Tat blockiert hat, sollte zur Folge haben, die kritische Reflexion unserer Bildhaushalte zu einem festen Gegenstand der erinnerungskulturellen Auseinandersetzungen zu machen, bevor es wieder einmal, wie bei dieser Debatte, zu spät dafür ist.

---

1 Jan Philipp Reemtsma, Abkehr vom Wunsch nach Verleugnung. Über »Hitlers willige Vollstrecker« als Gegenstück zur »historischen Erklärung«, in: Blätter für deutsche und internationale Politik 42 (1997) 4, S. 419.

2 Dies ist eine der Hypothesen meiner Dissertation »Holocaust und Krieg im Bild. Gebrauchsweisen von Fotografien in der westdeutschen Erinnerungskultur«, die bei Prof. Dr. Bernd Weisbrod (Göttingen) entsteht; ihm wie auch Moritz Föllmer und Uffa Jensen (Berlin) danke ich für wertvolle Hinweise zu diesem Text.

3 Clifford Geertz, Dichte Beschreibung. Bemerkungen zu einer deutenden Theorie von Kultur, in: ders., Dichte Beschreibung. Beiträge zum Verstehen kultureller Systeme, Frankfurt am Main 1987, S. 15.

4 Vgl. Edward T. Linenthal, Preserving Memory. The Struggle to Create America's Holocaust Museum, New York 1995, S. 199–210.

5 Vgl. Dagmar Barnouw, Germany 1945. Views of War and Violence, Bloomington, Indianapolis 1997, insbes. Kap. 1 u. 2.

6 Konrad Kwiet, Judenverfolgung und Judenvernichtung im Dritten Reich. Ein historiographischer Überblick, in: Dan Diner (Hrsg.), Ist der Nationalsozialismus Geschichte? Zu Historisierung und Historikerstreit, Frankfurt am Main 1987, S. 237–264.

7 Stefan Reinecke, In melancholischem Ungefähr, in: die tageszeitung, 13. 11. 1996, S. 14.

Steven E. Aschheim **Archetypen und der**
deutsch-jüdische Dialog
Erwägungen zur
Goldhagen-Kontroverse

In regelmäßigen Abständen versammeln sich israelische und deutsche Historiker in Jerusalem, um über Themen von gemeinsamem Interesse zu diskutieren.[1] Diese Treffen werden durchweg in einem ausgesucht höflichen und gelehrten, fast nicht von dieser Welt stammenden Ton geführt[2], der das emotionale und existentielle »Gepäck«, das wir zwangsläufig mitbringen, größtenteils unberührt und ausgeklammert läßt. Was auch immer Daniel Jonah Goldhagens »Hitlers willige Vollstrecker: Ganz gewöhnliche Deutsche und der Holocaust« sonst bewirkte – zumindest hat es dieses Innerste nach außen gekehrt.[3] Wie könnte dies auch anders sein angesichts einer These, die, reduziert man sie auf ihren in akademischen Kreisen unpopulären Kern, den Holocaust im wesentlichen als eine »nationale Unternehmung« betrachtet und ausschließlich durch den bösartigen, dauerhaften Judenhaß der »Deutschen« erklärt werden kann, welche sich, sobald sie die Möglichkeit dazu erhielten, freiwillig und mit Enthusiasmus daran machten, Juden zu ermorden?

Allen gegenwärtig unter Wissenschaftlern akzeptierten Konventionen zum Trotz, liegt hier eine Art von Geschichtsschreibung vor, die im Geiste ontologisch nicht vergleichbarer Archetypen geschrieben wird, die Erzählung von einer absolut fremdartigen, »von der Leine gelassenen« Spezies. »Eine Untersuchung über die Deutschen und ihren Antisemitismus vor und während der NS-Zeit muß sich«, erklärt Goldhagen, »derselben Methoden bedienen, mit denen ein Anthropologe an die Erkundung schriftloser Völker und ihrer Überzeugungen herangeht. Vor allem darf man nicht länger von der Voraussetzung ausgehen, daß die Deutschen damals in jedem weltanschaulichen Bereich unseren Idealvorstellungen von uns selbst entsprachen.«[4]

Das Buch wurde in aller Breite diskutiert und kritisiert[5] – ich selbst habe dies an anderer Stelle bereits getan und will mich hier nicht wiederholen.[6] Dennoch führen uns seine ungewöhnliche, leidenschaftliche Aufnahme durch Wissenschaftler und Öffentlichkeit[7] und auch die Reaktivierung der These einer seit Urzeiten bestehenden deutsch-jüdischen Trennlinie[8] die Notwendigkeit vor Augen, Komplexität und Dynamik unseres eigenen Dialogs samt seinen versteckten Voraussetzungen, innewohnenden Spannungen und Gemeinsamkeiten, die gegenseitigen Voreingenommenheiten und Ausweichversuche, die stillschweigenden Kompromisse und auch die befruchtenden Möglichkeiten, die dieses Verhältnis ausmachen, erneut zu untersuchen.

Um was für eine Art von Unternehmung geht es hier eigentlich? Ohne Zweifel handelt es sich um eine aufgeladene und ziemlich einzigartige Angelegenheit. Hannah Arendt bemerkte schon 1964, diese Form der Kommunikation finde »direkt am Abgrund von Auschwitz«[9] statt, in unserer Kultur die archetypische Stätte des absolut Bösen. Wissenschaftliche Begegnungen spielen sich auch gegenwärtig nicht in einem Vakuum ab. Sie sind Teil der weiterreichenden deutsch-jüdischen Begegnung der Nachkriegszeit mit ihrer komplexen Mischung von neuen Bindungen, gegenseitigen Schuldzuweisungen, Trauer, Ausweichen, Schuldgefühlen und all jenen Drehungen und Windungen, die unter dem schrecklichen Ausdruck »Wiedergutmachung« subsumiert werden[10]; all dies verweist auf ein emotionales und intellektuelles Minenfeld. Da die Darstellung des Holocaust auf so extreme Weise mit zentralen Dimensionen der deutschen und jüdischen Identität

verbunden ist, zeichnet sie sich natürlich durch zahlreiche Über-
tragungsphänome aus.[11] Das heißt, durch sie wird in jeweils an-
gepaßter Form eine komplexe und sich oft auch widersprechende
Masse an aktuellen Bedürfnissen und Interessen befriedigt. Aber
gerade »die Macht dieser Bedürfnisse, die häufig unerkannt und
flüchtig bleibt«[12], verleiht dem Dialog die nötige Dynamik.

Vielleicht ist es unfair zu unterstellen, daß bei allen Treffen
zwischen deutschen und jüdischen (insbesondere israelischen)
Intellektuellen, die sich diesen Themen widmen (abgesehen von
anderen Emotionen), ein gewisser Eros, eine gegenseitige Anzie-
hung am Werk ist. Die unausgesprochene Affinität, die mächtige
und problemgeladene Gemeinsamkeit mündet im Eingeständnis,
daß (wenn auch in radikal unterschiedlichen Rollen) wir – und
niemand sonst – die Hauptdarsteller dieser Geschichte sind.
Welch ausgreifende alternative Deutungsmuster wir auch konstruieren mögen, dürfte dennoch tief in uns ein Gefühl verblei-
ben, daß bei allen unterschiedlichen Versionen und Standpunk-
ten wir die »Haupteigentümer« der Geschichte sind.

Diese Nabelschnur mag von mörderischer Art sein, aber sie ist
dennoch, möglicherweise sogar genau aus diesem Grunde, gleichermaßen zwingend und kompliziert; und sie wird unterstützt
durch das historische, auf brutale Weise verratene, jüdische Verhältnis zur deutschen Kultur. Ist nicht der Dialog ein Versuch, dieses Verhältnis auf eine beiderseits beschwichtigende Weise wie-
derzubeleben, und steht er jüdischerseits nicht zugleich für eine
gewisse, fortdauernde Sehnsucht nach Anerkennung und Akzeptanz innerhalb dieser Kultur?

Keiner hat das Geschehene schärfer poetisch angeprangert als
Paul Celan, der Überlebende. Dennoch war er bereits 1947/48
überaus stolz auf seinen Erfolg im deutschen Kulturbereich. »Gott
weiß«, schrieb er, »daß ich mich freute, als man mir erzählte, ich
sei der größte Dichter in Österreich, und, soweit bekannt war,
auch in Deutschland.«[13] Es mag wohl ein Körnchen Wahrheit in
Henryk Broders listiger und boshafter Beobachtung stecken, daß
Goldhagens Unternehmung weniger »German-bashing« ist als
vielmehr der Versuch, vom deutschen intellektuellen Establishment gehört und wahrgenommen zu werden, der Versuch des

Sohnes also, eine Verbindung wiederherzustellen, die sein Vater fünfzig Jahre zuvor verlor, selbst wenn diese Anerkennung nur durch den Holocaust erreicht werden kann, »die Endstation der deutsch-jüdischen Geschichte, nun aber auch der Ausgangspunkt für gemeinsame akademische Unternehmungen: das einzige, was Deutsche und Juden existentiell verbindet.«[14]

Es muß eingeräumt werden, daß ferner auf beiden Seiten eine Faszination an der unaussprechlichen Dimension wirkt: die Greueltaten und Obszönitäten, das Überschreiten von Grenzen und Tabus, die Beziehungen von Tätern zu Opfern. Auf der Ebene archetypischer Themen, Bilder und Aneinanderreihungen wird, sowohl in der »hohen« als auch in der »populären« Kultur, ein Großteil des Geschehens emotional verhandelt, und gerade hieraus erwächst die Energie für alle weiteren interpretativen Permutationen. Die erstaunliche Reaktion auf Goldhagens Buch, die Intensität und Bandbreite der Emotionen, die es hervorgerufen hat, gründet auf die Tatsache, daß es sich genau dieses archetypischen (und stereotypen) Reservoirs bedient. Die Antwort auf Goldhagens eigene Frage nach den Gründen des Bucherfolgs[15] liegt, auch wenn er selbst es gerne so sähe, nicht unbedingt daran, daß er die führenden Vertreter der Holocaustforschung, die er als verdunkelnd und apologetisch empfindet, erfolgreich herausgefordert hätte, sondern eher an der Tatsache, daß sein Buch gängige, sich verständlicherweise aufdrängende Deutungen materialreich bestätigt. Dies mag auch für seine seltsam gespaltene Rezeption verantwortlich sein. Die scharfe Trennlinie ist nicht, wie manche Kommentatoren äußerten, zwischen einer defensiven »deutschen« Antwort und einer freundlichen amerikanischen oder gar jüdischen[16] zu ziehen (obwohl letztere in einigen feindseligen, um nicht zu sagen antisemitischen Kritiken gleichgesetzt wurden[17]), sondern eher zwischen populärem Beifall und wissenschaftlichem Hohn.

Der Publikumsbeifall beschränkte sich nicht nur auf die Vereinigten Staaten, sondern stellte sich im großen und ganzen auch in Deutschland ein; und hier wie dort attackierten die Wissenschaftler das Buch. Die Gründe für das, was ein Journalist Goldhagens deutschen »Triumphzug«[18] nannte, sind komplexer Natur. Teilweise resultieren sie aus einem weitverbreiteten Gefühl der Unfairness: der tapfere graduierte David, verfolgt von neidischen professoralen Goliaths. Das allein reicht allerdings nicht zur Erklärung des Umstands, daß ein Buch, das das deutsche politische (und akademische) Establishment als Wiederaufwärmen der »Kollektivschuldthese«[19] (Deutschland als ein Volk von Mördern) abkanzelte, von der Leserschaft so bereitwillig aufgenommen wurde. Eine deutsche Tageszeitung machte »billigende Leser« aus.[20] Warum sollten so viele, vor allem junge Deutsche es feiern?[21] Hier ist zuerst auf die Generationenkluft zu verweisen, die es Jüngeren ermöglicht, die übliche Unterscheidung zwischen »bösen« Nazis und »einfachen« Deutschen zu hinterfragen und die Älteren dafür zu rügen, daß sie sich vor dem Hintergrund ganz konkreter mörderischer Taten *ihrer* Eltern in eine abstrahierende Holocausthistoriographie flüchteten, gleich als ginge es um unpersönliche, industriell-bürokratische Prozesse, eine Massenmordaktion ohne echte Mörder aus Fleisch und Blut.[22]

Aber ich denke, hier ist noch mehr im Spiel: Goldhagens Bucherfolg erinnert an den erstaunlichen Kultstatus, den Celans unerträglich schmerzvolles Gedicht »Todesfuge« nach dem Krieg in Deutschland auch unter den Jüngeren erlangte. Es gab den Deutschen, wie John Bayley schreibt, »eine Art enormer, magischer Erleichterung«[23], gleichsam das hochkulturelle Äquivalent zu dem satirisch-ernsten Ausspruch: »Die Deutschen werden den Juden Auschwitz niemals verzeihen.«

Nicht einen Moment würde ich die Anliegen von Goldhagens Buch und Celans Gedicht als ähnlich bezeichnen wollen. Doch Celans ästhetisch gefaßte Kategorien sind derselben Matrix von Archetypen zuzurechnen: Der Tod ist eben doch ein Meister aus Deutschland mit blauen Augen. Die Dichtung kommt Goldhagens Porträts der jovialen Mörder erstaunlich nahe: »er pfeift seine Rüden herbei/er pfeift seine Juden hervor läßt schaufeln ein Grab in der Erde/er befiehlt uns spielt auf nun zum Tanz«. Ließ diese Anklage nicht ironischerweise, fragt Bayley, »in den Herzen und Gedanken vieler Deutscher Ruhe einkehren, da sie über dieses Medium ihre Schuld ja so wunderbar und schmerzlos fühlen konnten?«

Selbstverständlich operiert Goldhagen nicht mit Ästhetik; er nimmt aber den Folgegenerationen noch mehr vom Schmerz der Schuld, wenn er behauptet, die Deutschen hätten nach 1945 den eliminatorischen Antisemitismus abgestreift. Ich denke, daß hier an schon existierende Deutungsmuster angeknüpft wird und solche Statements schon immer als »Flagellantenmale«, als vorzeigbare Zeichen bereits unternommener Katharsis, gedient haben, die versteckte Anerkennung einer wesentlichen, aber unterdrückten Dimension deutscher Identität. Neu daran ist gleichwohl, daß solcherlei ostentative Verkündigung nicht länger mit dem Stigma des Subversiven oder überhaupt Akulturellen versehen ist. Das Gegenteil könnte der Fall sein. Wie sonst soll man den Vorschlag des Soziologen Ulrich Beck verstehen, »Auschwitz als deutsche Identität« anzusehen. Im Jahre 1996 beschrieb Maxim Biller (nur teilweise ironisch) die Obsession »Holocaust-Trauma als die Mutter eines endlich gefundenen deutschen nationalen Selbstbewußtseins«. Denn einzig dieses Geschehen vermittle der hoffnungslos geteilten Nation letztlich eine gemeinsame Erfahrung und werde zum Schlüssel zur bislang unerreichbaren Einheit. Das sei, so Biller abschließend (satirisch oder nicht) der Grund, warum »die Deutschen den Holocaust so lieben«.[24]

Dissens als Chance

Die Grenze zwischen Zustimmung und Ablehnung schied also nicht etwa deutsche und israelische Intellektuelle. Tatsächlich war die Kritik bis auf wenige Ausnahmen sowohl in angelsächsischen als auch israelischen akademischen Kreisen vernichtend.[25] Dies unterstreicht auch der offene Brief des Doyens der Holocauststudien, Raul Hilberg, der erklärte, daß er in dem Buch »praktisch nichts« von Wert gefunden habe: »Für mich ist es wertlos.«[26] Der Ärger unter den Wissenschaftlern, sicher selbst eine komplexe Mischung von nicht immer lauteren Motiven, richtete sich nicht zuletzt gegen die Bedingungen des Bucherfolgs unter dem breiten Publikum: die simple, monokausale Argumentation, der unkritische Rekurs auf Arche- und Stereotypen und schließlich das Unbehagen, daß die Deutungskategorie Nation (die »Deutschen«) einen zufriedenstellenden Erklärungsschlüssel biete.

Der Gleichklang der Fachreaktionen in Israel, Deutschland und anderswo impliziert natürlich nicht, daß es im gegenseitigen Verhältnis keinerlei Spannungen und Gegensätze gebe. Die Interpretationszuständigkeit ist umstritten, gerade weil wir beide das Ereignis »besitzen«. Bisweilen führt das zu absurden Ausmaßen. Als Entgegnung auf Einwände gegen die Vorgaben für das geplante Berliner Holocaust-Mahnmal von jüdischer Seite erwiderte die bekannte Fernsehpersönlichkeit Lea Rosh apodiktisch: »Es sind die Nachfolger der Täter, die dieses Mahnmal errichten, nicht die Juden.«[27]

Die Frage nach der Voreingenommenheit, verbunden mit »Eigentümerschaft«, war Teil des bewundernswerten und erfreulich ehrlichen Dialogs zwischen Martin Broszat und Saul Friedländer. Für Broszat müssen »jüdische« Geschichtsschreibung und »jüdisches« Gedenken zwangsläufig »trauernd und anklagend ..., eine mythische Form der Erinnerung« sein[28], nicht gelehrt, »wissenschaftlich«; Friedländer dagegen meinte, daß »der deutsche Kontext ebenso viele Probleme im Herangehen an die NS-Ära schafft, wie (es) − auf andere Weise − auch für die Opfer gilt«. »Sähen wir die Dinge aus Ihrer Perspektive«, ermahnt er Broszat, »warum würden dann Historiker, die zu der Tätergruppe gehörten, fähig sein, sich von ihrer Vergangenheit zu distanzieren, während diejenigen, die der Opfergruppe angehörten, dies nicht vermöchten?«[29] Das ist psychologisches Wie-du-mir-so-ich-dir: jüdische Geschichtswissenschaft als trauernd und mythisch, deutsche Geschichtswissenschaft als apologetisch oder wenigstens in einem Rahmen entpersonalisierter Strukturen und Prozesse deutend, individuelles Handeln und Ideologie herunterspielend und Mitgefühl für das Opfer in Formen des Selbstmitleids umdirigierend.[30]

Diese Differenzen hat Goldhagen virtuos ausgespielt, und an dieser Stelle hat er den künftigen Dialog zwangsläufig beeinflußt. Tatsächlich bietet er mit seinem Bestehen auf der Bereitwilligkeit, gar begeisterten Bereitschaft »ganz gewöhnlicher« Deutscher zum Töten, angetrieben von einem mörderischen Antisemitismus eigener Prägung, ein Gegenbild zu den apologetischen und simplifizierenden Historien des Historikerstreits der 8oer Jahre, die Auschwitz auf die Ebene der normalen Annalen menschlicher Mordlust beförderten. Goldhagen gibt den Juden sozusagen die Shoah zurück, im Vorgehen übrigens auf nahezu gleiche Weise wie einige deutsche Gelehrte, die die deutsche Identität rehabilitieren wollten, indem sie diese samt der Shoah im Vergleich mit anderen Völkermorden des 20. Jahrhunderts »normalisierten«.[31]

Angesichts des Historikerstreits und einer funktionalistisch ausgerichteten Wissenschaft, die, wie Goldhagen glaubt, konsequent die direkte Beteiligung und Mittäterschaft an Verbrechen des Dritten Reiches herunterspielt, konnte er – bewußt oder unbewußt – zum Sprecher der Opfer und Überlebenden avancieren. Aus einem Bündel von Gründen, dem unerbittlichen Fortschreiten der Zeit, der Abwertung ihrer Erinnerung durch die Unterstellung einer gleichsam »mythischen« Natur und überhaupt der postmodernen Skepsis gegenüber Quellenwert und Aussage[32], haben die Überlebenden praktisch ihre eigene akademische Delegitimation erlebt. Goldhagen tritt nun nicht direkt als ihr Anwalt auf; er will gewissermaßen den moralisch-epistemologischen Ball über das nationale Netz befördern, die Authentizität von gegenwärtigen Täterporträts der Wissenschaft anzweifeln und das Ganze aus der unmittelbaren Perspektive der Opfer präsentieren.

Ich vermute, daß Goldhagen von vielen Überlebenden als derjenige Historiker angesehen wird, der die alltägliche, unerträgliche Grausamkeit ihrer eigenen Erfahrungen ausdrückt und der das Vergnügen, das ihre Peiniger an ihren Grausamkeiten fanden, vor Augen führt. Es macht wenig Unterschied, daß Historiker die Realität solcher Erlebnisse nicht abstreiten, während sie den interpretativen und erklärenden Rahmen in Frage stellen, in den Goldhagen sie stellt, und sich unwohl fühlen wegen der in ihren Augen fast pornographischen und voyeuristischen Aufmerksamkeit für grausige Details, die das Verstehen eher erschweren als erleichtern. Vom Standpunkt dieser Überlebenden aus gelang es Goldhagen, ihre Realität auf krasse Weise darzustellen. Deshalb erleben sie wissenschaftliche Angriffe gegen ihn allzu leicht als Angriffe gegen sich selbst.

Das Wort »Fall« ist in diesem Zusammenhang gut geeignet, weil das in anklagendem Ton beschriebene Geschichte ist. In der Tat erkannten einige deutsche Kritiker hier eine Art nationaler Provokation und haben darauf mit bezeichnenden und dünn verhüllten Drohungen reagiert. Ausgerechnet Marion Gräfin Dönhoff, Mitherausgeberin der »Zeit«, die gegenüber Angelegenheiten, die Juden und Nationalsozialismus betreffen, stets sensibel war, äußerte die Überlegung, daß das Buch »den mehr oder weniger verstummten Antisemitismus wieder neubeleben könnte«.[33] In einem Gespräch bemerkte ein prominenter konservativer deutscher Historiker, wohl unbewußt, daß das Werk dazu beitragen würde, traditionelle »anti-westliche Gefühle« zu stärken.[34]

Gerade wegen dieser Facette der Auseinandersetzung müssen wir das Buch im Lichte des deutsch-jüdischen Dialogs der Nachkriegszeit betrachten. Auf den ersten Blick erscheint das Werk als im wesentlichen anti-dialogisch, als ein Durchtrennen, Ersticken dieses Gesprächs. Dies wäre jedoch ein irrtümliches Verständnis vom Wesen und Verlauf eines Dialogs an sich, der zunächst einmal stattfindet, gerade weil es verschiedene Versionen und Standpunkte gibt. Während im Idealfall Gespräche wie diese einen Buberschen Charakter von Gegenseitigkeit und Offenheit annehmen sollten, entstehen und funktionieren sie doch primär durch Uneinigkeit. Verteidigung und Angriff sind für ihre Entwicklung wesentlich. Sicherlich mag anklagende und archetypische Geschichte schlechte Geschichte sein – sie ist zumindest nicht die Art Geschichte, die ich persönlich schreiben möchte –, aber sie ist doch eindeutig ein Bestandteil des Dialogs, und Goldhagen erlangte gerade wegen seines anklagenden Gestus Aufmerksamkeit. Ob sie es mögen oder nicht, die Wissenschaftler werden diese Tatsache akzeptieren müssen. Denn obwohl Goldhagen nicht daran interessiert ist, der Position anderer zuzuhören, beziehungsweise seine eigene zu mäßigen und »den Deutschen« einfach nur ein »mea culpa« entlocken will, um sie zu verändern, wünscht er doch sehnlichst, daß sie seiner Botschaft zuhören. Nichts könnte dieses dialogische Bedürfnis deutlicher machen als die Art der Übersetzung, der Publicity und der Verlauf seiner persönlichen Auftritte.

Wenn schon dialogische Stimmen allein dem Begriff nach nicht übereinstimmen können, dann ist der Prozeß des Verstehens und Schreibens von Geschichte noch weniger als ein Dialog, nämlich eine Polyphonie, eine Vielzahl widerstreitender Stimmen, die ein dynamisches Zusammenspiel unterschiedlichster Meinungen und Interpretationen, eine Polysemie, erzeugen.[35] Die Pluralität ständig wechselnder und revidierter Perspektiven ist wohl oder übel das Schmieröl der Historiographie: je mehr Spannungen artikuliert werden, um so lebendiger wird die Geschichte. In unserem eigenen verminten Fachgebiet ist also die Tatsache, daß voneinander abweichende Bedürfnisse und Interessen beteiligt sind, nicht nur unausweichlich, sondern auch hilfreich, um die eigenen Verständnisse zu beleben und zu formen. Sie sind gleichermaßen kreative und begrenzende Bestandteile von Geschichtsschreibung.

So wie Geschichte und kollektives Gedächtnis nicht diametral entgegengesetzt, sondern Teil eines Kontinuums sind, eines Verhältnisses, das von offenem Konflikt über Spannungen bis hin zu gegenseitigem Befruchten reichen kann, um allmählich zu formen, was wir historisches Bewußtsein nennen[36], so ist es auch unhaltbar, eine hermetische Trennlinie zwischen vermeintlich wissenschaftlicher Historiographie einerseits und archetypischen Versionen andererseits zu setzen. Im Falle des unvergleichlich gewaltsamen, alle Vorstellungen sprengenden Charakters der »Endlösung« gehören Archetypen zu unserem Reservoir moralischer, kultureller und historischer Vorstellungen, eine Art Rohmaterial und Hilfe, unsere narrativen Rekonstruktionen zu beleben. Mehr oder weniger unterschwellig oder explizit, grob oder kultiviert, stehen hinter den Modellen, mit denen wir arbeiten, häufig archetypische Antimonien: gut und böse; Deutsche und Juden; Täter und Opfer; das Banale und das Monströse oder Dämonische; das Einzigartige und das Universelle.[37] Selbstverständlich sollte eine verantwortungsbewußte Wissenschaft ihnen stets kritisch begegnen, sie verfeinern und abbauen – selbst, wenn wir uns ihrer bedienen.

Die genannten archetypischen Momente haben mit den leidenschaftlichen, oft mit ausgesprochener Heftigkeit geführten Kontroversen zu tun, die von Zeit zu Zeit in der leicht in Wallung zu bringenden Szenerie der Holocaust-Forschung ausbrechen. Hängen denn nicht viele dieser gelehrten (genauso wie die allgemeiner gefaßten) Debatten mit dem stets von neuem unternommenen Verändern, Wiedersammeln, Problematisieren, Neubewerten und Infragestellen dieser Art von Kategorien zusammen?

Quellen, Fragen und archetypische Vorentscheidungen

Die Goldhagen-Kontroverse ist lediglich das jüngste Beispiel dafür. Hat er sozusagen die blanken Nerven freigelegt, so ließe sich diese Debatte vielleicht mit Hannah Arendt und dem Erscheinen ihres »Eichmann in Jerusalem« 1963 vergleichen. Unternahm nicht auch sie eine radikale, irritierende Abwendung von eingespielten Archetypen, als sie still und leise ihre nihilistische, dämonologische und ideologische Sichtweise aus »Elemente und Ursprünge totalitärer Herrschaft« aufgab und statt dessen mit einer durch und durch provokativen Erklärung, der »Banalität« des Täters, aufwartete?

Arendts Fall zeigt auch, daß archetypische Schemata nichts mit konkurrierenden nationalen Erzählkonventionen zu tun haben, nichts mit einseitig motivierten Juden etwa, die die Deutschen herausfordern, oder umgekehrt. Im Gegenteil: Das Bild von der Vernichtung des europäischen Judentums als unpersönlicher, industriell-bürokratischer Prozeß wurde in dem 1961 erschienenen Monumentwerk des jüdischen Historikers Raul Hilberg formuliert. Die Analysen deutscher Funktionalisten wie Hans Mommsen und Martin Broszat erschienen erst später. Arendt provozierte nur einen noch größeren Skandal, indem sie die jüdische Führerschaft der Mitschuld am Vernichtungsprozeß bezichtigte und die archetypisch klare Trennlinie zwischen Opfer und Täter in Frage stellte. Doch schaut man genauer hin, dann hatte auch Hilberg befunden, daß die überkommenen Gewohnheiten des Unterwürfigkeit erzwingenden Ghettolebens mithalfen, die Räder der Zerstörung in Bewegung zu halten. Und Bruno Bettelheim provozierte zahllose scharfe Kritiken, als er das entlarvte, was er für die

Selbst-Duplizitäten jüdischen Verhaltens hielt.[38] Selbstverständlich lehnte Arendt jede Relevanz von »Deutschtum« als Explikans des Nationalsozialismus ab[39]. Es sollte aber auch nicht unerwähnt bleiben, daß Arendt wie auch Hilberg und Bettelheim sämtlich exilierte Sprößlinge der deutschen Kultur waren, mit der sie sich auf komplexe Weise weiterhin identifizierten. Dies könnte Einfluß auf ihren analytischen Zugang gehabt haben und das Herunterspielen jeglicher Sonderwegs-Erklärungen und ihre Ansichten zu jüdischer Kollaboration bedingt haben.[40]

An dieser Stelle schließt sich der Kreis. Goldhagen hat die Debatte neu angefacht und ihr Energie zugeführt, indem er den, wie man dachte, diskreditierten Sonderspezies-Archetyp wieder aufwertete: die Vorstellung von »ganz gewöhnlichen« Deutschen als antisemitische Mörder, deren Antrieb zum Töten geschichtlich konditioniert und von fanatischen Überzeugungen gelenkt war. Wissenschaftler haben dies meiner Meinung nach zu Recht kritisiert, indem sie darauf hinwiesen, daß individuelle Akte des Völkermords besser durch eine komplexe Ansammlung von Motivationsfaktoren erklärt werden können. Sie schließen den Antisemitismus als offenkundig zentrale Kraft ein, rechnen aber weitere ideologische Elemente hinzu. Ferner sehen sie die Bedeutung von Situationsfaktoren; sie berücksichtigen allgemeingültige psychologische Mechanismen, bezeugt durch ähnlich mörderische Aktivitäten anderer nationaler Gruppen – während der Shoah und anderswo – und machen den qualitativen Sprung vom normalen, alltäglichen Vorurteil zu radikal-genozidalen Handlungen verständlicher. Dies ist der Unterschied zwischen Goldhagens »ganz gewöhnlichen Deutschen« und Christopher Brownings »ganz gewöhnlichen Männern«.

Bei allem sollte allerdings klar sein, daß historische Dokumente an sich nie eindeutig für sich selbst sprechen: Art und Weise, Gründe und Bedeutung von Motivationen – ob »einfache« oder »komplexe«[41] – zu interpretieren, ist eine ureigene Aufgabe der Historiker. Dies gilt auch für die Interpretationsmodelle, die Untersuchungen zur Tätermotivation zugrunde gelegt werden. Beide, Goldhagens auf einer anthropologischen, um nicht zu sagen, ontologischen Kluft zwischen »uns« und den deutschen

Mördern gründende Deutung als auch Brownings Annahme einer Austauschbarkeit möglicher Erfahrung – jeder habe das Potential zum – und das Bestreben, die in seinen Augen nur bequeme, dem Selbstzweck dienende Distanz zu den Tätern niederzureißen, sind methodische Interpretationsvoraussetzungen und haben nichts mit empirischer Beobachtung zu tun. Beide Annahmen beruhen letztlich auf einer heuristischen Wahl, verbunden mit der Politik und den Werten, die jeweils eigene historische Darstellungen vermitteln.

Sind dies nicht auch archetypische Vorentscheidungen: Der Völkermord an den Juden als ein Paradigma menschlichen Potentials, das Beispiel universell gültiger Anlagen, die unter bestimmten Umständen entfesselt werden; oder die Erklärung des Völkermords nach außergewöhnlichen Bedingungen, das Resultat einer einzigartig mörderischen und antijüdischen deutschen politischen und geistigen Kultur?[42]

Archetypen, Dissens, Dialog und Gedenken

Wohin führt uns all dies mit Blick auf das, was uns beschäftigt, den deutsch-jüdischen Dialog? Nach dem, was ich gesagt habe, dürfte klar sein, daß wir gegensätzliche Positionen und die sie ausmachenden Spannungen, auch wenn wir sie heftig kritisieren, begrüßen sollten. Dynamisches historisches Wissen wächst mit dem Versuch, die Spannungen auf irgendeine Weise zu diskutieren. So verfeinern und re-definieren wir unsere Erzählweisen. Sicher ist es nur allzu menschlich zu glauben, die eigene Position sei die gültige und überzeugendste, aber wir sollten uns wenigstens ihre eigene Historizität eingestehen.

Und dennoch: Wenn wir auch nicht anders können, als kollektive und persönliche Biographien und Bindungen mitzubringen, müssen wir auch auf unbestritten seriösen, hinterfragbaren Wissenschaftsstandards bestehen, welche die eigene Gruppenzugehörigkeit und vorgefaßte Meinungen in Frage stellen, anstatt sie nur abzubilden. Die Gefahren einer Historiographie, die sich einfach als »deutsch« oder »jüdisch« versteht, sind zu offensichtlich, um eigens diskutiert werden zu müssen. Korrekter wissenschaftlicher Diskurs benötigt kritische und verfeinernde Eigenschaften sowie das Eingeständnis gegenseitiger Voreingenommenheit. Dann läßt sich damit auch besser umgehen.

Es paßt daher gut, mit der Beobachtung zu schließen, daß gegenwärtig sowohl im deutschen als auch im jüdischen historischen Gedächtnis eine Art archetypischer Spaltung besteht. In Deutschland finden wir bei vielen Menschen ein paradoxes, identitätsbejahendes Akzeptieren von Goldhagens Porträt »der Deutschen«. Gleichzeitig taucht, wie Frank Stern aufzeigte, ein neuer Archetyp, der Mythos des »guten Deutschen« auf – um genauer zu sein, des Deutschen als Retter von Juden. Das bezeugen die hohen Verkaufszahlen der Tagebücher des deutsch-jüdischen Überlebenden Victor Klemperer, die Rezeption von »Schindlers Liste« und Volker Schlöndorffs Verfilmung von Michael Tourniers »Der Unhold«, in der der Held den Juden rettet, indem er ihn auf seinem Rücken durch Feuer und Eis trägt – eine deutlich mythische Realisation.[43] Ein größerer archetypischer Zusammenprall als dieser ist wohl nicht denkbar.

Gleichzeitig bleibt in jüdischen und israelischen Kreisen die Frage nach der paradigmatischen oder außergewöhnlichen Natur der Shoah offen. Auch sie wird häufig in quasi-archetypischen Begriffen formuliert. Omer Bartov drückte dies, als Reaktion sowohl auf Goldhagen als auch auf daran anschließende israelische Darstellungen, folgendermaßen aus: »Weder sollten wir Auschwitz auf einen anderen Planeten verlegen, noch die Täter als eine andere Spezies betrachten. Wenn wir uns den Holocaust vorstellen, müssen wir uns selbst vorstellen.«[44] Die – herrlich unvorhersehbar – weitsichtige Hannah Arendt drückte die andere Seite in ihrer Korrespondenz mit Hans Magnus Enzensberger 1964 aus. Als er schrieb, daß »Faschismus nicht schrecklich ist, weil die Deutschen ihn ausübten, sondern, weil er überall möglich ist«, erwiderte Arendt: »Wenn alle schuldig sind, ist es keiner … Dieser Ausspruch ist noch problematischer, wenn er von einem Deutschen vorgebracht wird, weil er besagt: nicht unsere Eltern, sondern die Menschheit hat diese Katastrophe verursacht. Das ist einfach nicht wahr.«[45]

Unser Dialog ist dazu bestimmt, mit diesen Themen zu ringen; und falls wir keine ultimative Wahrheit erreichen, können wir zumindest sicher sein, daß durch ständiges Aufwerfen von Dilemmata und Konflikten sowie durch Unentschiedenheit und Problematisierung das Gedenken an dieses grauenhafte Ereignis und an jene, die dadurch umkamen, auf das eindringlichste bewahrt bleibt.

---

1 Das vorliegende Referat wurde ursprünglich anläßlich einer internationalen Konferenz des Richard Koebner Zentrums für Deutsche Geschichte zum Thema »Überdenken des deutschen Antisemitismus« in Jerusalem (26.–28. 11. 1996) gehalten und für die Druckfassung etwas erweitert und aktualisiert. Erneut möchte ich John Landau danken, daß er bei der Formulierung und dem Durchdenken der Problematik behilflich war. Ohne ihn hätte ich diesen Text nicht schreiben können. – Die Übersetzung aus dem Englischen besorgte Martina Strehlen. – Erstdruck in: German History 15,2 (1997), S. 240–250.

2 Treffen wie diese sowie das Streben nach allgemeiner Verständigung bergen in sich die Gefahr einer übertrieben versöhnlichen Haltung. Eine Kollegin erzählte mir, daß sie, konfrontiert mit einem verzweifelt apologetischen deutschen Freund, versucht war, ihm zu entgegnen, daß das, was geschehen war, »gar nicht so schlimm gewesen sei«!

3 Die Originalausgabe erschien unter dem Titel »Hitler's Willing Executioners: Ordinary Germans and the Holocaust«, New York 1996. Die hier geführte Diskussion dreht sich um die deutsche Übersetzung des Buches (vgl. oben, S. 24, Anm. 1). Die Verkaufszahlen für beide Ausgaben sind ungewöhnlich hoch. Das Buch wurde bereits in zahlreiche Sprachen übersetzt, weitere sind geplant.

4 Ebenda, S. 66; vgl. auch S. 45–46.

5 Für eine Sammlung verschiedener Reaktionen auf das Buch aus der Zeit vor seiner Veröffentlichung in Deutschland vgl. Schoeps (wie oben, S. 24, Anm. 1).

6 Vgl. Steven Aschheim, Reconceiving the Holocaust?, in: Tikkun 11 (1996) 4, S. 62–65.

7 Zu Goldhagens Antwort auf seine deutschen Kritiker, die an Länge einmalig für einen Zeitungsartikel ausfiel, vgl. ders., Das Versagen der Kritiker, in: Die Zeit, 2. 8. 1996, S. 9–14. Seine Reaktion auf die englischsprachige Kritik bietet ders., Motives, Causes, and Alibis, in: The New Republic, 23. 12. 1996, S. 37–45.

8 Die Opposition »deutsch / jüdisch« wird hier im Wissen um ihre begriffliche Problematik, mangels Alternative (»deutsch / israelisch« wäre zu eng), aber auch mit ausdrücklichem Bezug auf die tiefschürfende Behandlung der Frage durch Gershom Scholem gesetzt.

9 Vgl. ihr Gespräch mit Günter Gaus, What Remains?: The Language Remains, in: Hannah Arendt, Essays in Understanding 1930–1954, New York 1994, S. 14.

10 Louis Kaplan hat auf wunderbare Weise die vielschichtige Natur dieser Begegnung beschrieben: »Geistreiche Wiederjudmachung«. Jewish Joke Reparations and Mourning in Post-Holocaust Germany (bisher unveröffentlicht).

11 Vgl. z. B. Saul Friedlaender, Trauma and Transference, in: ders., Memory, History, and the Extermination of the Jews of Europe, Bloomington / Indianapolis 1993, S. 117–137; ferner Dominick LaCapra, Representing the Holocaust: History, Theory, Trauma, Ithaca / London 1994.

12 Zu diesen Formulierungen vgl. Hans Kellners einsichtsreiches »Never Again is Now«, in: History and Theory 33 (1994) 2, S. 127.

13 Zit. in John Bayley, Poet of Holy Dread, in: The New York Review of Books, 14. 11. 1996, S. 38–40, hier 38.

14 Henryk Broder, Ich bin sehr stolz, in: Der Spiegel 21 (1996), S. 59.

15 Motives, Causes, and Alibis (wie Anm. 7), S. 45.

16 Vgl. z. B. Schoeps, Vorwort zu: Ein Volk (wie Anm. 5), S. 11.

17 Vgl. die kritische Analyse dieser Tendenz von Andrei Markovits, Störfall im Endlager der Geschichte, in: ebenda, S. 228–240. Diese dubiosen Töne waren nicht auf Deutschland beschränkt: Vgl. z. B. »Taki«, Book Burning Lights up the Big Bagel, in: Sunday Times, 17. 4. 1996.

18 Vgl. Volker Ullrich, Goldhagen und die Deutschen, in: Die Zeit, 13. 9. 1996. Der Untertitel lautet: »Die Tournee wurde zum Triumphzug«.

19 »Kinkel weist These von Kollektivschuld zurück«, in: Süddeutsche Zeitung, Feuilleton, 9. 5. 1996, S. 13.

20 Titel einer ungezeichneten Glosse zum Verkaufserfolg des Buches in der Frankfurter Allgemeinen Zeitung, 3. 1. 1997.

21 Als einen Versuch, dies zu untersuchen, vgl. Josef Joffe, Goldhagen in Germany, in: The New York Review of Books, 28. 11. 1996, S. 18–21. Das Titelblatt der Ausgabe nennt den Artikel »Goldhagen erobert Deutschland«.

22 Vgl. Gunter Hoffmann, Die Welt ist, wie sie ist, in: Die Zeit, 27. 9. 1996; ferner das Interview mit Hans Mommsen unter dem Titel »Im Räderwerk«, in: Frankfurter Allgemeine Zeitung, 7. 9. 1996, S. 37.

23 Bayley, Poet of Holy Dread (wie Anm. 13), S. 39.

24 Maxim Biller, Und sonst?, in: Die Zeit, 8. 11. 1996.

25 Das ist wiederum eine allgemeine Tendenz und keine eiserne Regel. Gordon A. Craig bewertete das Buch, wie auch Volker Berghahn und Dietrich Orlow, zunächst recht positiv (was Craig später stark modifizierte). Dies gilt auch für den israelischen Holocaust-Historiker Israel Gutman. Es sollte allerdings betont werden, daß die meisten israelischen Historiker wie Gulie Ne'eman-Arad, Yehuda Bauer, Robert Wistrich, Moshe Zimmermann und ich selbst (vgl. Anm. 6) das Buch äußerst kritisch aufnahmen.

26 Vgl. den Brief vom 5. 4. 1996 an Henry Friedlaender, wo es heißt: »Fühlen Sie sich ermächtigt, diesen Brief mit anderen zu teilen.«

27 Zitiert bei Gordon A. Craig, The New Germany, in: The New York Review of Books, 31. 10. 1996, S. 61.

28 Vgl. Martin Broszat / Saul Friedlaender, A Controversy about the Historicization of National Socialism, in: Yad Vashem Studies 19 (1988), S. 1–47, hier S. 7.

29 Ebenda, S. 13.

30 Als frühes Beispiel dieser unterschiedlichen Grenzen des Einfühlungsvermögens vgl. Steven E. Aschheim, The German-Jewish Dialogue at its Limits: The Case of Hermann Broch and Volkmar von Zuehlsdorff, in: Culture and Catastrophe: German and Jewish Confrontations with National Socialism and Other Crises, New York 1996. Für eine Analyse derzeitiger populärer und wissenschaftlicher, deutscher mitfühlender (und nicht-mitfühlender) Voreingenommenheiten vgl. Omer Bartov, »... seit die Juden weg sind«: Germany, History, and Representation of Absence» in: S. Denham u. a. (Hrsg.), German Studies as Cultural Studies: A User's Manual (erscheint demnächst).

31 Gute Analysen dieser Kontroverse bei Charles S. Maier, The Unmasterable Past: History, Holocaust, and German National Identity, Cambridge / Mass. 1988; Richard J. Evans, In Hitler's Shadow: West German Historians and the Attempt to Escape from the Nazi Past, New York 1989.

32 Shoshana Felman / Dori Laub, Testimony: Crises of Witnessing in Literature, Psychoanalysis, and History, New York / London 1992. Eine kritische Untersuchung einiger dieser Themen bei Saul Friedlaender (Hrsg.), Probing the Limits of Representation: Nazism and the »Final Solution«, Cambridge / Mass. 1992.

33 Zitiert in Joffe, Goldhagen in Germany (wie Anm. 21), S. 21.

34 Solche Zitate bestärken die Einschätzung, daß zahlreiche problematische, traditionelle deutsche Ansichten noch vorhanden sind, wenn auch unter der Oberfläche. Ironischerweise behaupten diese Kritiker das Gegenteil von dem, was Goldhagen für die Zeit nach 1945 annimmt, daß nämlich Deutschland sich zu einer stabilen liberalen und demokratischen Gesellschaft gewandelt habe, in deren politischer Kultur Antisemitismus gleichsam nicht existiere.

35 Vgl. M. M. Bakhtin, The Dialogic Imagination: Four Essays, hrsg. von Michael Holquist, übersetzt von Caryl Emerson und Michael Holquist, Austin 1982.

36 Für diese Ansicht vgl. Friedlaender, Memory, History, insbes. die Einleitung. Vgl. auch die Einleitung zu Amos Funkenstein, Jüdische Geschichte und ihre Deutungen. Aus dem Englischen von Christian Wiese, Frankfurt am Main 1993, S. 9–54; Omer Bartov, Murder in Our Midst: The Holocaust, Industrial Killing, and Representation, New York / Oxford 1996.

37 Die Vorstellung von Archetypen, wie ich sie verwende, deckt sich mit den Definitionen in: Webster's New Collegiate Dictionary, 1979, S. 58: »Das Originalmuster oder Modell, nach dem alle Dinge und Typen Repräsentationen oder Kopien sind«, und Jungs Vorstellung einer »ererbten Vorstellung oder Denkweise ..., die aus der Erfahrung der Rasse bezogen wird und sich im Unterbewußtsein des Individuums befindet«.

38 Vgl. Nina Sutton, Bettelheim: A Life and Legacy, New York 1996.

39 Vgl. Steven E. Aschheim, Nazism, Culture and »The Origins of Totalitarianism«:

Hannah Arendt and the Discourse of Evil, in: New German Critique 70 (1997), S. 117–139.

40 *Das sind natürlich Spekulationen. Für eine anregende Analyse, die diese Frage berührt, vgl. Dan Diner, Hannah Arendt Reconsidered: Über das Banale und Böse in ihrer Holocaust-Erzählung, in: Babylon 16/17 (1997), S. 94f.*

41 *»Einfache Erklärungen«, so schreibt Goldhagen in seiner jüngsten Widerlegung, »sollten nicht abgelehnt werden, nur weil sie einfach sind ... Der Ruf nach Komplexität ist manchmal die Zuflucht derjenigen, die gewisse Schlußfolgerungen unverdaulich finden.«; vgl. ders., Motives, Causes, and Alibis (wie Anm. 7), S. 39. Das mag korrekt sein, aber »einfache Erklärungen« sind nicht die unmittelbare Spiegelung einer direkt zugänglichen historischen Realität, sondern bleiben bei aller Einfachheit immer noch Produkte des beschreibenden, interpretierenden Historikers.*

42 *Vgl. dazu den interessanten Artikel von Wulf Kansteiner, From Exception to Exemplum: The New Approach to Nazism and the »Final Solution«, in: History and Theory 33 (1994) 2, S. 158.*

43 *Vgl. den noch unveröffentlichten Vortrag Frank Stern, Siegfried's Cinematic Quest: From the Germanic Forest to Olympic Virtues, gehalten bei einem internationalen Workshop zum Thema: Paganism, »Volk-Religion« and Antisemitism, 19.–20. Centuries, Jerusalem 21.–23. 10. 1996.*

44 *Vgl. den einsichtsreichen Beitrag von Omer Bartov, Kitsch and Sadism in Ka-Tzetnik's Other Planet: Israeli Youth Imagine the Holocaust, in: Jewish Social Studies (erscheint 1997).*

45 *Zitiert in Diner, Hannah Arendt Reconsidered (wie Anm. 40); die Korrespondenz wurde ursprünglich im Merkur (April 1965), S. 380–385, veröffentlicht.*

Die Goldhagen-Rezeption in den USA
Zusammenhänge und Hypothesen

Während einer Diskussion in Bremen warf der amerikanische Historiker Mitchell Ash kürzlich eine interessante Frage auf: Warum es häufig Amerikaner seien, die in Deutschland die Frage nach dem Holocaust ins Rampenlicht rücken. Das Beispiel von Goldhagens »Hitlers willige Vollstrecker« ist zwar ungewöhnlich, weil Goldhagen gleichermaßen Wissenschaft und Öffentlichkeit herausgefordert hat. Als amerikanischer Import ist er jedoch nicht einzigartig, sondern nur das jüngste Beispiel einer ganzen Reihe, zu der auch die Fernsehserie »Holocaust« aus den 70er Jahren und die Verfilmung von »Schindlers Liste« zählen. Der übliche Ablauf scheint zu sein, daß Amerika läuternde Debatten initiiert und Deutschland sie anschließend durchmacht. Zuletzt trat – noch bevor die Kontroverse um Platz und Form des Berliner Holocaust-Mahnmals zu irgendeinem Ergebnis geführt hat – eine Initiative an die Öffentlichkeit, die ein Holocaust-Museum nach dem Washingtoner Vorbild realisieren möchte, mit dem Unterschied, daß es dreißig Kilometer vor Washington kein Ravensbrück und kein Sachsenhausen gibt.

Selbstverständlich soll nicht bestritten werden, daß Deutschland seine eigenen öffentlichen Debatten über die Vergangenheit hervorgebracht hat: Die »Holocaust«-Serie fiel mit der hausgemachten Hitler-Welle der siebziger Jahre zusammen, und der Historikerstreit in den Achtzigern war gänzlich ein Binnenphänomen. Die Gründe für das daneben unübersehbare wiederholte amerikanische Einwirken auf die deutsche Wahrnehmung der Shoah braucht man jedoch nicht lange zu suchen. Während Deutsche sich der Stellung des Nationalsozialismus und seiner Völkermordpolitik in ihrer eigenen Geschichte widmen, sind es in den Vereinigten Staaten die Überlebenden selbst, die sich aktiv für das Gedenken einsetzen. Man kann dies als »öffentliche Kultur des Überlebens« bezeichnen; die Shoah ist ein bestimmender Faktor im kulturellen Bewußtsein der USA. Nur noch in Deutschland und Israel findet, wenn auch aus jeweils unterschiedlichen Gründen, der Historiker Yehuda Bauer so viel Echo, wenn er schreibt, daß in unserer Kultur »der Holocaust nicht geendet hat. Wir leben immer noch in einer Welt, in der der Holocaust sich ereignete.«[1] Sich dieser Tatsache zu stellen und ihrer zu gedenken, bleibt ein amerikanisches Anliegen, insbesondere jetzt, da die Zeit unaufhaltsam die Überlebenden und ihr Zeugnis hinwegfegt. Die Geschichtswissenschaft allein wird die durch ihr Verschwinden gebildete Lücke nicht ausfüllen können; nötig ist ein breitgefächertes Band kulturell-gesellschaftlicher Projekte und Akzente.

Wissenschaft und Werbung

Betrachtet man das Marktpotential der amerikanischen Kulturindustrie und ihren globalen Rang, verwundert es nicht, daß sie, auch was das Erinnern und dessen zeitgemäße Form angeht, die Quelle Aufmerksamkeit heischender Kulturexporte und Deutschland deren Empfänger ist.

Wie können wir nun die Anfangserfolge von Daniel Goldhagens Buch »Hitlers willige Vollstrecker« in den USA erklären, wo ein Rezensent es bereits kurz nach Erscheinen am 29. März 1996 als »den Mittelpunkt einer lebhaften, geradezu obsessiven Diskussion, die eine große Leserschaft anlockt« beschrieb?[2] In den

USA wie in Deutschland war die wissenschaftliche Reaktion auf Goldhagens Buch überwiegend negativ und abwertend, während Presse und breite Öffentlichkeit größtenteils begeistert reagierten.[3] Zahlreiche amerikanische Experten für deutsche Geschichte empfanden es als extrem widersprüchlich mitzuerleben, wie ein Buch, das sie verworfen hatten, von anderen Kritikern, die offensichtlich andere Maßstäbe anlegten, als Meisterwerk der Geschichtsschreibung und bahnbrechender Beitrag zur Geschichte des deutschen Antisemitismus und der Shoah gepriesen wurde. Gründe und Gehalt der wissenschaftlichen Kritik an Goldhagens Buch waren in beiden Ländern im wesentlichen vergleichbar. Das muß nicht überraschen, sind doch die fachlich-professionellen Standards, nach denen das Buch gemessen und als mangelhaft befunden wurde, dieselben. Die Reaktionen des weiteren Publikums wird man aber, wie ich meine, nur dann verstehen können, wenn gerade die Spezifika des jeweiligen kulturellen Kontextes, innerhalb dessen sich der Beifall formierte, beachtet werden. Ich werde es anderen überlassen, die Wirkung des Buches in Deutschland zu erforschen. An dieser Stelle möchte ich einige Deutungen für Goldhagens Erfolg in den USA vorschlagen. Sie sind für den amerikanischen Zusammenhang kennzeichnend und beziehen sich gleichermaßen auf die Begleitumstände der Veröffentlichung als auch auf den Inhalt des Buches.

Zunächst müssen wir uns, wenn wir die Auswirkungen von Goldhagens Buch bedenken, klarmachen, daß in den Vereinigten Staaten Jahr für Jahr Zehntausende neuer Titel veröffentlicht werden und es einen ständigen Kampf um den Platz in Buchläden, Presse und anderen Medien gibt. Die Bestseller im nichtfiktionalen Bereich sind auf diesem übersättigten Markt meist Bücher, die auf ein sorgfältig ausgewähltes Massenpublikum hin konzipiert werden und nicht die geringste wissenschaftliche Aufmerksamkeit erregen: »Wissenschaftliche« Bücher dringen selten in diesen Massenmarkt vor; nur eine Handvoll unter ihnen erreicht regelmäßig eine Leserschaft, die breiter ist, als es die beschränkten Normen wissenschaftlicher Publikationen vorsehen, wo Verkaufszahlen von wenigen tausend schon als Erfolg gelten. Die wenigen Bücher, die sich dennoch durchsetzen und Bestseller werden, entstammen häufig den Gebieten Geschichte und Gegenwartsfragen: Man denke nur an die Veröffentlichungen von Simon Schama oder Paul Kennedy, die populärer geschriebenen Geschichtsbücher von Daniel Boorstin oder, um eines der jüngsten Beispiele zu nennen, Dava Sobels Erzählung von der Entdeckung der Länge.

Vermutlich werden Bücher wie diese im Hinblick auf den intelligenten »normalen Leser« vermarktet, oder haben doch jene im Visier, die als solche gelten möchten. Zu ihrem Erfolg verhilft ihnen gezielte Werbung in den »Qualitäts«-Medien, Rundfunk, Fernsehen und Druckmedien gleichermaßen. Die von Frühjahr bis Sommer 1996 andauernde Debatte um Goldhagens Buch in den USA schlug sich daher sowohl in den großen Zeitungen wie der »New York Times« – was ihm beträchtliche Bekanntheit verschaffte – und der »Washington Post« nieder, in Wochen- und Monatsmagazinen wie »The New Republic«, »The Nation« und »Commentary«, im öffentlichen Rundfunk und Fernsehen und – was in den USA zu einem vertrauten Forum geworden ist – in lokalen Buchhandlungen, wo Autoren ihre Werke vorzustellen und zu besprechen pflegen.[4] Das letzte Moment – eine Domäne der in den letzten Jahren stark expandierenden großen Buchhandelsketten – scheint in Amerika die großen öffentlichen Debatten ersetzt zu haben, die in Deutschland während Goldhagens »Tournee« im Herbst 1996 stattfanden.

Auch für amerikanische Maßstäbe erhielt Goldhagen einen ungewöhnlich hohen Grad an Publicity. Obwohl es falsch wäre, seinen Erfolg einzig dem Faktor Werbung zuzuschreiben, ist dessen Wirkung nicht von der Hand zu weisen. Eine ähnlich auffällige Nutznießerin dieser Konstellation war zuletzt die feministische Autorin Camille Paglia, ebenfalls eine Wissenschaftlerin, deren Bekanntheit in den USA durch Kontroversen und Pressepublicity erhöht wurde.

In Goldhagens geradezu klassischem Fall eines succès d'estime et de scandale wurde dieser Effekt anfänglich durch subtile Werbung noch vor der Publikation erzielt: Die »Medienräder« setzten sich in Bewegung, sobald sich Geschichtswissenschaftler der Herausforderung gestellt und die extreme Kluft zwischen akademischen und öffentlichen Reaktionen deutlich gemacht hatten.

Christopher Brownings Buch »Ganz normale Männer« von 1992 hat diese Kluft offenkundig nicht überbrücken können, denn die ihm gezollte öffentliche Aufmerksamkeit machte nur einen Bruchteil der Resonanz aus, die auf Goldhagens »Hitlers willige Vollstrecker« folgte. Jetzt aber traten Wissenschaften und Öffentlichkeit regelrecht gegeneinander an, anstatt wie sonst einander zu ignorieren. Beim öffentlichen Symposium, das im April 1996 im Washingtoner Holocaust-Museum stattfand und an dem neben Goldhagen ausgewiesene Experten für die Geschichte des deutschen Antisemitismus und des Holocaust aus Deutschland, Amerika und Israel teilnahmen, wurde dieses Phänomen überdeutlich. Wann immer Goldhagen sprach, spendete das Publikum begeistert Applaus; kritisierten ihn die Historiker, verstummte es oder äußerte vernehmlich Mißfallen. Dies geschah wohl auch, weil hier manch arriviert-professoraler Zeigefinger gegen das forsche Auftreten des noch grünen akademischen Himmelsstürmers erhoben wurde. So wenigstens verstand es das Publikum und eilte dem attackierten Youngster zu Hilfe. Dazu freilich bedurfte es auf Publikumsseite auch echter Sympathien für Goldhagens Thesen.

Als Generationenkonflikt war der Streit um Goldhagen auch in den USA spürbar, allerdings weit weniger ausgeprägt als in Deutschland, wo die Kluft zwischen Wissenschaftlern und Öffentlichkeit gleichzeitig eine Kluft zwischen Generationen bezeichnete.[5] Und anders als in Deutschland mit seinen unmittelbaren, heftigen Reaktionen von seiten der Wissenschaft, war es tatsächlich nicht so, daß sämtliche US-Akademiker das Buch verdammt oder von Anfang an abgelehnt hätten. In einer der ersten Rezensionen, in der »New York Review of Books«, äußerte sich Gordon Craig, der Doyen der älteren Generation amerikanischer Deutschlandhistoriker, zwar zurückhaltend, aber keineswegs ablehnend; das gleiche gilt für die Rezension in der Sonntagsausgabe der »New York Times« durch Volker Berghahn, einem deutschen, jetzt in den USA lehrenden Historiker.[6] Zwar sahen beide zahlreiche Kritikpunkte, begrüßten das Buch aber, weil es neue Fragen aufwarf und ältere, von der Geschichtsschreibung zuletzt vernachlässigte, von neuem stellte. Die solchermaßen »geteilte«

Reaktion – einerseits Goldhagens Perspektivenwechsel zu begrüßen und zugleich die Durchführung des Themas zu kritisieren –
fällt auch in den meisten nachfolgenden, kritischeren Rezensionen ins Auge.[7]

Ohne hier einen vollständigen Forschungsbericht geben zu
wollen, soll wenigstens kurz das Themenfeld betrachtet werden,
in das Goldhagen mit seinem Buch hineinzielt, und gezeigt werden, welcher Art seine Neuakzentuierungen sind.

Grundsätzlich betrachtet widmete sich die Forschung zur nationalsozialistischen Herrschaft seit den sechziger und bis in die
achtziger Jahre hinein vorrangig der Rekonstruktion und Analyse institutioneller und sozialer Strukturen des Dritten Reiches.
Man untersuchte genauestens die Abläufe politischer Prozesse
und Entscheidungsfindungen innerhalb des NS-Regimes. Aus
dieser Orientierung erklärt sich auch die Debatte zwischen »Intentionalisten« und »Funktionalisten« in den achtziger Jahren
und nicht zuletzt der »Historikerstreit«, obwohl dieser über
eine eher obskure Ebene und die kleine Teilöffentlichkeit der
westdeutschen Qualitätspresse kaum hinauskam. Im Zeichen um-
fassenderer Paradigmenwechsel in der Geschichtswissenschaft
wuchs aber in den achtziger Jahren besonders unter deutschen
Historikern das Interesse an Alltagsgeschichte, an Fragen nach
Lebensweisen und Verhaltensnormen der Menschen unter und
mit den Nationalsozialisten.[8] Insofern dieser Ansatz das normale
Leben »gewöhnlicher« Deutscher im Dritten Reich kritisch unter
die Lupe nahm, handelte er sich auch mancherlei Widerspruch
ein, etwa die Befürchtung, der barbarische Charakter des Regimes
samt seiner strukturellen Gewaltdisposition könne an den Rand
gedrängt oder trivialisiert werden.

Ferner ließen sich in den achtziger Jahren immer deutlicher abweichende Erklärungsmodelle für den Völkermord vernehmen,
die die Relevanz der Juden für die nationalsozialistische Ideologie
und die Bedeutung des Antisemitismus als deren Nährboden her-
unterspielten. Ich denke hier an die Arbeiten von Götz Aly und
anderen zur ökonomischen Logik der Shoah und ihres Verlaufs,
aber auch an Detlev Peukerts von breiter Resonanz begleitete
Überlegungen zum Verständnis der Shoah innerhalb eines umfas-

senderen biopolitischen Projektes, an negative Eugenik, durch das der deutsche »Volkskörper« unter Ausmerzung aller beeinträchtigenden Elemente »regeneriert« werden sollte.[9] Die Kontextualisierung des Antisemitismus als Erklärungsfaktor wurde nicht von der gesamten deutschen Forschung aufgegriffen und war auch keineswegs darauf ausgerichtet, das Ausmaß oder die Bedeutung jüdischen Leidens herabzusetzen; sie folgte aber wohl zu rasch auf die ersten ernsthaften deutschen historischen Untersuchungen zur Judenvernichtung, um für jedermann erträglich zu sein.

Vor diesem Hintergrund präsentierte Goldhagen sein Buch, das gegen zwei Konventionen historiographischen Schaffens verstieß: Einmal unternahm er keinerlei Strukturanalyse, sondern verlegte sich auf das narrative Verknüpfen unvorhersagbarer, nicht zwangsläufiger Ereignisse. Überhaupt griff er eine ältere Tradition auf, die eine synthetische Langzeitinterpretation deutscher Geschichte entwirft und den Nationalsozialismus als Höhepunkt tiefsitzender Fehler in der deutschen Kultur versteht. Damit folgte er einer Sichtweise, die, wie das Beispiel von »Hitlers Wagner« zeigt, nicht nur in den USA verbreitet ist.[10] Goldhagens Lesart zufolge meint dies die Ausprägung und gesellschaftlich-kulturell umfassende Verinnerlichung des – nach seinem Begriff – »eliminatorischen Antisemitismus«.

Zweitens verschob er den Brennpunkt von den Bürokraten und Technikern des Völkermords, deren Aktivitäten ein vorrangiges Ziel jener Historiker waren, die sich der Aufdeckung institutioneller Strukturen und politischer Prozesse widmeten. Goldhagen hingegen konzentriert sich unmittelbar auf die Mörder vis-à-vis ihrer Opfer im Moment der persönlich getroffenen Entscheidung zum Mord und der folgenden Tat: als Deutsche Juden erbarmungslos hinmordeten. Auf diese Weise bemüht er sich, wie vor ihm schon Browning, die alltäglichen Erfahrungen einer bestimmten Gruppe Deutscher unter dem Nationalsozialismus zu rekonstruieren und zu interpretieren, diesmal aber nicht etwa von Arbeitern, Frauen oder jüdischen Deutschen, für die sich sonst die Geschichtsschreibung »von unten« interessiert. Mit anderen Worten: Goldhagen bietet eine »Alltagsgeschichte des deutschen

Sonderwegs«; er kombiniert die Beschreibung der angeblichen kulturellen Besonderheit Deutschlands mit einer bildsprachlich extrem aufgeladenen Betrachtung des Wirkens und der Mentalität von Massenmördern.

Goldhagens Konzept im amerikanischen Kontext

Goldhagens Konzentration auf individuelle Motive und Verantwortlichkeiten für die barbarischen Akte bildet den Kern seiner Darstellung. Dieses Element sei es, wie er wiederholt betont hat, was sein Buch von der Masse der vorhergehenden unterscheide. Dabei darf nicht vergessen werden, daß er nach eigenen Angaben kein vorrangig historisch-narratives Buch geschrieben haben will. Er ist vielmehr als politischer Soziologe angetreten, der eine Reihe selbstgestellter Hypothesen zu Motivation und Verhalten der an Massenmorden an Juden Beteiligten auf ihre Tragfähigkeit hin untersuchen will.[11]

Die Struktur des Buches teilt sich daher in Problemstellung, Methodik und Untersuchung relevanter Beweise auf. Es ist charakteristisch, daß sein Text nicht mit dem sonst üblichen ausführlichen Archivalien- und Quellenverzeichnis, sondern mit zwei methodologischen Anhängen endet. Darin wird eine Analyse von Verhalten und Motivation geboten, die – so wenig reflektiert der Zusammenhang von Ideologie und Verhalten darin auch sein mag – auf einem Konzept des autonomen Individuums beruht, das fähig ist, eine sich über die anschließende Tat ausdrückende Wahl zwischen wenigstens zwei Alternativen zu treffen. Die Entscheidung zum Töten an sich nimmt großen Raum in Goldhagens Erklärung ein. Da er sein Argument auf die Annahme stützt, daß »es keinerlei objektiven Konflikt«[12] zwischen Deutschen und Juden gab, mußten Motivation und Wille dazu konstruiert und dann in den Köpfen der Mörder wachgehalten werden. Gruppenverhalten wird als Summe angesammelter individueller Entscheidungen in einem perfekten, wenn man so will, »Moral-Markt« dargestellt, wo die Wahl stets zwischen zwei extremen alternativen Verhaltensweisen lag – zu töten oder zu verschonen, zu quälen oder zu trösten, zu hassen und zu frohlocken oder Mitleid zu haben und zu weinen.

Mein etwas holzschnittartiger Exkurs zur Strategie des Buches ist, wie ich denke, zum Verständnis seiner Aussage unentbehrlich. Das Buch bietet amerikanischen Lesern eine ganze Sammlung verschiedener kulturell vertrauter, in ihrer Aussage reizvoller, emotionaler Elemente: eine synthetische Nationalgeschichte, die grob, aber verlockend umrissen wird; ferner eine Reihe detailliert-kurzer, häufig schockierend intensiver Erzählungen, die um bestimmte Individuen und verständliche Episoden herum aufgebaut sind; und schließlich das Rüstzeug einer vorgeblich soziologischen Analyse, was sich David Schoenbaum zufolge wie »eine laute Show sozialwissenschaftlicher Autorität«[13] ausnimmt. Das Resultat ist eine Art von nationaler Psycho-Biographie innerhalb eines simplifizierten und leicht anzupassenden historisch-ethischen Rahmens. Erzählt wird eine verheerend einfache und zwingende Moralgeschichte, in der, wie zahlreiche Rezensenten bemerkt haben, Verkommenheit und Unschuld innerhalb eines klar umgrenzten Rahmens, frei von störenden historischen Verwicklungen und Zweideutigkeiten, nachgezeichnet werden.

Genau hier, in dieser oberflächlich mächtigen Beschwörung moralischer Wahrheit, liegt eine der zentralen Schwächen des Buches. Mir scheint, als nähere sich Goldhagen der Geschichte, die er erzählt, mit den Mitteln der Metaphysik, und tatsächlich läßt sein Buch eine metaphysische Komponente erkennen. Historischerklärend leistet es allerdings nichts. Mit »metaphysischer Herangehensweise« meine ich, daß Goldhagen »Deutsche« und »Juden« einander entfernt, diametral entgegengesetzt präsentiert, beide letztlich als abstrakte Prinzipien, auf ewig im Kampf verstrickt und mit klarer künftiger Perspektive: Sieg oder Untergang. Nicht die Unzulänglichkeit seiner historischen Analyse des deutschen Antisemitismus ist zu beklagen – was die Kritiker zur Genüge getan haben –, oder daß er den Unsinn eines angeborenen deutschen Nationalcharakters wiederaufleben lasse; immerhin kommt er dieser Sicht gefährlich nahe. Gleichzeitig ist es sicher die abstrakte, auf das Wesentliche beschränkte Form der Schilderung des Gegensatzes zwischen Deutschen und Juden, die es

Goldhagen schwermacht, eine plausible Darstellung der wahren, strukturierten Geschichte der Beziehungen zwischen Juden und nichtjüdischen Deutschen zu konstruieren. Hier liegt der Quell seines Unvermögens zu begreifen, daß, wie Aschheim es so treffend formulierte, »der Kernpunkt der deutsch-jüdischen Erfahrung, die Quelle ihrer anhaltenden Faszination und beispiellosen Kreativität, in ihrer doppeldeutigen Natur liegt: der Spannung zwischen Akzeptanz und Ablehnung«, der Tatsache, daß »deutsch-jüdisches Leben immer in einem sozialen Feld von stets ganz gemischten Tönen verhandelt wurde«.[14]

Erstaunlicherweise riskiert es Goldhagen mit seiner kunstlos starren und extrem ahistorischen Unterscheidung zwischen Deutschen und Juden, letztlich analog zu antisemitischen Mustern zu argumentieren, die nichts anderes als den unüberbrückbaren Gegensatz von Deutschen und Juden postulierten und ihren apokalyptischen Alptraum von dessen historischer Lösung lieferten. Goldhagens Metaphorik und Schlußfolgerung enthüllen eine gewisse Festungsmentalität, die auf mehr gegründet scheint als nur auf eine Spur gelehrter Bitterkeit gegen jene Juden, die ihre Sicherheit eher in Assimilation als in kulturellem Widerstand suchten.

Sein Text könnte fast als deplazierte Polemik gegen jüdische Deutsche und ihre gescheiterte Strategie der Assimilation im 19. Jahrhundert gelesen werden. Man könnte daraus die Lehre ziehen, daß der eliminatorische Antisemitismus zu einem Ende kam, weil das Problem – die Juden – tatsächlich eliminiert worden war. Abgesehen davon, daß diese Folgerung schockierend ist, meine ich auch, daß Goldhagen im Grunde ein verzweifelndes Buch geschrieben hat, die Darstellung einer Katastrophe, die ebenso unausweichlich wie irrational gewesen zu sein scheint. Er begegnet diesem tristen Fazit aber mit der Behauptung, die Nachkriegsdeutschen seien nicht länger einzigartig mordlüsterne Antisemiten. Das »kognitive Modell ihrer Kultur« wurde wirkungsvoll in eine demokratische, pluralistische Form umgebildet, wobei allerdings unklar bleibt, wodurch oder wann dies geschah, oder ob der Prozeß und das Resultat in Ost- und Westdeutschland vor 1989 identisch waren. Immerhin: Sie sind endlich wie »wir« geworden.

Denn Goldhagen hat mehr verfaßt als nur eine Darstellung deutscher Schuld und Erlösung. Sein Buch bietet den US-Lesern auch ein verführerisches Gegenbild ihrer selbst, was meiner Meinung nach einen Großteil seines Reizes ausmacht. Goldhagens Empfehlung an seine Leser, das deutsche Volk vor 1945 nach Art eines Anthropologen zu betrachten, das heißt unter der Annahme, daß die Deutschen keine »normale Gesellschaft«, nicht wie »wir«, also »vernünftige und nüchterne Kinder der Aufklärung«[15] seien, ist allseits bekannt. Der gesunde Menschenverstand der Deutschen während dieser Periode ihrer Geschichte, das »kognitive Modell ihrer Kultur«, war laut Goldhagen von »unserem« völlig verschieden. Daher kann er die Behauptung aufstellen, daß »völlig normale Deutsche« die Juden vernichten konnten, weil in Deutschland Normalität etwas anderes war als das, was »wir« für normal halten: In Deutschland bedeutete es, ein mordlüsterner Antisemit zu sein. Dieser hypothetischen Konstruktion begegnet der Leser immer wieder, jedoch ohne daß sie auch nur einmal belegt würde.[16] Auch identifiziert Goldhagen niemals eindeutig das »Wir«, an dem die Deutschen gemessen werden, wobei aber klar ist, wen er meint. Das Pronomen ist eine Einladung an seine amerikanischen Leser, sich selbst als Erben der Aufklärungswerte zu sehen und sich ferner von den Deutschen, von ihren fremden Werten und ihrer »völlig andere(n) Kultur«[17] zu distanzieren. Gleichzeitig lädt sein Buch ein, sich mit den Juden zu identifizieren – seinerseits ein doppelter, beidseitig konditionierender Zug. Die Leser wissen sich so auf der moralisch sicheren Seite der in Schuld und Unschuld aufgeteilten Welt: Sie können versichert sein, daß die USA nicht Deutschland sind, daß Juden sich in den USA sicher fühlen können und die heutigen Deutschen nicht die Deutschen der Holocaust-Ära sind.[18]

Dies ist die Variante eines alten Themas: »Sie«, die Deutschen, sind nicht – oder waren vor 1945 nicht – wahre Kinder der Aufklärung, sie nahmen die Aufklärungswerte von Vernunft und Toleranz nicht in sich auf, wie »wir« im Westen es taten.[19] Hier wird die Sonderwegsthese ad absurdum gesteigert – ganz zu schweigen von einem Aufklärungskonzept, das sich liest, als hätten Adorno und Horkheimer nie auch nur ein Wort über seine Doppeldeutigkeiten und Verdrängung geschrieben und als seien nicht dreißig Jahre intellektueller Beschäftigung mit diesen Fragen vergangen. Vielleicht hat sich Goldhagen absichtlich, wenn auch stillschweigend, dafür entschieden, diesen kritischen Tendenzen zu widerstehen, indem er einen konventionellen, wenn auch intellektuell oberflächlichen Standpunkt zur Vernunft der Aufklärung wählte. Die Breitenrezeption des Buches beruht meiner Meinung nach jedoch noch weit mehr auf der Vorgabe eines massiven Identifikationsmechanismus, dem im derzeit in den USA herrschenden kulturellen Klima nur sehr schwer widerstanden werden kann und das sowohl auf individueller als auch auf politischer Ebene Wirkung zeigt.

Auf der politischen Ebene wirkten nach dem Verlust bewährter, kollektiver Identifikationsmuster seit dem Ende des Kalten Krieges bestimmte nationale oder Gruppen-Identifizierungen noch verführerischer, als sie es normalerweise schon sind. Das bedeutet meiner Meinung nach, daß wir dieses Buch nicht nur als Beitrag zur Debatte über deutsche Geschichte und den Völkermord an den europäischen Juden sehen sollten, sondern es ebenso zusammen mit anderen, in letzter Zeit erschienenen Publikationen betrachten müssen, wie etwa jene von Paul Kennedy oder Francis Fukuyama, die breiter gefaßte Fragen nach Amerikas Stellung in der Weltgeschichte und seiner Rolle in der derzeitigen internationalen Politik behandeln.[20]

Auf der individuellen Ebene gibt es zur Zeit eine kulturelle Kraft in den USA, die »Wissen-durch-Sich-Identifizieren« genannt werden könnte und in der Wissen durch dessen Nähe zum subjektiven Erleben des Wissenden für wahr erkannt wird. Dies ist eine Art vulgäres Verstehen, eine verzerrte und reduzierte Form des Historizismus mit seinem Hang zu fühlendem Wissen. In der »Identitätspolitik« herrscht die Forderung vor, die Einstellung des Eingeweihten zu privilegieren, was zum Ausschluß all jener führen kann, die offensichtlich außerhalb der jeweiligen Gruppe stehen. Für jeden, der nicht in die Außenbereiche der Unwissenden gestoßen werden möchte, mag es verführerisch sein, sich die Gruppenidentität – welche auch immer es sei – anzueignen, sobald sie ein bestimmtes authentisches Wissen verspricht.

Wie die israelische Historikerin Gulie Ne'eman Arad aufgezeigt hat, ist dies einer der Gründe für die in populären Diskursen in den USA, sowohl in kulturellen als auch politischen Kreisen, spürbar zunehmende Attraktivität des Opferstatus.[21] In diesem Zusammenhang sollte man sich vergegenwärtigen, wie sich das Washingtoner Holocaust-Museum geschickt dieses Identifikationsmechanismus bedient: Jeder Besucher erhält als Eintrittskarte einen Zettel mit dem Namen und der Photographie einer authentischen jüdischen Person, eines Mannes, einer Frau oder eines Kindes, die in den Strudel des Völkermords gerieten. Für die Dauer des Besuches werden Sie dazu eingeladen, diese Person zu »sein«; erst am Ende erfahren Sie Ihr Schicksal – ob Sie überlebten oder umkamen.

Goldhagens ständige »dichte« Beschreibung des Tötens aus der Täterperspektive soll sowohl negative als auch positive Identifikationen hervorrufen: Abscheu vor den Motiven und Entscheidungen, die den schrecklichen Handlungen der Mörder zugrunde lagen, mitleidende Identifikation mit dem Opfer. Hier geht es nicht einfach um das fragwürdige Operieren mit Detailbeschreibungen barbarischer Grausamkeit, die einige Kritiker als exzessiv und schlecht gewählt verurteilten; auch nicht um die Legitimität von Goldhagens Entschluß, in eigenen Worten Erfahrungen neu zu beschreiben, zu denen wir durch das eigene Zeugnis der Überlebenden unmittelbareren Zugang haben; nicht einmal um seine noch fragwürdigere Taktik, wiederholt über die emotionale Verfassung der deutschen Mörder während und nach dem Abschlachten zu spekulieren.[22] Eher trifft zu, daß all dies einfach die Hauptstrategie des Textes ausmacht und der Logik entspricht, auf die er seine Leser festlegt.

Dieser Essay hat sich bemüht, in groben Linien einige der Wege anzudeuten, wie »Hitlers willige Vollstrecker« auf amerikanische Sensibilitäten reagiert. Mein Anliegen war nicht, eine erschöpfende Kritik des Buches vorzunehmen, obwohl ich einige kritische Bemerkungen an jenen Stellen gewagt habe, wo sie für die Untersuchung des den Reiz des Buches ausmachenden Mechanismus relevant waren. Ergänzend sollte man noch die grundsätzliche Abwehrhaltung erwähnen, die immer wieder vorkommende

Fälle skandalösen Bestreitens der Authentizität der Shoah bei vielen gutwilligen Amerikanern erzeugt haben. Unter diesen Umständen fällt es schwer, Kritik an Texten zu üben, die sich wie Goldhagens Buch ausgiebig der empirischen Seite des mörderischen Antisemitismus widmen und schon durch ihr bloßes Anliegen der Kritik entzogen zu sein scheinen. So wenigstens will es ein gutmeinender, die nötige Diskussion aber erschwerender Reflex in weiten Teilen des Lesepublikums. In den Worten eines Rezensenten schlägt sich das völlige Mißverständnis der Anliegen seriöser Kritiker mit fataler Genauigkeit nieder, wenn er in einem atemberaubenden Bogen schreibt: »Einige werden Goldhagens Schlußfolgerungen ablehnen, genau wie es auch jene gibt, die die Existenz des Holocaust an sich bezweifeln.«[23] Während Historiker gehalten sind, mit allen Mitteln das historische Zeugnis, das sich mit dem Namen Auschwitz verbindet, gegen schamlose Fälschungsversuche zu schützen, müssen wir jedoch auch über den Charakter eines kulturell-politischen Klimas nachdenken, das eine so tendenziöse Gleichsetzung zu seiner Verteidigung hervorbringen kann.[24]

---

1 Yehuda Bauer, The Significance of the Final Solution, in: David Cesarani (Hrsg.), The Final Solution. Origins and Implementation, London 1994, S. 308.

2 Steven E. Aschheim, Reconceiving the Holocaust, in: Tikkun 11/4 (Juli/August 1996), S. 62.

3 Eine Ausnahme unter der allgemein positiven Besprechung durch Nichtspezialisten bildete Clive James' kritisches Essay, Blaming the Germans, New Yorker (22. 4. 1996), S. 44–50.

4 Einige Beispiele der Pressereaktionen: New York Times (27. 3., 1. 4., 2. 4., 3. 4., 25. 4. 1996); Washington Post (24. 3. 1996); Philadelphia Inquirer (21.4., 26. 4. 1996); längere Rezensionen, darunter Omer Bartov, Ordinary Monsters, in: The New Republic (29. 4. 1996), S. 32–38; Thomas M. Disch, A Nation and People Accursed, in: The Nation (6. 5. 1996), S. 50–54; David Schoenbaum, Ordinary People?, in: National Review (1. 7. 1996), S. 54–55; Robert Wistrich, Helping Hitler, in: Commentary (Juli 1996), S. 27–31; außerdem die bereits o. g. Rezensionen von Aschheim und James. Ein Teil dieses Materials findet sich übersetzt in: Schoeps (wie S. 24, Anm. 1). Berichte über deutsche Reaktionen auf die Veröffentlichung folgten alsbald: Vgl. etwa Josef Joffe, Goldhagen in Germany, in: The New York Review of Books (28. 11. 1996), S. 18–21 (gefolgt vom Briefwechsel Goldhagen/Joffe in der Ausgabe vom 6. 2. 1997, S. 40), und Amos

Elon, *The Antagonist as Liberator*, New York Times Magazine (26. 1. 1997), S. 40–44. Ein großer Anteil der wissenschaftlichen Reaktion auf die US-Publikation des Buches fand sich im Internet in der News-Group der Historiker für deutsche Geschichte im April 1996. Eine für Mai 1996 in New York geplante öffentliche Diskussion stornierte man, nachdem Goldhagen abgesagt hatte.

5 Joachim Güntner, *Der Generationsbruch*, in: Neue Zürcher Zeitung (13. 1. 1997), S. 19.

6 Gordon A. Craig, *How Hell Worked*, in: The New York Review of Books (18. 4. 1996), S. 4–8; Volker Berghahn, *The Road to Extermination*, in: ebenda (14. 4. 1996), S. 6–7.

7 Dieser Modus wurde inzwischen durch die herausfordernde Kritik an Goldhagens Umgang mit seinen Quellen seitens der kanadischen Historikerin Ruth Bettina Birn (*Revising the Holocaust*, in: The Historical Journal 40 [1997] 1, S. 195–215) durchbrochen. Sie ist die erste, die seiner Forderung nachkam, die Kritiker sollten sich seinen Beweisen ebenso wie seinen Argumenten stellen. Vgl. auch den Beitrag von Birn in diesem Band.

8 Vgl. etwa Alf Lüdtke (Hrsg.), *Alltagsgeschichte. Zur Rekonstruktion historischer Erfahrungen und Lebensweisen*, Frankfurt am Main 1989; Detlev Peukert, *Das »Dritte Reich« aus der Alltags-Perspektive*, in: Archiv für Sozialgeschichte 26 (1986) S. 533–556.

9 Götz Aly / Susanne Heim, *Vordenker der Vernichtung. Auschwitz und die deutschen Pläne für eine neue europäische Ordnung*, Hamburg 1991; Detlev Peukert, *Volksgenossen und Gemeinschaftsfremde. Anpassung, Ausmerzung und Aufbegehren unter dem Nationalsozialismus*, Köln 1982.

10 Vgl. Joachim Köhler, *Hitlers Wagner. Der Prophet und sein Vollstrecker*, München 1997; vgl. ähnlich auch John Weiss, *Der lange Weg zum Holocaust. Die Geschichte der Judenfeindschaft in Deutschland und Österreich*, Hamburg 1997 (Ergänzung der Herausgeber).

11 »Die Absicht dieses Buches ist es, in erster Linie eine Erklärung und Theorie des Holocaust zu liefern. Beschreibung und Erzählung wurden diesem Zweck untergeordnet. Beide dienen nur dazu, die Taten und ihre Schauplätze zu charakterisieren«; zit. nach Goldhagen, Hitlers willige Vollstrecker (wie S. 24, Anm. 1), Anhang 1, S. 541.

12 Ders., *Motives, Causes, and Alibis*, in: The New Republic (23. 12. 1996), S. 45.

13 Schoenbaum (wie Anm. 4), S. 54.

14 Aschheim (wie Anm. 2), S. 63.

15 Goldhagen, Hitlers willige Vollstrecker, S. 45.

16 Ebenda, S. 29–30, 45–46, 66.

17 Ebenda, S. 29–30.

18 Ebenda, S. 51.

19 Wie Birn (wie Anm. 7, S. 213) aufzeigte, findet sich sogar die Implikation, daß die Deutschen, oder zumindest ihre Handlungen, überhaupt jenseits des Menschlichen liegen.

20 Paul Kennedy, *The Rise and Fall of the Great Powers. Economic Change and Military*

Conflict from 1500–2000, New York 1987; ders., Preparing for the Twenty-First Century, London 1993; Francis Fukuyama, Das Ende der Geschichte. Wo stehen wir?, München 1992.

21 *Gulie Ne'eman Arad, Ein amerikanischer Alptraum, in: Schoeps (wie Anm 4), Ein Volk von Mördern?, S. 176–186. Vgl. auch Norman Finkelstein, Daniel Jonah Goldhagen's »Crazy« Thesis: A Critique of »Hitler's Willing Executioners«, in: New Left Review 224 (1997/8–9), S. 39–87.*

22 *Zu diesen Kritikpunkten vgl. etwa Hans Mommsen, Die dünne Patina der Zivilisation, in: ZEIT Dokument 1 (1996), S. 40–46; Birn (wie Anm. 7), S. 210–212.*

23 *Disch (wie Anm. 4), S. 50. Zum Problem des Holocaust-Leugnens in den USA vgl. Deborah Lipstadt, Denying the Holocaust. The Growing Assault on Truth and Memory, New York 1993.*

24 *Die Übersetzung aus dem Englischen besorgte Martina Strehlen. Vgl. weiterführend auch die Beiträge der Autorin zur Podiumsdiskussion, die die Friedrich Ebert-Stiftung gemeinsam mit der Deutsch-Israelischen Gesellschaft, AG Bonn, am 4. 9. 1996 veranstaltete; weitere Teilnehmer waren Ignatz Bubis, Hans Mommsen, Frank Schirrmacher und Raul Teitelbaum. Das Gespräch ist dokumentiert in: Dieter Dowe (Hrsg.), Die Deutschen – Ein Volk von Tätern? Zur historisch-politischen Debatte um das Buch von Daniel Jonah Goldhagen »Hitlers willige Vollstrecker. Ganz gewöhnliche Deutsche und der Holocaust« (Friedrich Ebert-Stiftung, Reihe Gesprächskreis Geschichte; 14), Bonn 1996, S. 28–79.*

Juliane Wetzel **Die Goldhagen-Rezeption in den Niederlanden, in Frankreich und Italien**

Nicht nur in Deutschland, auch in den Nachbarländern hat Daniel J. Goldhagens Buch für Aufsehen gesorgt, dies aber mit jeweils sehr eigenen Akzenten. Ein Blick über die Grenzen verspricht daher Aufschluß über andere Rezeptionsbedingungen und -weisen. Zur besseren Einordnung wird die öffentliche Wirkung des Bandes in diesen Ländern knapp in die jeweilige Kriegs- und Nachkriegsgeschichte eingebettet.

Die Niederlande

In den Niederlanden findet Goldhagens Band ein ähnlich großes Echo wie in Deutschland. Bis September 1997 wurden 33 000 Exemplare der holländischen Übersetzung »Hitlers Gewillige Beulen«[1] in den Niederlanden und im flämischen Teil Belgiens verkauft. Diese Ausgabe erschien bereits im Mai 1996, noch vor den deutschen, französischen und italienischen Versionen. Monatelang rangierte der Band auf den vorderen Plätzen der Bestsellerlisten. Mit ähnlichen Vorschußlorbeeren des Verlages versehen wie in Deutschland und den USA, zielten die Werbestrategen auf ein breites Publikum. Standardwerke über den Holocaust wie Raul Hilbergs »Die Vernichtung der europäischen Juden«[2] fanden dagegen in Holland bislang weder einen Übersetzer noch einen Verlag. Wissenschaftler und der kleine Kreis eines historisch interessierten Publikums haben wohl die englisch- oder deutschsprachigen Publikationen zum Holocaust gelesen, Goldhagens Thesen dagegen versprachen Erfolg bei einem breiten Leserkreis. Insbesondere die vehemente Diskussion in Deutschland seit April 1996, die fast gleichzeitig mit dem Erscheinen der niederländischen Übersetzung anhob, hat das Kaufinteresse gesteigert. Niederländische und belgische Rezensionen kritisierten eine antideutsche Tendenz in Goldhagens Publikation und wiesen darauf hin, daß solche Stereotypen auf breitere Zustimmung in Teilen der belgischen und insbesondere der niederländischen Öffentlichkeit treffen würden, weil dort die Meinung vorherrsche, die Deutschen setzten sich nicht mit ihrer Vergangenheit auseinander.[3] Derartige Vowürfe gehen in den Niederlanden einher mit der noch sehr präsenten Erinnerung der Niederländer an die deutsche Besatzung, die unter der zivilen Leitung des Reichskommissars Arthur Seyss-Inquart noch mehr zu leiden hatten als Frankreich und Belgien unter den jeweiligen Militärverwaltungen.[4] Im Gegensatz zur vorherrschenden Meinung in der Öffentlichkeit weisen die niederländischen Fachrezensenten des Goldhagen-Werkes immer wieder auf die bundesrepublikanische Auseinandersetzung mit der NS-Geschichte in den letzten 50 Jahren hin.

Die niederländischen Journalisten beschäftigen sich in ihren Beiträgen weniger mit dem Inhalt des Goldhagen-Bandes als vielmehr mit dessen Wirkung in Deutschland. Im Gegensatz zu den aufgeregten Reaktionen in der amerikanischen und deutschen Presse sind niederländische Kommentatoren eher um einen sachlichen Ton bemüht.[5] Inhaltlich entspricht die Kritik der niederländischen Historiker jener der amerikanischen, deutschen und israelischen: Sie hielten Goldhagens Thesen größtenteils für empirisch nicht fundiert und erkannten einen Rückfall hinter den aktuellen Forschungsstand; insbesondere wurde moniert, sein monokausaler Erklärungsversuch des Genozids führe in eine Sackgasse.[6] Der belgische Politologe George Verbeeck, Spezialist für Faschismustheorie und Nationalsozialismus, zeigte sich in der belgischen Zeitschrift »De Standaard« überrascht über die Medienaufmerksamkeit und die aufgeregte Öffentlichkeit, die einer Publikation gezollt werde, die »offene Türen einrennt«, jahrzehntelange historische und politische Debatten negiere und keineswegs einen zweiten »Historikerstreit« wert sei.[7] Ähnliche Aussagen finden sich auch in zahlreichen niederländischen Zeitungen; zentraler Kritikpunkt bleibt dort die Kollektivschuldthese, die Goldhagen zwar selbst in Abrede gestellt habe und die sich zugleich durch ständiges, undifferenziertes Wiederholen des Begriffs »die Deutschen« dennoch aufdränge.

Trotz aller negativen Kritik[8] der Historiker und verhaltener Reaktionen der niederländischen Presse konnte Goldhagen auch in den Niederlanden einen beeindruckenden Verkaufserfolg verbuchen. Der Historiker H. W. von der Dunk, emeritierter Professor der Universität Utrecht und bedeutendster Zeitgeschichtler Hollands, der neben seinem Buch »Die Shoah in unserem Geschichtsbild«[9] weitere Arbeiten zum Umgang mit der Vergangenheit vorgelegt hat, brachte es auf den Punkt: »Bemerkenswert ist nicht das Buch, sondern die Aufregung, die es erzeugt hat.«[10] Ebenso kritisch äußerte sich von der Dunk auch in der einzigen niederländischen öffentlichen Diskussionsveranstaltung mit Goldhagen, die am 30. September 1996 im Theater De Balie in Amsterdam stattgefunden hat.[11]

Didier Pollefeyt und G. Jan Colijn haben den »fragwürdigen Erfolg von Goldhagen in den Niederlanden« untersucht und kamen zu einem Ergebnis, das sich auf viele Länder beziehen ließe und in der internationalen Kritik immer wieder thematisiert wurde. Sie führen den Erfolg auf die monokausalen Erklärungen, den Verweis auf einen typisch deutschen Antisemitismus, die Annahme einer deutschen Kollektivschuld und die Dämonisierung der Täter sowie auf die Faszination des Themas überhaupt zurück.[12]

Danach wäre freilich auch zu erwarten, daß Goldhagens Publikation in allen Ländern Verkaufserfolge feiern müßte, was aber, wenigstens in diesem Ausmaß, weder auf Frankreich noch auf Italien zutrifft.

Skepsis über den Grad der »Vergangenheitsbewältigung« in Deutschland, den demokratischen Wandel der deutschen Gesellschaft und die mögliche Anfälligkeit für nationalistische Parolen bestimmen die Haltung der amerikanischen, aber auch der niederländischen Öffentlichkeit gegenüber Deutschland. Eine monokausale Erklärung des Genozids, die sich auf eine antisemitische Disposition der Deutschen reduziert, damit gleichzeitig den Kollektivschuldgedanken wieder in den Mittelpunkt rückt und die längst überholt geglaubte Sonderwegsdiskussion wiederaufleben läßt, entspricht einem in den USA, aber auch in den Niederlanden weit verbreiteten Negativ-Bild der Deutschen. Genau diese Ängste bedient Goldhagens »Willige Vollstrecker«. Von der Dunk faßt dies für die Niederlande zusammen: »Die Tendenz, den großen Nachbarn noch heute als den Plünderer der Jahre 1940 bis 1945 zu sehen, scheint nicht verschwunden zu sein ... Die Okkupationszeit ist noch immer überaus präsent in unserer Kultur.« [13] Der Historiker weist darüber hinaus darauf hin, daß Goldhagen eine gewisse holländische Selbstgerechtigkeit bediene: Deutschland werde als »Kontrast-Nation« gesehen, die der Illusion des »guten« Holländers während des Zweiten Weltkriegs gegenübersteht. Den Fokus auf diese Seite der Geschichte zu richten, eröffne gleichzeitig die Möglichkeit, die in den letzten Jahren begonnene Auseinandersetzung mit der Kollaboration während der NS-Zeit, aber auch mit dem Verhalten der niederländischen Kolonialmacht in Indonesien, aus dem Blickfeld rücken zu können. Das Böse erhalte den Stempel »Made in Germany«. Aktualitätsbezug hat Goldhagens Untersuchung insofern, als das Erscheinen des Bandes in eine Zeit fällt, in der sich in den Niederlanden Befürchtungen bezüglich einer deutschen Wirtschaftsgroßmacht breitmachen. Zudem stoßen die durch die Bundesregierung forcierte europäische Währungsunion und die starke deutsche Position innerhalb der EU in den Niederlanden auf starke Ablehnung.

Italien

In Italien führten die Erfahrungen des Zweiten Weltkriegs kaum zu antideutschen Ressentiments. Selbst während der letzten Kriegsphase haben oppositionelle Kräfte in Italien, die später die italienische Politik bestimmen sollten, keine prinzipiellen Ressentiments gegen Deutschland gehegt. Wichtige Persönlichkeiten des kommunistischen und sozialdemokratischen Widerstands, die als politische Gefangene auf der Verbannungsinsel Ventotene inhaftiert waren und später eine führende Rolle in der Europabewegung spielten, haben in mehreren Erklärungen bereits in den Jahren 1941 bis 1943 [14] Deutschland eine zentrale Rolle in einem neuen föderativen Europa zugestanden. [15] Nach Kriegsende bestimmte insbesondere die Bewunderung der deutschen Wirtschaft das Deutschland-Bild der Italiener. Deutschland wurde nicht nur zum wichtigsten Handelspartner; viele Italiener fanden dort auch einen Arbeitsplatz. Die pauschalisierende, negative Darstellung »der Deutschen«, die das Buch von Goldhagen bestimmt, kann deshalb in Italien auf keinen fruchtbaren Boden fallen. Der Kritiker des »Corriere della sera«, Franco Ferraresi, wundert sich denn auch über das große Publikumsinteresse in Deutschland, wo das Buch doch »eine harte Attacke gegen das deutsche Volk als ganzes« sei. [16] Die Turiner Tageszeitung »La Stampa« kritisiert »die Besessenheit« Goldhagens, »die völlige Einmütigkeit der Deutschen nachzuweisen«. [17]

Die mit Hilfe des NS-Regimes im September 1943 ins Leben gerufene Italienische Sozialistische Republik [18] von Salò mit italienisch-deutscher Mischverwaltung wurde von den Italienern als faschistisches Konstrukt verstanden; deshalb waren weniger die Deutschen als vielmehr die Faschisten Ziel des Partisanenkampfes, der zuweilen bürgerkriegsähnliche Formen annahm. [19] Nach Kriegsende wurde mit den Faschisten abgerechnet [20], und es entstand ein Staat, der sich als Erbe des antifaschistischen Kampfes verstand und die Italiener in die Illusion versetzte, mit dem Kapitel Mussolini, aber auch mit dem der Kollaboration abgeschlossen zu haben. Wie der Münchner Historiker Hans Woller bemerkt: »Italien hat sich ... einer Roßkur unterworfen, danach für geheilt erklärt und jede Form einer Nachbehandlung kategorisch abgelehnt.«[21]

Der deutschen Besatzungspolitik folgte in Italien nach dem Kriegsende keine dauernde antideutsche Haltung. Eine Rolle mag hierbei die Tatsache gespielt haben, daß beide Länder lange Zeit Verbündete waren, der negative Ausgang des Krieges Mussolini angelastet wurde, die deutsche Besatzung von vergleichsweise kurzer Dauer war und der Terror der deutschen Besatzer in der italienischen Öffentlichkeit in erster Linie der SS und Himmlers Vertretern in Italien[22] angelastet wurde. Die Verschleppung italienischer Militärangehöriger in deutsche Zwangsarbeiterlager und deren unsagbar schlechte Behandlung sowie die Verbrechen der Wehrmacht an der italienischen Zivilbevölkerung[23] wurden nach Kriegsende ebenso tabuisiert, wie die Beschäftigung mit der faschistischen Diktatur geradezu als unmoralisch galt.

Nicht nur in der breiten Öffentlichkeit, sondern auch wissenschaftlich war der Holocaust kein Thema in der italienischen Gesellschaft. Später zeigte sich, daß der Mythos der Resistenza und des Antifaschismus, der den italienischen Staat seit 1945 bis in die neunziger Jahre geprägt hat und die Geschichte des Faschismus auch in Fachkreisen nur als Randthema aufscheinen ließ, nur Einbildung war. Eine Diskussion darüber begann mit dem Erscheinen der mehrbändigen Mussolini-Biographie (1965 – 1997) des römischen Zeithistorikers Renzo de Felice. Die damit einhergehende Historisierung und Trivialisierung des Faschismus führte dazu, daß bei einer Umfrage der italienischen Zeitschrift »L'Espresso« im Januar 1988 immerhin 31 Prozent der Befragten die faschistische Epoche als teilweise bzw. ganz positiv einstuften und 56 Prozent eine besondere Gesetzgebung gegen den Faschismus nicht mehr für gerechtfertigt hielten.[24]

Das Thema der Kollaboration, vor allem während der »Repubblica Sociale Italiana« von Salò, beschäftigt die italienische Historikerzunft erst in den letzten Jahren. Systematische Untersuchungen liegen noch nicht vor. Jüngste Umfragen bei Schülern und Studenten vermitteln ein äußerst bedenkliches Bild. Wie die Geliebte Mussolinis – Claretta Petacci – hieß, wissen über 50 Prozent, aber zwei Drittel der 20jährigen können nicht Anfang und

Ende der faschistischen Dikatur angeben. Eine weitere Ursache für die mangelnde Beschäftigung mit der Thematik liegt wohl auch darin, daß eigene Verstrickungen bisher nicht thematisiert und damit verdrängt wurden. Hier offenbart sich der Mythos von der Schuldlosigkeit der Italiener, an dem Politik und Diplomatie schon in der letzten Kriegsphase gestrickt haben.[25]

Ist das Wissen über die faschistische Epoche sehr gering, so kommt hinzu, daß Goldhagens zentrale These vom »eliminatorischen Antisemitismus« in Italien wenig Interesse weckt. Antisemitische Vorurteile sind in diesem Land nicht konsensfähig, sie haben keine Tradition. Antisemitische Gesetze und Verfolgungen seit 1938 waren eher ein Zugeständnis an das NS-Regime, als daß sie aus ideologischen Gründen erfolgten. Einer Auslieferung der in Italien lebenden Juden wurde trotz massiven Drucks von seiten des NS-Regimes nicht stattgegeben. Die Bereitschaft der Italiener, Juden zu helfen, war groß, das galt ebenso für diejenigen Juden, die in den italienisch besetzten Gebieten Griechenlands, Jugoslawiens und Frankreichs lebten. Erst als ab September 1943 diese Teile in deutsche Hände fielen und Norditalien besetzt wurde, rollten die Deportationszüge. Allerdings hätten Organisation und Durchführung ohne Beteiligung der Italiener nicht funktionieren können, italienische Ordnungskräfte stellten Listen zusammen und nahmen Verhaftungen vor. Unbestritten ist außerdem der Einfluß antisemitischer Theoretiker auf die Republik von Salò und die Verschärfung der politischen Linie der Marionettenregierung Mussolinis ab September 1943. Das ambivalente Verhalten der Italiener, hier Hilfe für Juden, dort Kollaboration, ist in der italienischen Zeitgeschichtsforschung erst in den neunziger Jahren thematisiert worden, insbesondere durch Arbeiten, die im »Centro di Documentazione Ebraica Contemporanea« in Mailand entstanden sind.[26]

Eine weitere Erklärung für die eher verhaltene italienische Resonanz auf Goldhagens monokausale These mit ihrer Fokussierung auf den Antisemitismus ergibt sich aus dem bereits für die letzte Kriegsphase zu beobachtenden Mangel an Differenzierung unter den Verfolgtengruppen. Sie wurden unter einer Kategorie subsumiert und galten ohne Ansehen ihrer Vorgeschichte als »politische Deportierte«, wurden also alle für den antifaschistischen Widerstand vereinnahmt. Auch Juden fielen darunter; damit ging in der Retrospektive und im Rahmen der Erinnerungsarbeit die Einzigartigkeit der Judenverfolgung verloren. Ohne Zweifel spielt in der fehlenden Wahrnehmung der Juden als eigene Verfolgtengruppe auch die Tatsache eine zentrale Rolle, daß der Grad der Assimilierung der italienischen Juden bei weitem denjenigen in Deutschland übertraf; sie wurden als Italiener wahrgenommen, nicht als Juden.

Obwohl Zeitzeugenberichte wie jene von Primo Levi oder die Arbeiten von Renzo de Felice die Öffentlichkeit erreicht haben und viele einschlägige Arbeiten zum Holocaust in Übersetzung vorliegen[27], also das Interesse für dieses Thema wächst, hat der Goldhagen-Band nur verhaltene Aufnahme gefunden. Im Vergleich zu den Niederlanden mit 33000 verkauften Exemplaren bei einer Bevölkerung von nur 14,9 Millionen ist der Verkaufserfolg von ca. 35000 Exemplaren der italienischen Übersetzung »I volonterosi carnefici di Hitler. I tedeschi comuni e l'olocausto« (Mondadori, Milano) bei einer Bevölkerung von über 57 Millionen Einwohnern gering, insbesondere wenn man bedenkt, daß das Buch gerade im Januar 1997 erschien, als gleich mehrere Ereignisse die Italiener wieder mit der Vergangenheit konfrontierten: die Anklage gegen den ehemaligen SS-Hauptsturmführer Erich Priebke wegen dessen Beteiligung an dem Massaker in den Fosse Ardeatine 1944, die TV-Ereignisse »Memoria«, »Schindlers Liste«, die Uraufführung der Francesco Rosi-Verfilmung des Buches von Primo Levi »La tregua« (Atempause)[28] und Primo Levis zehnter Todestag am 11. April 1997.

Seit seiner Entlarvung in Argentinien 1994 und der folgenden Auslieferung nach Italien sorgte der Fall Priebke immer wieder für Schlagzeilen und führte den Italienern eine längst vergangen geglaubte Zeit wieder vor Augen. Sein Freispruch (schuldig, aber straffrei) vor einem italienischen Militärgericht im August 1996 hatte nicht nur in Italien quer durch alle Parteien, sondern weltweit Empörung ausgelöst.[29] Der im Oktober 1996 erfolgte Beschluß, den Prozeß gegen Priebke neu aufzurollen, wurde in Italien überwiegend positiv kommentiert.[30] Die Vorsitzende der jüdischen Gemeinde Italiens, Tullia Zevi, stellte im Dezember 1996 fest[31], der Fall Priebke habe dazu beigetragen, die Erinnerung an den Holocaust wieder wachzurufen. Walter Leszl, der ein Buch zum Fall Priebke (Priebke – Anatomia di un processo) veröffentlicht hat, stellt allerdings fest, die Öffentlichkeit habe wieder einmal im dogmatischen Rechts-Links-Schema reagiert und den Prozeß eher als störend empfunden. Am Ende habe die Reduzierung der Schuld auf einen alten Mann gestanden, was gleichzeitig hieß, die Vergangenheit dem »Vorbei – Vergessen« anheimfallen zu lassen.[32] In diese Kategorie fällt auch die Eröffnung der Leni Riefenstahl-Ausstellung in Rom, zeitgleich mit der Wiederaufnahme des Verfahrens gegen Priebke im April 1997[33], und das in der gleichen Woche dem Wochenmagazin »L'Espresso« beigelegte Video des Riefenstahl Films »Triumph des Willens«, der den NSDAP-Reichsparteitag in Nürnberg von 1934 glorifiziert.[34]

Die Erinnerung wachzurufen, war hingegen die Absicht des am 16. April 1997 zur besten Sendezeit im Fernsehsender Raidue ausgestrahlten Films »Memoria«, der von fünf Millionen Zuschauern gesehen und auf den Berliner Filmfestspielen im Februar 1997 uraufgeführt worden war. Die Kritik stufte diese filmisch aufbereiteten 93 Erlebnisberichte italienischer Auschwitz-Überlebender als ebenso »beeindruckend wie den Holocaust-Film« und »intensiv wie Schindlers Liste« ein.[35] Findet Goldhagen in den deutschen Medien fast schon zwanghaft bei jeder Gelegenheit Erwähnung, ist dies, wie die Pressereaktion etwa auf »Memoria« zeigt, in Italien nicht der Fall. »Memoria« wurde nur wenige Wochen nach Erscheinen der italienischen Übersetzung Goldhagens ausgestrahlt, aber die Presse verwies nicht auf die thematische Nähe. Als am 5. Mai 1997 »Schindlers Liste« im Fernsehsender Raiuno im Rahmen einer ganztägigen Beschäftigung mit dem Thema Judenverfolgung ausgestrahlt wurde, lag die Einschaltquote bei 50 Prozent und der »Corriere della sera«[36] titelte »Olocausto in tv: tutti vogliono sapere« (Holocaust im Fernsehen: alle wollen wissen); der Hinweis auf Goldhagens Buch fällt auch hier nicht.

Nachdem die italienische Presse bei Erscheinen der deutschen Goldhagen-Ausgabe im August 1996 auf den Inhalt eingegangen war und insbesondere die Reaktionen in Deutschland thematisiert hatte[37], erhielt die italienische Ausgabe im Februar/März 1997 nochmals einige Aufmerksamkeit, danach ebbte das Interesse ab.[38]

Die konzentrierte Beschäftigung mit dem Thema Judenverfolgung im Mai 1997 in den Fernsehanstalten hat gezeigt, welches Interesse in der italienischen Bevölkerung plötzlich erwacht ist. Goldhagen aber kann offensichtlich auf dieser Welle nur begrenzt mitschwimmen. Kurz nach Erscheinen führte die italienische Übersetzung des Goldhagen-Buches die Sachbücher-Bestsellerliste des »Corriere della sera« an, einen Monat später ist es auf Platz vier zurückgefallen und im Frühsommer 1997 aus der Aufstellung verschwunden.[39] Der vom italienischen Verlag Mondadori in der groß aufgemachten Internet-Werbung für Goldhagens Band erwähnte »wirklich nationale Schock«[40], den das Buch in Deutschland ausgelöst habe, findet in Italien keine Entsprechung.

Frankreich

In Frankreich, dessen antideutsche Haltung seit dem deutsch-französischen Krieg 1870/71 über den Ersten Weltkrieg bis zur NS-Zeit immer neue Nahrung erhielt, hat sich in den letzten zwanzig Jahren die Einstellung stark verändert. Die enge politische Zusammenarbeit auf bilateraler Ebene, insbesondere das Zweigestirn in der EU und im Rahmen der Währungsunion, hat Deutschland zu einem gleichberechtigten Partner und engen Verbündeten auf internationalem Parkett werden lassen. Das wiederum hatte einen erheblichen Einfluß auf die öffentliche Meinung Frankreichs.

Goldhagens Buch erschien zu einem Zeitpunkt, als sich die öffentliche Diskussion um die Verstrickung Frankreichs in Grundstückskäufe und um den Kunstraub während des Dritten Reiches drehte und auch die französischen Banken angeklagt wurden, das Vermögen jüdischer Holocaust-Opfer stillschweigend kassiert zu haben, anstatt es an die Staatskasse abzuführen.[41] So mußte sich die Stadt Paris etwa fragen lassen, warum sie während der NS-Zeit gekaufte jüdische Grundstücke nach dem Krieg nur minimal entschädigt hatte und warum sie noch immer im Besitz der Stadt sind. Im April 1997 wurden in zwei Pariser Museen und in Versailles sowie in Sèvres Ausstellungen mit 2000 Kunstwerken eröffnet, die als deutsches Beutegut nach dem Krieg an Frankreich zurückgegeben wurden. Die ehemals jüdischen Besitzer einiger dieser Kunstobjekte wurden bis heute nicht ermittelt. Kommissionen wurden eingesetzt, um Hintergründe zu erforschen und dieses Unrecht zu beheben. Forscher werden nicht mehr wie bisher von Behörden boykottiert. Auslöser des öffentlichen Interesses an der Thematisierung der Verbrechen des Vichy-Regimes war das Bekenntnis des ehemaligen Staatspräsidenten François Mitterand kurz vor seinem Tod, in das Vichy-Regime verstrickt gewesen zu sein, und schließlich die Erklärung seines Nachfolgers Jacques Chirac am 16. Juli 1995, der die Mitschuld der Franzosen und die Kollaboration an den Verbrechen gegen die Juden offiziell eingestand.[42] Die nationale Vergangenheit rückte stärker in den Vordergrund. Dem mag man entgegenhalten, daß sich in diesem Fall ein Buch wie das von Goldhagen, das die Schuldfrage eindeutig auf die Deutschen reduziert, angeboten hätte, um von eigenen Unzulänglichkeiten abzulenken. Die Offenbarungen Mitterands haben jedoch in Frankreich einen tiefen Schock verursacht und die Notwendigkeit deutlich gemacht, die eigenen Verstrickungen mit dem NS-Regime aufzuarbeiten. Die Aktualität der französischen Kollaboration und der Beteiligung des Vichy-Regimes an der Judenverfolgung wurden so eher zu einem Argument gegen Goldhagen, der in seinem monokausalen Erklärungsmuster die Schuldfrage auf »die Deutschen« konzentriert.

Ähnlich wie in Italien konnte sich die französische Übersetzung »Les bourreaux volontaire de Hitler. Les Allemands ordinaires et L'Holocauste«, die im Januar 1997 bei Éditions du Seuil erschien, nur kurz in den Bestsellerlisten halten und rangierte dort – schlechter noch als in Italien – nur in den unteren Rängen. Trotz massiver Werbung konnte Goldhagen mit dem Erfolg seines Buches in Frankreich nicht sonderlich zufrieden sein. Genaue Verkaufszahlen lassen sich nicht angeben, da der Verlag sich weigert, Informationen darüber zu veröffentlichen.[43] Schätzungen gehen von 35 000 bis 40 000 verkauften Exemplaren aus (bei einer Bevölkerung von 55,5 Millionen Einwohnern), wobei die tatsächliche

Zahl eher nach unten als nach oben tendieren dürfte. Die Vermutung liegt nahe, daß die Erwartungen des Verlags keineswegs erfüllt wurden, sonst würden die Verkaufszahlen kaum wie ein Staatsgeheimnis gehütet.

In der Pariser Sorbonne ließ man Goldhagen nicht auftreten, die einzige Podiumsdiskussion mit ihm am 23. Januar 1997 wurde in die am Stadtrand gelegene Cité Universitaire verlegt. Das Auditorium zeigte sich emotional, aber keineswegs so enthusiastisch, wie wir es aus Deutschland gewöhnt sind, und neigte eher der heftigen Kritik zu, wie sie durch die Diskutanten auf dem Podium vorgetragen wurde.[44] Die Stimmung entsprach den zurückhaltend-kritischen bis ablehnenden Rezensionen[45] der Fachleute und Journalisten, die sich in Zeitungen und Zeitschriften zu Wort gemeldet hatten. Goldhagen äußerte sich nach der Veranstaltung, es sei härter gewesen als in Deutschland[46], und es sei das erste Mal, daß er an einem »solch erregten Zusammentreffen« im Zusammenhang mit seinem Buch teilgenommen habe. »Was mich hier erstaunt hat, ist, daß die meisten Menschen nicht zum Debattieren gekommen sind, sondern um ihre vorgefaßte Meinung von sich zu geben«.[47] Einzig »L'Humanité«, die Zeitung der Französischen Kommunistischen Partei, unterstützte Goldhagens These vom »eliminatorischen Antisemitismus« vorbehaltlos.[48]

Nach der Abrechnung mit den Hauptverantwortlichen der Kollaboration war in Frankreich ebenso wie in Italien die Geschichte in Vergessenheit geraten. Die französische Regierung unter de Gaulle, die sich aus dem französischen Widerstand rekrutierte, glaubte mit der Vergangenheit abgeschlossen zu haben und berief sich auf ihren antifaschistischen Grundkonsens. Auch hier wurde nicht zwischen den einzelnen Opfergruppen unterschieden; alle wurden unter dem Begriff der »Deportierten« subsumiert. Die französische Geschichtsschreibung hat bis auf ganz wenige Ausnahmen keinen wesentlichen Beitrag zur internationalen Forschung über das Dritte Reich bzw. den Holocaust geleistet. Die zahlreiche, international erschienene Literatur zum Thema wurde in Frankreich kaum wahrgenommen. Als einziges Institut machte das »Centre de documentation juive contemporaine« in Paris, das bereits 1943 im Widerstand gegründet worden war, die Rassenideologie und die Singularität von Auschwitz zum Mittelpunkt seiner Forschung und Öffentlichkeitsarbeit. Insgesamt ist also davon auszugehen, daß hier ein weißer Fleck in der französischen Geschichtswahrnehmung geblieben ist. Ersetzt wurde diese durch eine Auseinandersetzung der französischen Intellektuellen über die verschiedenen Deutungen von Auschwitz, und unter diesen Vorzeichen ist Goldhagens Buch in diesen Kreisen im Sinne einer diskussionswürdigen These eher positiv aufgenommen worden.[49]

Der Schweizer Historiker und Verfasser eines wichtigen – zuerst in französisch erschienenen – Werkes zum Genozid, Philippe Burrin, attackiert den Band von Goldhagen in der Zeitschrift »L'Histoire« (Januar 1997) heftig. Goldhagen habe aus dem deutschen Volk »un peuple ›judeocide‹« gemacht; sein Werk sei eine »polemische Schlußfolgerung, die die langjährige Forschungsarbeit über den deutschen Antisemitismus im besonderen und jenen europäischen im allgemeinen ignoriert«.[50] Der Verfasser des Standardwerks über die Verarbeitung von Vichy im Nachkriegsfrankreich und Leiter des »Institut d'Histoire du Temps présent«, Henry Rousso, bezeichnete das Buch im »L'Express« als »leidenschaftlich und konfus, von einer Arroganz, die an Selbstgefälligkeit grenzt«.[51]

Weder in Italien noch in Frankreich wurde das publikumswirksamste Medium Fernsehen mobilisiert. Übertragungen der Diskussionsveranstaltungen fanden nicht statt – ein weiteres Indiz dafür, daß die öffentliche Resonanz hier in keinem Vergleich zu jener in den USA, in Deutschland und den Niederlanden steht. Bei aller verhaltener Reaktion in Frankreich und Italien sind die Verkaufszahlen mit über 30000 Stück für ein historisches Buch dennoch beachtlich, sie reichen aber bei weitem nicht an jene in den USA, in Deutschland und den Niederlanden heran. Es zeigt sich, daß der Umgang mit der eigenen Verstrickung in die nationalsozialistischen Verbrechen, der in den jeweiligen Ländern durchaus ähnliche Defizite aufweist, keineswegs auch zu einem parallelen Kaufverhalten geführt hat. Die unterschiedliche Resonanz auf Goldhagens Buch hängt offensichtlich vielmehr von der länderspezifischen Haltung gegenüber

Deutschland ab, dies nicht nur im historischen Kontext, sondern auch in Hinblick auf die aktuellen politischen Beziehungen zur Bundesrepublik.

1 Aus dem Amerikanischen von J. Bos u. a., Antwerpen / Amsterdam 1996 (Verlag: Standaard Uitgeverij Nan Reemst). Der im amerikanischen Original verwendete Untertitel »Ordinary Germans and the Holocaust« wurde für die niederländische Übersetzung nicht verwendet.

2 Raul Hilberg, The Destruction of the European Jews, 3 Bde., New York / London 1985; dt. Ausgabe: ders., Die Vernichtung der europäischen Juden, 3 Bde., Frankfurt am Main 1990.

3 Didier Pollefeyt / G. Jan Colijn, Leaving Evil in Germany: The Questionable Success of Goldhagen in the Low Countries, in: Franklin H. Littell (Hrsg.), Hyping the Holocaust, Philadelphia 1997, S. 4 f.

4 Vgl. Bruno de Wever, Benelux-Staaten: Integration und Opposition, in: Wolfgang Benz, Johannes Houwink ten Cate, Gerhard Otto (Hrsg.), Anpassung, Kollaboration, Widerstand. Kollektive Reaktionen auf die Okkupation, Berlin 1996, S. 81 f. In Belgien gelang es Himmler erst 1944, einen Höheren SS- und Polizeiführer zu etablieren.

5 Pollefeyt / Colijn, Leaving Evil (wie Anm. 3), S. 5.

6 Vgl. ebenda, S. 6 ff.

7 George Verbeeck, Controversiele benadering. Goldhagen koppelt holocaust los van Duitse Europese geschiedenis, in: De Standaard 6 (1996), S. 3 f., zit. nach: Pollefeyt / Colijn, Leaving Evil (wie Anm. 3), S. 5 f.

8 Eine der wenigen positiven Besprechungen hat der Leidener Wissenschaftstheoretiker Peer Vries, der als Theoretiker einen guten Ruf besitzt, verfaßt, vgl. Historisch Nieuwsblad, 19. 9. 1996; Tijdschrift voor Sociale geschiedenis 4 (1996), S. 470−480.

9 H.W. von der Dunk, Vorbij de verboden drempel. De Shoah in ons geschiedbeeld, Amsterdam 1991.

10 H.W. von der Dunk, De ophef over »Goldhagen« slaat nergens op, in: Handelsblad Opinie, 27. 7. 1996, zit. nach Pollefeyt / Colijn, Leaving Evil (wie Anm. 3), S. 12.

11 Vgl. den Bericht darüber in der Internetzeitung Groeniek, 22. 4. 1997: Luuk van Middelaar, Debat over de Holocaust. De Goldhagen-discussie in De Balie in historiografisch perspectief.

12 Pollefeyt / Colijn, Leaving Evil (wie Anm. 3), S. 13.

13 Von der Dunk, De ophef, zit. nach Pollefeyt / Colijn, S. 14 f.

14 Il manifesto di Ventotene; Manifesto del Movimento Federalista Europeo. Vgl. Altiero Spinelli / Ernesto Rossi, Il manifesto di Ventotene, Bologna 1991. Zur Geschichte der Europabewegung vgl. Klaus Voigt, Ideas of the Italian Resistance on the Postwar Order in Europe, in: Documents on the History of European Integration, Bd. 1: Continental Plans of European Union 1939−1945, Berlin / New York 1985.

15 Ebenda, S. 478; vgl. auch: Luigi Vittorio Ferraris, Die Bundesrepublik Deutschland von Rom aus gesehen. Eine moderne europäische Demokratie, in: Wolfgang Benz / Detlev Moos (Hrsg.), Das Grundgesetz und die Bundesrepublik Deutschland. Bilder und Texte zum Jubiläum 1949 / 1989, München 1989, S. 88 ff.

16 Vgl. Corriere della sera, 10. 2. 1997.

17 Vgl. La Stampa, 25. 1. 1997, zit. nach Jens Petersen, Holokaust (sic!) und Goldhagen. Debatte in Italien, Quellen und Forschungen aus italienischen Archiven und Bibliotheken, 1997. Von Jens Petersen freundlicherweise vor Abdruck zur Verfügung gestellt.

18 Vgl. Lutz Klinkhammer, Zwischen Bündnis und Besatzung. Das nationalsozialistische Deutschland und die Republik von Salò 1943–1945, Tübingen 1993.

19 Vgl. Enzo Collotti, Italien: der besetzte Verbündete, in: Benz / Houwink ten Cate / Otto, Anpassung (wie Anm. 4), S. 239.

20 Vgl. Hans Woller, Die Abrechnung mit dem Faschismus in Italien 1943 bis 1948, München 1996.

21 Ebenda, S. 405.

22 Friedrich Andrae, Auch gegen Frauen und Kinder. Der Krieg der deutschen Wehrmacht gegen die Zivilbevölkerung in Italien 1943–1945, München / Zürich 1995, S. 247.

23 Vgl. Gerhard Schreiber, Deutsche Kriegsverbrechen in Italien. Täter, Opfer, Strafverfolgung, München 1996; Andrae, Auch gegen Frauen (wie Anm. 22).

24 Vgl. Jens Petersen, Freiheit und Tyrannei. Italien befragt seine Vergangenheit, in: Frankfurter Allgemeine Zeitung, 18. 5. 1988.

25 Anna Bravo, Der Umgang mit der Shoah in Italien, in: Rolf Steininger, Der Umgang mit dem Holocaust. Europa–USA–Israel, Wien etc. 1994, S. 347.

26 Vgl. Liliana Picciotto Fargion, Il libro della Memoria. Gli ebrei deportati dall'Italia (1943–1945), Milano 1991; dies., Italien, in: Wolfgang Benz (Hrsg.), Dimension des Völkermords. Die Zahl der Opfer des Nationalsozialismus, München 1991 (1996), S. 199–227; dies., Per ignota destinazione. Gli ebrei sotto il nazismo, Milano 1994.

27 Raul Hilberg, La distruzione degli ebrei in Italia, Torino 1995; Wolfgang Sofsky, L'ordine del terrore: il campo di concentramento, Bari / Roma 1995; Christopher R. Browning, Uomini comuni. I poliziotti riservisti del Battaglione 101 la soluzione finale in Polonia, Torino 1995; Philippe Burrin, Hitler e gli ebrei. Genesi di un genocidio, Genova 1994; Arno Mayer, Soluzione finale, Milano 1990.

28 Am 4. 5. 1997 widmete »Tv7« ein »Special« der Verfilmung des Primo Levi–Romans »La tregua«, der auf den Filmfestspielen in Cannes im Wettbewerb lief.

29 Vgl. u. a. Frankfurter Allgemeine Zeitung, 3. 8. 1996, 24. 8. 1996, 12. 9. 1996; Der Tagesspiegel, 3. 8. 1996; Frankfurter Rundschau, 3. 8. 1996; Süddeutsche Zeitung, 17. 10. 1996.

30 Inzwischen sind auch Publikationen zum Fall Priebke erschienen; vgl. Hinweise in Süddeutsche Zeitung, 14. 4. 1997, zu: Mary Pace, Dietro Priebke sowie Walter Leszl, Priebke – Anatomia di un processo.

31 Corriere della sera, 30. 12. 1996.

32 Zit. nach Süddeutsche Zeitung, 14. 4. 1997.

33 Süddeutsche Zeitung, 14. 4. 1997, 15. 4. 1997. Priebke wurde am 22. 7. 1997 von einem italienischen Militärgericht zu 15 Jahren Freiheitsstrafe verurteilt; Süddeutsche Zeitung, 23. 7. 1997; Corriere della sera, 23. 7. 1997.

34 Süddeutsche Zeitung, 14. 4. 1997.

35 Corriere della sera, 16. 4. 1997.

36 Corriere della sera, 5. 5. 1997.

37 Vgl. diverse Artikel im Corriere della sera, u. a. eine ganze Seite in der Ausgabe vom 13. 8. 1996 über die laufende Debatte in Deutschland.

38 Die italienische Nachrichtenagentur ANSA meldete am 21. 1. 1997 den Besuch Goldhagens im Verlag Mondadori, der zu einem Round-table-Gespräch eingeladen hatte. Dort traf der Autor auf die Historiker und Deutschlandexperten Lucio Caracciolo und Angelo Bolaffi sowie die Publizistin Miriam Mafai und den Kammerpräsidenten Luciano Violante. Sie wiederholten die an Goldhagen geäußerte Kritik, insbesondere wiesen sie auf den psychologischen Einfluß der Propaganda und die Macht des Totalitarismus hin, die bei der Bewertung des deutschen Verhaltens während der NS-Zeit zu berücksichtigen seien. Goldhagen verteidigte sich, indem er nochmals betonte, er habe keinen Kollektivschuldgedanken impliziert. Außer verschiedenen Berichten über die Reaktionen auf Goldhagens Buch in Deutschland hat ANSA keine weiteren Meldungen zu diesem Thema veröffentlicht. Das Berliner Büro der ANSA bestätigte dies und wies nochmals darauf hin, daß der Band in Italien auf kein großes Interesse gestoßen sei.

39 Corriere della sera, 2. 2. 1997, 23. 3. 1997.

40 Internet-Page Mondadori, eingesehen am 7. 8. 1997.

41 Vgl. Berliner Zeitung, 4. 4. 1997.

42 Chirac gab die Erklärung anläßlich des 53. Jahrestages der Massenverhaftungen von Pariser Juden; vgl. Der Tagesspiegel, 8. 4. 1997.

43 Telefonische Auskunft beim Verlag: »Die Zahlen sind geheim und werden nicht veröffentlicht.« Vgl. auch den Hinweis in: Der Tagesspiegel, 8. 4. 1997: Über die verkauften Exemplare »schweigt sich Goldhagens französischer Verleger, Le Seuil, verschämt aus«.

44 Neue Zürcher Zeitung, 27. 1. 1997.

45 Vgl. Frankfurter Allgemeine Zeitung, 17. 2. 1997. Die wichtigsten Artikel erschienen in Le Monde, 26. 4. 1996, 17. 1. 1997 und 9./10. 2. 1997; Document 5 (1996); Le Débat 93 (1997); Libération, 26. 4. 1996, 30. 1. 1997 (eher positive Rezension und Interview mit Daniel Goldhagen von Annette Levy-Willard); Le Figaro, 16. 1. 1997; L'Express, 16. 1. 1997; Le Point, 25. 1. 1997; Critique, Mai 1997; Commentaire, März 1997; L'Histoire, Januar 1997; Les Temps Modernes 592 (1997), S. 19–37; Sens (Dossier »Goldhagen«) 5 (1997), S. 193–215; Le Monde Diplomatique, Juni 1997.

46 Neue Zürcher Zeitung, 27. 1. 1997.

47 Actualité Juive, 30. 1. 1997.

48 *Le Web de l'Humanité, 7. 4. 1997, eingesehen am 28. 7. 1997.*

49 *Manuskriptfassung eines Vortrages von Edouard Husson, gehalten im Institut für Zeitgeschichte, München, am 17. 3. 1997, die mir vom Autor freundlicherweise zur Verfügung gestellt wurde. Edouard Husson hat zum Thema Goldhagen neben einigen kritischen Artikeln in Zeitungen und Zeitschriften (Hitler, les Allemands et la Shoah. A propos d'un livre récent de Daniel J. Goldhagen, in: Revue d'Allemagne 1, 1997, S. 83–105) bereits ein Buch veröffentlicht: Une Caupabilité Ordinaire. Hitler, Les Allemands et la Shoah, Paris 1997. Husson gehörte auch dem Podium in der Diskussionsveranstaltung am 23. 1. 1997 an.*

50 *L'Histoire 206 (1997), S. 82; vgl. Philippe Burrin, Hitler und die Juden (frz. 1989), Frankfurt am Main 1993.*

51 *L'Express, 16. 1. 1997.*

Thomas Haury   **»Goldhagen gegen rechts**
verteidigen und von links kritisieren«
Die deutsche Linke in der Goldhagen-Debatte

»What's Left?« fragte 1993 doppeldeutig der Titel eines im »linken« Rotbuch-Verlag erschienenen Bändchens, und bezeichnenderweise entstammte der größte Teil der Beiträge einer Artikel-
folge der »bürgerlichen« [1] »Frankfurter Allgemeinen Zeitung«. Die
politischen Veränderungen von 1989 bewirkten eine Verunsicherung im linken Selbstbild und führten zu zahlreichen Neuorien-
tierungen innerhalb des linken Spektrums. Die »linken« Debatten
und Stellungnahmen zu Goldhagen und zur »bürgerlichen« Gold-
hagen-Kritik werden nur vor diesem Hintergrund verständlich.

Das einschneidendste Ereignis für die Bundesrepublik wie für
die BRD-Linke bildeten die Auflösung der DDR und die »Wiedervereinigung«. Letztere wurde von einem Teil der Linken, der sogenannten »antideutschen« Strömung, mit dem Argument abgelehnt, ein wiederentstehender deutscher Nationalstaat werde sich
infolge seiner Machtstellung in Europa sowie aufgrund der spezifischen Prägung des deutschen Nationalismus erneut zu einer
aggressiven Hegemonialmacht entwickeln. »Nie wieder Deutschland!« lautete 1990 die von Marlene Dietrich entlehnte Parole
einer bundesweiten »antinationalen Demonstration« gegen den
»Anschluß« der DDR.

Wiedervereinigung, eskalierende rassistische Gewalttaten sowie die neue »antideutsche« Strömung setzten eine andauernde innerlinke, kontrovers geführte Beschäftigung mit Nationalismus, Rassismus, Antisemitismus und der These vom »deutschen Sonderweg« in Gang. Goldhagens Buch traf also auf eine Linke, für die ein Teil der darin verhandelten Themen keineswegs neu war. Vor allem aber stießen die »bürgerlichen« Kritiken an Goldhagen auf ein linkes Spektrum, das seit 1989 ein feines Gespür für nationalistische Töne und Untertöne in den Schriften und Äußerungen der »bürgerlichen« Politiker und Publizisten entwickelt hatte.[2]

Die Linke und die »bürgerlichen« Goldhagen-Kritiker: »What makes them sick?«

Nach der durch den Vorabdruck in der »Zeit« einsetzenden Flut von Goldhagen-Kritiken in allen sogenannten bürgerlichen Publikationsorganen betätigten sich die meisten Linken erst einmal als Rezeptionsanalytiker und nahmen den »Feldzug«[3] gegen »Hitlers Willing Executioners« unter die Lupe. Aufgebracht hatte Rudolf Augstein im »Spiegel« Goldhagen als »Nichthistoriker« beziehungsweise »verhinderten Historiker« abgekanzelt, der Gehalt seines Buches sei »gleich Null«, seine Thesen jedoch »bösartig«, weswegen Augstein Goldhagen als »Scharfrichter« des deutschen Volkes titulierte.[4] Im Mai brachte wiederum »Der Spiegel« den Titel »Neuer Streit um die Kollektivschuld«, in dem Redakteur Fritjof Meyer sich bemühte nachzuweisen, wie gering der Antisemitismus und wie groß die Unwissenheit der Deutschen über die Judenvernichtung gewesen seien. Außerdem hätten sich »die Deutschen im Griff der Nazis, (der) braunen Brut«, befunden und sich »aus Ohnmacht ... dem Verderber Deutschlands«, Hitler, unterwerfen müssen. Goldhagen aber inszeniere »einen zweiten Nürnberger Prozeß, nun ›gegen ein ganzes Volk‹«.[5]

Selbst in der »tageszeitung« (taz) verriß am 13. 4. 1996 in flotter Schreibe die Filmredakteurin Mariam Niroumand Goldhagens Buch als eine bloße »Aneinanderreihung von Anekdoten«. Hier werde »das Fantasy-Arsenal der vierziger und fünfziger Jahre neu aufbereitet, eine Art ›Pulp Fiction‹ mit soziologischem Tarncode«. Es möge ja noch angehen, daß den Juden in den USA Goldhagens Buch als »Schutzschild gegen die antisemitische Verdächtigungsrhetorik von ... Louis Farrakhan oder auch als identitätsstiftend« anziehend erscheine; daß aber »Die Zeit« Goldhagens »Machwerk« derart herausstelle, sei nur zu erklären aus der in Deutschland üblichen, »zur Flagellanten-Geste verkommenen Selbstbezichtigungsrhetorik«: »Erst die Dämonisierung deutscher Innenansichten liefert das rechte Maß an Scham, Schicksalsmacht und Zerknirschtheit, das hier offenbar immer noch gebraucht wird.« [6]

»What makes them sick?« [7] fragten fast alle linken Zeitschriften: »Gemeinhin gerät die Kritik ja noch nicht ins Brüllen, bloß weil ein Buch schlecht, wissenschaftlich unhaltbar, in grundsätzlichen Ansichten falsch ist. Da muß ein Nerv getroffen worden sein.« [8] Mit seinen Thesen, so wurde analysiert, rüttle Goldhagen an zentralen Nachkriegslegenden, die auch die sozialliberale Geschichtsforschung teilweise mitgetragen habe. Erstens habe Goldhagen einen »semantischen Tabubruch« [9] begangen, indem er die Täter des Vernichtungsfeldzuges gegen die Juden ganz unbefangen und inhaltlich begründet als »Deutsche« benannte. Doch »daß daran erinnert wird, daß Deutsche Täter waren, scheint, in all seiner Selbstverständlichkeit, heute nicht mehr hinnehmbar«. [10] Zweitens habe die deutschen Kritiker aufgebracht, daß Goldhagen »mit dem distanzierten Blick eines Kulturanthropologen an die Deutschen wie an einen fremden Eingeborenenstamm heran(geht)« [11], immer wieder deren Andersheit betont und deren Verbrechen »bewußt emotional ... außerhalb nachvollziehbarer Handlungen stellt«. [12]

Drittens führe Goldhagen die Tatsache, daß die Vernichtung der Juden möglich wurde, auf einen von der überwiegenden Mehrheit der Deutschen geteilten »eliminatorischen Antisemitismus« zurück, der »den Juden« als den absoluten Feind phantasierte. Indem der Autor zeige, daß das Wissen um die Massenerschießungen im Osten in der deutschen Bevölkerung weit verbreitet war und der Mord an den Juden keineswegs nur von einer kleinen Verbrecher-Clique befürwortet, in Gang gesetzt und begangen worden sei, führe er vor Augen, »daß die Verbindung zwischen Regime und Volk, und zwar gerade in der Judenpolitik, enger gewesen ist, als es das deutsche Selbstbild nach 1945 zugelassen hat«.[13] Indem Goldhagen viertens schonungslos die blutigen Grausamkeiten der deutschen Exekutoren beschreibe, zeige er, daß die Vernichtung nicht nur von »aseptischen Schreibtischmördern vom Typus eines Adolf Eichmann«[14] realisiert wurde, sondern »ein Unternehmen (war), das von den Ausführenden eine hohe Bereitschaft zur Brutalität verlangte«.[15] Wenn z. B. Hans Mommsen diese Schilderungen als »Voyeurismus«, der »zu einer Verrohung der Kultur führt«[16], verurteile, bezeuge dies, so die Linke, vor allem die Abwehr der »real existierenden Verbrechen der eigenen Elterngeneration«.[17] Fünftens schließlich habe Goldhagen die Nachkriegslegende zerstört, die Deutschen seien bloße willenlose Befehlsempfänger gewesen oder hätten gar zum Morden gezwungen werden müssen. Er weise nach, daß die Teilnahme an Mordaktionen ohne ernsthafte Repressalien abgelehnt werden konnte, diese Möglichkeit aber kaum wahrgenommen wurde. Vielmehr meldeten sich die Täter zuhauf freiwillig und wurden aus eigenem Antrieb heraus initiativ. »Goldhagen hat ein Buch geschrieben über die Freiheit zu handeln oder zu unterlassen. Darin liegt seine Provokation.«[18]

Neues Nationalbewußtsein in der »Berliner Republik«

Die meisten jener sozialliberalen Historiker, die im »Historikerstreit« 1986 gegen Ernst Nolte Position bezogen hatten, gehörten 1996 zur »anderen Seite« der Goldhagen-Kritiker. Diese von der Linken als »Einheitsfront«[19] von »FAZ« bis »taz« rezipierte Kritik an Goldhagen wurde dadurch erklärt, daß sich seit der Wiedervereinigung keineswegs nur in konservativen Kreisen die Wunschvorstellung ausbreite, Deutschland möge »endlich eine ›normale Nation‹ mit einer ›normalen‹ Geschichte werden«.[20] Dazu bedürfe es aber zum einen eines zumindest »sanften Schlußstriches«[21] unter die NS-Vergangenheit und zum anderen einer identifikationsfähigen Nationalgeschichte, mittels derer sich das neu vereinigte Deutschland aus der Vergangenheit herleite und legitimiere. Doch gerade einmal »ein Jahr nach der Zelebrierung des 8. Mai als Tag der Versöhnung, gerade, als die deutsche Geschichte von 33–45 als entsorgt, erledigt, begriffen worden war«, habe Goldhagen diese »Freisprechung der Deutschen«[22] durchkreuzt. Indem er nach der Zustimmung der deutschen Bevölkerung und nach den mentalen Mustern der politischen Kultur lange vor 1933 frage, mache es Goldhagen gleichermaßen unmöglich, den Nationalsozialismus aus der deutschen Geschichte auszuklammern oder an vermeintlich unbefleckte vornazistische Kontinuitäten anzuknüpfen.

Zumindest das Feuilleton bot unbestreitbar Belegmaterial für derlei enttäuschte Schlußstrich-Hoffnungen. Geradezu in Reinform war dies bei Jost Nolte in der »Welt« nachzulesen, der seinen Artikel »Sisyphos ist Deutscher« mit der Klage schloß: »Mehr als ein halbes Jahrhundert nach Hitlers Tod und nach der Wende von 1989/90, die an den Ergebnissen des Zweiten Weltkriegs rüttelte, sah es endlich so aus, als habe die Geschichte die Deutschen vom Schicksal des Sisyphos erlöst. Goldhagen hat sich alle Mühe gegeben, sie in die Verdammnis zurückzustoßen.«[23]

Der Kern der gegen Goldhagen gerichteten Vorwürfe lautete, er wolle »nichts anderes als die Auferstehung einer wissenschaftsgeschichtlichen Leiche, die längst zu Staub zerfallen schien: die These von der Kollektivschuld aller Deutschen«.[24] Doch da Goldhagen den Kollektivschuld-Vorwurf nirgends erhebe, ja expressis verbis zurückweise, folgerte die Linke sogleich, daß derartige Unterstellungen einzig dem Zweck dienten, einen Pappkameraden aufzubauen, um ihn dann zu prügeln und so ein unschuldiges »deutsches Volk« über die Zeit des Nationalsozialismus hinweg zu retten.[25]

Einen noch stärkeren Beleg für das Vorhandensein nationaler Identifikationsbedürfnisse sah die Linke darin, daß die »bürgerlichen« Kritiker Goldhagens Buch nicht nur als ein Urteil über die Deutschen von 1933 bis 1945, sondern »als Angriff auf das heutige Deutschland wahrnehmen und als solchen zurückweisen«.[26] Nicht nur 18jährige Schüler äußerten: »Ich fühle mich durch dieses Buch angegriffen«,[27] was der »Stern« prompt zur Überschrift

des entsprechenden Artikels erhob, sondern auch Bundesaußen-
minister Kinkel glaubte, vor dem »American Jewish Committee«
in Washington hochoffiziell eine Kollektivschuld der Deutschen
zurückweisen zu müssen.[28] Frank Schirrmacher erklärte in der
»FAZ«, Goldhagens Buch sei ein »Gegenmanifest gegen die zivili-
satorischen Anstrengungen, denen sich die Deutschen seit 1945
unterworfen haben«, dem es darum gehe, »die Deutschen für das
kommende Jahrhundert auf einen Sonderweg festzulegen«.[29] Dabei sprang den Linken insbesondere ins Auge, daß nicht nur jene,
die Goldhagens Buch in toto empört ablehnten, von Peter Gauweiler (»Uns als Volk«) bis Peter Glotz (»Wir haben gemordet«), sondern auch Autoren wie Ulrich Herbert, die eine differenziertere
Kritik daran übten, im nationalen »Wir« sprachen.[30] Antideutsche Autoren sahen in Überschriften wie »Wir alle? Mörder?«[31]
geradezu die Aufforderung, sich als »deutsches Volk« zu definieren, indem suggeriert werde, man müsse sich als solches gegen die
vom Ausland vorgebrachten, »gehässigen Kollektivschuldthe-
sen«[32] zur Wehr setzen.

Auch der von Gauweiler bis Wehler geäußerte Vorwurf, Goldhagens verallgemeinernde Sicht auf die Deutschen sei selbst
ein »umgedrehter Rassismus«, ein »Quasi-Rassismus« oder »Geschichtsschreibung ... als Anthropologie«[33], wurde als sachlich
falsch kritisiert. Goldhagen argumentiere mit kulturellen Prägun-
gen und keinesfalls rassisch-charakterologisch oder biologisch-
genetisch. Auch der Rassismusvorwurf sei eine Abwehrstrategie,
die allein dem den ideologischen Kategorien von »Volk« und »Nation« verhafteten Denken der Kritiker entspringe: »Daß einer, der
den Antisemitismus im Dritten Reich bedenklich findet, einen antideutschen Rassismus vertreten muß, steht für seine Gegner fest,
weil sie auf eine ›Identität‹ der Deutschen pochen, die auch die
Antisemiten von damals umfaßt.«[34]

Auch die immer wieder auftauchende Trennung zwischen dem
Hauptschuldigen Hitler als personifiziertes Böses und seinen wenigen Helfern auf der einen, und einem unwissenden, einge-
schüchterten und dem Schicksal der Juden gegenüber allenfalls
gleichgültigen deutschen Volk auf der anderen Seite, exemplarisch von Meyer in seiner »Spiegel«-Titelgeschichte oder von

Gauweiler im »Bayernkurier« durchgeführt, wurde als Verleugnungsstrategie interpretiert. Meyers Artikel, so höhnte die Zeitschrift »17°« sei nichts als »16 Seiten Unfug, die die Deutschen zu einem Volk von ahnungslosen Opfern machen, die sich – obwohl ihnen nichts widerlicher war – zeitweilig aus Ohnmacht unterwerfen mußten«.[35] Wenn z. B. Hans Mommsen schreibe, »daß sich eine Minderheit von antisemitischen Scharfmachern gegenüber der Mehrheit der Nation hat durchsetzen können«[36], oder in der »FAZ« Alfred M. de Zayas dann gar behauptet, »hätte das deutsche Volk von den Massenmorden erfahren, es hätte Hitler sicher die Gefolgschaft versagt«[37], so artikulierte sich für die Linke hierin nur ein Bedürfnis: »Die Nation bleibt unbefleckt, es waren eben doch nur eine Handvoll ›Kriminelle‹.«[38]

Von der Schlußstrich-Mentalität zum Antisemitismus

Diese Analyse sah das gesamte Spektrum der Linken bestens bestätigt durch ein oftmals spürbares »antisemitisches und antiamerikanisches Timbre«[39] mit der altbekannten Grundstimmung »das Ausland« versus »uns arme Deutsche«. »Das fängt schon mit Kleinigkeiten an. Wenn Schirrmacher von der Unverschämtheit Goldhagens schreiben will, da dieser angeblich umfangreiche Literatur nicht berücksichtig habe, dann schreibt er eben nicht ›Unverschämtheit‹, sondern ›Chuzpe‹: ... Die Unverschämtheiten des Juden Goldhagen sind eben jüdische Dreistigkeiten. Denn um Juden geht es, das signalisiert die Vokabel.«[40]

Überdeutlich zeigte sich die »antisemitische Diktion der Kritik«[41] bei Gauweiler, der im »Bayernkurier« eine Allianz von jüdischem Forscher, undeutschen Linken und Medien zum Schaden des Volkes ausmachte. Gauweiler sah »die Deutschen selbst« als »Schmutzbeworfene und Verächtlichgemachte« und identifizierte als Schuldige den »amerikanischen Executioner« im Verein mit den »Angehörigen der Rudi-Dutschke-Generation, die unsere Medienwelt bestimmen«. Überdies würde sich der »Volksrichter« Goldhagen auch noch mit deutschem Geld bereichern: »Der ökonomische Ertrag, den der Doktorand heim nach Amerika nimmt, wird ... auf über eine Million Deutschmark geschätzt.«[42] »Der raffgierige Jude grinst im Hintergrund«[43], brachte die Kölner Studentenzeitung »Bundschuh« derlei Aussagen auf den Punkt.

Auch wurde häufig erwähnt, Goldhagen sei »Betroffener, Jude, Sohn eines Überlebenden des Holocaust«[44], der einen Großteil seiner Familie im Holocaust verloren hatte. Der Subtext solcher »Psychologisierung von Text und Autor«[45] sei klar lesbar: »Goldhagen, Sohn eines vom Holocaust geprägten Vaters, kann natürlich kein objektives Buch über die Vernichtung schreiben. Was entstanden ist, ist bestenfalls als Racheakt des Sohnes den Peinigern seines Vaters gegenüber zu verstehen.«[46] Das wiederholt auftauchende Stereotyp vom »jüdischen Rächer«, der von einem »Zorn von alttestamentarischem Atem« getrieben sei, der »Rächer der Vergangenheit, der ein zweites Mal die Nürnberger Prozesse veranstaltet, um die Deutschen für ihre Taten endlich zu bestrafen«[47], bestätigte diesen Eindruck.

In der »Frankfurter Rundschau« war zu lesen, daß die relativ positive Aufnahme von Goldhagens Buch in den USA sich dadurch erkläre, daß hier »meist jüdische Nichthistoriker, sprich Journalisten und Kolumnisten unter sich«[48] diskutieren würden. »Was sagt das aus? Altbekanntes: Die Juden stecken alle unter einer Decke, und über die Schoah ist von ihnen sowieso kein ›neutrales‹ Urteil zu erwarten. Und noch etwas bedient diese widerwärtige Anspielung: das Vorurteil der von Juden beherrschten (Medien-)Öffentlichkeit in den USA.«[49]

Auch wurde sowohl von Gräfin Dönhoff als auch von Hans Mommsen der eigene Ärger immer wieder in die Besorgnis gekleidet, daß »die ätzende Schärfe, mit der Goldhagen den Deutschen den Willen zum ›dämonischen Antisemitismus‹ zuspricht und ... pauschal als lustvolle Täter hinstellt, ... sicherlich nicht geeignet (ist), Ressentiments stillzulegen«.[50] Der »Gegenstandpunkt« hierzu polemisch: »Man sieht also: Goldhagens Gegner haben nichts gegen Juden. Sie können es sich nur gut vorstellen, daß das Buch eines Juden, in dem sie undeutsches Gedankengut ausgemacht haben, in manchem deutschen Zeitgenossen den Haß auf die Juden hochkommen läßt.«[51]

Das linke Spektrum und Goldhagens Thesen

Bot »die Linke« in der Analyse der »bürgerlichen« Goldhagen-Kritiker noch ein relativ einheitliches Bild, so machte die Debatte über Goldhagens Thesen, die verstärkt gegen Ende 1996 einsetzte, allerdings deutliche Trennungslinien zwischen den verschiedenen linken Strömungen sichtbar. »die tageszeitung« galt kaum noch als Teil der Linken, vielmehr wurde der Artikel von Niroumand von den meisten Linken in einem Atemzug mit den Positionen von Augstein und Schirrmacher genannt. Angesichts der Sprache und des Tones ihres Beitrages, etwa der Bezeichnung der von den meisten als erschütternd empfundenen Todesmarschbeschreibungen in Goldhagens Buch als »Anekdoten«, wurde sie als »Vertreterin des postmodernen Flügels deutscher Entschuldungsstrategien mit bislang unübertroffener Rhetorik«[52] eingeordnet.

a) Die Orthodoxen: imperialistischer Holocaust

Deutliche Kritik an Goldhagens Arbeit übte die orthodoxe Linke. Der Politologe Reinhard Kühnl, der in den 70er Jahren mit seinen Büchern die linken Vorstellungen vom »Faschismus« als extreme bürgerliche Herrschaftsform zur Klassenunterdrückung entscheidend prägte, warf Goldhagen vor, er analysiere überhaupt nicht die »Kausalbeziehung zwischen … kapitalistischen Herrschafts- und Expansionsinteressen … und dem Faschismus als Ideologie und Herrschaftsform«. Aufgrund dieser Blickverengung behandle er auch die »Vernichtung« der Arbeiterbewegung überhaupt nicht und reduziere die Klassenherrschaft des Faschismus »auf ein Unternehmen zum Zwecke des Judenmords«. Wegen seiner Behauptung eines pauschal in Deutschland verbreiteten eliminatorischen Antisemitismus warf auch Kühnl Goldhagen »Nähe zum völkischen Nationalismus« vor. Zudem sei Goldhagens generalisierende Rede von »den Deutschen« »politisch fatal«, denn sie mache die deutsche Linke wehrlos, da sie die für »unsere politische Identität« notwendige Identifikation mit den positiven deutschen Traditionen von Thomas Müntzer bis hin zum antifaschistischen Widerstand verunmögliche.[53]

Ähnliche Positionen fanden sich bei Emil Carlebach in der

»UZ«, in der »Jungen Welt«, den Zeitschriften »Marxistische Blätter«, »antifa« und »Linksruck«.[54] Auch der Historiker Kurt Pätzold bilanzierte, obwohl er Goldhagens historische Kapitel als »lesenswert« bezeichnete und die Formel »die Deutschen« ausdrücklich guthieß[55], es sei aus dessen Buch »nichts zu gewinnen, was die Antwort auf die Frage nach dem geschichtlichen Ort des Verbrechens und den Triebkräften vertiefen würde«, denn hierfür müßten »gesellschaftliche Interessen«, die »Täter hinter den Tätern«, das »imperiale Gesamtprogramm der deutschen Eliten und deren Beziehungen zu den Massentötungen« untersucht werden.[56] Pätzold befürchtete gar, die negativste Wirkung von Goldhagens Buch könne darin bestehen, daß dieses »das Verbrechen auf Deutschland und dessen Geschichte verkürzt«, wohingegen der Holocaust »eine europäische Erscheinung war, und das nicht nur, weil Deutschland in Europa liegt«.[57]

Von anderen linken Autoren wurden derlei Statements vehement zurückgewiesen. »Nicht Mommsen ist der Skandal, sondern Reinhard Kühnl. Zumindest für die Linke sollte das so sein.«[58] Gerade Goldhagens Buch führe einmal mehr vor Augen, daß eine ökonomistische Erklärung des Nationalsozialismus oder gar der Judenvernichtung völlig am Phänomen vorbeigehe. Den Antideutschen galt Kühnls Abwehr der Benennung der Täter als »Deutsche« als Beleg dafür, daß auch er einen positiven Bezug auf »Deutschland« aufrechterhalten wolle: »Kühnl will die Identifikation mit dem ›anderen Deutschland‹.«[59] Seine These von der deutschen »Nation als Klammer des Vernichtungsprogramms« macht Goldhagen marxistischer als Kühnl & Co.«[60]

b) Die Antideutschen:
»Auschwitz ist die Wahrheit Deutschlands«

Im Feuilleton der Antideutschen, die Deutschland beim »dritten Anlauf«[61] zur Weltmacht glauben, dominierte die Schadenfreude darüber, daß Goldhagen den Deutschen »auf ihrem neuen Gipfelsturm zur Weltmacht ... ein Bein gestellt« habe, und die Abwehrreaktionen von »taz« bis »FAZ« »bestätigen, was sie bestreiten wollen«.[62] Die Zeitschrift »Konkret« etwa übte keinerlei Kritik an Goldhagen, sondern offerierte sein Buch als Prämie für Neuabonnenten unter dem Motto: »So urteilten Bürgerpresse, Star-Historiker und bekehrte Revoluzzer ... Nachdrücklicher kann auch Konkret dieses Werk nicht empfehlen.«[63] In schon verschwörungstheoretisch zu nennender Manier wurde gewarnt: »Worum es geht, ist die Durchsetzung einer außenpolitischen Linie, die durchaus wieder da anknüpft, wo 1945 aufgehört wurde. Dazu wird das nationale Bekenntnis gebraucht...«[64]. Goldhagens »grundsätzliche Kritik an der deutschen Nation« sei daher »verzweifelt aktuell«.[65]

Aufmerksamere antideutsche Leser von Goldhagens Buch mahnten allerdings, daß Goldhagen als »Kronzeuge für die eigene Position«[66] nicht tauge. Die Kritik dieser stärker theoretisch orientierten antideutschen Autoren richtete sich keineswegs gegen Goldhagens Auffassungen von einem eliminatorischen Antisemitismus der Deutschen und seine Bezeichnung des Holocaust als »nationales Projekt«. Vielmehr wurde diese umstrittene These noch einmal im antideutschen Sinne zugespitzt: »Das Dritte Reich ... war im Grunde nichts weiter als eine solidarische Veranstaltung aller Menschen, die ... bereit waren, sich selbst als die ›Wir Deutschen‹ zu begreifen, denn, was deutsch fühlt, ist objektiv antisemitisch.«[67]

Goldhagens Hauptmanko liege darin, daß er begriffslos, das heißt, ohne eine kritische Theorie der Gesellschaft an die Phänomene herangehe. Deshalb erkenne er die kapitalistische Ökonomie und die staatliche Verfaßtheit der modernen Gesellschaft nicht als den Ursprung des modernen, eliminatorischen Antisemitismus, sondern verkenne diesen als bloßen durch das »gesellschaftliche Gespräch« tradierten mittelalterlich-christlichen Judenhaß. Weil Goldhagen »Nation« nicht als eine »kollektive Halluzination«[68] durchschaue, könne er ebenso die von ihm selbst zutreffend beschriebene enge und konstitutive Verknüpfung des Antisemitismus mit dem deutschen »Volks«-Begriff nicht erklären. Somit sei es nur folgerichtig, daß Goldhagen die Unterbrechung des »gesellschaftlichen Gesprächs« und den Aufbau demokratischer Institutionen nach 1945 fälschlicherweise als Zäsur auffasse und zum »Lobredner der Demokratie« werde.[69]

Dagegen vertreten die antideutschen Linken eben die These,

daß die »gesellschaftlichen Voraussetzungen, die Auschwitz möglich gemacht haben«, unverändert virulent seien: »Diese Voraussetzungen liegen in der Verfaßtheit Deutschlands und ...
seiner Bewohner.«[70] Der Fortbestand der antisemitisch-völki-
schen Grundstruktur der »nationalen Identität« in Deutschland
mache ein »kategorisches Urteil über die deutsche Staatlichkeit
schlechthin«[71] unabdingbar. Bei manchem Antideutschen gerät
so Auschwitz zu einem zentralen Argument der Begründung
einer radikalen Gegenposition gegenüber dem Bestehenden: »Der
Massenmord ist das ... Produkt der bürgerlichen Gesellschaft in
Deutschland. ... Auschwitz ist die Wahrheit Deutschlands.« Deshalb könne das einzige Ziel, das noch die Bezeichnung »links«
verdiene, »nur die praktische Herstellung der staaten- und klas-
senlosen Weltgesellschaft«[72] sein.

c) Die übrige Linke: »Goldhagen fragt, wie keiner vor ihm fragte.«

Die zahlreichen übrigen linken Zeitschriften, Publizisten und Historiker zeigten eine zwar in ihrer Schärfe, Schwerpunktsetzung
und wissenschaftlichen Fundiertheit unterschiedliche, im Tenor
aber relativ ähnliche Bewertung von »Hitlers willige Vollstrecker«.
Positiv wurde hervorgehoben, daß Goldhagen »fragt, wie keiner
vor ihm fragte«.[73] Er thematisiere den weitverbreiteten bösartigen Antisemitismus als eine Triebkraft für den Holocaust, weise
auf die große Zahl der Täter hin, rücke damit die »gewöhnlichen
Deutschen« wieder ins Blickfeld und formuliere einleuchtende
Grundprämissen«[74] zum Handeln der Täter und deren Motivati-
onsstruktur. Die historischen Kapitel über den millionenfachen
Mord außerhalb der Vernichtungslager seien nicht nur neu und
gut recherchiert, sondern eine »erschütternde Lektüre«.[75]

Hart kritisiert wurde jedoch Goldhagens »monokausale Erklärung des Holocaust«.[76] Es sei nichts als eine »große Tautologie«[77],
wenn Goldhagen erkläre, die Deutschen hätten die Juden ermordet, weil sie die Juden ermorden wollten. Goldhagen »nennt die
Schuldigen beim Namen und verwechselt die Namensnennung
mit der Erklärung«.[78] Zwar sei seine These vom Antisemitismus
als kulturellem Modell durchaus richtig, auch Shulamith Volkov

spreche vom Antisemitismus als »kulturellem Code«. Doch Goldhagens Abriß der Geschichte des Antisemitismus in Deutschland sei »der schwächste, ja schlechteste«[79] Teil des Buches. Er sei einseitig und lasse jegliche Differenzierung nach Grad, Verbreitung und Form des Antisemitismus im historischen Längsschnitt wie im gesellschaftlichen Querschnitt vermissen. Indem Goldhagen all die für die Radikalisierung der nationalsozialistischen antijüdischen Maßnahmen entscheidenden institutionellen Prozesse und die diese vorantreibenden weltanschaulichen Eliten außer Betracht lasse, verschütte er doch einen zentralen Unterschied: zwischen dem in der Logik des Antisemitismus strukturell angelegten Endpunkt einerseits und den Bedingungen, Prozessen und Dynamiken, die diese ideologisch angelegte Potenz zum realen, systematisch staatlicherseits betriebenen Massenmord radikalisierten, andererseits. Goldhagens »Vernichtungsantisemitismus eilt, einem teleologisch gerichteten Projektil gleich, schnurstracks und aus der Tiefe des historischen Raumes auf die Exterminierung der Juden zu«.[80] Doch aus seinem Material folge nur, »daß der Antisemitismus so weit verbreitet war, daß die Integration in den Mordapparat ausreicht, um einen latenten Rassismus zum schlimmsten Ausbruch zu bringen. Den unbedingten Willen fast aller Deutscher zur Vernichtung der Juden und Jüdinnen kann man daraus allerdings nicht zwingend ableiten.«[81]

Weiterhin arbeite Goldhagen weder den inneren noch den historischen Zusammenhang von deutschem Nationalismus und Antisemitismus genügend heraus. Goldhagens Rede vom »nationalen Projekt« müsse fundiert werden durch eine Erklärung, warum der deutsche Nationalismus derart rassistisch war und »die Juden« als Gegenbild brauchte, so daß man den Vernichtungsantisemitismus durchaus »als eine strukturell angelegte Perspektive einer Gesellschaft«[82] begreifen könne.

Die Linke »nach Goldhagen«: »What's Left«?

Die Linke in Deutschland hat seit 1945 die kritische Thematisierung der NS-Vergangenheit gegen alle Versuche ihrer Relativierung und Verleugnung immer als ein wichtiges Terrain der politischen Auseinandersetzung begriffen wie auch einen Teil ihres politischen Selbstverständnisses hieraus bezogen. Daher sahen die nicht-orthodoxen Linken in der Goldhagen-Debatte ihre Aufgabe darin, allen Versuchen, »die Deutschen« von Antisemitismus und Mittäterschaft freizusprechen, entgegenzutreten; gleichzeitig bot sich hierüber auch die Chance, »What's Left?« wieder zu konturieren. Insofern läßt sich die Goldhagen-Debatte auch als ein Terrain begreifen, auf dem sich »Linke« wider ein »bürgerliches« Gegenüber definieren wie auch innerlinke Scheidelinien markieren konnten.

Zu Beginn der Diskussion dominierte das Bestreben, über eine Kritik der »bürgerlichen« Goldhagen-Kritiker nicht nur diesen zu verteidigen, sondern vor allem gegenwärtige politisch-gesellschaftliche Entwicklungen in Deutschland zu kritisieren. Hierbei bewiesen die nicht-orthodoxen Linken ein empfindliches Gespür für nationalistische Töne und Untertöne, die eben nicht nur bei Augstein oder Nolte anklangen. Auch bei »bürgerlichen« Historikern war häufig »fachliche Kritik ... untrennbar mit nationaler Gekränktheit verbunden«.[83]

Wenn aber zum Beispiel seitens der Antideutschen behauptet wurde, Jürgen Kocka und Hans Mommsen würden sich »nur in Nuancen von Nolte & Co unterscheiden«[84], wird deutlich, daß bei den häufig überaus bissigen linken Polemiken oft nicht zwischen den Stellungnahmen aus dem Feuilleton und jenen der Fachhistoriker (antisemitische Konnotationen etwa fanden sich fast ausschließlich im Feuilleton) differenziert wurde; noch wurde zugestanden, daß sich nach der »Apriloffensive«[85] sowohl im Feuilleton einige als auch auf seiten der »bürgerlichen« Wissenschaftler[86] durchaus zahlreiche abwägende, kritisch-distanzierte Fürsprecher Goldhagens fanden. Die Feststellung der Antideutschen, daß manche »bürgerliche« Historiker über keinen grundsätzlich kritischen Begriff von »Nation« im Sinne eines sozialen »Konstruktes« verfügen und daher auch den Zusammenhang zwischen deutschem Nationalismus und Antisemitismus nicht adäquat erfassen können, ist allerdings nicht von der Hand zu weisen.[87]

Die Trennungslinien innerhalb der Linken zeigten sich spätestens, wenn von der Kritik der »bürgerlichen« Reaktionen zur Kritik Goldhagens übergegangen wurde. Die orthodoxe Linke hielt weiterhin am traditionellen Faschismuskonzept fest und erntete dafür durchgängig Kritik. Einige Autoren betonten darüber hinaus, daß Goldhagens Thesen für die gesamte Linke Anlaß sein müßten, die eigene Theoriegeschichte selbstkritisch zu reflektieren. In linken Faschismusanalysen seien »die Probleme des Antisemitismus, des Rassismus und der Judenverfolgung sträflich unterbelichtet und von den theoretischen Ansätzen her kaum integrierbar«[88] gewesen. Der »beinahe zwanghafte Ökonomismus großer Teile der Linken«[89] sei auch einer »Erkenntnisscheu«[90] geschuldet gewesen, die Massenbasis des Nationalsozialismus, den in Deutschland verbreiteten völkischen Antisemitismus wie auch die breite Beteiligung »gewöhnlicher Deutscher« an der Ermordung der Juden zu rezipieren, da dies sowohl dem Bild der unter dem Faschismus geknechteten Massen als auch unreflektierten Identifizierungen mit dem »deutschen Volk« zuwidergelaufen sei. »Nicht nur die Geschichte des deutschen Täterverhaltens muß ›nach Goldhagen‹ neu geschrieben werden, sondern ebenso die Geschichte seiner Verleugnung. Und an dieser hat auch die deutsche Linke – ob in Ost oder West – kraftvoll gearbeitet.«[91]

Die »reformistische« Linke begrüßte »Hitlers willige Vollstrecker« als »ein wichtiges Buch zur rechten Zeit«.[92] Geschichtspolitische Überlegungen veranlaßten die »Blätter für deutsche und internationale Politik« dazu, den »Demokratiepreis« 1997 an Goldhagen zu verleihen; als Laudatoren bei der Preisverleihung, die ein reges nationales und internationales Presseecho fand, sprachen Jürgen Habermas und Jan Philipp Reemtsma. »Aufgrund der Eindringlichkeit und der moralischen Kraft seiner Darstellung hat Daniel Goldhagen dem öffentlichen Bewußtsein in der Bundesrepublik Deutschland wesentliche Impulse gegeben – und dies in einer den Übergang von der Bonner zur Berliner Republik prägenden Zeit. Er hat so wesentlich dazu beigetragen, die Sensibilität für Hintergründe und Grenzen einer deutschen ›Normalisierung‹ zu schärfen.«[93]

Seitens antideutscher Autoren wurde Goldhagen vorgeworfen, er habe bei der Preisverleihung mit seiner Lobrede auf das »Modell Bundesrepublik«[94] und ihre vorbildliche Verarbeitung der NS-Vergangenheit seine eigenen Einsichten über die Deutschen und ihre Nation über Bord geworfen. Die »Blätter« und die Laudatoren wurden als »linksnationale Preisgeber«[95] denunziert, allesamt unfähig zur grundsätzlichen Staats- und Gesellschaftskritik. Sie würden nicht nur die bürgerliche Demokratie allgemein verteidigen, sondern verdecken, »daß die Deutschen von heute sich von den gestrigen nicht halb so sehr unterscheiden, wie der Professor aus Harvard behauptet«.[96]

Die meisten Linken sahen in der durch Goldhagen wie auch durch die Ausstellung über die Verbrechen der Wehrmacht entstandenen öffentlichen Diskussion eine begrüßenswerte, früher in dieser Form nicht möglich gewesene Auseinandersetzung mit der NS-Vergangenheit.[97] Denn bisher sei allen in der Geschichtswissenschaft geführten Debatten, etwa »Primat der Ökonomie versus jenem der Politik«, »Totalitarismus versus Faschismus«, »Intentionalismus versus Funktionalismus«, gemeinsam gewesen, daß die »gewöhnlichen Deutschen«, ihre Verbrechen, Motivation und Mentalität zunehmend aus den Augen geraten seien. Goldhagens Erfolg resultiere aus seiner »Abkehr vom noch in die Rhetorik politisch vollkommen unverdächtiger Historiker eingegangenen Wunsch nach Verleugnung«.[98]

Das, was die Stärke und Produktivität nicht-orthodoxer und gerade auch antideutscher linker Analysen gegenüber den »bürgerlichen« Goldhagen-Kritikern ausmachte, das feine Gespür für nationales Denken und die kritische Sicht auf das Konstrukt »Nation«, zog auch innerhalb der Linken selbst neue Trennungslinien – auf einer Skala von Niroumand in der »taz« bis zu den Antideutschen. Die Goldhagen-Debatte machte so eine neue, im Zuge von Wiedervereinigung und zunehmendem Rassismus aktuell gewordene Differenz deutlich, die gewissermaßen »quer« zu den bisher üblichen Rechts-links-Unterscheidungen liegt. Die Kritik des Konstrukts »Nation«, seine besondere Geschichte und enge

Verbindung mit dem Antisemitismus in Deutschland, damit verbundene Identifikationsprozesse sowie daraus resultierende Formen der Verleugnung oder zumindest der Erkenntnisscheu gegenüber der NS-Vergangenheit auch auf seiten der Linken und Linksliberalen werden jenseits aller aufgezeigten Schwächen und Fehler, Überspitzungen und Radikalismen, ein wichtiges Feld der sozial- und geschichtswissenschaftlichen Forschung als auch der politischen Auseinandersetzung bleiben.

1 Der problematische Begriff »bürgerlich«, mit dem die Linke ihr Gegenüber bezeichnet, wird mangels einer adäquateren Umschreibung für die damit bezeichneten, durchaus unterschiedlichen Publikationsorgane und Personen übernommen. Der Begriff »rechts« etwa wäre noch weniger zutreffend.

2 Dieses linke Spektrum umfaßt moderat links (»die tageszeitung«, »Blätter für deutsche und internationale Politik«), linksorthodox (»Marxistische Blätter«), trotzkistisch (»Sozialismus«, »Inprekorr«) und »antideutsch« orientierte (»Konkret«, »Bahamas«, »17°«) sowie weitere, nur schwer zu kategorisierende linke Zeitungen bzw. Zeitschriften; die Tageszeitung »Junge Welt« repräsentierte seinerzeit sowohl orthodoxe als auch antideutsche Positionen.

3 Regine, What makes them sick?, in: 17°, Nr. 13, 1996/1997, S. 16.

4 Rudolf Augstein, Der Soziologe als Scharfrichter, in: Der Spiegel 16, 15. 4. 1996, S. 29, 32.

5 Fritjof Meyer, Ein Volk von Dämonen?, in: Der Spiegel 21, 20. 5. 1996, S. 1, 77, 77, 55, 71, 66, 77.

6 Alle Zitate: Mariam Niroumand, Little Historians, in: die tageszeitung (taz), 13. 4. 1996. Im »Freitag« erschien ein Beitrag von Ekkehart Krippendorff (Zivilcourage, Nr. 25, 14. 6. 1996), in dem dieser mit den Tagebüchern Victor Klemperers belegen wollte, daß Antisemitismus »im Alltag des Dritten Reiches ... nicht zu finden« gewesen sei. Gegen solch gezielte Fehlinterpretation und mißbräuchliche Verwendung von Klemperers Tagebüchern, die auch in »Der Spiegel« zu finden war (Meyer, wie Anm. 5, S. 52, 67, 68), wandten sich innerhalb der Linken u. a. Tjark Kunstreich, Augsteins willige Spießgesellen. Wie der Spiegel die Deutschen von jeder Schuld freispricht, in: analyse und kritik (ak) 391, 1. 6. 1996, S. 25; Wolfgang Schneider, Pro Germania, in: Konkret 10/1996, S. 18–22; Kurt Pätzold, Unbekümmert um deutsche Zusammenhänge, in: Junge Welt, 13. 7. 1996; Joachim Bruhn, Nazismus als Erkenntnisfalle. Warum die Geschichtswissenschaft die denkbar ungeeignetste Methode ist, Auschwitz zu verstehen, in: Bahamas 22/1997, S. 39; Jan Philipp Reemtsma, Die Mörder waren unter uns, in: Süddeutsche Zeitung (SZ), 24. 8. 1996.

7 Regine (wie Anm. 3), S. 16; vgl. Andrei S. Markovits, Störfall im Endlager der Ge-

schichte, in: *Blätter für deutsche und internationale Politik*, 6/1996, S. 667–674; Kunstreich, Willige Spießgesellen (wie Anm. 6); Matthias Heyl, Die Goldhagen-Debatte im Spiegel der englisch- und deutschsprachigen Rezensionen von Februar bis Juli 1996, in: Mittelweg 36, 4/1996, S. 41–56; Dan Diner, Antijüdische Gefühlslagen, in: Perspektiven 29, Oktober 1996, S. 17 f.; Heinrich Senfft, Goldhagen und kein Ende, in: Freitag 38, 13. 9. 1996, S. 9; Ingrid Strobl, Die Flucht in die wissenschaftliche Abstraktion, in: taz, 6. 9. 1996; Andreas Benl/Stefan Vogt, »No Germans, no Holocaust«, in: Bahamas 20/1996, S. 42; Bruhn, Nazismus (wie Anm. 6); Deutsche Holocaust-Forscher und Journalisten entdecken und bewältigen einen Tabubruch, in: Gegenstandpunkt 4/1996, S. 29–42; Mark Terkessidis, Goldhagen, in: Spex 1/1997, S. 60; Köhler, Der gewöhnliche Deutsche, in: Konkret 6/1996, S. 14 ff.; ders., Unter Deutschen, in: Konkret 10/1996, S. 14–17; David Heredia/Gerd Riesselmann, Kollektiver Freispruch. Goldhagen und seine deutschen KritikerInnen, in: Der Bundschuh, Zeitschrift der Fachschaft Geschichte/Universität Köln, Juni/Juli 1996, S. 20–26.

8 Thomas Rothschild, Befangene Kritiker, in: Freitag 38, 13. 9. 1996, S. 9.

9 Diner (wie Anm. 7), S. 17; vgl. Ulrich Schneider, Die Debatte um »Hitlers willige Vollstrecker«, in: Marxistische Blätter 6/1996, S. 11; Terkessidis (wie Anm. 7); Strobl (wie Anm. 7). In der FAZ fand es Christian Meier (Auszug aus der Geschichte, 27. 12. 1996) geradezu »emotional aufpeitschend«, daß Goldhagen die Täter »immer wieder« als »die Deutschen« bezeichne.

10 Regine (wie Anm. 3), S. 18.

11 Hans-Ulrich Wehler, Wie ein Stachel im Fleisch, in: Julius H. Schoeps (Hrsg.), Ein Volk von Mördern?, Hamburg 1996, S. 201; vgl. Norbert Frei, Ein Volk von Endlösern?, in: ebenda, S. 96; Jörn Rüsen, Den Holocaust erklären – aber wie?, in: Frankfurter Rundschau (FR), 25. 6. 1996; Frank Schirrmacher, Hitlers Code, in: FAZ 15. 4. 1996.

12 Regine (wie Anm. 3), S. 18; vgl. Strobl (wie Anm. 7).

13 Reemtsma, Die Mörder (wie Anm. 6); vgl. Antisemitismus-AG, Hitlers willige Henker, in: Graswurzelrevolution 212, Oktober 1996, S. 1; Erich Kuby, Goldhagen und die Deutschen, in: Die Wochenzeitung 39, 27. 9. 1996; Bernd Greiner (ohne Titel), in: Mittelweg 36, 2/1997, S. 50.

14 Diner (wie Anm. 7), S. 17; vgl. Greiner (wie Anm. 13), S. 49; Strobl (wie Anm. 7).

15 Sascha Möbius, Hitlers willige Vollstrecker, in: Inprekorr 63/1996, S. 20.

16 Hans Mommsen, Im Räderwerk (Interview), in: FAZ, 7. 9. 1996; vgl. ebenso ders., Die dünne Patina der Zivilisation, in: Die Zeit 36, 30. 8. 1996, S. 14 f.; Ulrich Raulff, Herz der Finsternis. Daniel Jonah Goldhagens Ästhetik des Grauens, in: FAZ, 16. 8. 1996; Jacob Heilbrunn, Ankläger und Rächer, in: Der Tagesspiegel, 31. 3. 1996.

17 Matthias Küntzel, Goldhagen und die gewöhnliche deutsche Linke, in: Junge Welt, 21. 3. 1997; vgl. Jan Philipp Reemtsma, Abkehr vom Wunsch nach Verdrängung, in: Blätter für deutsche und internationale Politik 4/1997, S. 419; Klaus Bittermann, in: JW-Gespräch: Was hat Goldhagen bewirkt?, Junge Welt, 21. 9. 1996.

18 Reemtsma, Die Mörder (wie Anm. 6); vgl. Strobl (wie Anm. 7).

19 Senfft (wie Anm. 7); vgl. Köhler, Gewöhnliche Deutsche (wie Anm. 7), S. 14.

20 Heredia / Riesselmann (wie Anm. 7), S. 26.

21 Kurt Pätzold, Rückblick auf ein Echo, in: Sozialismus 12 / 1996, S. 35; vgl. Karl D. Bredthauer, Grenzen einer deutschen Normalisierung, in: Blätter für deutsche und internationale Politik 4 / 1997, S. 406; Jürgen Elsässer, Ein deutsches nationales Projekt, in: Junge Welt, 30. 9. 1996; Diner, zit. n. Thomas Assheuer, Wann begann der Sonderweg?, in: FR, 10. 5. 1996; Detlev Claussen, Die Perspektive der »Volksgemeinschaft« einnehmen?, in: Freitag 2, 5. 1. 1996.

22 Regine (wie Anm. 3), S. 19. Vgl. Benl / Vogt (wie Anm. 7), S. 42; Pätzold, Rückblick (wie Anm. 21), S. 38; Wolfgang Wippermann, Wessen Schuld? Vom Historikerstreit zur Goldhagen-Kontroverse, Berlin 1997, S. 114 ff.; Möbius (wie Anm. 15), S. 17. Goldhagen sei ein »Störfall im Endlager der Geschichte«, so die Überschrift des Artikels von Markovits (wie Anm. 7).

23 Jost Nolte, Sisyphos ist Deutscher, in: Schoeps (wie Anm. 11), S. 112 f.; vgl. Augstein (wie Anm. 4), S. 32; Meyer (wie Anm. 5), S. 72; Peter Glotz, Nation der Killer?, in: Schoeps (wie Anm. 11), S. 125 f.; Malte Lehming in: Der Tagesspiegel, zit. n. Heyl (wie Anm. 7), S. 88. »Unsere Eltern, Großeltern, Vorfahren und ... unsere ganze Überlieferung geraten ... auf den Anklagestand«, klagte Meier (wie Anm. 9) in der FAZ.

24 Frank Ebbinghaus, Warum ganz normale Männer zu Tätern wurden, in: Schoeps (wie Anm. 11), S. 140; ebenso Moshe Zimmermann, Die Fußnote als Alibi, in: ebenda, S. 149; Schirrmacher (wie Anm. 11); Matthias Arning, Für die einen brillante Provokation, für die anderen naives Pamphlet, in: FR, 12. 4. 1996; redaktionelle Vorbemerkung der »taz« zu Niroumand (wie Anm. 6). Vgl. insbesondere die zahlreichen plakativen, als Frage formulierten und im Text dann natürlich verneinten Überschriften wie »Volk von Dämonen?« (Meyer, S. 48); »Ein Volk von Mördern?« (Schoeps); »Nation der Killer?« (Glotz); »›Die Deutschen‹ – ein Volk von willigen Judenmördern?« (Michael Wolffsohn, in: Schoeps, wie Anm. 11, S. 130); 1996; »Volk von Endlösern?« (Frei).

25 Vgl. Holocaust-Forscher (wie Anm. 7), S. 32 ff.; Wippermann, Wessen Schuld (wie Anm. 22), S. 107; Möbius (wie Anm. 15), S. 17, sowie auch Daniel Jonah Goldhagen, Das Versagen der Kritiker, in: Die Zeit 32, 2. 8. 1996, S. 9.

26 Holocaust-Forscher (wie Anm. 7), S. 33.

27 Der Stern 40, 1996, S. 136.

28 Vgl. Frankfurter Rundschau, 9. 5. 1996.

29 Schirrmacher, Hitlers Code (wie Anm. 11); vgl. ebenso Schirrmacher in: FAZ, 30. 4. 1996, und Ernst Cramer, in: Welt am Sonntag, 21. 4. 1996, beide zit. in Heyl (wie Anm. 7), S. 50. Man bedenke, daß Schirrmacher zum einen hier implizit zugibt, daß »die Deutschen« nach 1945 »zivilisatorische Anstrengungen« doch nötig gehabt hätten, und zum zweiten diese als »Anstrengungen« empfindet, denen sie sich »unterworfen« hätten. »Welch ein Geständnis« (Köhler, Unter Deutschen, wie Anm. 7, S. 14). Selbst Wehler

(wie Anm. 11, S. 200) behauptet, Goldhagen beschreibe »das ›verworfene Volk‹ der Deutschen als die Inkarnation des Bösen«.

30 *Peter Gauweiler, Ein deutsches Phänomen, in: Bayernkurier, 12. 10. 1996; Glotz (wie Anm. 23), S. 125; Ulrich Herbert, Die richtige Frage, in: Schoeps (wie Anm. 11), S. 224; Gerhard Jagschitz, zit. in Heyl (wie Anm. 7), S. 50; Meier (wie Anm. 9); Rüsen (wie Anm. 11); Anton-Andreas Guha, Der Holocaust, seine Ursachen und »die« Deutschen, in: FR, 8. 4. 1997; Krippendorff, Zivilcourage, sowie die geradezu klassische Passage in: »Die Befassung mit den Tätern mußte kommen«. Daniel Jonah Goldhagen und Josef Joffe im »Blätter«-Gespräch. In: Blätter für deutsche und internationale Politik 10 / 1996, S. 1189.*

31 *Jürgen Busche, Wochenpost 33, 8. 8. 1996, S. 17.*

32 *Ewald König in der »Neuen österreichischen Presse« in der Überschrift, zit. n. Heyl (wie Anm. 7), S. 49. Ähnlich auch Augstein (wie Anm. 4), S. 32; Gauweiler (wie Anm. 30). Vgl. zur Kritik Bruhn, Nazismus (wie Anm. 6), S. 36; Senfft (wie Anm. 7); Kurt Pätzold, Unglaubliche Tatsachen, glaubhafte Beweise, in: Junge Welt, 5. 7. 1996.*

33 *Gauweiler (wie Anm. 30); Wehler (wie Anm. 11), S. 200; Schirrmacher (wie Anm. 11); vgl. ebenso Nolte (wie Anm. 23), S. 112; Mommsen (wie Anm. 16), S. 15; Niroumand, Historians (wie Anm. 6); Alfred de Zayas in: FAZ, zit. n. Senfft (wie Anm. 7); Meyer (wie Anm. 5), S. 58; Marion Gräfin Dönhoff, Mit fragwürdiger Methode, in: Die Zeit 37, 6. 9. 1996; Eberhard Jäckel, Einfach ein schlechtes Buch, in: Schoeps (wie Anm. 11), S. 191.*

34 *Holocaust-Forscher (wie Anm. 7), S. 39; vgl. Markovits (wie Anm. 7), S. 673.*

35 *Regine (wie Anm. 3), S. 17.*

36 *Hans Mommsen, Schuld der Gleichgültigen, in: SZ, 20. 7. 1997.*

37 *Zit. nach U. Schneider, Debatte (wie Anm. 9), S. 12.*

38 *Kunstreich, Spießgesellen (wie Anm. 6).*

39 *Claussen, Viel Lärm um Goldhagen. Vorläufige Bilanz einer desaströsen Debatte, in: Perspektiven 29, Oktober 1996, S. 18.*

40 *Heredia / Riesselmann (wie Anm. 7), S. 22.*

41 *Regine (wie Anm. 3), S. 18.*

42 *Gauweiler (wie Anm. 30); ähnlich auch die »Welt«, zit. in Köhler, Gewöhnliche Deutsche (wie Anm. 7), S. 15.*

43 *Heredia / Riesselmann (wie Anm. 7), S. 23.*

44 *Heinrich Jaenecke, Die Deutschen: ein Volk von Antisemiten?, in: Stern 30, 1996, S. 128; vgl. etwa Glotz (wie Anm. 23), S. 125; Niroumand (wie Anm. 6); Henryk M. Broder, »Ich bin sehr stolz«, in: Der Spiegel 21, 20. 5. 1996, S. 58 f.; Jörg Uthmann, in: Der Tagesspiegel, 16. 4. 1996, zit. in Markovits (wie Anm. 16), S. 231.*

45 *Regine (wie Anm. 3), S. 18; vgl. Senfft (wie Anm. 7); Holocaust-Forscher (wie Anm. 7), S. 38.*

46 *Markovits (wie Anm. 7), S. 669. Beim »Stern« kann allerdings von »Subtext« keine Rede sein: »Aus jeder Zeile seines Buches spricht die mühsam gezügelte Wut des Nach-*

geborenen« (Jaenecke, wie Anm. 44, S. 128). Die naheliegende Frage, ob denn gerade die Nachkommen der Täter dazu berufen seien, »objektiv« zu urteilen, kam den deutschen Kritikern (vgl. z. B. Augstein, wie Anm. 4, S. 32, sowie auch Wehler, wie Anm. 11, S. 203) nicht in den Sinn (vgl. Goldhagen, Versagen, wie Anm. 25, S. 14).

47 *Heilbrunn (wie Anm. 16). Schon in der Überschrift von Heilbrunns Artikel wird Goldhagen wie auch in einem Artikel der »Stuttgarter Zeitung« (Andreas Geldner, Daniel Goldhagen, 10. 8. 1996) als »Rächer« tituliert. In der »Stuttgarter Zeitung« stand unter einem Photo Goldhagens die Bildunterschrift »Der Ankläger«, im Spiegel »Henker Goldhagen«, ein aus der Londoner »Times« übernommenes Zitat (Augstein, wie Anm. 4, S. 29).*

48 *Matthias Arning / Rolf Paasch, Die provokanten Thesen des Mister Goldhagen, in: FR, 12. 4. 1996; Augstein (wie Anm. 4, S. 29) übernahm diese Wendung.*

49 *Heredia / Riesselmann (wie Anm. 7), S. 22.*

50 *Mommsen (wie Anm. 16), S. 15; vgl. ebenso Dönhoff (wie Anm. 33); Michael Wolffsohn, in: Rheinischer Merkur, zit. nach Holocaust-Forscher (wie Anm. 7), S. 40, 58; Sigrid Löffler in: »Die Presse« (Wien), zit. nach Heyl (wie Anm. 7), S. 50.*

51 *Holocaust-Forscher (wie Anm. 7), S. 39; ebenso Möbius (wie Anm. 15), S. 17; Benl / Vogt (wie Anm. 7), S. 46; Köhler, Unter Deutschen (wie Anm. 7), S. 17.*

52 *Regine (wie Anm. 3), S. 17; vgl. Heredia / Riesselmann (wie Anm. 7), S. 23. In der Folgezeit veröffentlichte die »taz« noch zwei weitere außerdeutsche Goldhagen-kritische Beiträge (Mitchell G. Ash, Die Debatte über Goldhagen im Internet, 16. 7. 1996; Y. Michael Bodemann, Die Bösen und die ganz normalen Guten, 7. 8. 1996); erst am 29. 8. 1996 erschien ein – inhaltlich schwacher – Beitrag, der Goldhagen positiv bewertete (Jeremiah M. Riemer, Der Menschlichkeit gerecht werden).*

53 *Alle Zitate dieses Abschnittes aus Reinhard Kühnl, Kampf ums Geschichtsbild, in: Junge Welt, 24. 6. 1996; vgl. auch Kühnl in der Konkret-Debatte »Wessen Schuld?«, in: Konkret Nr. 6 / 1997, S. 13.*

54 *Emil Carlebach, Nicht Antisemitismus, sondern Profitgier und Kadavergehorsam, in: UZ, 26. 7. 1996; Uwe Soukop in: Junge Welt, 17. 4. 96 (zit. in: Regine, wie Anm. 3, S. 19); Manfred Weißbecker, Goldhagens Suche und die Reaktionen, in: antifa 19, 1996, S. 27; Linksruck 30, März 1996, S. 22; Klaus Mewes, Goldhagen oder die marxistische Bescheidenheit, in: Marxistische Blätter 1 / 1997, S. 83; Mewes antwortete auf U. Schneider (Debatte, wie Anm. 9), der in derselben Zeitschrift Goldhagen zwar mit den gleichen Argumenten, aber wesentlich moderater kritisiert hatte.*

55 *Pätzold, Unglaubliche Tatsachen (wie Anm. 32); ders., Rückblick (wie Anm. 21), S. 36.*

56 *Alle Zitate aus Pätzold, Der geschichtliche Ort des Holocaust, in: Kalaschnikow, Wissenschafts- und gesellschaftskritische Schrift, 7. Ausg., 1 / 1997, S. 25.*

57 *Pätzold, zit. n. Küntzel, Goldhagen (wie Anm. 17).*

58 *Tjark Kunstreich, »Hohlraum der Rede«, in: links 11 – 12 / 1996, S. 48; vgl. Möbius (wie Anm. 15), S. 19, sowie auch Hannes Heer in der Konkret-Debatte »Wessen Schuld?«,*

(wie Anm. 53), S. 15; Bertold Brunner, Die Linken und die Scheuklappen, in: 17°, 13/1996–1997, S. 22; Mario Keßler, Täter und Mittäter des Judenmordes, in: Sozialismus 10/1996,S. 42; Küntzel, Goldhagen (wie Anm. 17); Jürgen Elsässer in JW-Gespräch.

59 Brunner, Die Linken (wie Anm. 58), S. 22.

60 Jürgen Elsässer, Kollektivschuld?, in: Junge Welt, 6. 8. 1996.

61 Konkret-Herausgeber Hermann L. Gremliza in der Konkret-Debatte »Wessen Schuld?«, (wie Anm. 53), S. 15.

62 Köhler, Gewöhnliche Deutsche (wie Anm. 7), S. 14.

63 Anzeige in: Konkret 9/1997, S. 8.

64 Kunstreich in der Konkret-Debatte »Wessen Schuld?«, (wie Anm. 53), S. 14; vgl. auch Gremliza ebenda, S. 13 f., sowie die Entgegnungen von Michel Friedmann und Hannes Heer, ebenda.

65 Elsässer, Nationales Projekt (wie Anm. 21); ders., Kollektivschuld (wie Anm. 60).

66 Brunner, Die Linken (wie Anm. 58), S. 21.

67 Joachim Bruhn, Das nationale Projekt von Tante Emma und Onkel Adolf, in: Bahamas 23/1997, S. 35; Elsässer (Kollektivschuld, wie Anm. 60) schreibt, »daß die Nazi-Führung nur den weitverbreiteten Antisemitismus der Bevölkerung vollstreckte«.

68 Elsässer, Nationales Projekt (Anm. 21); vgl. Brunner, Die Linken (wie Anm. 58), S. 26; Benl/Vogt (wie Anm. 7), S. 45; Stefan Vogt/Elfriede Müller, Deutscher Nationalcharakter und instrumentelle Vernunft, in: Bahamas 23/1997, S. 37–42.

69 Bruhn, Nationales Projekt (wie Anm. 67), S. 35.

70 Kunstreich, Spießgesellen (wie Anm. 6).

71 Bruhn, Nationales Projekt (wie Anm. 67), S. 36.

72 Bruhn, Nazismus (wie Anm. 6), S. 42.

73 Senfft (wie Anm. 7).

74 Reemtsma, Abkehr (wie Anm. 17), S. 418; vgl. Möbius (wie Anm. 15), S. 18; Hannes Heer, Die große Tautologie, in: taz, 4. 9. 1996; Kt., Die Goldhagen-Debatte – war's das schon?, in: analyse und kritik (ak) 401, 10. 4. 1997; Senfft (wie Anm. 7); Wolfgang Wippermann in JW-Gespräch; Elsässer in JW-Gespräch; Götz Aly (Rezension), in: Mittelweg 36, Nr. 6, 1996, S. 46 f.; Markovits (wie Anm. 16), S. 667 ff.; Heyl (wie Anm. 7), S. 55; Greiner (wie Anm. 13), S. 49 ff.

75 Antisemitismus-AG, Willige Henker (wie Anm. 13), S. 2.

76 Diner (wie Anm. 7), S. 18.

77 Heer, Tautologie (wie Anm. 74).

78 Claussen, Lärm (wie Anm. 39), S. 19.

79 Senfft (wie Anm. 7). Einzig Wippermann (in JW-Gespräch) findet Goldhagens Beschreibung der Kontinuität des eliminatorischen Antisemitismus seit Luther zutreffend.

80 Diner (wie Anm. 7), S. 17.

81 Möbius (wie Anm. 15), S. 20; vgl. weiterhin zur Kritik Goldhagens: Kt., Goldhagen-

Debatte *(wie Anm. 74)*, S. 30; Joscha Schmierer, *Ihr im Polizeibataillon, wir beim Einkaufsbummel*, in: *Kommune 9 | 1996*, S. 22; Christoph Lieber, *Nachlese zur Goldhagen-Debatte*, in: *Sozialismus 12 | 1996*, S. 41 ff.; Bittermann in *JW-Gespräch*; Antisemitismus-AG, *Willige Henker (wie Anm. 13)*, S. 2; Keßler *(wie Anm. 58)*, S. 42; Rothschild, *Kritiker (wie Anm. 8)*; Aly, *(Rezension, wie Anm. 74)*, S. 48 f.; Wolfgang Wippermann, *Goldhagen ist nicht radikal genug*, in: *Kalaschnikow, 7. Ausg., 1 | 1997*, S. 23. Am dezidiertesten lehnte Detlev Claussen Goldhagens Buch ab: »Die Wirklichkeit wäre leichter zu ertragen, wenn es wahr wäre: Der Monstrosität der Tat entspräche eine tiefe, wenn auch moralisch verwerfliche Gesinnung. Aber so ist es nicht: ... Auschwitz läßt sich nur verkürzt aus der Geschichte des Antisemitismus oder aus den Motiven der einzelnen Mörder erklären, sondern es bedurfte einer gesellschaftlichen Entfesselung von Gewalt, um eine solche Tat durchzuführen« *(Claussen, Lärm, wie Anm. 39*, S. 19; vgl. auch Christoph Schneider, *Thesen über Täter*, in: *links 11 – 12 | 1996*, S. 51 f.).

82 Hanno Loewy, *Wider die allzu schnelle Erledigung*, in: FR, 15. 6. 1996; vgl. Möbius *(wie Anm. 15)*, S. 19 f.; Heer, *Tautologie (wie Anm. 74)*.

83 Wippermann, *Goldhagen (wie Anm. 81)*, S. 22.

84 Elsässer in *JW-Gespräch*; vgl. ähnlich: Brunner, *Antimoderner Antisemitismus?*, in: *Bahamas 21 | 1996*, S. 31; Benl / Vogt *(wie Anm. 7)*, S. 42; Bruhn, *Nazismus (wie Anm. 6)*, S. 36.

85 Regine *(wie Anm. 3)*, S. 16.

86 Vgl. z. B. Volker Ullrich, *Hitlers willige Mordgesellen*, in: *Die Zeit 16, 12. 4. 1996*; ders., *Vertraute Töne*, in: *Die Zeit 25, 14. 6. 1996*; ders., *Goldhagen und die Deutschen*, in: *Die Zeit 38, 13. 9. 1996*; Robert Leicht, *Ein Urteil, kein Gutachten*, in: *Die Zeit 37, 6. 9. 1996*; Guha *(wie Anm. 30)*; Assheuer *(wie Anm. 21)*; Herbert *(wie Anm. 30)*; Ingrid Gilcher-Holtey, *Die Mentalität der Täter*, in: *Die Zeit 24, 7. 6. 1996*; Loewy *(wie Anm. 82)*; Rüsen *(wie Anm. 11)*; Julius H. Schoeps, *Vom Rufmord zum Massenmord*, in: *Die Zeit 18, 26. 4. 1996*; Rainer Erb, *Unangenehme Fragen neu gestellt*, in: *Zeitschrift für Geschichtswissenschaft (ZfG) 44 (1996)*, S. 827–832; Dieter Pohl, *Die Holocaust-Forschung und Goldhagens Thesen*, in: *ZfG 45 (1997)*, S. 1–48; Walter Manoschek, *Der Judenmord als Gemeinschaftsunternehmen*, in: *Schoeps (wie Anm. 11)*, S. 155–159; Gertrud Koch, *Eine Welt aus Willen und Vorstellung*, in: FR, 30. 4. 1996.

87 Loewy *(Erledigung, wie Anm. 82)* wäre z. B. hier auszunehmen.

88 Lieber *(wie Anm. 81)*, S. 39 f. »Alle Erklärungsmuster der deutschen Linken haben dazu tendiert, den Holocaust auf letztlich ökonomische Motive zurückzuführen, um ihn so in den Kontext imperialistischer Normalität einordnen zu können« *(Küntzel, Goldhagen, wie Anm. 17)*.

89 Kunstreich, *Hohlraum (wie Anm. 58)*, S. 50.

90 Küntzel, *Goldhagen (wie Anm. 17)*.

91 Küntzel, *Goldhagen (wie Anm. 17)*.

92 Wippermann, Wessen Schuld? (wie Anm. 22), S. 116; Bittermann in JW-Gespräch; Senfft (wie Anm. 7); C. Schneider, Thesen (wie Anm. 81).

93 Presse-Mitteilung der »Blätter für deutsche und internationale Politik«, Januar 1997. Auch Habermas betonte in seiner Rede den »performativen Sinn der Preisverleihung«, der besage, »daß die öffentliche Resonanz, die Buch und Autor in der Bundesrepublik gefunden haben, ebenso verdient wie begrüßenswert ist« (Über den öffentlichen Gebrauch der Historie, in: Blätter für deutsche und internationale Politik 4/1997, S. 408).

94 Daniel Jonah Goldhagen, Modell Bundesrepublik, in: ebenda, S. 425–442.

95 Bruhn, Nationales Projekt (wie Anm. 67), S. 35.

96 Köhler, Unter Deutschen (wie Anm. 7), S. 14.

97 Reemtsma, Abkehr (wie Anm. 17), S. 417; vgl. Greiner (wie Anm. 13); Wippermann in JW-Gespräch; Heer und Friedmann in der Konkret-Debatte »Wessen Schuld?« (wie Anm. 53), S. 13 ff.; Klaus Naumann, Zwischen Tabu und Skandal, in: Blätter für deutsche und internationale Politik, Nr. 9, 1996, S. 1137.

98 Reemtsma, Abkehr (wie Anm. 17), S. 418 f.; vgl. Strobl (wie Anm. 7).

GOLDHAGEN IM KONTEXT

Marianne Kröger **»Meine Geschichte – deine Geschichte«**
Oder: Das Verfügen über Geschichte und ihre Deutung

Unter dem Schlagwort »Erinnerung« sind derzeit vielerlei Aktivitäten in Deutschland zu verzeichnen: Gedenkveranstaltungen, Mahnmalerrichtungen, Debatten über Museen und Gedenkstätten, Veröffentlichungen, Rezensionen, Lesungen, Tagungen, Interviews bis zu wissenschaftlicher Forschung und deren Präsentation. Zum vagen Begriff der »Erinnerung« im Zusammenhang mit der NS-Zeit tauchen weitere auf; etwa »Vergessen«, »Opfer« oder »Traumatisierung«. Die Verschwommenheit dieser Wörter verweist auf die Brisanz des Themas.

Es geht um eine Politik, der es – unterstützt von Industrie, Militär, Wissenschaft und Kultur – gelang, in kürzester Zeit alle Voraussetzungen zu schaffen, um Teile der Bevölkerung auszusortieren, zu isolieren und sie schließlich zu ermorden.

Es geht um eine Bevölkerungsmehrheit, die dem zustimmte, sich in irgendeiner Form beteiligte oder tatenlos wegschaute, sei es aus Überzeugung, Kalkül, Angst oder Gleichgültigkeit. Und es geht um Minderheiten, die sich die Monstrosität ihrer systematischen Vernichtung nicht annähernd vorstellen konnten, sich nicht wehren und auch sonst nicht auf ausreichende Hilfe rechnen konnten.

Eine kritische Auseinandersetzung mit der NS-Zeit auf breiter Ebene hat hierzulande nur ansatzweise stattgefunden. Statt dessen wird bis heute gerne geschwiegen, verschwiegen, verharmlost, gerechtfertigt und – subtil oder offen – den Nachkommen vermittelt, was an Ideologie und Rechtfertigungsfloskeln noch in den Köpfen verankert ist. Die Nachkriegspolitik förderte dieses Wegsehen. Die ehemals Verfolgten jedoch, die Überlebenden der Konzentrationslager und Verstecke, blieben gleich den Frauen und Männern des Exils auch nach Kriegsende unwillkommen. Sie waren gemiedene Ausgestoßene, deren Erlebnisse wenige hören wollten.

Aber das Vergangene ist nicht vergangen, sondern besteht fort. Es wirkte weiter, indem etliche Versatzstücke der NS-Ideologie in die frühen Nachkriegsüberzeugungen hinübergerettet wurden. In ihnen überlebten weltanschaulich geprägte Vorstellungen von Volk und nationaler Größe, von Autorität und Effizienz, Verständnisse von Gesundheit und Krankheit, Zucht und Ordnung; sie sind noch immer – unterschwellig oder offen – vorhanden. Verhärtungen und Einfühlungsmangel, Vorurteile und projektiver Haß wurden der folgenden Generation vermittelt. Das komplexe Aufeinanderwirken dreier Generationen ist eine aktuelle Erkenntnis aus der Psychoanalyse, deren Bedeutung erst langsam erfaßt wird.

Doch psychische Konstellationen sind nicht alles. Mit Erinnerung wird Politik gemacht. Fester Bestandteil der politischen Agenda in Deutschland sind öffentliche Gedenkzeremonien, die die Selbstverpflichtung zur moralischen Verantwortlichkeit auf höchster staatlicher Ebene vorführen sollen. Jene Gedenkakte, bei denen führende Politiker minutenlang betreten dreinschauen, wirken als Farce, wenn diese Politiker im selben Atemzug ihrer Besorgnis Ausdruck verleihen, ob das Ausland ihren Betroffenheitsgestus auch honoriert habe. Als Farce wirken sie auch, wenn zugleich ein neu erstarkter Nationalismus wieder systematisch zwischen »wir« und »die anderen« trennt und diese Unterscheidung politisch umgesetzt wird.

So wird vom Kalkül bestimmt und zur Betroffenheitsshow degradiert, was auf den ersten Blick richtig und wichtig erscheint, nämlich die Erinnerung an Auschwitz zu bewahren. Doch diese

Veranstaltungen erwecken den Eindruck, als ginge es um längst Vergangenes ohne Gegenwartsbezug. Von Kontinuitäten wird nicht gesprochen. So wird ein Thema, das nichts von seiner Brisanz verloren hat, nur angeschnitten und doch auf Abstand gehalten, wodurch es alles Konfliktpotential verliert. Auschwitz und der Holocaust werden gleichgesetzt. Der Holocaust aber, so wird suggeriert, sei eine Trauerangelegenheit der Juden. Folglich beschäftigt sich das Gros der nichtjüdischen deutschen Bevölkerung auch weiterhin nicht damit.

Erinnerung, »event-marketing« und Ausflüchte

Der politisch-offizielle Umgang mit Erinnerung ist nicht der einzige. Wichtige andere Bereiche sind Kultur und Wissenschaft. In beiden ist – auch in Deutschland – deutlich ein Trend zur Befassung mit den Opfern des Nationalsozialismus, vor allem mit jüdischer Geschichte und jüdischem Leid, zu erkennen. Dieses Interesse stellt hierzulande nach Jahrzehnten der Verdrängung qualitativ eine neue Entwicklung dar. Doch was wird da präsentiert, und wie?

Starken Anklang finden derzeit Buchveröffentlichungen, bei denen Einzelschicksale im Mittelpunkt stehen. Der Trend zur Biographie betrifft auch Publikationen zum Holocaust – das Erinnern bekommt das Korsett heutiger Konventionen verpaßt. Die Grundtendenz kultureller Massenproduktion, vornehmlich die Gefühlswelt des Publikums anzusprechen, macht vor dem Holocaust nicht halt. Das gilt auch für Spielfilme. Gerade in ihnen hat Sentimentalisierung jedes Nachdenken über Auschwitz abgelöst, das über Pseudo-Anthropologismen wie »Der Mensch ist von Natur aus schlecht« hinausreicht. Ob aber die kurzfristige emotionale Identifizierung mit Einzelfiguren ein tieferes Geschichtsverständnis ermöglicht, darf bezweifelt werden. Geweint wird viel, doch am Schluß wartet irgendeine Rettung, ein erleichterndes Gefühl. Denn die Identifikationspersonen überleben zumeist – im Film. Auch der oft bemühte Topos vom edlen Menschen in finsterer Zeit zielt nicht unbedingt auf Erhellung des Geschehens.

Ernsthafte Trauer um die Ermordeten wäre begrüßenswert, doch kurzfristige Gefühlsausbrüche bleiben beliebig – und gänzlich folgenlos. Der nächste Walt Disney-Film rührt ebenso. Die Identifikation mit den Opfern führt nicht automatisch dazu, Hintergründe zu durchdringen und gesellschaftliche Verhältnisse zu verstehen, sich mit dem Warum der Ereignisse und den Tätern zu befassen, sich der Folgen eines solchen Völkermords bewußt zu werden oder die Aktualität von Verfolgungsgefahren zu realisieren. Was hier aber praktiziert wird, entspricht dem internationalen Trend zum »event-marketing«. Vermarktet werden intensive Gefühle. Sie lassen das Publikum sich seiner starken Emotionen wegen lebendig fühlen, hinterlassen aber nur eine Ahnung von problematischen Themen. Mehr wird von der breiten Masse auch nicht erwartet. Das ästhetisierte »Daß« des Geschehenen läßt Fragen nach dessen »Warum?« unberücksichtigt. Hauptsache, das Thema ist irgendwie in den Köpfen vorhanden. Von Bewußtseinsbildung ist schon lange keine Rede mehr. Die Auseinandersetzung mit Auschwitz muß jedoch über die Wahrnehmung der Gefühle, die Auschwitz auslöst, hinausgehen.

In der Bundesrepublik gibt es über das Moment kultureller Globalisierung hinaus weitere spezifische Breitenreaktionen, die andernorts undenkbar wären. Das »Opfer«-Bewußtsein galt in der »nicht-öffentlichen Meinung« seit dem Kriegsende ja vor allem sich selbst als Mehrheitsbevölkerung: weil man von Hitler »verführt worden war«; weil »es« einen Krieg »gegeben« und »man« ihn verloren hatte. »Man« wurde Opfer der Bombardierungen, der Vertreibung und der Entnazifizierung, Opfer der »Besatzungsmächte«, ja der ganzen Welt, die Beschuldigungen gegen »die Deutschen« erhob. So wird – »wir haben auch gelitten« – beständig das »Leid der anderen« mit dem »eigenen Leid« verglichen und ausbalanciert. Dresden gegen Auschwitz. Die Entlastungsfloskel »In Kriegen gibt es allenthalben Grausamkeiten« hat wieder Konjunktur.

Flugs sind alle gleichermaßen »Opfer«, die Verfolgten und die Verfolger. Dies reicht bis zum Vergleich von Traumatisierungs-Befunden, und damit wird Auschwitz erneut relativiert. Die Vereinheitlichung von Tätern, Mitläufern und Opfern ist ein immerwährender deutschlandspezifischer Diskurs, der über einen breiten Konsens in der Bevölkerung verfügt.

Über jüdisches Überleben und alle Facetten jüdischer Identität in Deutschland öffentlich zu reden, löst dagegen nach wie vor geistiges Zusammenzucken aus. Wer kennt nicht die unzähligen Eklats auf Vorträgen, Tagungen, Lesungen, Diskussionen zur jüdischen Verfolgungsgeschichte in Deutschland. Kaum eine Veranstaltung vergeht, ohne daß nicht irgend jemand – und gemeint sind hier keine organisierten Nazis – aufsteht und mit unverhohlener Wut fordert, man habe nun genug vom jüdischen Leid gehört, und nun solle auch einmal über die Leiden »der Deutschen« gesprochen werden. Die minder aggressive Variante besteht darin, daß jemand mit nichtjüdischer Herkunft beharrlich zum Erzählen eigener Erinnerungen übergeht. Beides sind für solche öffentlichen Veranstaltungen typische Reaktionsmuster. Sie verweisen darauf, daß es an einem geeigneten öffentlichen Rahmen für eine tiefgehende Auseinandersetzung mit der NS-Zeit fehlt. Daher werden andere Veranstaltungen, die eigentlich der Beschäftigung mit den Opfern der Verfolgung gewidmet sind, von Leuten umfunktioniert, die von ihren eigenen Scham-, Angst- und Schuldgefühlen derart besessen sind, daß sie dafür ein Publikum – und vor allem leibhaftige Jüdinnen und Juden – benötigen. Dieser Mechanismus scheint überdies keine Frage des Alters zu sein.[1]

Erinnerung, Verstehen und Wissenschaft

Vor diesem Hintergrund stellt sich die Frage, welchen Bedingungen eigentlich die wissenschaftliche Befassung mit dem Thema Auschwitz unterliegt. Öffnen sich hier neue Denkräume, die auch anderweitig nutzbar sind oder genutzt werden? Werden thematische oder strukturelle Vorgaben der Massenmedien übernommen? Kann es unter den derzeitigen Bedingungen überhaupt noch eine davon unabhängige Wissenschaft geben? Dies sind wichtige Fragen, und hier folgen nur einige vorläufige Überlegungen. Gerade für die Bundesrepublik gilt, daß zum Thema Auschwitz, NS-Zeit, Holocaust jahrelang nur eine Handvoll engagierter

Persönlichkeiten allen Widerständen zum Trotz wissenschaftliche Arbeit geleistet haben. In der eigenen Zunft lange Zeit unbeliebt, von der Politik attackiert, von der Öffentlichkeit nicht wahrgenommen, entstanden grundlegende Analysen, die immer wieder neue Forschungsdefizite aufzeigten. Ein Thema ohne Konjunktur, ein unbequemes Thema, schien es. Das hat sich geändert. »Holocaust Studies« sind weltweit ein eigener interdisziplinärer Forschungsbereich geworden, der Geschichte, Psychoanalyse, Pädagogik, Literatur, Kunst und mehr umfaßt. In welche Richtung wird geforscht – und kommt man dem »zu begreifenden Unbegreiflichen« dadurch näher?

Auf geistes- und sozialwissenschaftlicher Seite gibt es seit Jahren generell einen Trend zum Theorieverzicht, der durch den Zusammenbruch des Ostblocks noch verstärkt wurde. Heute noch an einer kritischen Gesellschaftstheorie zu arbeiten, ist verpönt. Damit verschwinden allmählich unabhängige Denkräume jenseits der Verteidigung bestehender Verhältnisse und deren Werteordnung. Statt dessen wird theoretisches Denken fast ausschließlich auf subjektive Interessenlagen zurückgeführt. Auch der künstlerische Bereich ist davon betroffen: Aus wissenschaftlichen Kreisen werden sogar Vorwürfe gegen jene erhoben, die einen dokumentarischen Stil wählen, bei dem ihre eigene Person in den Hintergrund tritt. Ein Beispiel ist gegenwärtig die Verurteilung von Peter Weiss, anknüpfend an sein Bühnenstück »Die Ermittlung«. Dokumentationen gebe es nicht, heißt es da kategorisch, und das Verschwinden der Schreibenden hinter ihrem Text wird nicht selten als Betrug an den Lesenden gewertet.[2] So kann zwar alles gesagt werden, gleichzeitig aber ist nichts verbindlich; ja, Unverständnis erntet, wer noch nach größeren Verbindlichkeiten sucht. Im Mainstream der postmodernen Wissenschaften gilt jede Äußerung als willkürlicher »Text« unter tausend anderen. Kein Wunder also, daß es dann besonders auf die marktschreierische Verpackung des Gesagten ankommt. Denn die wissenschaftliche Realität ist längst von »Marktgesetzen« durchdrungen. Themenwahl, Themendarstellung und die damit verbundenen wissenschaftlichen Karrierechancen sind in ihrer Abhängigkeit von Finanzquellen und medialer Beachtung inzwischen durchaus »marktorientiert«. Dies führt dazu, daß es auch innerhalb der Wissenschaft eine Tendenz zur Vereinfachung des Auschwitz-Diskurses gibt. In Zeiten nicht mehr zu überblickender Veröffentlichungsflut aus allen Fachdisziplinen zählt zunehmend der schnelle Erfolg, das Tagesgespräch über eine sensationelle Publikation. »Publish or perish«: Das Veröffentlichen allein gilt schon als wissenschaftliche Leistung, ein profunder Inhalt steht meist dahinter zurück, und das gewählte Thema orientiert sich oftmals an den Erfolgsthemen der Kulturindustrie. Hauptsache, der eigene Name bleibt im Gedächtnis. »Gewagte Thesen«, im Gestus von Innovation, Radikalität und Tabubruch vorgetragen, eignen sich dafür trefflich. Es zählt das Auftreten im Scheinwerferlicht, und in diesem Licht zeichnet sich der künftige wissenschaftliche Aufstieg ab.

So entstehen vermehrt Bücher wie jenes, das Goldhagen vorlegte und das, von einer massiven PR-Kampagne vorbereitet und begleitet, vor allem durch die Gestaltungsmuster »sensationelle These«, Vermeidung von Komplexität, ein Aspekt (hier: Antisemitismus) als isoliertes nationalgeschichtliches Phänomen, Gestus des jugendlichen Rebellen, als »unkonventionell« deklarierter Angriff auf die »etablierte« Wissenschaft, flott geschriebener Text, geradezu narzißtische Selbstinszenierung in den Massenmedien, und vor allem durch die Vermeidung aktueller politischer Bezüge eine Massennachfrage – und damit einen durchschlagenden Verkaufserfolg – anpeilte und erreichte. Goldhagens Buch und die Reaktion darauf wird in diesem Band anderweitig und vielgestaltig betrachtet, weshalb ich diese Debatte hier nur streife. Jedoch gilt auch für Goldhagen, daß Erkenntnisse, die über die Hitlerzeit hinausreichen, durch seine Art der Präsentation eher unterdrückt als gefördert wurden. Ob er dies so wollte oder nicht, sei dahingestellt. Er scheint jedoch damit eine vorherrschende Gefühlslage in Deutschland getroffen zu haben – bei der es womöglich um ganz andere Dinge ging als ihm. Mag sein, daß das Thematisieren der Involvierung vieler »normaler Deutscher« und ihrer offenkundigen Genugtuung über Quälereien und Morde – nicht zuletzt zusammen mit Goldhagens gleichzeitigem Versöhnungsgestus – hierzulande schon etwas diffus Erleichterndes auslöste. Neu waren die Fakten jedenfalls nicht, ihre ethnisierende Begründung aber fragwürdig und ihre Historisierung als inzwischen überwundene Mentalität ein wenig überzeugender diplomatischer Schachzug.

Gefühle allein führten auch nicht zu einem Prozeß ernsthafter Auseinandersetzung. Der anfänglichen Aufregung folgte – nichts. Das Grinsen auf den Gesichtern von Folterern, die gestern noch »ganz normale« Menschen waren (es auch nach Feierabend wieder zu sein scheinen) und die offensichtlich uneingeschränkte Macht über Leben, Qual und Tod anderer genießen, ist jedoch nicht historisch und damit erledigt. Es ist weltweite Aktualität ebenso wie die Erfahrung, von einem Tag auf den anderen verfolgt zu werden. Die Gefahr gezielter Massenmanipulation nach altbekannten Strategien durch politische Demagogen besteht angesichts von realer Massenverarmung und existentiellen Ängsten breiter Schichten auch in Europa wieder; die Mündigkeit autonomer Subjekte dagegen erscheint als frommer Wunsch. Darauf, daß auch hierin eine – tabuisierte – Kontinuität liegt, hat Adorno bereits Ende der 50er Jahre hingewiesen. Dies ist ein Erkenntniszusammenhang, der verlorenzugehen droht, wenn Phänomene wie kollektiver Narzißmus, Projektion eigener Ängste und Autoritätsfixiertheit – falls überhaupt – lediglich als individualpsychologische oder ethnokulturelle Konstanten wahrgenommen werden.

Oral History, oder: Wer verfügt über Geschichte?

Ein derzeit sehr populärer Forschungszweig verbindet beide Aspekte miteinander, eine weitgehende Theorielosigkeit (oder Theorievermeidung) und die Subjektivierung von Geschichte: die Oral History. Darunter versteht man Interviews mit Zeitzeuginnen und Zeitzeugen, die anschließend ausgewertet werden. Die Oral History-Forschung hat seit einigen Jahren die Holocaust-Überlebenden entdeckt. Abgesehen von den vielen verständlichen Gründen, weshalb man sich (aber warum erst jetzt? im hohen Alter?) für ihre Lebensgeschichte interessiert und sie für die Nachwelt bewahren will, kann man bei diesem Forschungszweig inzwischen ganz bestimmte einheitliche Tendenzen feststellen. Sie betreffen die Grundlagen und Grenzen des Interesses, die Fragestellungen selbst, das Selbstverständnis der Fragenden und die Auswertung des Gehörten.

Diese Methode in ihrer zu beobachtenden gegenwärtigen Anwendung verstärkt die Konzentration auf reine Subjektivität. Damit kann eine zu große Komplexität des Themas weitgehend vermieden werden. Ausgestattet mit audiovisuellen Gerätschaften wird eine Person aufgesucht, die die eigene Lebensgeschichte aus persönlicher Sicht erzählt. Nicht nur, daß Erleben und Erzählen oftmals schlichtweg gleichgesetzt wird, auch Transkribieren und Kommentieren der erzählten Lebensphasen werden zunehmend als wissenschaftliche Tätigkeit verstanden. Manchmal ersetzen interpretierende Zusammenfassungen des Gesagten und Überleitungsfloskeln zu weiteren Zitaten gar die differenzierte Analyse.[3] So wird Geschichte auf die Wiedergabe von erzählten Lebensläufen reduziert. Doch Authentizität ist nicht alles. Der Gedanke, daß auch die hundertste Schilderung äußerster Brutalitäten keine Einsicht in das Verhältnis von politischer Macht zur Bewußtseinslage der Beherrschten schafft, taucht inmitten dieses eifrigen Aktionismus nicht mehr auf. Dieser hilflose Empirismus bedient sich zudem oft einer unreflektierten Technologiebegeisterung. Die neuesten audiovisuellen Errungenschaften werden eingesetzt: Die Optik ist entscheidend, das geschriebene Wort längst verpönt. Hier ist der Übergang zur leichteren Konsumierbarkeit, zum Infotainment, fließend.

Die allgemeine Verunsicherung darüber, für wen Überlieferungen von Erinnertem eigentlich noch relevant sind, wo doch alles beliebig zu sein scheint, zeigt sich im übrigen nicht nur bei den Fragenden, sondern auch bei den Interviewten. Wo die einen die Geschichte als Ansammlung von Einzelerlebnissen behandeln, sehen die anderen den Zweck ihrer Erzählungen zuweilen nur noch im Vermächtnis an ihre eigenen Nachkommen: Die Enkel, Urenkel usw. sollen einmal anhand der Videos die Erlebnisse ihrer Großeltern, Urgroßeltern und anderer kennenlernen. Auch diese – resignierte – Beschränkung auf innerfamiliäre Überlieferung kann als Resultat der um sich greifenden Überzeugung gesehen werden, wonach Geschichte nichts universal Begreifbares mehr sei.

Die von Steven Spielberg initiierte »Survivors of the Shoah Visual History Foundation« etwa übertrifft im quantitativen Sammeln von Berichten jüdischer Überlebender weltweit alle vergleichbaren Projekte um ein Vielfaches. 2500 Interviewende befragen nach standardisierten Vorgaben rund 45000 Shoah-Überlebende. Tausende von CD-Roms, die wiederum Zehntausende von Stunden berichteter Erfahrungen in allen erdenklichen Sprachen enthalten, werden an fünf Orten der Welt, darunter vier in Holocaust-Museen in den USA, einer in Jerusalem, deponiert. Forscher und Forscherinnen haben nur Zugang, sofern sie diese Orte persönlich aufsuchen.

Doch auch dort unterliegt das Material Beschränkungen: Viele Interviewte möchten nicht, daß ihr aufgenommenes Gespräch an die Öffentlichkeit gelangt; manche wiederum möchten explizit nicht, daß ihr Interview für die deutsche Öffentlichkeit zugänglich ist. Gerade weil solches Verfügen-Wollen über die eigene Geschichte aus der Sicht der Überlebenden nachvollziehbar ist, tritt das aus dem Vorgehen der Stiftung resultierende Problem um so deutlicher zutage: Was passiert mit soviel angehäufter Authentizität, wenn sie sich Auswertung und Öffentlichkeit(en) entzieht? Es drängt sich der Eindruck auf, daß es diesem Mammutprojekt gar nicht so sehr um wissenschaftliche Erkenntnis und Aufklärung geht. Statt dessen dienen die katalogisierten Berichte vielmehr demonstrativer Selbstbehauptung als genuin jüdisches traditions- und identitätsstiftendes Projekt. Wenn dieser – zweifellos verständliche – Aspekt als einziger bestehen bleibt, werden Chancen verspielt, denn Oral History wird hier auf eine therapeutische sowie politisch-ethnisierende Dimension beschränkt, in der erlebte Erfahrungen als eine Art von Eigentum einer einzelnen Gruppe betrachtet werden. Der Durchführungs- und Vorzeigeeffekt steht dabei im Mittelpunkt, aber es fehlen konkrete Überlegungen und Zielsetzungen, was mit den gigantischen Materialmengen außerhalb der Privatsphäre geschehen solle – eine durchaus neue Form der Befragungspraxis.

Bei aller Kritik ist aber auch zu fragen, inwieweit solcherlei Reduktion nicht auch aus negativen Erfahrungen mit der Fragepraxis vorangegangener Projekte herrührt. Dafür ist ein wenig auszuholen:

Der Ausgangspunkt von Oral History in der Bundesrepublik Deutschland war ursprünglich einmal ein emanzipativer. Sie trat mit dem Anspruch an, Leuten aus der einfachen Bevölkerung eine Stimme zu verleihen und aus den geschichtlichen Erfahrungen der Unterprivilegierten zu lernen. Es war vor allem die Geschichte der Arbeiterbewegung, die in den siebziger und achtziger Jahren anhand der Oral History-Methode wiederentdeckt wurde. Die Veteranen dieser Bewegung, Frauen wie Männer, saßen jungen Forscherinnen und Forschern gegenüber, die oft über keine intakten Mutter- oder Vaterbilder mehr verfügten und auf der Suche nach einer positiven Orientierung, vielleicht nach Vorbildern waren. Das Verhältnis zwischen Erzählenden und Zuhörenden war gleichwertiger. Das Erinnerte stellte sich den Fragenden als Erläuterung verschütteten Wissens über politische Bewegungen der Vergangenheit, deren Erfolge und Niederlagen dar. Dies war Gegengeschichte zur Geschichte der herrschenden Überlieferung und somit selbst ein politischer Akt.

Inzwischen hat auf diesem Gebiet eine inhaltliche Verschiebung stattgefunden. Man weiß von dem langen Schweigen der Holocaust-Überlebenden, man kennt das jahrzehntelange Desinteresse, man weiß von den Qualen des Erzählens. Zwar spielt Empathie als Grundvoraussetzung für ein solches Interview eine Rolle, aber ebenso auch eine deutliche Hierarchie. Heute wird von Interviewten vor allem eine möglichst erstmalige, authentische »narration automatique«, ein möglichst unbeeinflußter Erzählstrom, erwartet, dessen Sinn allein in der anschließenden wissenschaftlichen Auswertung besteht. Das befragte Gegenüber wird so zum Stofflieferanten, zu dem man einen zweckgebundenen Kontakt herstellt.

Vor diesem Hintergrund ist es folgerichtig unerheblich, wen man vor sich hat. Von der Vorstellung ausgehend, daß jede Person als Zeitzeuge fungieren kann, setzen sich demzufolge Forscherinnen und Forscher ebenso erwartungsvoll vor Holocaust-Überlebende wie vor ehemalige BDM-Führerinnen. Während die Erstgenannten unter sichtlicher Mühe Teile der Geschichte ihrer Verfolgung in Worten wiederzugeben versuchen, produzieren die Letztgenannten meist noch »Heldenlegenden«: die üblichen pseudo-subjektiven Floskeln und standardisierten Verharmlosungen, die zwar das Ausmaß ihres geistigen Horizonts, nicht aber reflektiertes Geschichtsbewußtsein mit Gespür für die objektive Bedeutung geschichtlicher Entwicklungen illustrieren. Für die Auswertung spielt dies anscheinend keine Rolle. Selbst wenn noch die fünfzigste Ex-BDM-Frau vom herrlichen »Gemeinschaftsgefühl« und ihrer »Selbstfindung« in früheren Zeiten schwärmt, fehlen bei der Auswertung Kriterien, die eine Differenzierung zwischen erzählter Erfahrung und aktiver Ideologievermittlung ermöglichen, obwohl gerade in Deutschland seit fünfzig Jahren genügend Erfahrungen mit dem Unterschied zwischen öffentlich und im engsten Kreis geäußerter Weltanschauung bestehen. Statt dessen folgt wieder die Verlagerung des Problems in die Person: Dann ist es Frau X., die persönlich naiv oder psychisch so strukturiert ist, daß sie »privatisierte Ideologien« entwickelt hat. Oder man gelangt zu der Feststellung, daß auch im negativen Gesamtzusammenhang positive Elemente enthalten waren. Somit verstellt der Blick aufs Private Einsichten in politische und sozialpsychologische Gesamtzusammenhänge.[4]

Die Interviewten sind hier beliebig austauschbar. Historisches Geschehen und persönliche Erzählung (sei es über Verfolgung, Opportunismus oder Mittäterschaft) werden eins. Anders ausgedrückt: Ein Anspruch auf Aufklärung wird fallengelassen, alarmierende Erzählungen führen nicht zu gesamtgesellschaftlichen Folgerungen. Selbst die Beweggründe des Gegenübers zum Sprechen und die Funktion des Erzählten werden nicht weiter beachtet; ein Aspekt, der bei Auswertungen entscheidend wäre und die Nichtvergleichbarkeit der Aussagen von Tätern und Opfern zur Folge hätte. Abgesehen davon, daß die Erzählbarkeit einer solch entsetzlichen Verfolgungsgeschichte, wie sie der Begriff Holocaust symbolisiert, überhaupt in Frage steht, täuscht auch manches detailliert Erzählte noch darüber hinweg, daß man sich hier auf einem paradoxen Terrain zwischen Rationalität und Irrationalität an den Grenzen des Sagbaren bewegt. Daß sich die Interviewten ausgerechnet durchs Erzählen von ihrem Horror befreien könnten, wird von engagierten Interviewenden zuweilen als Hoffnung geäußert.[5] Einleuchtender erscheint, daß vielleicht nicht so sehr das Erzählen selbst Erleichterung verschafft, sondern die Erfahrung oder Hoffnung, Gehör und Interesse zu finden, das heißt: ernstgenommen zu werden.

Doch apropos Entlastung: Nicht selten will die nichtjüdische deutsche Seite ihr Interesse an den Überlebenden des Holocaust und ihrer Geschichte als Zeichen eines spezifischen Verantwortungsgefühls verstanden wissen. Zu untersuchen wäre, inwieweit die unterstellte und erhoffte Entlastungswirkung zwar für die Holocaust-Überlebenden reklamiert wird, in Wirklichkeit aber auf seiten der Forscher und Forscherinnen selbst gehegt wird. Auch muß der gewählte Rahmen für eine solche Begegnung eher verwundern: Solche Zusammentreffen finden nicht auf zwischenmenschlicher, nachbarschaftlicher Ebene statt, sondern in einem professionell abgesteckten, zeitlich begrenzten Rahmen, mit dem Gestus neutraler Sachlichkeit, mit einem – in der Regel nicht thematisierten – streng hierarchischen Gefälle (allwissende Experten einerseits, Materialliefernde andererseits) auf der Grundlage eines eigenen Verwertungsinteresses (Abschlußarbeit, Publikation), das der Expertenseite wiederum zu Anerkennung und beruflichem Erfolg verhilft. Geredet wird nicht mit den Betroffenen, sondern über sie.

Ebenso unbekümmert wie jene Form der angeblich neutralen Annäherung gewählt wird, genauso unbekümmert werden in vielen Gesprächen Aussagen und Aussagebrüche analysiert und problematisiert. Völlig übersehen bleibt dabei in Deutschland aber die zusätzliche Brisanz des Zusammentreffens zwischen Verfolgten und Nachkommen von Tätern oder Mitläufern. Sie hieße auch, besonders sorgfältig zu beachten, wer fragt, wer antwortet und wer auf welche Weise auswertet. Beäugt, registriert, begutachtet und analysiert zu werden, ohne daß es eine gleichwertige Ebene zwischen beiden gibt, stellt hierzulande wahrhaftig eine historische Kontinuität dar, die vielen Interviewten sofort, vielen Interviewenden dagegen überhaupt nie in den Sinn kommt. Besonders problematisch wird dies, wenn dazu noch Spekulationen über Krankheitsbefunde (Grad der Traumatisierung etc.) geäußert werden.[6] Auch die persönlichen Vorgehensweisen und die möglichen privaten Beweggründe, die sich darüber ausdrücken, sind für die Interviewenden kaum einer Erwähnung wert. Ebensowenig, daß sie selbst in die Geschichte und Nachgeschichte des Holocaust involviert sind und kein Privileg einer neutralen Position für sich beanspruchen können. Denn seltsamerweise führen nur in diesem Land trotz allen nachdrücklichen Insistierens auf der eigenen – angeblichen – Neutralität auch empirische Forschungen leicht wieder zu Folgerungen, wonach die Leiden von Tätern und Opfern durchaus vergleichbar seien.

Den Befragten wird ferner oft unterstellt, daß sie nicht anders könnten, als so zu erzählen, wie sie es getan haben. Der angenommenen Unmündigkeit der Interviewten entspricht die eigene Selbstüberschätzung.[7] Noch nie habe ich in einem wissenschaftlichen Auswertungsbericht mitreflektiert gefunden, daß die eigene Person den Verlauf und die Themenauswahl eines Interviews entscheidend negativ beeinflußt haben könnte. »Narration automatique«, das Vertrauen auf den unzensierten spontanen Erzählfluß und dessen Dechiffrierung, geht ja letztlich davon aus, daß die Erzählenden ihren Bericht nicht bewußt und autonom gestalten. Dies zeigt sich besonders, wenn beim Gegenüber aufgrund bestimmter Reaktionen sofort Psychopathologien unterstellt werden. Es muß überaus beruhigend sein, auf seelische Defizite der Verfolgten hindeuten zu können. Damit beweist man sich selbst Kompetenz und Gesundheit, ja, man kann sich überdies noch moralisch korrekt fühlen. »Meine Geschichte«: letztlich also doch eher die Geschichte der schwerpunktsetzenden Forscherinnen und Forscher als der Beforschten selbst?

Ein weiterer interessanter Aspekt ist der quasi-ethnologische Blick auf Holocaust-Überlebende. Trotz aller Empathie vermitteln viele Berichte die unhinterfragte Andersartigkeit der Interviewten. Nicht Menschen, die verfolgt wurden, stehen mehr im Zentrum, sondern Angehörige eines »fremden Volksstammes«, bei denen Aussehen, Kleidung, Sprachbeherrschung, religiöse Tradition, materielle Situation und Familiensinn mit völlig anderer Bedeutung befrachtet sind als bei x-beliebigen anderen Interviewten. Hier geht Forschung in Voyeurismus über. Die säuberliche Trennung in Juden und Deutsche aus der Sicht der Nachkommen der Verfolger, die ständige Beschwörung der Fremdheit der Beforschten, wird dadurch im Kern zu erneuter politischer Ausgrenzung in scheinbar-neutraler wissenschaftlicher Verpackung.[8]

Während gegenüber jüdischen Interviewten eine Mischung aus Empathie und Exotismus vorherrscht, ist das Interesse etwa an kommunistisch oder sozialistisch engagierten Zeitzeuginnen und Zeitzeugen dagegen spürbar abgeflaut. Das kann nicht an diesem Personenkreis selbst liegen; da gäbe es noch vieles zu erfragen und erfahren. Wie sehr der Zeitgeist die Themenschwerpunkte wissenschaftlicher Forschung mitbestimmt, zeigt sich gerade hier. Alles, was mit Sozialismus zu tun hat, ist seit dem Zusammenbruch des Ostblocks diskreditiert. Die nach Zahl ohnehin wenigen Interviews mit ehemals kommunistisch Engagierten erhalten gelegentlich einen strafenden, zurechtweisenden Kommentar.[9] So beleuchtet auch hier die Forschungsgeschichte nicht die Entdeckung des früheren Geschichtsverlaufs, sondern demonstriert das von Moden abhängige Erzeugen und Durchsetzen der eigenen Geschichtsauffassung, ohne ernstgemeinten Austausch mit und oft auf Kosten des Gegenübers.

Erinnerungskultur: Rückblicke und Ausblicke

Ist es wirklich so schwer, sich eine Erinnerungskultur jenseits von PR-Mechanismen, Trivialisierung, sentimentalen Gefühlslagen, Selbstentlastung, Eitelkeit und Selbsterhöhung vorzustellen? Oder eine Wissenschaft des Erinnerns, die nicht Theorievermeidung, Subjektivismus und Emotionalisierung zu ihren wichtigsten Pfeilern erhebt? Zu durchbrechen wären die allgegenwärtigen Konsum- und Verhaltensmuster. Denn das tiefe Erschrecken, das Auschwitz als Symbol jederzeit auslösen könnte, ist aus allen der hier angesprochenen Vorgehensweisen verbannt. Statt der Besinnung darauf, daß es nach Auschwitz nicht wieder möglich sein wird, gutgläubig und unbefangen an einen unaufhaltsamen linearen Fortschritt der Menschheit zu glauben, wird jegliche Problematisierung des Zusammenhangs von Macht, technologischem Fortschritt und Massenpsychologie vermieden. All die Aspekte, die letztendlich Auschwitz ermöglicht haben, existieren weiter, und etliche gegenwärtige Phänomene erinnern an die Situation Anfang der 30er Jahre, die zur Machtergreifung Hitlers geführt hat. Zunehmende Entdemokratisierung und rücksichtslose Durchsetzung von ökonomischer und politischer Macht, zusammen mit völliger Undurchschaubarkeit gesellschaftlicher Entscheidungsstrukturen für den einzelnen, intellektueller Unmündigkeit der Bevölkerungsmehrheit, dazu eine zunehmende sozioökonomische Marginalisierung durch Massenarbeitslosigkeit, die Manipulation und Kanalisierung realer Ängste und Unsicherheiten durch Medienmonopole in Ressentiments und Haß, die Forcierung von Entsolidarisierung und eigennützigem Denken, die Idealisierung technologisch-entmoralisierter Forschung, die allmähliche Verbannung eines ethisch-moralischen, humanistischen Anspruchs aus Ökonomie, Politik und Wissenschaft – all dies sind Tendenzen, die nicht zwangsläufig zu neuen Radikalisierungen führen müssen. Sie sind jedoch ganz sicher keine Indizien einer Entwicklung hin zu einer friedlicheren und gerechteren Weltordnung. Rechtspopulisten skandieren immer wieder das Recht auf das Vergessen unangenehmer Wahrheiten, das Recht auf ein Harmonisierungsbedürfnis. Das trifft sich mit einer hochgezüchteten Spaß-Erwartungshaltung, wie sie die Unterhaltungsbranche pausenlos produziert. Unangenehmes und intellektuelle Reflexion werden als Zumutung empfunden. Diesem immer stärker werdenden Sog muß sich eine Wissenschaft, die ernstgenommen werden will, entgegenstellen. Historische Geschehnisse nur noch auf Privat-, Familien- oder Nationalgeschichten zu reduzieren, liegt zwar auch im Trend, verengt aber den Blick. Es gilt, heute und erst recht in Zukunft, wenn Auschwitz nur noch als ferner Spuk erscheint, Menschen gegen die Strategien neuer volkstümelnder Retter, ihre Haßparolen und ihre Erlösungsangebote zu immunisieren. Dazu müssen sie durchschaut werden. Gerade für die Geschichtswissenschaft, die sich mit den gewalttätigsten Epochen der Geschichte auseinandersetzt, bleiben also wichtige Aufgaben.

1   Eklats gab es etwa bei den großen Tagungen »Deutsche Nachkriegsliteratur und der Holocaust« (Arnoldshain, 5.–9. März 1997) und »Für ein Kind war das anders ...« (Marburg, 22.–25. Mai 1997). Während einer Gedenkveranstaltung zur Befreiung von Auschwitz-Birkenau 1995 in Frankfurt am Main »outeten« sich Nachkommen hoher SS-Angehöriger mit dem Gestus von Mut und Überwindung und versuchten das Gespräch darauf zu lenken, wie schwer es für sie sei, Kinder von »Tätern« (das Wort »Mörder« fiel nicht) zu sein und ihre Väter dennoch zu lieben. Diese Liste ließe sich endlos fortsetzen. Da öffentliche Gespräche zum Thema Holocaust-Überlebende so häufig in offene Konkurrenz, Zerreden und Selbstinszenierungen abdriften, sprechen manche Vortragende nur unter der Bedingung, daß im Anschluß kein Publikumsgespräch stattfinde. Sie hoffen auf die Wirkung des stillen Nachdenkens.

2   Besonders ausgeprägt findet sich die Vorwurfshaltung gegen Peter Weiss bei James Edward Young, Beschreiben des Holocaust, Frankfurt am Main 1992, z. B. S. 110–114, 132.

3   Den Theorieverzicht findet man etwa bei soziologischen Auswertungen, in denen das Verhalten einer begrenzten Anzahl von Einzelpersonen nur individuell-interpretierend bewertet wird. Statt Aussagen über gesellschaftliche Hintergründe und Rückwirkungen solcher konstatierter Verhaltensweisen zu wagen, begnügen sich Interviewende bei der Auswertung mit Aussagen wie »Sie schafft es, alle anderen Informationen von sich fernzuhalten ... Sie erkennt nicht, daß ...«; vgl. insbes. Lisa Kock, »Man war bestätigt, und man konnte was!« – Der Bund Deutscher Mädel im Spiegel der Erinnerungen ehemaliger Mädelsführerinnen, Münster/New York 1994.

4   Lisa Kock (wie Anm. 3). Insbesondere das gesteigerte Selbstwertgefühl ehemaliger BDM-Frauen wird durch die Autorin immer wieder positiv hervorgehoben; sie erlebten »Anerkennung«, »persönliche Vorteile«, »Respekt«, »Vertrauen in ihre Leistungsfähigkeit« (S. 268) mit Langzeitwirkung: »Über die Hitler-Jahre hinaus blieb ein beträchtliches Maß an Selbstwertgefühl und Selbstvertrauen wirksam, welches sich in der späteren Übernahme von führenden Funktionen in Vereinen und Verbänden verdeutlicht. Die Frauen nutzten ihre Organisations-, Führungs- und Gemeinschaftserfahrungen aus der BDM-Zeit und nahmen die Chance wahr, neue soziale Positionen zu erwerben. Diese Tätigkeitsfelder ... boten erneut (sic!) Gelegenheit für sozialen Einsatz und die Ausübung und Pflege von sozialer Verantwortlichkeit.« (S. 268).

5   Vgl., schon im Titel bezeichnend, etwa Ilka Quindeau, Trauma und Geschichte. Interpretationen autobiographischer Erzählungen von Überlebenden des Holocaust, Frankfurt am Main 1995. Die Autorin vertraut darauf, den Überlebenden durch ihre Interviews die »(Wieder-)Aneignung von Subjektivität und Identität« (S. 37) zu ermöglichen und somit deren »Genesung« zu forcieren oder gar zu erreichen.

6   Auffällig ist, wie leichtfertig viele nicht psychologisch und psychiatrisch Ausgebildete zu Traumatisierungszuschreibungen tendieren, so etwa die Soziologin Quindeau (wie Anm. 5) oder Jolande Withuis (De jurk van de kosmonaute, Amsterdam 1995). Dem-

gegenüber überschrieb Kurt R. Eissler seinen Beitrag provokativ »Die Ermordung von wie vielen Kindern muß ein Mensch symptomfrei ertragen können, um eine normale Konstitution zu haben?«, in: H. M. Lohmann (Hrsg.), Psychoanalyse und Nationalsozialismus, Frankfurt am Main 1994.

7   Als Beispiel sei Withuis (wie Anm. 6), S. 44, zitiert: »Wenn ich von Amnesie spreche, meine ich damit immer das Fehlen von Erinnerungen im öffentlichen Bereich, wobei individuelles und soziales Gedächtnis auf vielfältige Weise miteinander verbunden sind.« Sie bezieht sich auf »unterbliebene« Vergewaltigungsberichte untergetauchter jüdischer Mädchen in niederländischen Pflegefamilien. Das Recht der Zeitzeuginnen, selbst auszuwählen, wem sie welche Ereignisse ihres Erlebens erzählen, oder dies zu unterlassen, ohne deshalb als krank gelten zu müssen, bleibt unberücksichtigt. Eine Reflexion über einen möglichen Vertrauensmangel der Befragten gegenüber der Forscherin fehlt bei Withuis wie Quindeau und anderen völlig.

8   Vgl. etwa Ingeborg Böhringer-Bruns, Kein Gras darüber, Tübingen 1995, mit permanenter Trennung in »wir Deutsche« und »die Juden«.

9   Withuis (wie Anm. 6), S. 38–43, kritisiert auf diese Weise ehemalige Kommunistinnen, Überlebende des ehemaligen Frauenkonzentrationslagers Ravensbrück, von denen sie annimmt, daß sie von ihren sowjetischen Befreiern vergewaltigt wurden, dies aber aufgrund ihrer angeblich beibehaltenen Loyalität zur Sowjetunion noch immer beharrlich leugneten.

Hans-Ernst Mittig **Künstler in Schuldgefühlen**
*»Denkmal für die ermordeten Juden
Europas«*

Goldhagen hebt mit seinem Buch »Hitlers willige Vollstrecker«
die Seiten des Holocaust hervor, auf die das Publikum heutiger
Medien vorbereitet ist. Reinhard Baumgart hat auf Hollywood
und besonders den Western hingewiesen.[1] Nicht nur das Rezipieren von Grausamkeiten wird vor Leinwand und Fernsehschirm
eingeübt, sondern der Blick auf Tatmenschen. Man sucht und bekommt Kontrastprogramme zu alltäglicher, außengeleiteter Routi-
nearbeit. Die Akteure handeln aus eigenem Antrieb, folgen starken – freilich teilweise verpönten – Gefühlen. Die verbürgte
Grausamkeit der Nazi-Täter hatte nach Goldhagen ihren Ursprung in einem eliminatorisch-exterminatorischen Antisemitismus der Deutschen; er führte zum Quälen und Morden, oft über
das Befohlene hinaus, und ließ Gefühle von »Vergnügen«, »Begeisterung« und »Spaß« entstehen.[2] Der Erklärungsweise Goldhagens ist eine Begrenzung inhärent, die nicht nur weitere Ursachen
abdämmt, sondern auch andere Opfer unberücksichtigt läßt: Antisemitismus kann die Tötung von Juden erklären, nicht, jedenfalls nicht direkt, die Ganzheit der ermittelten Verfolgungs- und
Vernichtungsstrategie. Soweit die Verbrechen sich gegen andere
Opfergruppen richteten, werden sie in den Hintergrund ver-

bannt, im Buch für weniger relevant erklärt, in der Debatte darüber selten erwähnt.

Ein Insistieren auf Gefühlen und ein Verlangen nach Themenbegrenzung prägen auch eine Kontroverse, die gleichzeitig mit der »Goldhagen-Debatte« abläuft und sich ebenfalls auf den Holocaust bezieht: die Planung eines »Denkmals für die ermordeten Juden Europas«.[3] Goldhagens Buch zufolge wären die Bemühungen um dieses zentrale Denkmal als Fortsetzung einer bislang erfolgreichen Bewußtseinsbildung zu begrüßen, denn entsprechend seinem Vorwort zur deutschen Ausgabe »haben die Institutionen der Bundesrepublik Vorstellungen von Politik und Menschlichkeit gefördert, die dem Antisemitismus der NS-Zeit und der Zeit davor entgegenstehen und ihm die Legitimation entzogen haben. Die deutsche Gesellschaft vollzog einen schrittweisen Wandel« (13). Das ist nicht nur eine besänftigende Zugabe für die hiesigen Leser, sondern ergibt sich konsequent aus Goldhagens Annahme, »daß das Bewußtsein das Sein bestimmt«, daß herrschende Vorstellungen den Menschen unabhängig von Interessen lenken, also auch umlenken können.[4] Dieselbe Annahme liegt den Appellen zugrunde, die mit dem geplanten »Denkmal für die ermordeten Juden Europas« an das Gefühl der Heutigen gerichtet werden. Einwände gegen die Konzeption des Denkmals gelten darum teilweise auch gegenüber Goldhagens Sicht des Holocaust. Besonders die Verengung des Blicks auf den subjektiven Faktor[5] und auf eine einzige Opfergruppe kann, das soll im folgenden gezeigt werden, nicht nur Irrtümer verursachen, sondern politisch gefährlich werden.

Das Denkmal: Schuld und Last

Zur Errichtung eines Denkmals für die ermordeten Juden rief 1988 ein neugegründeter Verein auf, dessen Nachfolger 1991 einen ersten Entwurf einholte. 1992 traten die Bundesregierung und der Senat von Berlin als Träger des Vorhabens hinzu, 1994 bis 1995 erbrachte ein künstlerischer Wettbewerb zwei Erste Preise. Der Beschluß der Auslober, den Entwurf einer Künstlergruppe um Christine Jackob-Marcks (Abb. 1, siehe S. 282) zu realisieren, scheiterte wegen »unpassender Monumentalität« am Einspruch des Bundeskanzlers, so daß (1997) Expertenkolloquien und eine neuberufene Findungskommission auf der Grundlage der Wettbewerbsergebnisse einer neuen Entscheidung vorarbeiten sollten. Auch die Meinungsäußerungen in den Medien rissen nicht ab. Während die »Goldhagen-Debatte« durch das Erscheinen eines abgeschlossenen Druckwerks entstand, verraten intensive Meinungsäußerungen zum »Denkmal für die ermordeten Juden Europas« die Hoffnung, die Entscheidung über das Werk sei noch zu beeinflussen, und die Befürchtung, das Denkmal als dauerhaftes staatliches Bauwerk werde eine unzureichende Sicht des Vergangenen auf lange Zeit zementieren.

Als zeitüberbrückendes, erinnerndes Kunstwerk steht ein Denkmal für Kontinuität: Es vergegenständlicht eine Verbindung zu Vergangenem und soll dem Erinnern Dauer sichern. Beim »Holocaust-Denkmal«, wie es oft genannt wird, gilt die erstrebte Rückbesinnung einem warnenden Schreckbild, sie fordert nicht – wie denkmalüblich – Stolz oder gar Nacheiferung, sondern Gefühle, um deren Benennung und Klärung beharrlich gerungen wird, und zwar Gefühle, die den Deutschen anstehen. Thema ist nicht wie in der »Goldhagen-Debatte« eine antisemitische Kontinuität, die zur Schuld der Vollstrecker geführt habe, sondern ein kontinuierliches Weiterwirken der Schuld bis heute. Denkmäler wenden sich an das Publikum ihrer Entstehungszeit mit dem Habitus des Öffentlichen und Offiziellen; deutlicher als manche Bücher verlangen sie nicht nur Kenntnisnahme von Fakten, sondern rufen zu etwas auf. Das ist besonders deutlich angesichts der verbalen Appelle, die das heutige Denkmalvorhaben begleiten. Und dabei stellte sich nicht unmittelbar für die Beteiligten des Holocaust, sondern für die Urheber und Nutzer des Denkmals die Frage, aus welchem Grund und mit welchem Ziel sie als die »Deutschen« sprechen sollten und anzusprechen seien.

Das Denkmal wird von Menschen betrachtet werden, die zur Zeit der Mordtaten noch nicht lebten, an Nazi-Verbrechen nicht teilnehmen konnten. In den Diskussionen ist trotzdem nicht nur von der Schuld der damaligen Täter die Rede, sondern von einer

Abb. 1: **Entwurf für das »Denkmal für die ermordeten Juden Europas«
(1995) von *Christine Jackob-Marcks, Hella Rolfes, Hans Scheib und Reinhard Stangl*.**

Schuld, die seither auf den Deutschen laste, auch auf den jüngeren. Schuldgefühl erscheint als der alles Weitere bedingende subjektive Faktor. Eingeübt ist es mittels älterer Medien wie Ermah-
nung und Predigt. Immer öfter wird zwar gesagt, nicht Schuld an
Vergangenem treffe die Jüngeren – dies betont auch Goldhagen
(12) –, sondern Verantwortung für die Zukunft. Als klärendes
Wort hat sich dies aber offenbar noch nicht durchgesetzt. Schuld,
die nicht mit den Tätern erloschen sei, wird weiterhin suggeriert,
durch Denkmalaufrufe wie durch Denkmalentwürfe; und sie
wird weiterhin empfunden, auch von jungen Menschen.[6]
  Schuld kann aber nur Individuen treffen, nur persönlich begründet werden: durch eigenes Tun oder Unterlassen. Unser
Strafrecht und die geltenden moralischen Überzeugungen stimmen darin überein, daß Schuld sich nicht vererbt. Peter Sichrovskys wirkungsvoller Buchtitel von 1987 suggeriert jedoch, daß

Abb. 2: **Entwurf für das »Denkmal für die ermordeten Juden Europas«**
(1995) von *Simon Ungers, Christiana Moss und Christina Alt.*

Kinder aus Nazifamilien »schuldig geboren« seien; erst der Text
rückt dies zurecht. »Ich fühle mich so schuldig«, sagte eine vielleicht vierzigjährige Chorleiterin nach dem Besuch der zentralen
israelischen Shoah-Gedenkstätte Yad Vashem.[7] Der Leiter einer
Berliner Gedenkstätte berichtete, daß »viele Lehrer ganz offenkundig – in bester Absicht vielleicht – ... versucht haben, den
jungen Leuten ein Schuldgefühl einzureden«.[8] »Dauernde Schuld
der Deutschen« beschwört ausdrücklich einer der Denkmal-Ent-
würfe; in der Ausschreibung war (1993) »Besinnung in Scham
und Schuld« als Ziel genannt worden. Schon vor dem Baubeginn
erinnerte das Denkmal an »die ungeheure Last der deutschen
Schuld«.[9]

Schuld durch Last zu symbolisieren, versuchen die beiden mit
Ersten Preisen gekrönten Entwürfe. »Eine unheimliche Last« sollen die sechs Meter hohen Stahlträger »spürbar werden lassen«,

die nach dem Entwurf von Simon Ungers und Mitarbeiterinnen ein über Stufen ersteigbares Podest umgeben würden (Abb. 2, S. 283). Als »trümmerschwere Grabplatte«[10], 100 mal 100 Meter groß, wird das von Jackob-Marcks und anderen entworfene schräge Geviert aus Beton charakterisiert (Abb. 1, S. 283). Dem drittplazierten Entwurf bescheinigte die Jury »bedrückende Wirkung«. Lastende Schuld kann auch körperlichen Ausdruck finden. Von Schuld gebeugt – so die Redensart – sind zum Beispiel Adam und Eva auf einem Relief der Hildesheimer Bernwardstür von 1015. Moderne Kunstwerke können ohne figürliche Gesten eine gebeugte Haltung nahelegen, indem sie Abgründe auftun, die nur dem gesenkten Blick zugänglich sind. Solche wurden mehrmals vorgeschlagen, »50 Meter in die Tiefe etwa zieht den Blick ein in die Erde eingegrabener Kubus«.[11]

Viele Wettbewerbsentwürfe zeigen weitere Grundmotive, die Schuld symbolisieren können. Mehrmals fällt auf, daß in dem nicht betretbaren Abgrund Dunkelheit herrschen, insbesondere nichts zu »besichtigen« sein soll. Nicht sehen – das gehört zu schuldbewußten Gesten, wenn König David sein Haupt verhüllte (2. Sam. 15, 30), König Ödipus sich gar das Augenlicht nahm. Eine undurchdringliche Umhüllung oder eine empfindliche Verletzung soll nach manchen Entwürfen denn auch am Denkmalgelände vollzogen werden. Risse, Schlitze und Klüfte werden zu einem der Leitmotive. Der mit einem Ersten Preis ausgezeichnete Entwurf von Ungers und anderen wird einmal mit der Begründung abgelehnt: »Er tut nicht wirklich weh«.[12] Der andere »sprengt«, wie zu lesen ist, »jede Übersichtlichkeit, Orientierung und jeden städtebaulichen Zusammenhang«, erreicht ein Gefühl der »Beklemmung ... nur im Wege seiner gewollten Disproportionalität und städtebaulichen Monstrosität«.[13] Beide sollen dem Boden der Hauptstadt eine Verletzung einprägen, die auf schuldmotivierte Selbstbestrafung weist. Das Denkmal soll nach solchen Vorschlägen ein Mal in dem anderen Sinne des zweiten Wortteils sein, einem eingebrannten oder eingeätzten Zeichen entsprechen: »wie eine Narbe im Stadtbild«, ein »ewiger Pfahl im Fleisch der Deutschen« oder ein »Wundmal«.[14]

Aber wessen Schuld soll so schmerzhaft und dauerhaft symbolisiert sein? Eine Schuld, die wirklich uns trifft oder drückt. Die Entwürfe beschäftigen sich – insoweit Goldhagens Geschichtserzählung sehr unähnlich – wenig mit den Affekten der Nazis, ihrem Vorgehen, ihren Werkzeugen und ihrer Organisationsweise. Sie sollen überwiegend die Haltung der Heutigen zum Geschehenen vermitteln, sie legen »Zeugnis ab«.[15] Als Verfasser vieler Erläuterungstexte offenbaren sich – um es mit Nietzsche zu sagen – »Künstler in Schuldgefühlen«.[16] Sie setzen ein Stück weit die Beschwörung fort: »Die Gewalt ... ging von dir aus, jetzt kehrt sie zurück, zu dir.«[17]

Die Verbrechen der Nazis und ihrer Helfer verlangen aber weiterhin nach Aufklärung statt nach der »allenthalben tönenden Selbstbezichtigung«, die Gabi Dolff-Bonekämper beobachtet und als pseudo-religiös entlarvt hat.[18] Daß der vielfach empfundene Übergang von Verbrechensschuld auf die »Nachfahren« einer näheren Betrachtung nicht standhält, das sollten weder Denkmäler noch Denkmalkommentare verunklären. Die – wie an einer Stelle richtiger zu lesen ist – »schuldlos beladenen«[19] Nachkommen können von der Wissenschaft erwarten, daß sie zukunftweisende Orientierungsversuche unternimmt, statt sich mit den vagen Worten Detlef Hoffmanns zu verabschieden: »Den Zustand der Unschuld gibt es nicht, wohl auch nicht den der Schuld.«[20] Abstufungen zwischen den Polen »Schuld« und »Unschuld« sind in Rede und Schrift versucht worden; nicht wenige Varianten und Surrogate für »Schuld« gab die deutsche Sprache her: Kollektivschuld, metaphysische Schuld, historische Schuld; Schuld anzuerkennen haben, ein schlechtes Gewissen haben, zur Bußbereitschaft verpflichtet sein, keine vollkommene Absolution erlangen können, einzustehen haben, haftbar sein, eine Last, eine Bürde annehmen müssen.

Die Deutschen werden dabei als »Angehörige des Tätervolkes«, »Nachkommen der Täter«, »Kinder der Mörder« angesprochen: also wegen Volkszugehörigkeit oder Abstammung. Diese Kriterien verraten noch die archaische Auffassung, Schuld könne an Volk und Sippe haften statt ausschließlich an Individuen. Wenn Blutsbindung als Grund anhaltender Schuld-Last genommen wird, so sieht Konrad Paul Liessmann darin das Fortwirken einer faschistischen Zentralkategorie.[21] Er spielt damit auf Rassentheorie und Sippenhaftung an. So einfach ist es nicht, denn schon in der Bibel geht »Schuld ... bisweilen auf ... Familie und ... Volk über«.[22] Aber davon berichten Philosophen und Theologen nur noch ablehnend oder verlegen.[23]

Ein Versuch, den Begriff »die Deutschen« mit klarem Kopf zu benutzen, könnte an das Kriterium – und Kontinuum – Staatsangehörigkeit anknüpfen. Die Verbrechen, die im Namen und durch Organe des Deutschen Reichs angeordnet und begangen wurden, lasten sehr wohl auf dem deutschen Staat. Die Bundesrepublik hat die Rechtsnachfolge anerkannt, sogar beansprucht. Ihre Staatsangehörigen bilden – nach dem Begriff von Karl Jaspers – eine »Haftungsgemeinschaft«.[24] Wenn der Staat für das von seinem Rechtsvorgänger geschaffene Unrecht haftet, so trifft diese Haftung mittelbar auch den einzelnen Staatsangehörigen. Die daraus für den »Nachgeborenen« ableitbare Verpflichtung kann sich aber nur darauf richten, objektiv von den Verpflichtungen des Staates betroffen zu werden, zum Beispiel seine Wiedergutmachungsversuche zu dulden oder zu bejahen. Eine Pflicht zum Eingestehen oder Empfinden eigener Schuld läßt sich so nicht ableiten. Jaspers hat schon 1946 die »Unentrinnbarkeit der Staatsangehörigkeit« betont[25]; sie wird in der Regel durch Geburt erworben und kann nicht ohne weiteres abgelegt werden. Ein Sachverhalt, der der freien Willensentscheidung fast ganz entzogen ist, kann zwar mit juristischen Folgen ausgestattet sein, aber nicht auch noch zu bestimmten Gefühlen verpflichten.

So liegt es nahe, an eine Zielvorstellung anzuknüpfen, die über nationales Denken hinausführt: die Zielvorstellung von einer »Solidarität zwischen allem, was Menschenantlitz trägt«, wie Jürgen Habermas schrieb.[26] Solche Verbundenheit liegt bereits den häufigen Hilfsmaßnahmen für notleidende Menschen in anderen Ländern zugrunde. Zur Solidarität ohne Nationen-Sortierung wird auch mit Inschriften wie der am Hamburger Mahnmal für KZ-Opfer aufgerufen: »... dem Menschen sei Bruder der Mensch«. Das Entsetzen darüber, daß Menschen zu Taten wie in Auschwitz fähig sind, ist allgemein. Konsequenzen daraus zu ziehen, ist den Bewohnern Nachkriegsdeutschlands allerdings in besonderer Weise möglich. Auch die jüngeren sind dem Geschehen immerhin noch örtlich nahe. Sie haben nicht die Schuld geerbt, aber die Beweisstücke. Der Erfahrungsschatz, der gerade in Deutschland entstanden ist und nicht nur in Gedenkstätten dokumentiert bleibt, könnte als ein gesellschaftliches Eigentum eingeschätzt werden; analog der Verfassungsnorm »Eigentum verpflichtet« wären die hier zuhandenen Materialien und Erfahrungen zu nutzen und »der Allgemeinheit« zugänglich zu machen. Deutsche können auch aus nächster Nähe Traditionen und Tendenzen bekämpfen, die gerade ihnen nicht grundlos zugeschrieben werden, so die übertriebene Schätzung von Gehorsam, die in der »Goldhagen-Debatte« immer wieder als ergänzende oder konkurrierende Ursache der Verfolgungsmaßnahmen genannt wurde und die schon Eugen Kogon angelegt sah: »nicht begeistert, aber gehorsam«.[27] Zu entwickeln ist demgegenüber – so Theodor W. Adorno – die »Kraft ... zum Nicht-Mitmachen«.[28]

Sie wird durch unbegründete, rückwärtsgerichtete Schuldgefühle eher gelähmt; solche Schuldgefühle könnten sogar Aktivitäten auslösen, die allen gutgemeinten Mahnungen zuwiderlaufen. Sigmund Freud behauptete 1916 in einem kurzen Artikel über den »Verbrecher aus Schuldbewußtsein«, daß drückendes, unbegriffenes Schuldbewußtsein zu Vergehen motivieren könne, daß Menschen sogar Straftaten begehen, um vorgegebene Schuldgefühle irgendwie zu bearbeiten, irgend etwas daraus zu machen.[29] Bekannt sind literarische Beispiele wie Schillers Sonnenwirt, der von seinen Verbrechen sagt: »Ich wollte mein Schicksal verdienen.«[30] Beweise aus seiner Praxis hat Freud zwar nicht vorgelegt, aber die Kriminologie hat seine These weitgehend anerkannt.[31] In einer Fallstudie Sichrovskys entwickelt der von Schuldgefühlen gequälte Sohn eines NS-Verbrechers Tötungsphantasien, die aber nicht zur Tat führen.[32] Manche Rechtsextreme jedoch haben ihre Delikte als Protest dagegen hingestellt, daß das deutsche Volk zu Unrecht mit Schuldvorwürfen belastet werde. Aggressionen gegen die, von denen ein Schuldspruch ausgegangen ist, sind der Kriminologie bekannt: ein »Verdammen der Verdammer« als Entlastungsverfahren schuldbewußter, aber schuldunwilliger Delinquenten: Man beschäftigt sich nicht mit der Tat, sondern attackiert die Richter oder die für herrschend Angesehenen.[33] Zutiefst unklar ist also nicht nur die Begründung, sondern auch das Ergebnis des bisherigen Hantierens mit Schuld-Derivaten und -Surrogaten; es ist sogar gefährlich, wenn unbegründete Schuldgefühle bei Jüngeren aufgerufen werden.

Gedenken: Verantwortung und Perspektive

Das ist Grund genug, einen anderen Ansatz zu erproben: ausgehend von der Frage, welches Bedürfnis heute jüngere Menschen dazu leitet, welches eigene Interesse sie dazu motivieren könnte, sich Kenntnisse vom Vergangenen zu verschaffen und Konsequenzen daraus zu suchen. Dieser Ansatz liegt anscheinend selbst Autoren und Autorinnen fern, deren Analysen über das Kultivieren von Schuld-Varianten hinausgeführt haben. Auch wo Gertrud Nunner-Winkler eine Verpflichtung nicht zu Schuldgefühlen, sondern zu »Betroffenheit« ableitet, häufen sich zwar Worte wie »Pflicht«, »Gebot« und »Müssen«, aber »Bedürfnis« und »Interesse« kommen überhaupt nicht vor.[34] Kaum, daß irgendwo der Begriff »motivieren« auftaucht. Nach Micha Brumlik (1995) »obliegt es« der staatsbürgerlichen Bildung, »jungen Menschen ein Bild der nationalsozialistischen Vergangenheit zu präsentieren, das sie dazu motiviert, zu rechtsextremistischen Ideologien Distanz zu halten«. Aber dieser Ansatz, nach eigenen Interessen der jungen Menschen zu fragen, erliegt alsbald den gebietenden Worten »Imperativ«, »moralische Aufgabe«, »Unterweisung ins Eingedenken«, »Pflicht zum Gedenken«, »Ethik des Gedenkens«, »unbedingter Anspruch«.[35]

Eine Alternative zum Donnerhall von Pflicht und Schuldigkeit wäre es, auf eigene Bedürfnisse der heute Jüngeren einzugehen: auf ihre individuellen Lebenswünsche wie auf die Hoffnungen, die sie zusammen mit anderen realisieren möchten, und auf ihre Verantwortung für sich selbst. Es sollte fast allen klarzumachen sein, daß, wenn ein nazistisches Regime wiederkehrte, auch andere Minderheiten, andere Gruppen benachteiligt und verfolgt werden könnten als damals, und daß niemand voraussagen kann, wer dazugehören würde. »Das muß sich gar nicht mal gegen Juden richten, das kann sich morgen gegen sonst jemanden richten«, sagte Ignatz Bubis in einem Interview am 3. März 1997. Wer von uns gehört nicht irgendeiner Minderheit an? Schon die Nazis selbst haben Gruppen verschiedenster Art verfolgt: Das müßte unserer individualistisch differenzierten und zugleich gruppenbildenden Jugendkultur zur Warnung gereichen. Die damals geprägte, oft tödliche Einstufung als »gemeinschaftsfremd« bedroht außenseiterische Lebensformen und Lebensphasen. Nicht nur »Linke«, »Alternative« oder »Autonome« müßten die Wiederkehr fürchten: Das heute von manchen Neonazi-Gruppen entwickelte Aussehen und Auftreten hätte, wie der Bedeutungsverlust der SA zeigt, schon im »Dritten Reich« kaum Vorteile gebracht und würde in einem nochmals technokratisch modernisierten NS-System eine benachteiligte Existenz zur Folge haben.

Ziel dieser Überlegung ist es nicht, die Erinnerung an die NS-Verbrechen auf die Berechnung eigener Zukunftsaussichten, persönlicher Vor- und Nachteile umzulenken. Aber die vielberufenen »künftigen Generationen« sollten zu der Erkenntnis ermutigt werden, daß sie nicht bloß Empfänger formelhafter Mahnung zu sein brauchen, sondern daß es um sie selbst geht.[36] Die durch Erinnerung ausgelösten Gefühle verlieren ihren mitmenschlichen Bezug nicht, wenn sie zugleich eigener Gefährdung gelten. Mitleid beruht nach Thomas Hobbes stets auf der Besorgnis, einem selbst könne Entsprechendes geschehen; Goldhagen (515) zitiert: »... denn das Unglück, das einem unschuldigen Menschen zustößt, kann jedem Menschen zustoßen«.[37]

Der Gedanke an zukünftige Gefahren spricht nun gerade dagegen, mit dem größten Denkmal der »Berliner Republik« ausschließlich an die Ermordung der europäischen Juden zu erinnern, sie von umgebrachten Sinti und Roma, sowjetischen Kriegsgefangenen und Zivilisten zu trennen, erst recht von Opfergruppen, die nicht einmal aus der Sicht der Nazis »fremdrassig« waren. Die Träger des Denkmalunternehmens hielten bis heute an der Beschränkung auf ermordete Juden als Widmungsgruppe fest. 528 Künstler, Künstlerinnen und Arbeitsgruppen wollten die

Gefühle für die Ermordeten vertiefen, aber auf jüdische Opfer be-
grenzen. Von Beginn an war eingewandt worden, die Heraus-
lösung dieser – zweifellos besonderen – Gruppe setze ein selektie-
rendes Verfahren der Nazis fort, stelle eine Hierarchie unter den
Opfern her und behindere den Blick auf das Ganze des Völker-
mordes. Dem ist ein Argument hinzuzufügen, das sich aus der oft
beteuerten Zukunftsperspektive des Gedenkens ergibt. Wenn der
Rückblick auf die Verfolgung von Juden verengt bleibt, kann er
zwar zu der üblichen Schuld- und Pflichtrhetorik überleiten, aber
nur ungenügend auch Lebens- und Zukunftsinteressen der heute
Jüngeren ansprechen. Denn eine von allem anderen separierte Erinnerung an die Judenverfolgung warnt Heutige, die sich für
arisch halten, nicht davor, daß sie selbst einmal benachteiligt
werden könnten.

Welchen Benachteiligungen entgegenzutreten ist, bleibt un-
deutlich, wenn die Bezeichnung des geplanten Denkmals seltsam
begrenzend – aber insoweit undiskutiert – von »Mord« spricht,
nicht auch von den Expropriationen, Entwürdigungen und
Drangsalierungen, die dem Töten vorausgingen. Sie würden
allein schon genügen, künftige potentiell Betroffene zu warnen –
zu warnen vor einem Angriff, der bereits mit Diskriminierungen
begänne. Das spricht auch gegen Vorschläge, die Schriftzeile »Du
sollst nicht töten« zum Hauptmotiv des Denkmals zu machen.[38]

Gedenken, das an zentralem Ort auf den Mord an Juden begrenzt wird, läuft Goldhagens Tendenz parallel, einen – wenn
auch zentralen – Sektor des NS-Verbrechens aus seinem System-
zusammenhang zu lösen, namentlich die Verknüpfung mit Kriegs-
und Wirtschaftspolitik zu verkennen. Dies ist dem deutschen Publikum längst als eine Entlastung genehm, weil so ein überall zur
Schau gestellter Philosemitismus[39] schon als Absage an schlimme
Kontinuität und als Schutz vor Wiederholung zu genügen scheint.
Mit der Verengung der Widmungsgruppe wird auch das Verant-
wortungsgefühl begrenzt. Aber gerade das ist gefährlich, solange
im Inneren zentralistische, autoritäre Strukturen fortbestehen
oder wiederaufleben[40], auch solange Deutschland Waffen in die
Türkei und nach Indonesien liefert. Das läßt heute manche Deutschen nicht ruhen[41], viele aber doch. Das bei Goldhagen beschwo-

rene Bild von wütend aktiven Tätern lenkt von einer aktuell gebliebenen Schuldform, dem »Augenzumachen«[42], ab (und wird sicherlich auch deswegen in Deutschland gern aufgenommen). Gedenken umfaßt jedoch nach Grimms Deutschem Wörterbuch »verstärktes Denken«.

Eine Korrespondenz besteht auch zwischen Goldhagens Vorstellung davon, aus welchen Gefühlen sich die Täterschaft der Deutschen entwickelte, und dem im Denkmal perpetuierten Schuldbewußtsein. Denn das Denkmal soll Beweis einer Sinnesänderung der Deutschen sein, einer »Gutwerdung«, wie skeptisch geschrieben wurde[43]; eine »allgemeine, stetige Abschwächung« und einen »Wandel des Antisemitismus in der Bundesrepublik« nimmt auch Goldhagen (12 f.) an. Das Buch erinnert an den Verbrecher, der aus innerem Antrieb handelte; dem stellen viele Denkmalvorschläge für die Zukunft eine gefühlsbewegte Leitfigur gegenüber, die – stellvertretend für alle Schichten des Volkes – frühere Schuld bis zur Kasteiung sühnt. Zum Beispiel wurde vorgeschlagen, »die Namen der Ermordeten von Menschen aus zahlreichen gesellschaftlichen Gruppen ständig verlesen zu lassen. Von morgens bis abends, bei Sonne und Kälte«.[44] Es ist aber fraglich, ob ein solches Büßergebaren zu einer Arbeit in Gedenkstätten, Dokumentationen und Bibliotheken weiterleitet, bei der das Geflecht historischer Zusammenhänge erkundet und die Gefahr ins Auge gefaßt wird, daß ein künftiger Faschismus auch andere als die bisherigen Opfergruppen treffen statt nur betroffen machen wird. In den bisherigen Diskussionen über ein »Denkmal für die ermordeten Juden Europas« war von Anzeichen für einen Rückfall jedenfalls ebensowenig die Rede wie in Goldhagens Buch.

---

1 In der Hörfunksendung »Täter, Opfer, Zuschauer«, DLF, 15. 12. 1996. Einen »Genuß des Entsetzens« können auch »historische Texte« – nicht alle – verschaffen (Hans Conrad Zander, Hörfunksendung »Zeitzeichen«, WDR, 27. 1. 1997).

2 Alle Zitate nach der deutschen Ausgabe von »Hitlers willige Vollstrecker«, wie oben, S. 24, Anm. 1, hier S. 227, 229.

3 Leonie Baumann u. a. (Hrsg.), Der Wettbewerb für das »Denkmal für die ermordeten Juden Europas«. Eine Streitschrift, Berlin 1995; Senatsverwaltung für Bau- und Woh-

nungswesen, Abt. Städtebau und Architektur (Hrsg.), Künstlerischer Wettbewerb. Denkmal für die ermordeten Juden Europas. Kurzdokumentation, Berlin 1995; Senatsverwaltung für Wissenschaft, Forschung und Kultur (Hrsg.), Denkmal für die ermordeten Juden Europas. Colloquium. Dokumentation, Berlin 1997.

4 Vgl. Goldhagen, Hitlers willige Vollstrecker (wie S. 24, Anm. 1), S. 13, S. 533; ferner seine Rede am 10. 3. 1997, in: Süddeutsche Zeitung, 15./16. 3. 1997.

5 Jörn Rüsen, Den Holocaust erklären – aber wie? In: Wissenschaftszentrum Nordrhein-Westfalen. Kulturwissenschaftliches Institut, Jahrbuch 1996, Essen 1997, S. 20.

6 Ausdrücklich z. B. Klaus von Dohnanyi, Rede zum 27. 1. 1997.

7 Fernsehbericht »Beethoven am Ölberg«, ARD, 21. 12. 1995.

8 Gerhard Schoenberner im Hörfunk-Studiogespräch, »Studio 3«, SFB 3, 1. 7. 1996.

9 Jola Merten, in: Berliner Morgenpost, 11. 6. 1995.

10 Miriam Niroumand, in: die tageszeitung, 27. 6. 1995.

11 Katrin Bettina Müller / Rolf Lautenschläger, ebenda, 12. 4. 1995.

12 Lea Rosh, in: Der Spiegel 49, 1995, 28, S. 55.

13 Frank Schirrmacher, in: Frankfurter Allgemeine Zeitung, 8. 7. 1995.

14 Vgl. außer der Kurzdokumentation (oben Anm. 3) auch Andreas von Weizsäcker, in: Freitag, 11. 4. 1997.

15 Micha Brumlik, in: die tageszeitung, 1. 4. 1995.

16 Vgl. Friedrich Nietzsche, Zur Genealogie der Moral (1886/1887) = Werke. Kritische Gesamtausgabe, 6. Abt., Bd. 2, Berlin 1968, S. 407.

17 Martin Walser, Auschwitz und kein Ende, in: Berlin–Moskau, Ausstellungskatalog Berlinische Galerie, Berlin 1995, S. 459.

18 Gabi Dolff-Bonekämper, in: Frankfurter Allgemeine Zeitung, 13. 2. 1997.

19 Ralph Giordano, Die zweite Schuld oder Von der Last Deutscher zu sein, Hamburg 1987, Lizenzausg. Berlin 1990, Widmung.

20 Detlef Hoffmann, Bilder von Juden in zwei westdeutschen Zeitschriften, 1945–89. Annäherungen an eine Frage, in: Festschrift für Held, Pfaffenweiler 1995, S. 199.

21 In: Freitag, 28. 2. 1997.

22 Friedrich Dingermann, Art. Sünde II, in: Lexikon für Theologie und Kirche, Bd. 9, Freiburg im Breisgau 1964, Sp. 1171.

23 Hermann Cohen, Die Religion der Vernunft aus den Quellen des Judentums, 2. Aufl., Köln 1928, ND 1959, S. 160, 212, 221–224, 502; Wilfried Joest, Art. Sünde und Schuld VI, in: Die Religion in Geschichte und Gegenwart, Bd. 6, 3. Aufl., Tübingen 1962, Sp. 496; W. Rott, Sünde und Schuld VIII, ebenda, Sp. 503.

24 Karl Jaspers, Die Schuldfrage, Heidelberg 1946, insbes. S. 51–52.

25 Ebenda, S. 40.

26 Zitiert nach Thomas Sandkühler, Aporetische Erinnerung und historisches Erzählen, in: Hanno Loewy (Hrsg.), Holocaust: Die Grenzen des Verstehens, Reinbek 1992, S. 144.

27 Eugen Kogon, zit. nach Lutz Lemhöfer, Eugen Kogon als Faschismus-Forscher, in: Die Neue Gesellschaft/Frankfurter Hefte 35, 1988, S. 1102.

28 Erziehung nach Auschwitz = Gesammelte Schriften, Bd. 10/2, Frankfurt am Main 1977, S. 679.

29 Sigmund Freud, Der Verbrecher aus Schuldbewußtsein, in: ders., Studienausgabe, Bd. 10, Frankfurt am Main 1969, S. 252–253.

30 Der Verbrecher aus verlorener Ehre, 1787.

31 Ulrich Eisenberg, Kriminologie, 4. Aufl., Köln etc. 1995, § 4 Nr. 10, mit Verweisen; meistens ohne Grund nur für frühkindlich erworbene Schuldgefühle angenommen.

32 Peter Sichrovsky, Schuldig geboren. Kinder aus Nazi-Familien, Köln 1987, S. 51, 58.

33 Vgl. Eduard Kern, Vom Seelenleben des Verbrechers, Hamburg 1964, S. 289–290.

34 Gertrud Nunner-Winkler, Rederegeln und Betroffenheit, in: Siegfried Blasche u. a. (Hrsg.), Zerstörung des moralischen Selbstbewußtseins: Chance oder Gefährdung? Frankfurt am Main 1988, S. 80–87.

35 Micha Brumlik, Gerechtigkeit zwischen den Generationen, Berlin 1995, S. 91, 100, 106, 111–114. Gegen Brumliks Illusion eines zwecksetzungsfreien, unbedingten Gedenkens von absolutem Sinn (S. 91, 110, 114 trotz 104) bereits Hans-Ernst Mittig, Auf der Suche nach Alternativen zum Mahnmal, in: Manuel Köppen (Hrsg.), Kunst und Literatur nach Auschwitz, Berlin 1993, S. 155.

36 Zur Vermittelbarkeit vgl. Daniel Dewaele, »What if it would happen to you?«, T-Shirt (!) zu der Ausstellung »I am you« des Goethe-Instituts (1993/1994).

37 Differenzierter: Käte Hamburger, Das Mitleid, Stuttgart 1987.

38 Vgl. als Beispiel außerhalb des Wettbewerbs: Richard Schröder, in: Der Tagesspiegel, 1. 7. 1997.

39 Sibylle Tönnies, in: Frankfurter Allgemeine Zeitung, 23. 4. 1996; Hazel Rosenstrauch, in: Freitag, 4. 4. 1997.

40 Vgl. Walter Laqueur, Faschismus – gestern, heute, morgen, Berlin 1997; Stefanie Christmann, in: Freitag, 20. 9. 1996.

41 Vgl. etwa Mechthild Küpper, in: Wochenpost, 13. 7. 1995; Thomas Lackmann, in: Der Tagesspiegel, 23. 2. 1997. Theologisch schon Dorothee Sölle, Sünde. Zur politischen Interpretation eines theologischen Begriffs, in: Theologia practica 6 (1971), insbes. S. 249.

42 Helmut Gollwitzer, Bußtag 1938, zit. nach Rudolf Pfisterer, Fünfzig Jahre danach – Erwägungen zur sogenannten Reichskristallnacht, in: Klaus Weigelt (Hrsg.), Die Last und Chance der deutschen Vergangenheit, After-Oedekoven 1989, S. 12.

43 Hermann L. Gremliza, Wir kneten ein KZ, in: Leonie Baumann (wie Anm. 3), S. 58–61; vgl. auch Katharina Kaiser, Ortlosigkeit als Metapher – Das Denkmalskonzept – eingeschrieben – als Widerspruch, ebenda, S. 99f.; Malte Lehming, in: Der Tagesspiegel 4. 10. 1995.

44 Cornelius Hertling, Kommentar, in: Senatsverwaltung für Wissenschaft, Forschung und

Kultur (Hrsg.) 1997 (wie Anm. 3), S. 62; ein »›mea-culpa‹-Mahnmal« erwartet James E. Young, Erinnerung, Gegenerinnerung und das Ende des Monuments, deutsche Kurz-Zusammenfassung des Vortrags, Drucksache zur Vorbereitung des Kolloquiums am 11. 4. 1997 (vgl. oben Anm. 3), dort nicht abgedruckt.

Angelika Königseder **Streitkulturen und Gefühlslagen**
Die Goldhagen-Debatte und der Streit um die Wehrmachtsausstellung

Ein Buch und eine Ausstellung zu einem historischen Thema, bis dahin mitnichten Garant großer Aufmerksamkeit, erweckten 1996/97 ungeahntes öffentliches Interesse. Vergleichbar mit der Hollywood-Produktion »Holocaust« aus dem Jahre 1979 erregten der Harvard-Wissenschaftler Daniel J. Goldhagen mit seiner Dissertation »Hitlers willige Vollstrecker. Ganz gewöhnliche Deutsche und der Holocaust« und die unter Leitung von Hannes Heer konzeptionierte Ausstellung des Hamburger Instituts für Sozialforschung »Vernichtungskrieg. Verbrechen der Wehrmacht 1941 bis 1944« die Gemüter von Fachleuten, Journalisten und Politikern, aber auch weiter Kreise »ganz gewöhnlicher Deutscher«. Auf den ersten Blick scheint die Reaktion auf beide Ereignisse in enger Verbindung zu stehen, beschäftigen sich doch Buch und Ausstellung mit der aktiven Beteiligung zahlreicher Deutscher am Judenmord und an Kriegsverbrechen. Sollte nach dem 50. Jahrestag der Befreiung eine erhöhte Sensibilität für dieses Thema geweckt worden sein? Bei näherer Betrachtung lassen sich jedoch neben einigen Ähnlichkeiten deutliche Unterschiede in der Rezeption des Buches von Daniel Goldhagen und der Wehrmachtsausstellung festmachen, zumal auch ein deutlicher inhaltlicher

Widerspruch zwischen Buch und Ausstellung zu konstatieren ist. Wenn nämlich, Goldhagens Argumentation folgend, der Antisemitismus als einziges Motiv für den Holocaust ausreicht, bleibt letztlich der millionenfache Mord an sowjetischen Kriegsgefangenen und Zivilisten unerklärt.

Medieninteresse

Auffallend ist zunächst, daß Goldhagens Buch bereits vor Erscheinen der amerikanischen Ausgabe im März 1996 Aufmerksamkeit in der Presse fand, nämlich durch Besprechungen im »Forward« (23. 2. 1996) und in der »New York Times« (17. 3. 1996). In den folgenden Tagen und Wochen folgte eine Flut von Rezensionen.[1] Obwohl die deutschsprachige Ausgabe erst im August 1996 erscheinen sollte, besprach Jacob Heilbrunn das Buch bereits am 31. 3 im Berliner »Tagesspiegel«. Mit seinem auf der Titelseite positionierten Artikel in der Wochenzeitung »Die Zeit« vom 12. 4., in dem er einen neuen »Historikerstreit« prognostizierte, löste Volker Ullrich eine Diskussionswelle über die Dissertation Goldhagens aus, die – wie der Historiker Norbert Frei konstatierte – präzedenzlos war.[2] Besonders bemerkenswert daran scheint, daß Grundlage jeder Debatte noch für Monate die englischsprachige Ausgabe blieb.

Die Brisanz der Wehrmachtsausstellung trat verzögerter in das öffentliche Bewußtsein. Zwar räumte »Die Zeit« dem Thema im Vorfeld der Ausstellungseröffnung im Hamburger Kulturzentrum Kampnagel im März 1995 breiten Raum ein, und Karl-Heinz Janßen machte an gleicher Stelle deutlich, daß er die Veranstaltung im Gedenkjahr für »vielleicht die bedeutendste, gewiß aber die grausigste und verstörendste« hielt. Die Legende von der »sauberen Wehrmacht« sei damit endgültig zerstört.[3] »Die Zeit« bündelte alle Artikel schließlich unter dem Titel »Gehorsam bis zum Mord? Der verschwiegene Krieg der deutschen Wehrmacht – Fakten, Analysen, Debatte« zu einer Ausgabe der »Zeit-Punkte« (3/1995), in der bereits alle wesentlichen Streitthemen, die etwa eineinhalb Jahre später zahlreiche Gemüter in Wallung bringen sollten, angesprochen wurden. Der Militärhistoriker Wolfram Wette machte darin überzeugend deutlich, daß der Rußlandfeldzug als »Vernichtungskrieg« charakterisiert werden müsse, da es sich nach den Regeln des Kriegsvölkerrechts nicht um eine »normale« militärische Auseinandersetzung gehandelt habe. Die massenhaften Morde an der sowjetischen Zivilbevölkerung und an Kriegsgefangenen, aber auch die Beteiligung der Wehrmacht am Holocaust verliehen diesem Krieg eine andere Dimension.[4] Viele ehemalige Soldaten, aber auch weite Teile der Nachkriegsgesellschaft hatten hingegen die Realität dieses Krieges verdrängt; Krieg wurde im Gegensatz zum tabuisierten Antisemitismus in Illustriertenromanen und im Kino geradezu verherrlicht. Der Militärhistoriker Manfred Messerschmidt hält diese Verklärung für eine »psychische Notwendigkeit«, da die Vorstellung, daß in fast jeder Familie ein Mitglied an diesem verbrecherischen Krieg beteiligt gewesen sein sollte, die Integrationsfähigkeit der bundesdeutschen Nachkriegsgesellschaft überstiegen hätte.[5]

Die Ausstellung beabsichtigte, anhand des Partisanenkrieges der Wehrmacht in Serbien, der 6. Armee auf dem Weg nach Stalingrad und der dreijährigen Besatzungsherrschaft in Weißrußland, die Rolle der Wehrmacht in diesem Vernichtungskrieg exemplarisch darzustellen.[6] Dennoch erregte das Diskussionsforum, das »Die Zeit« der Problematik widmete, zu diesem Zeitpunkt über das Fachpublikum und interessierte Zeitungsleser hinaus kein breites öffentliches Interesse; keinesfalls wurde ein Goldhagen vergleichbarer Sturm ausgelöst.

Im Mai 1995 schalteten sich erstmals Politiker in die Diskussion um die Wehrmachtsausstellung ein: Vertreter von CDU, FDP und »Republikanern« verhinderten die Ausstellung im Landtag von Baden-Württemberg. CDU-Sprecher Christoph Dahl begründete die Entscheidung damit, daß darin alle Wehrmachtssoldaten »pauschal als Verbrecher dargestellt« würden.[7] Ähnlich verlief die Auseinandersetzung in Hessen, wo es ebenfalls die CDU vereitelte, daß die Ausstellung im dortigen Landtag gezeigt werden konnte.[8] Die damit einsetzende Politisierung der Debatte um die Ausstellung ist einer der wesentlichsten Unterschiede zur Diskussion um Daniel Goldhagens Buch. Politiker äußerten sich nicht öffentlich zu Goldhagen – sieht man von Außenminister Kinkels Zurückweisung einer von Goldhagen den Deutschen implizit vorgeworfenen »Kollektivschuld« vor dem American Jewish Committee in Washington einmal ab. Kinkels Stellungnahme ist jedoch eher als Konzession an sein Publikum und kaum als Beitrag zur Debatte zu werten.[9] Nun ließe sich einwenden, daß ein Buch im Gegensatz zu einer Ausstellung keine politische Entscheidung über den Ausstellungsort oder Eröffnungsredner und ähnliches benötigt. Eine naheliegende Erklärung scheint aber die Angst vor Mißverständnissen, etwa vor dem Antisemitismusvorwurf, zu sein, was es dem Gros der Politiker verbietet, sich negativ über einen jüdischen Autor zu äußern, der noch dazu in den USA auf breite Zustimmung stößt. Viele Politiker fühlen sich zudem nicht aufgefordert, abseits der offiziellen Gedenkveranstaltungen zu diesen sensiblen Themenbereichen Stellung zu beziehen.

Die Entscheidungen der Landtage von Baden-Württemberg und Hessen wären in Vergessenheit geraten, müßte man sie nicht als Vorspiel für die zunehmende Politisierung in der Diskussion über die Wehrmachtsausstellung erwähnen. Während des Höhepunkts der Goldhagen-Debatte im Frühjahr und Sommer 1996 blieb es um die Ausstellung ruhig. Sie tourte, von wenig Streit begleitet, durch die Republik und kam lediglich durch den Anschlag des Rechtsradikalen Manfred Roeder, der im Juni in Erfurt mehrere Schrifttafeln unter anderem mit »Lüge« und »Hetze« beschmiert hatte, in die Schlagzeilen.[10] Ein direkter zeitlicher Zusammenhang der Debatten um Goldhagen und Wehrmachtsausstellung läßt sich also nicht nachweisen.

Politisierung

Eine neue Qualität erhielt die Diskussion um die Ausstellung erst, als sich die Aufregung um Daniel Goldhagen schon gelegt hatte. Im November 1996 entbrannte in der Bremer Großen Koalition ein heftiger Streit, ob die Ausstellung im Mai 1997 im Bremer Rathaus gezeigt werden sollte. Obwohl SPD-Bürgermeister Henning Scherf mahnte, der Koalitionskonflikt müsse »fair und in gegenseitigem Respekt« ausgetragen werden, nannte der CDU-Fraktionsvorsitzende Ronald-Mike Neumeyer die Ausstellung eine »demagogische Inszenierung«, die alle Wehrmachtssoldaten als Verbrecher verunglimpfe.[11] Der Bremer CDU-Landesvorsitzende und Bonner Forschungs-Staatssekretär Bernd Neumann behauptete gar, daß einige Fotos gefälscht seien, was das verantwortliche Hamburger Institut für Sozialforschung – unter Androhung einer Unterlassungsklage – zurückwies.[12] Aber auch der Bremer Streit läßt sich nicht mit der Erregung um Goldhagen vergleichen.

Im November 1996 fragte Hubertus Trauttenberg, Adjutant des österreichischen Bundespräsidenten Thomas Klestil, in seiner Rede anläßlich der Ausstellungseröffnung in Linz: »Und warum ruft diese Ausstellung gerade in Österreich so viele Emotionen, so viel Polemik hervor – so viel mehr als bei unseren Nachbarn in Deutschland?« Jan Philipp Reemtsma führte dies auf eine »andersartige Veteranenkultur« zurück, der österreichische Redner nannte es »ein Ergebnis unserer Fähigkeit zur Verdrängung«.[13]

Diese Fähigkeit scheint auch in Bayern sehr ausgeprägt zu sein: Seit dem 11. 12. 1996 schaukelte sich in München die Diskussion um die Ausstellung, die dort vom 24. 2. bis 6. 4. 1997 zu sehen sein sollte, zu einer wahren »Schlammschlacht« hoch, in der es sehr bald nicht mehr um die Sache, also um die Botschaft der Ausstellung, ging. Schließlich ist spätestens nach den bahnbrechenden Studien von Manfred Messerschmidt[14], Helmut Krausnick/Hans-Heinrich Wilhelm[15], Christian Streit[16], Omer Bartov[17] sowie der Historiker des Militärgeschichtlichen Forschungsamtes seit vielen Jahren bekannt, daß die Legende von dem »sauberen« Krieg der Wehrmacht nicht haltbar ist. Ihre Verstrickung in den millionenfachen Mord an Juden, Zivilisten und Kriegsgefangenen ist unbestreitbar, ohne daß jemals von seriöser Seite behauptet wurde, daß jeder deutsche Soldat ein Verbrecher sei. Die Hamburger Ausstellung hat diesen Vorwurf ebenfalls zu keinem Zeitpunkt erhoben, auch wenn man sich in Anbetracht des erbitterten Streits manche Bildunterschrift oder Erläuterung etwas differenzierter gewünscht hätte. Allerdings sollte die Meßlatte für eine Ausstellung niedriger gelegt werden als für eine Dissertation, gilt es doch in einer solchen Ausstellung, einen mehr oder weniger bekannten Sachverhalt einem breiteren Publikum, interesseförderend aufbereitet, zu übermitteln. Selbstverständlich darf sie keine historischen Fehler oder Ungenauigkeiten beinhalten, aber dieser Nachweis gelang keinem Kritiker. Für die Diskussion spielte der historische Sachverhalt jedoch keine Rolle, da diejenigen, die am lautesten schrien, die Ausstellung nicht besuchten und wohl auch nicht bereit waren, sich an anderer Stelle zu informieren. Hier läßt sich wiederum ein deutlicher Unterschied zur Goldhagen-Debatte festmachen, denn die vehementesten Kritiker Goldhagens, die sich auch öffentlich in der Presse und bei Diskussionen zu Wort meldeten, waren die spezialisierten Holocaustforscher Raul Hilberg[18], Christopher Browning[19], Konrad Kwiet[20], Yehuda Bauer[21], Dieter Pohl[22], Hans Mommsen[23], Eberhard Jäkkel[24] und andere[25]. Zustimmung fand Goldhagen eher bei Historikern, deren Spezialgebiet nicht die Holocaustforschung ist, bei Journalisten, hauptsächlich in den USA, und beim breiten Publikum, das den Wissenschaftler entgegen aller Kritik und vielleicht gerade wegen seiner pauschalen, einprägsamen Thesen und seines freundlichen Wesens zum Star machte.

Ausstellungsmacher Hannes Heer eignete sich dafür weitaus weniger. Zwar wurde seine Ausstellung von den Spezialisten Manfred Messerschmidt, Jürgen Förster und Wolfram Wette differenziert positiv bewertet; die Meinung der Journalisten orientierte sich meist an der politischen Linie des jeweiligen Blattes. Heer selbst geriet jedoch immer mehr in die Schußlinie der Kritik. Für den Publizisten Rüdiger Proske war völlig klar, daß Heer, der in seiner Jugend dem SDS und der DKP angehört hatte – letztere verließ er nach dem sowjetischen Einmarsch in die Tschechoslowakei –, keine ernstzunehmende wissenschaftliche Ausstellung verantworten könnte.[26] Goldhagen hatte zwar auch einige unpassende und für den wissenschaftlichen Erkenntniswert völlig überflüssige Charakterisierungen über sich ergehen lassen müssen[27], die Angriffe auf Heer und später auch auf Reemtsma erreichten jedoch ein weitaus niedrigeres Niveau. Für die Münchner CSU war klar, daß »Hannes Heer, ehemaliges Mitglied der Deutschen Kommunistischen Partei ... keine seriöse Darstellung der Geschichte des Zweiten Weltkrieges« bieten könnte, da er »bisher nicht als Historiker, wohl aber schon bei Gewalttätigkeiten gegen den demokratischen Rechtsstaat in Erscheinung getreten« sei. »Er wurde verurteilt wegen Widerstandes gegen die Staatsgewalt, Nötigung, Sachbeschädigung und gefährlicher Körperverletzung.«[28] Eine Entgleisung sondergleichen leistete sich der Münchner CSU-Vorsitzende Peter Gauweiler, als er beim traditionellen CSU-Fischessen am Aschermittwoch im Münchner Hofbräuhaus Jan Philipp Reemtsma empfahl, er solle »lieber eine Ausstellung machen über die Toten und Verletzten, die der Tabak angerichtet hat, den er verkauft hat«.[29] Sehr deutlich fiel darauf die Reaktion des Münchner Oberbürgermeisters Christian Ude (SPD) aus: Diese Äußerung »ist schamlos, zeugt vom Verlust aller politisch moralischen Maßstäbe und war bisher allenfalls von neonazistischen Gruppen zu vernehmen«.[30]

Im Gegensatz zu Goldhagen, mit dessen Werk sich die meisten seiner Kritiker inhaltlich auseinandersetzten, erhoben die Gegner der Wehrmachtsausstellung meist pauschale, undifferenzierte, ja oft unsinnige Vorwürfe, etwa: Die Ausstellung zeige nur Feldpostbriefe, die deutsche Greueltaten schilderten. Oder: Sie vernachlässige den militärischen Widerstand und verschweige den Gewissenskonflikt und die möglichen Konsequenzen für die Soldaten, falls sie sich nicht an Mordaktionen beteiligten. Häufig wurde der Krieg gegen die sowjetischen Partisanen gerechtfertigt. Dazu bleibt zu sagen, daß das Thema der Ausstellungsmacher weder der bereits häufig dargestellte militärische Widerstand – übrigens ist mir nicht bekannt, daß jemals bei einer Widerstandsausstellung der Vorwurf erhoben wurde, sie hätte die Verbrechen der Wehrmacht ausgespart – noch die Verbrechen anderer Armeen waren. Bis heute ist der Forschung außerdem kein Fall bekannt geworden, daß Soldaten, die die Teilnahme an Mordaktionen verweigerten, ein Risiko für Leib und Leben zu befürchten gehabt hätten. In ein schiefes Licht wird auch der Partisanenkampf gerückt, der immer wieder als Rechtfertigung für die Erschießung russischer Zivilisten dient. Zum einen nahm der sowjetische Partisanenkrieg erst infolge der deutschen Brutalitäten 1942/43 einen Umfang von operativer Bedeutung an – alles andere war sowjetische Propaganda –, und zum zweiten waren die zahllosen erschossenen Kinder, Frauen und Greise wohl kaum Partisanen.

Im Verlauf der Diskussion spitzten sich diese pauschalen Anschuldigungen zunehmend auf die Formulierung »Verbrechen der Wehrmacht« zu. Dies veranlaßte Michael Skasa im Lokalteil der »Süddeutschen Zeitung« zu einer – wie mir scheint – sehr treffenden Satire: »Und dann so pauschal: Verbrechen der Wehrmacht, als wären alle zwanzig Millionen Soldaten Verbrecher! Das ist, als spräche man von ›Leistungen der Bundeswehr in Bosnien‹, wo es bekanntlich heißt ›Leistungen in der Bundeswehr in Bosnien‹. Wie wir ja auch nicht sagen: ›Die Deutschen sind das Volk der Dichter und Denker‹, was pauschalierend wäre, sondern wir formulieren, politically correct: Einige Deutsche sind teilweise ein Volk, in dem es zwischendurch schon mal Dichter und hin und wieder Denker gibt. Beim Fußball werden auch nie die Deutschen Weltmeister oder München, sondern es werden grad mal elf Mann Meister in der Welt. ... Wußten Sie übrigens, daß wir damals unsre Heimat verteidigt haben? Also mitten in Charkow wurde da Obermenzing beschützt, in El Alamein ging's um Vaterstetten, unglaublich, aber wahr.«[31]

In München entstand durch die Auseinandersetzungen im Vorfeld der Ausstellungseröffnung ein Klima, das jede inhaltliche Diskussion unmöglich machte und auch keinen Vergleich mehr mit der Goldhagen-Debatte erlaubt. Der einstige Liberale Manfred Brunner, der den »Bund freier Bürger« im Münchner Stadtrat vertritt, steckte in Gauweiler-Manier die Fronten ab: »Rot-Grün halten heute ein Tribunal über tote Soldaten ab. Damit wollen sie dem eigenen Tribunal entkommen, zum Beispiel über Hunderttausende ermordeter ungeborener Kinder.«[32] Eine Allianz aus CSU, Verbänden der ehemaligen Wehrmachtssoldaten und Rechtsradikalen kämpfte gegen SPD und Grüne. Damit waren zwei klar definierte Lager entstanden, die sich bei Goldhagen viel schwieriger festmachen lassen. In München gab es nur wenig »Fahnenflüchtige« wie die CSU-Stadträte Franz Forchheimer und Sven Thanheiser, auch wenn vielleicht nicht die gesamte CSU mit der Schärfe und der Richtung einverstanden war, in der sich die Diskussion in den letzten Februartagen 1997 entwickelte. Auf die Seite von Rot-Grün schlugen sich außerdem viele Münchner Bürger, was sich in dem engagierten Auftreten gegen die am 1. März stattfindende Demonstration der NPD, aber auch durch die hohen Besucherzahlen der Ausstellung zeigte. Die gesamte Auseinandersetzung soll an dieser Stelle nicht weiter nachgezeichnet werden, da die unqualifizierten, die Grenzen zum rechtsextremen Lager klar überschreitenden Angriffe von CSU-Politikern und ihrem Parteiorgan »Bayernkurier«[33] auf die Ausstellung, die Ausstellungsmacher und den Münchner Oberbürgermeister keine wesentlich neuen Erkenntnisse zum Vergleich der Debatten um Daniel Goldhagen und um die Wehrmachtsausstellung bringen. Festzuhalten bleibt lediglich, daß die Diskussion um das Goldhagen-Buch, wenn auch nicht gänzlich von Unwissenschaftlichkeit und Emotionalität frei, auf einem deutlich höheren Niveau verlief.

Negativ bleibt in Erinnerung, daß die CSU-Spitzen, von denen man gehofft hätte, daß ihr Blick über den bayerischen Tellerrand hinausreiche, sich nicht von dieser Schlammschlacht um die Wehrmachtsausstellung distanzierten. Daß der primitive Schlagabtausch auf politischer Ebene aber nicht nur auf Bayern beschränkt blieb und man ihn keinesfalls als bayerische Provinzposse ablegen kann, zeigte schon die vorangegangene Diskussion in Bremen. Nach München sollte die Ausstellung ab dem 13. 4. 1997 in Frankfurt am Main gezeigt werden, und auch dort entbrannte im Vorfeld eine hitzige Debatte, die sich an der Weigerung der Frankfurter Oberbürgermeisterin Petra Roth (CDU) entzündete, die Ausstellung zu eröffnen. Aber dabei blieb es nicht. Ähnlich wie Peter Gauweiler meinte die Frankfurter CDU-Bundestagsabgeordnete Erika Steinbach, Empfehlungen an Jan Philipp Reemtsma aussprechen zu müssen: Er solle »in Einsicht seiner Fehlleistung dem Volksbund Deutsche Kriegsgräberfürsorge zehn Millionen Mark zur Pflege der Kriegsgräber unserer gefallenen Soldaten spenden«.[34] Zudem beabsichtigte sie, für den Tag der Eröffnung eine Gegenveranstaltung zu organisieren, der jedoch der Vorstand der Frankfurter CDU eine Absage erteilte.[35] Allerdings blieb die CDU im hessischen Landtag bei ihrer Ablehnung der Frankfurter Paulskirche als Ausstellungsort.[36]

Den Höhepunkt ihrer Politisierung erlebte die Wehrmachtsausstellung durch die Debatte im Deutschen Bundestag am 13. 3. 1997. Erfreulicherweise erfolgte dort kein abermaliger Schlag-

abtausch; nachdenkliche Töne und ernsthafte, teilweise sehr ein-
fühlsame Reden prägten das Bild, obwohl ein inhaltlicher Dissens
bestehenblieb.[37]

Gerade die Bundestagsdebatte zeigte, daß die Wehrmachtsausstellung deutsche Befindlichkeiten tief getroffen hat. Der Nachweis, daß große Teile der Wehrmacht am Holocaust und an
Kriegsverbrechen beteiligt war, war viel schwieriger zu akzeptieren als Goldhagens zum Teil sehr pauschale Thesen.

Leserbriefe

Einen interessanten Vergleich zwischen Goldhagens Buch und der
Wehrmachtsausstellung bieten die Reaktionen des Publikums,
die sich besonders anschaulich in den Leserbriefen zeigen. Goldhagen selbst erhielt seit Erscheinen der amerikanischen Ausgabe
mehr als 700 an ihn persönlich gerichtete Briefe, von denen sein
deutscher Verlag 1997 einen Querschnitt veröffentlichte.[38] Welches Aufsehen Goldhagens Werk erregte, bestätigt sich auch
dadurch, daß viele Zuschriften verfaßt wurden, noch bevor die
Absender das Buch überhaupt gelesen hatten. Von Ausnahmen
abgesehen, lassen sich zwei Reaktionsmechanismen bei den Lesern feststellen: Ein Teil pflichtet den provozierenden und mono-
kausal angelegten Thesen, die wenig differenziertes Hinterfragen
der komplexen historischen Situation erfordern, begeistert bei
und nimmt dankbar die angeblich erstmals gelieferte, schlüssige
Erklärung des Holocaust an. So schreibt ein Bochumer Pädagogik-
professor, daß es »kein anderes Buch« gebe, »das eine derartige
Einführung in den Antisemitismus in Deutschland bietet und
gleichzeitig eine so überzeugende Erklärung der Motive und des
geistigen Umfeldes liefert. ... Ihr Buch ist nicht nur ein wichtiges
Werk und ein Fortschritt gegenüber allen bislang vorgelegten
Forschungsberichten, auch die Sichtweise, der Standpunkt, die
Methoden, die Klarheit und anderes füllen eine Lücke.«[39] Eine
Münchner Leserbriefschreiberin wird noch emotionaler: »Ihr
Buch trifft mitten in das Herz der Finsternis, und ich hoffe, Sie
werden fortfahren, die Menschen zum Denken und zum Fühlen

zu veranlassen.«[40] Ein Dachau-Überlebender schrieb nach der Lektüre: »Es wird das Buch werden, das einzige Buch, das man lesen muß, um die Dynamik des Holocaust zu verstehen.«[41] An einigen Zuschriften wird deutlich, daß Goldhagen einen ganz anderen Kreis von Lesern erreicht als die etablierten Holocaustforscher. Parallelen zeigen sich eher zum Film »Holocaust«, der ebenfalls von renommierten Historikern als zu wenig wissenschaftlich abgetan wurde und dennoch ein Massenpublikum ansprach. Ein amerikanischer Leser etwa, dessen Frau den von Goldhagen beschriebenen »Todesmarsch« überlebte, schreibt: »Endlich hat ›jemand‹ den Mut, so vom ›Holocaust‹ zu erzählen, wie er wirklich war. ... In der ganzen Welt hat die Öffentlichkeit nichts erfahren, bis Sie es beschrieben haben.«[42] Ein Berliner charakterisiert Goldhagens Werk als »das Buch, auf das ich − und sicher nicht nur ich − seit Jahren gewartet habe«.[43]

Goldhagen selbst fühlt sich durch die zahlreichen positiven Zuschriften aus dem breiten Publikum verständlicherweise geehrt, erhält er doch auf diese Weise den Zuspruch, den ihm »die Zunft« vehement verwehrt hatte. In seiner Antwort schmeichelt er insbesondere den deutschen Lesern. »In Deutschland«, so Goldhagen, »sind sehr viele Menschen mit der Literatur über den Holocaust im höchsten Maße vertraut.« Wie erfreulich wäre es, könnte man Daniel Goldhagen wenigstens in diesem Punkt zustimmen; leider widerlegen aber bereits die zitierten Leserbriefe diese Ansicht. Selbstverständlich können sich »einfache Bürger, die nicht höchste, akademisch verbriefte Gelehrsamkeit vorweisen«, über den Holocaust »ein eigenes Urteil bilden«.[44] Ob sie jedoch den wissenschaftlichen Fortschritt, den jede Dissertation zu erzielen gezwungen ist, einzuordnen wissen, bleibt fraglich. Die Diskrepanz in der Beurteilung des Werkes durch Fachwelt und Öffentlichkeit rührt aus dem vermeintlichen Widerspruch zwischen Wissenschaft und Moral. So wird den Fachhistorikern vorgeworfen, sie beriefen sich auf Wissenschaftlichkeit, wo doch bei der Tragödie des Holocaust moralische Fragen im Vordergrund stehen müßten. Goldhagens Dissertation erhebt jedoch per se den Anspruch von Wissenschaftlichkeit, argumentiert aber moralisch. Es muß dabei nicht näher diskutiert werden, daß moralische Sensibilität bei der

Erforschung des Holocaust ein wesentlicher Grundsatz sein muß. Das breite Publikum, aber auch einige Journalisten[45], reagierten im Gegensatz zu den meisten Historikern sehr stark auf Goldhagens moralische Argumentationslinie, da es bei der Erfassung dieses komplexen historischen Geschehens auf einfache, affirmative Erklärungen angewiesen ist. Goldhagen spricht mit seiner These der individuellen Verantwortung der Täter die Gefühle der Menschen viel mehr an als die Historiker, die die Judenvernichtung in einen komplexeren Rahmen stellen und auch das Umfeld untersuchen.

Die positiven Leserbriefe, die anläßlich der Wehrmachtsausstellung bei den Zeitungsredaktionen eingingen, wirken nüchterner, offenbaren – meist nach dem Besuch der Ausstellung – Unverständnis über den Ablauf der Debatte, deren platte Argumente sich in der Ausstellung nicht wiederfinden lassen. Ein ehemaliger Soldat aus Ebersberg: »Ich war als schlichter Wehrmachtsangehöriger von 1941 bis Kriegsende in Rußland, Italien, Frankreich und zuletzt in Deutschland, und fühle mich durchaus nicht in meiner Ehre verletzt, wenn jetzt endlich ein Versuch unternommen wird – wie qualifiziert oder unqualifiziert das im einzelnen in der Ausstellung auch geschehen mag –, die Rolle der Wehrmacht im letzten Krieg aufzuarbeiten. Die in der Adenauer-Ära so geflissentlich vorgetragene Behauptung, alles Schlimme habe die SS verbrochen, während die Wehrmacht stets edel und sauber geblieben sei, stimmt leider nicht. Daß ich persönlich damals nicht in verbrecherische Machenschaften verstrickt worden bin, war nicht allein mein Verdienst, sondern viel glückliche Fügung, denn zum Widerstandshelden hätte mir sicher der Mut gefehlt. Aber ich habe damals genug gesehen und erlebt, um zu wissen, wie notwendig eine solche Aufarbeitung ist.«[46]

Dagegen fühlten sich viele Briefschreiber von Goldhagen provoziert und reagieren mit altbekanntem »Aufrechnen«. Eine Hamburgerin: Zum Zeitpunkt der »Kristallnacht ... hörte ich zum erstenmal das Wort ›Arbeitslager‹. Von den Verbrechen im KZ hörte ich nach dem Kriegsende! Übrigens sind im KZ auch viele deutsche Widerstandskämpfer umgekommen, wenn sie nicht schon vorher erhängt oder erschossen wurden. ... Auch wenn es nicht in Ihr

Konzept paßt, werde ich Ihnen als Ausgebombte und Vertriebene damalige Geschehnisse schildern.« Nach einer ausführlichen Beschreibung von Vergewaltigungen aller weiblichen Familienmitglieder durch Russen fährt sie fort: »Über die Greueltaten Stalins berichtet kaum jemand. Er hat Hunderttausende deutsche Kriegsgefangene in Lagern umkommen und verhungern lassen.« Peinlich muten die letzten Zeilen des Briefes an: »Ihre einseitige Verurteilung meines Volkes wird Sie eines Tages einholen, so wie man im Leben für alles bezahlen muß, das nicht mit dem Gesetz der Liebe in Einklang steht. ... Ich wünsche Ihnen Gottes Segen für Ihr weiteres Schaffen, das Sie gewiß reifen und läutern wird.«[47]

Wesentlich schärfer, weil den Krieg rechtfertigend und auf noch niedrigerem Niveau stehend, aber ebenfalls von dem Gedanken der Aufrechnung bestimmt, sind einige der etwa 100 Protestbriefe, in denen der Münchner Oberbürgermeister Christian Ude aufgefordert wurde, die Wehrmachtsausstellung nicht zu zeigen. »Als ehemaliger Soldat ... protestiere ich schärfstens gegen Ihre Geschichtsfälschungen. ... Es wäre dagegen angebracht, die Kriegsverbrechen der Gegenseite in die Öffentlichkeit zu bringen. Wenn Hitler nicht den gerade noch letzten möglichen Termin für den deutschen Präventivangriff auf die UdSSR am 22. 6. 1941 gewählt hätte, und die deutschen Soldaten bis zuletzt Unglaubliches für Volk und Vaterland geleistet hätten, wäre auch noch die andere Hälfte Europas dem Bolschewismus zum Opfer gefallen.«[48] In eine ähnliche Richtung zielte eine Zuschrift an die »Frankfurter Allgemeine Zeitung«, die die Empfehlung an Reemtsma enthält, »aus Gründen der Ausgewogenheit ... bei seinen Leuten als nächstes eine Ausstellung über den alliierten Bombenkrieg in Auftrag zu geben«.[49]

In einigen Zuschriften an Goldhagen wird die antisemitische Einstellung der Absender deutlich. Ein Berliner mahnte den Autor: »Ihr sehr umstrittenes Buch halte ich für wenig hilfreich zum achtungsvollen Umgang von Juden und Deutschen. Statt den Graben zwischen uns von neuem freizuschaufeln, wäre eine versöhnende Haltung Ihrerseits angebracht. Die Fähigkeit der Vergebung ist mit Aufkommen der christlichen Lehre erst in das Abendland eingetreten. Für den mosaischen Glauben stößt dies weiterhin auf Unverständnis.«[50]

Ein Leser aus Elmshorn wartet mit dem Vergleich zwischen »normalen« Deutschen und »normalen« israelischen Siedlern auf: »So sollten Sie Ihre These von der Alleinwirkung einer Ideologie einmal überprüfen. Genau wie Ihre gute Meinung von Ihnen selber, daß Sie nie bereit gewesen wären, schrankenlos zu handeln. Es war doch ein frommer Rabbiner, der in Hebron das Massaker anrichtete und in der Auswirkung den gesamten Friedensprozeß ins Stocken brachte. Israel wird darum seine ›normalen‹ Siedler alle entwaffnen müssen, will es einigermaßen das Heft in der Hand behalten.«[51] Ähnlich absurd, aber noch persönlicher liest sich der Angriff auf Reemtsma in einem Brief an Oberbürgermeister Ude: »Im nächsten Monat soll ja die von dem Großkapitalisten und Lungenkrebserregerproduzenten Reemtsma gesponserte Ausstellung im Rathaus stattfinden, in der wir alten deutschen Soldaten zur Sau gemacht werden.«[52] Weniger häufig als in den Leserbriefen zur Wehrmachtsausstellung taucht in den Briefen an Goldhagen der Vorwurf auf: »Ich habe das alles durchlebt – Sie nicht.«[53]

Sowohl Wehrmachtsausstellung als auch Goldhagen erreichten weite Kreise der Bevölkerung, die in der Regel keine historischen Ausstellungen besuchen oder 700 Seiten starke Fachbücher lesen. Die Wehrmachtsausstellung verdankt einen Großteil ihrer Popularität dem Aufschrei von Parteipolitikern; bis zur Auseinandersetzung in der Bremer Koalition im November 1996 war sie eineinhalb Jahre weitgehend unbehelligt an 16 Ausstellungsorten in Deutschland und Österreich gezeigt worden und hatte 130 000 Besucher angezogen. Spätestens im Vorfeld der Ausstellung in München war die Ruhe dahin. Die Organisatoren hatten vor der Eröffnung in München mit etwa 20 000 Besuchern gerechnet[54]; in den sechs Wochen kamen jedoch 88 400 Besucher, die am Schlußwochenende bis zu vier Stunden auf Einlaß warten mußten.[55] Somit verhalf die politische Auseinandersetzung der Ausstellung zu ihrem größten Erfolg; quer durch die bundesrepublikanische Gesellschaft begann man sich mit der Thematik beziehungsweise Problematik des Krieges der deutschen Wehrmacht auseinanderzusetzen. Äußerungen von Besuchern, wie: »Wir haben Geburtstag gefeiert, da ging es den ganzen Tag nur um die Wehrmacht«[56];

scheinen typisch zu sein. Auch Daniel Goldhagen kann das Verdienst nicht abgesprochen werden, dem öffentlichen Bewußtsein in Erinnerung gerufen zu haben, daß der Holocaust nicht das Werk einiger weniger gewesen ist, sondern zahlreiche Deutsche Mithelfer oder wenigstens Mitwisser waren. Dennoch kann die Auseinandersetzung um beide Ereignisse nicht in allen Punkten verglichen werden. Vor allem durch die zeitliche Verschiebung und die Politisierung unterscheidet sich die Debatte um die Wehrmachtsausstellung deutlich von jener um Goldhagen.

---

1 Einen Überblick bietet Matthias Heyl, Die Goldhagen-Debatte im Spiegel der englisch- und deutschsprachigen Rezensionen von Februar bis Juli 1996. Ein Überblick, in: Beilage zum Mittelweg 36/4 (1996), S. 41–55.

2 Die Zeit, 13. 9. 1996.

3 Karl-Heinz Janßen, in: Die Zeit, 17. 3. 1995.

4 Zeit-Punkte 3 (1995), S. 13.

5 Ebenda, S. 49.

6 Hamburger Institut für Sozialforschung (Hrsg.), Vernichtungskrieg. Verbrechen der Wehrmacht 1941 bis 1944. Ausstellungskatalog, Hamburg 1996, S. 7.

7 Frankfurter Rundschau, 18. 5. 1995; die tageszeitung (künftig taz), 18. 5. 1995.

8 taz, 3./4. 6. 1995; Frankfurter Rundschau, 15. Juni 1995.

9 Frankfurter Rundschau, 9. 5. 1996. Die andere bekanntgewordene Äußerung eines Politikers stammt von Peter Gauweiler, der sich im »Bayernkurier« (12. 10. 1996) sehr despektierlich über Goldhagen äußerte.

10 Roeder wurde deshalb vom Erfurter Amtsgericht im September 1996 zu einer Geldstrafe von 4500 DM verurteilt; vgl. »Der Tagesspiegel«, 27. 9. 1996; Süddeutsche Zeitung, 28./29. 9. 1996. Das Erfurter Landgericht bestätigte das Urteil am 17. 3. 1997; vgl. »Der Tagesspiegel«, 18. 3. 1997.

11 Süddeutsche Zeitung, 14. 11. 1996.

12 taz, 15. 11. 1996; Frankfurter Rundschau, 18./19./20. 11. 1996.

13 Süddeutsche Zeitung, 23./24. 11. 1996.

14 Manfred Messerschmidt, Die Wehrmacht im NS-Staat. Zeit der Indoktrination, Hamburg 1969.

15 Helmut Krausnick/Hans-Heinrich Wilhelm, Die Truppe des Weltanschauungskrieges. Die Einsatzgruppen der Sicherheitspolizei und des SD 1938–1942, Stuttgart 1981.

16 Christian Streit, Keine Kameraden. Die Wehrmacht und die sowjetischen Kriegsgefangenen 1941–1945, Stuttgart 1978.

17 Omer Bartov, Hitlers Wehrmacht. Soldaten, Fanatismus und die Brutalisierung des Krieges, Reinbek bei Hamburg 1995.

18 Das Urteil Raul Hilbergs fiel in einem Brief an Konrad Kwiet vom 5. 4. 1996 vernichtend aus: »Last week I bought a copy of Daniel Goldhagen's ›Hitler's Willing Executioners‹ in the hope that I might find something useful in its 622 pages. I found virtually nothing.« Kopie des Briefes im Archiv des Zentrums für Antisemitismusforschung.

19 Christopher R. Browning, Dämonisierung erklärt nichts, in: Die Zeit, 19. 4. 1996.

20 Konrad Kwiet äußerte sich auf einem Symposium im US Holocaust Memorial Museum in Washington am 8. 4. 1996 (vgl. dazu den Beitrag von Raul Hilberg in diesem Band).

21 Yehuda Bauer griff auf dem Symposium im US Holocaust Memorial Museum am 8. 4. 1996 auch Goldhagens Betreuer an: Ohne komparative Arbeit könne man in der Regel keinen Doktortitel erwerben.

22 Dieter Pohl, Die Holocaust-Forschung und Goldhagens Thesen, in: Vierteljahrshefte für Zeitgeschichte 45 / 1 (1997), S. 1–48.

23 Vgl. etwa Hans Mommsen, Die dünne Patina der Zivilisation, in: Die Zeit, 30. 8. 1996.

24 Eberhard Jäckel, Einfach ein schlechtes Buch, in: Die Zeit, 17. 8. 1996.

25 Einen Überblick bieten Heyl, Die Goldhagen-Debatte (wie Anm. 1) und Julius H. Schoeps (wie oben, S. 24, Anm. 1).

26 Herbert Riehl-Heyse, in: Süddeutsche Zeitung, 27. 1. 1997.

27 Rudolf Augstein etwa bezeichnete ihn als »Junior-Professor« (Der Spiegel, 15. 4. 1996).

28 Die Welt, 26. 2. 1997. Heer hatte sich eigenen Angaben zufolge 1971 an einer Demonstration gegen den Besuch Kaiser Hirohitos beteiligt und war in diesem Zusammenhang zu einer Geldstrafe von 1200 DM verurteilt worden; vgl. »Süddeutsche Zeitung« 19. 3. 1997.

29 Zit. nach »Der Tagesspiegel«, 19. 2. 1997.

30 Süddeutsche Zeitung, 18. 2. 1997.

31 Ebenda, 1./2. 3. 1997.

32 taz, 20. 2. 1997.

33 Florian Stumfall, Wie Deutsche diffamiert werden, in: Bayernkurier, 22. 2. 1997.

34 Frankfurter Rundschau, 10. 3. 1997.

35 Süddeutsche Zeitung, 12. 3. 1997.

36 taz, 21. 3. 1997.

37 Dokumentiert ist die Debatte in: Das Parlament, 21. 3. 1997; in Auszügen auch in: Die Zeit, 21. 3. 1997.

38 Briefe an Goldhagen. Eingeleitet und beantwortet von Daniel Jonah Goldhagen, Berlin 1997.

39 Ebenda, S. 59.

40 Ebenda, S. 62.

41 Ebenda, S. 73.

42 Ebenda, S. 185 f.

43 Ebenda, S. 52.

44 Ebenda, S. 234 f.

45 Etwa Richard Bernstein, Was Slaughter of Jews Embraced by Germans?, in: New York Times, 27. 3. 1996; noch akzentuierter: A. M. Rosenthal, Some Ordinary Germans, in: New York Times, 2. 4. 1996.

46 Süddeutsche Zeitung, 26. 2. 1997.

47 Briefe an Goldhagen (wie Anm. 38), S. 22 ff.

48 Zit. nach Felix Berth, Briefe aus deutscher Vergangenheit, in: taz, 20. 2. 1997.

49 Frankfurter Allgemeine Zeitung, 28. 2. 1997.

50 Briefe an Goldhagen (wie Anm. 38), S. 80.

51 Ebenda, S. 91.

52 Zit. nach Berth (wie Anm. 48).

53 Briefe an Goldhagen (wie Anm. 38), S. 124.

54 Süddeutsche Zeitung, 24. 3. 1997.

55 Ebenda, 11. 4. 1997.

56 Frankfurter Rundschau, 22. 3. 1997.

Alexandra Przyrembel **Die Tagebücher Victor Klemperers und ihre Wirkung in der deutschen Öffentlichkeit**

»*Gegen die Wahrheit der Sprache gibt es kein Mittel.*«[1]

Wenige Monate bevor Daniel Jonah Goldhagens Studie »Hitlers willige Vollstrecker« in der deutschen Öffentlichkeit für Furore sorgte, hatten bereits Victor Klemperers minutiöse Tagebücher den Boden für die Debatte um Beteiligung und Schuld der deutschen Bevölkerung an der Judenvernichtung bereitet. Zeichnet der Chronist Klemperer ein differenziertes und heterogenes Bild der deutschen Bevölkerung, in dem die sich dem wachsenden Alltagsantisemitismus widersetzende Geste mit Erstaunen hervorgehoben wird, so pointiert der Politologe Goldhagen gewissermaßen als Zeichen des deutschen Sonderwegs die Kluft zwischen Opfern und Tätern, Juden und Deutschen. Hiermit schließt Goldhagen von vornherein die Möglichkeit der Assimilation aus, also einen Lebensentwurf, der für Victor Klemperer und viele andere erst nach langem schmerzlichen Ringen zerbrach. Mit Hilfe von Klemperers Aufzeichnungen können die vereinfachenden Fixpunkte von Goldhagens Studie – »eliminatorischer Antisemitismus« und »normale Deutsche« – differenziert und verfeinert werden. Da die mediale Inszenierung der Tagebücher Victor Klemperers das Medienereignis Goldhagen

vorbereitete, soll hier vor allem die Wirkung jener »Stenogramme aus der Vorhölle«[2] in der deutschen Öffentlichkeit untersucht werden.

Victor Klemperer: Seismograph der Judenverfolgung

»Ich schreibe hier nicht Zeitgeschichte«, vermerkte Victor Klemperer noch zu Beginn seiner Aufzeichnungen über das Dritte
Reich.[3] Die tägliche Konfrontation mit der Perfidie des nationals-
zialistischen Machtapparats, die beginnenden Deportationen und
die ständige Angst um das eigene Leben führten zu einem
Schreibgestus, der das Bewußtsein über die Notwendigkeit des
»Zeugnisablegens« und die messerscharfe Analyse der Zeitum-
stände miteinander verknüpft. Die liebevollen Porträts, die Klemperer von seinen zur Deportation verdammten Nachbarn und
Freunden zeichnete, die mal optimistischen, mal äußerst lako-
nischen Gesprächsnotizen über Begegnungen mit »deutschen«
Arbeitskollegen bei der Zwangsarbeit und nicht zuletzt die seitenlange Exegese nationalsozialistischer und völkischer Literatur
weisen über das Genre des Tagebuchs hinaus. Klemperer ist seinem eigenen Anspruch – »Kulturgeschichtsschreiber der gegenwärtigen Katastrophe (zu) sein« – mehr als gerecht geworden.

Die Entlassung als ordentlicher Professor durch die Technische
Hochschule Dresden im Jahre 1935 aufgrund des zwei Jahre zuvor
erlassenen »Gesetzes zur Wiederherstellung des Berufsbeamten-
tums« dokumentiert den Beginn eines Leidensweges, der den Verlust des neu erworbenen Hauses und die Einweisung in verschiedene »Judenhäuser« ebenso einschließt wie die Rekrutierung zur
Zwangsarbeit im Jahre 1943. Erst das Chaos, das nach der Bombar-
dierung in Dresden herrschte, erlaubte Eva und Victor Klemperer
im Februar 1945 die Flucht vor den letzten Verfolgungsmaßnahmen. Jenseits dieser Stationen, die den Verlust der bürgerlichen
Identität markieren, dokumentieren die Tagebücher den Zusammenbruch des sozialen Umfelds und veranschaulichen die Strapazen des täglichen Überlebenskampfes: das Heranschaffen brauch-
barer Lebensmittel, die unerwünschte Intimität der »Judenhäuser« und nicht zuletzt die körperlichen Leiden des nicht mehr

ganz so jungen Ehepaares. Trotz des ironischen und gelegentlich verbitterten Tons der Aufzeichnungen zeichnet Victor Klemperer auch sich selbst ein sympathisches Selbstporträt. So werden die ersten – offenbar recht waghalsigen – Fahrversuche im Jahre 1935 und die langen Ausflüge nicht zuletzt deshalb ausführlich geschildert, da mit Hilfe des neu erworbenen Automobils zumindest zeitweilig die (Rück-)Eroberung des privaten Freiraums gelungen war. Aber auch die ausführlichen Notizen Klemperers zu den Kinobesuchen des Ehepaares und die gemeinsame Begeisterung für eher triviale Filmproduktionen rufen in Erinnerung, daß Klemperer vor seiner Promotion im Jahre 1913 lange Jahre als Journalist tätig gewesen war. Dies sei nur deshalb erwähnt, da in den Rezensionen die Schrullen und Vorlieben Klemperers nur selten registriert werden, obwohl sie doch die Textur der Tagebücher beeinflussen. Die Reduktion der Tagebücher auf die »authentische« Stimme des Holocaust-Opfers suggeriert eine Linearität der Verfolgung, die durch die Aufzeichnungen Klemperers ja gerade widerlegt werden.

»Stoff, der in die Seele geht.«[4] Die Wirkung der Klemperer-Tagebücher in der deutschen Öffentlichkeit

Neben den Tagebüchern der Anne Frank hatte (und hat) kein anderes autobiographisches Dokument über die persönliche und politische Entrechtung und Verfolgung der deutschen Juden so großen Erfolg wie die kaleidoskopartige Bestandsaufnahme jener Schreckensjahre durch den Romanisten und Essayisten Victor Klemperer (1881 – 1960). Dies muß erstaunen, da immerhin 120 Tagebücher in gedruckter Fassung vorliegen, die von Juden über ihr Schicksal im Deutschen Reich und in den besetzten Gebieten Europas verfaßt wurden.

Während die Berichte der Anne Frank aus dem Amsterdamer Versteck Not und Isolation in den von Deutschen besetzten Niederlanden dokumentieren, führen auch die Aufzeichnungen des jüdischen Professors nicht an den Ort des Schreckens[5]. Da der Philologe Victor Klemperer aufgrund der Ehe mit der Nicht-Jüdin

Eva Schlemmer in Dresden überleben konnte, liegen mit diesem Tagebuch über das Dritte Reich sowie den mittlerweile ebenfalls erschienenen Vorläufern[6] historische Dokumente vor, die die Binnenperspektive der zunächst assimilierten, später ausgegrenzten und schließlich verfemten jüdischen Elite festhalten. Auch wenn die Tagebücher mit Beginn der Deportationen für die täglich schwindende jüdische Gemeinde Dresdens zum Gedächtnisbuch avancieren, indem sie die Namen der Verschleppten bewahren und Gerüchte über die Ermordung der Juden im Osten wiedergeben[7], bleibt ihnen die Welt der Konzentrations- und Vernichtungslager fern. Und doch überschatteten sie die eigene Existenz: »Überall die gleiche Stimmung – verzweifelte Bitterkeit, Angst um das eigene Leben, flackernde Hoffnung und – vor allem –, ›ich lebe noch, ich lebe noch, ich lebe noch‹ (in der wechselnden Betonung).«[8]

Spielte die »Exterritorialisierung« der Judenvernichtung eine entscheidende Rolle für die geradezu euphorische Aufnahme von Anne Franks Tagebüchern in den fünfziger Jahren, scheint zur Rezeption nicht minder der Umstand beigetragen zu haben, daß der Leidensweg der jungen Chronistin abreißt, bevor es zu einer Dokumentation der Konzentrations- und Vernichtungslager kommen konnte. Daß dies – zynischerweise – ein entscheidendes Moment für den »Anne-Frank-Kult« der fünfziger Jahre ist, belegen die von der Gesellschaft für christlich-jüdische Zusammenarbeit organisierten Wallfahrten zur Grabstätte (!) Anne Franks im Konzentrationslager Bergen-Belsen: »Wir (schritten) in einem langen Zug an eines der Gräber. Wir hatten einen symbolischen Ort gewählt, den wir als das Grab Anne Franks annahmen.«[9] So schilderte Erich Lüth, der damalige Vorsitzende der Gesellschaft für christlich-jüdische Zusammenarbeit in Hamburg, die erste Trauerfeier zu Ehren Anne Franks im Jahre 1957. Der Name des Mädchens habe eine Initialzündung ausgelöst. Denn zunächst hatte die Hamburger Regionalgruppe der Organisation erfolglos versucht, Schüler und Studenten zur Teilnahme an den in Bergen-Belsen abgehaltenen Gedenkveranstaltungen zu motivieren. Erst der »Hinweis darauf, daß auch das Mädchen Anne Frank unter einer der mächtigen Erdpyramiden beigesetzt worden sei, ... genügte, um zweitausend junge Menschen zu bewegen, sich an einer Ausfahrt mit 50 Autobussen zu beteiligen«.[10] Dieser »Initialzündung« war die Aufführung der dramatisierten Fassung des Tagebuchs der Anne Frank an 17 Bühnen – darunter auch am Hamburger Thalia-Theater – vorausgegangen.[11] Der Erfolg dieser ersten »Anne-Frank-Pilgerfahrt« anläßlich der »Woche der Brüderlichkeit« im Jahre 1957 – unter den Gästen befand sich neben dem Vizepräsidenten der Hamburger Bürgerschaft auch Axel Springer – wurde in den nächsten beiden Jahren noch übertroffen. Aus diesem »Kinderkreuzzug gegen die Vergangenheit«[12] ging gar eine Anne-Frank-Jugendgruppe hervor, die nicht nur das Blatt »Schalom« herausgab, sondern auch Veranstaltungen zu jüdischen Themen, insbesondere zur Israel-Thematik, ausrichtete. Nur wenige zeitgenössische Stimmen warnten vor der Vereinnahmung der Legende Anne Frank, die einer Individualisierung des Massenmords gleichkomme.[13] Die mit dem Pilgerzug zur vermeintlichen Grabstätte des Mädchens verbundene »Reterritorialisierung« des Holocaust entsprang dem Bedürfnis, das Unfaßbare mit Hilfe tradierter christlicher Rituale zu bannen. Mutet dieser zweifelhafte Kampf um eine moralische Verantwortung für den Genozid an den Juden aus heutiger Perspektive kurios an, so sollte hier nicht unerwähnt bleiben, daß verschiedene Opfergruppen diesen Versuch, das kollektive Schweigen zu durchbrechen, durchaus begrüßten.[14]

Die 50 Jahre nach der Befreiung von Auschwitz erschienenen Tagebücher Victor Klemperers erfreuen sich einer vergleichbar enthusiastischen Aufnahme durch die deutsche Öffentlichkeit. Allerdings spielen heute die von Kirchenkreisen initiierten Gedenkrituale eine eher untergeordnete Rolle. Trauern und Erinnern haben im Gegenteil den öffentlichen und medialisierten Raum erobert. Vom Feuilleton als das hervorragende literarische Ereignis des Jahres 1995 gepriesen, avancierten die Aufzeichnungen des jüdischen Philologen zum Publikumserfolg.[15] Daß auch jenseits des Atlantiks mit einer erfolgreichen Vermarktung gerechnet wird, signalisiert die Rekordsumme von mehr als einer halben Million Dollar, die der angesehene New Yorker Verlag Random House für die Rechte an der amerikanischen Ausgabe aufbringen muß. Dies ist der höchste Betrag, der je für eine Übersetzung aus dem Deutschen gezahlt wurde.[16]

Noch während des Gedenkjahres wurde Victor Klemperer postum der Geschwister-Scholl-Preis verliehen, der von den Herausgebern der Tagebücher, Walter Nowojski und Hadwig Klemperer, entgegengenommen wurde. Auch die »scientific community« hat Anteil an der Vermarktung Victor Klemperers. So entdeckte sie den Philologen erst in jüngerer Zeit für sich, gleichwohl seine analytische Studie über die Sprache des Dritten Reiches im wesentlichen ein Substrat der Tagebücher ist und bereits unmittelbar nach dem Krieg in Ost-Berlin publiziert wurde.[17] Der wissenschaftliche Disput wird nicht nur im Rahmen von Tagungen vorangetrieben, sondern läßt sich ebenso vom heimischen Schreibtisch aus via Internet führen.[18]

Wem die Lektüre des immerhin mehr als 1500 Seiten zählenden Konvoluts aufgrund vielfacher Wiederholungen, Idiosynkrasien und sprachanalytischer Ausschweifungen zu mühselig ist, der kann jetzt in einer Art Volks- und Jugendausgabe die wichtigsten Verfolgungsstationen Victor und Eva Klemperers nachvollziehen.[19] Doch die »Erinnerungsarbeit« an den Tagebüchern muß sich nicht auf die stille und einsame Konfrontation mit dem Text beschränken: Geplant sind Hörspiel- und Theateradaptionen der Tagebücher. Öffentliche Inszenierungen im Rahmen von Marathonlesungen ermöglichen die kollektive Erfahrung des abgründigen Alltags des Dritten Reiches, obwohl heute immer noch – wenn auch wenige – Überlebende der Shoah über ihr eigenes Schicksal berichten könnten.[20] Für 1999 plant der Mitteldeutsche Rundfunk gar eine auf dreizehn Folgen angelegte Verfilmung der Tagebücher. Peter Steinbach, Drehbuchautor der Erfolgsserie »Heimat«, möchte – so kolportiert es zumindest eine auflagenstarke Zeitschrift – »eine TV-Serie schreiben, die süchtig macht. Sie soll im besten Sinne unterhaltend sein – belehrend und aufklärend ohne erhobenen Zeigefinger, so, daß es den Leuten in die Seele geht.«[21]

Bedenkt man die Tatsache, daß die Rezeption von Memoiren oder autobiographischen Romanen von Überlebenden des Holocaust mittlerweile ein wesentliches Element der »Gedächtniskultur« in der Bundesrepublik geworden ist, so erstaunt die Euphorie, mit der die Tagebücher des Intellektuellen Klemperer aufgenommen wurden.[22] Drei Momente haben hier meines Erachtens entscheidend gewirkt. Erstens: Klemperer verkörpert scheinbar wie kaum ein anderer das Gelingen einer deutsch-jüdischen Symbiose. Zweitens: Entgegen der bitteren Einsicht, daß die Deutschen von Verfolgung und Ermordung der Juden mehr gewußt haben, als sie nach 1945 zugeben mochten, wird die Lektüre der Klemperer-Tagebücher offenbar deshalb erleichtert, weil sie gleichsam stellvertretend für andere die Courage einer nicht-jüdischen Deutschen dokumentieren; sie bezeugen Mut und Tatkraft der Eva Klemperer. Und drittens: Klemperers Tagebücher dokumentieren mit dem Untergang Dresdens ein deutsches Trauma. Zudem ist ihre Wirkung nicht zuletzt Resultat einer deutsch-deutschen Verständigung über das Dritte Reich und die Nachkriegsgeschichte. Dies wird besonders dadurch bedingt, daß Victor Klemperer in der politischen und kulturellen Landschaft der DDR eine bedeutende Rolle einnahm.

Der 1912 zum Protestantismus konvertierte Intellektuelle und Kriegsfreiwillige Victor Klemperer vertrat mit Entschiedenheit den Assimilationsgedanken und hielt über Jahrzehnte an einem spezifisch deutschen Humanismus fest. Selbst in den Stunden äußerster Not notierte Klemperer, nachdem er über die Wurzeln des Rassenantisemitismus räsoniert hatte: »Ich habe von alledem wenig gewußt – wirklich intensiv gewußt: gar nichts, vielleicht nichts davon wissen wollen. Trotzdem: Ich *denke* deutsch, ich *bin* deutsch – ich habe es mir nicht gegeben, ich kann es mir nicht ausreißen.«[23] Jahre zuvor – nur wenige Wochen nach der Machtübernahme durch die Nationalsozialisten – hatte Klemperer seine Resignation deutlicher festgehalten: »Ich für meinen Teil werde niemals wieder Vertrauen zu Deutschland haben.«[24] Jahre später schrieb Klemperer, inzwischen in der DDR zu späten Ehren gelangt, in seinem Vorwort zu dem Sammelband »vor 33/nach 45«: »Das Blatt Papier zwischen den beiden Teilen dieses Buches zeichnet den denkbar tiefsten Einschnitt zwischen zwei Lebensphasen, es bezeichnet eine zusammengestürzte und allmählich abgetragene Mauer meines anerzogenen bürgerlichen Denkens.«[25]

Diese dialektische Spannung gegenüber dem Deutschen, die zwischen absoluter Idealisierung und kompletter Desillusionierung changiert, wurde in Martin Walsers Laudatio anläßlich der Verleihung des Geschwister-Scholl-Preises an Victor Klemperer auf eine Facette reduziert. Mit Klemperer zog der Schriftsteller gegen das Verdikt Gershom Scholems zu Felde, wonach das deutschjüdische Miteinander eine Chimäre der Ausgegrenzten gewesen sei.[26] Die Selbstverortung Klemperers in der Tradition des deutschen Humanismus verleitete Walser zum »nachträglichen Wunschdenken« einer deutsch-jüdischen Realität ohne Auschwitz: »Wer alles als einen Weg sieht, der nur in Auschwitz enden konnte, der macht aus dem deutsch-jüdischen Verhältnis eine Schicksalskatastrophe unter gar allen Umständen.« Es war nur konsequent, daß Martin Walser mit Emphase und in Abgrenzung zu den »Verklärer(n) des häßlichen Deutschen« Deutschland zum Einwanderungsland auch für Juden erklärte.[27] Die weitere wesentliche Verkürzung in Walsers Laudatio auf Victor Klemperer, die übrigens auch einen Entrüstungssturm im deutschen Feuilleton provozierte[28], tangiert eine Schlüsselfrage der Holocaust-Forschung: die Frage nach dem Verhalten der deutschen Bevölkerung gegenüber der Judenverfolgung. Für Walser wird in den Tagebüchern deutlich, daß es neben der Bevölkerung »eine Bande von Verbrechern als Machthaber« gegeben habe, die für den Genozid an den Juden verantwortlich sei.[29] Goldhagens Diktum über die Schuld der Deutschen an der Judenverfolgung ist eine Kehrseite der hier auch von Walser kolportierten Nachkriegslegende, daß die Bevölkerung an dem Genozid weitgehend unbeteiligt geblieben ist. Die Virulenz dieser Legende hat – als Gegenreaktion – erst den Erfolg von Goldhagens Buch bei einer breiten Öffentlichkeit möglich gemacht.

Wie die Tagebücher der Anne Frank berichten auch die Aufzeichnungen Klemperers »nicht aus der Hölle der Lager, sondern aus der Vorhölle«. Hierdurch sparen sie – wie Jan Philipp Reemtsma es formuliert – eine Welt aus, »vor der unsere Imagination kapitulieren muß«.[30] Unterscheiden sich die beiden Tagebücher in ihrer literarischen Struktur fundamental – der kindlich-naive Schreibgestus der Anne Frank, das selbstreflexive Ringen um das Wort bei Victor Klemperer –, so ist für die Wirkungsgeschichte der beiden Dokumente ferner entscheidend, daß Victor Klemperer die Schreckensjahre in Dresden mit Hilfe seiner Frau Eva Klemperer überleben konnte, wohingegen Anne Frank im Herbst 1944 im Konzentrationslager Bergen-Belsen den Folgen einer Typhus-Epidemie erlag.

Die in den Tagebüchern Victor Klemperers dokumentierte Zerstörung der bürgerlichen Existenz – von der Entlassung aus dem Beruf, dem Verlust des Autos sowie des Hauses bis zur Degradierung als »Sternträger«[31] – macht gewiß einen Teil des Bucherfolgs aus, da sie für viele deutsche Leser nachvollziehbar bleibt.[32] Trotz der erdrückenden Genauigkeit, mit der jede Etappe auf dem Weg zur Vernichtung der Juden, sei sie noch so absurd wie etwa das Verbot der Haltung von Haustieren, festgehalten wird, eignen sich die Tagebücher offenbar zum Stoff, der »in die Seele geht«. Dies liegt daran, daß die Tagebücher nicht nur Klemperers individuellen Überlebenskampf schildern, sondern ebenso die Geschichte seiner Ehe mit der nicht-jüdischen Pianistin Eva Schlemmer. Der »Heroismus« der Eva Klemperer, die dem seit 1933 andauernden und stets wachsenden Druck des Regimes gegenüber den »deutschblütigen« Ehepartnern von »Mischehen« trotzte und von einer sozialen Ächtung betroffen war, wie sie durch die unflätige Beschimpfung »artvergessenes Weib«[33] schlimmer nicht ausgedrückt werden kann, wird von Klemperer selbst unmittelbar nach dem Krieg gewürdigt:

»Aber ich weiß von einem noch viel trostloseren, noch viel stilleren Heldentum, von einem Heroismus, dem jede Stütze der Gemeinsamkeit mit einem Heer, einer politischen Gruppe, dem jede Hoffnung auf künftigen Glanz durchaus abging, der ganz und gar auf sich allein gestellt war. Das waren die paar arischen Ehefrauen (allzu viele sind es nicht gewesen), die jedem Druck, sich von ihren jüdischen Ehemännern zu trennen, standgehalten hatten ... Welchen Lebenswillen mußten sie aufbringen, wenn sie krank lagen von all der Schmach und qualvollen Jämmerlichkeit, wenn die vielen Selbstmorde in ihrer Umgebung verlockend auf die ewige Ruhe vor der Gestapo hinwiesen. Sie wußten, ihr Tod werde den Mann unweigerlich hinter sich herzerren, denn der jüdische Ehegatte wurde von der noch warmen Leiche der arischen Frau weg ins mörderische Exil transportiert.«[34]

Und doch hinterläßt die Ikonisierung der Eva Klemperer im deutschen Feuilleton aus zwei Gründen einen schalen Nachgeschmack.[35] Um vom Individuellen auf das Allgemeine schließen zu dürfen, scheint eine Historisierung sogenannter Mischehen im Dritten Reich gefordert zu sein. Bisher gibt es keine systematische historiographische Studie, die sich einer Aufarbeitung dieser individuellen Facette der deutsch-jüdischen Beziehungen und ihrer besonderen Ausprägung während des Dritten Reiches verschrieben hat. Zu der Forderung nach Scheidung einer solchen Ehe, die nicht zuletzt auch durch eine Verwässerung des Ehe- und Scheidungsrechts getragen wurde, gesellte sich oftmals die private Isolation der Ehepartner.[36] Für viele Paare blieb daher als einziger Ausweg die Trennung. Victor Klemperer selbst deutete an, daß die ihm von seiner Frau erwiesene Loyalität ein ungewöhnlicher Gestus war. Dies wird durch das Beispiel Alfred Andersch bestätigt, der sich im März 1943 von seiner Frau Angelika Albert, einer sogenannten Halbjüdin, scheiden ließ.[37] Auch der durch Nathan Stoltzfuß inzwischen aufgearbeitete Protest nicht-jüdischer Frauen gegen die Deportation ihrer jüdischen Männer Anfang März 1943 läßt offen, inwieweit diese Resistenz gegen das Regime als repräsentativ zu bewerten ist.[38]

Die äußeren Umstände wirkten auch nach innen und ließen die Ehe der Klemperers keineswegs unbeeinträchtigt. Die ständigen körperlichen Beschwerden der Eva Klemperer — seien es Zahnschmerzen oder Nervenleiden — werden von ihrem Ehemann oftmals ungnädig und ärgerlich notiert.[39] Dagegen müssen natürlich auch die gemeinsamen Überlebensstrategien gewürdigt werden, die über die »einfache« Loyalität der Eva Klemperer hinausweisen. Trotz der ständigen Hausdurchsuchungen durch die Gestapo und des Wissens um die Bedrohung, in die Victor Klemperer sich selbst, seine Frau und eine Freundin brachte, bei der die täglichen Notate versteckt lagerten, hielt Klemperer am Schreiben wie an einer »Balancierstange« fest.[40] Aber nicht nur die Arbeit am Text, sondern auch das gemeinsame Lesen von Texten kann als Versuch gewertet werden, die Angst um das eigene Überleben zu bannen.

Auch hierin zeigt sich der »aktive« Beistand, den Eva Klemperer ihrem Mann erwies.

Vielleicht sind uns die Tagebücher deshalb so viel leichter zugänglich, weil sie gleichsam durch die Gestalt der Eva Klemperer dem »anderen Deutschen« ein Monument schaffen. Die Relevanz dieses »Rettungsgedankens« für die nachhaltige Wirkung der Tagebücher drängt sich besonders dann auf, wenn eine christlich geprägte Metaphorik eingesetzt wird, um Eva Klemperers Heldentum zu markieren: »Und ganz ohne Verklärung leuchtet die zweite große Gestalt dieser Lebensgeschichte: Frau Eva Klemperer, eine Nicht-Jüdin, die Verkörperung von Liebe und Anstand in einer scheinbar aussichtslosen Epoche.«[41]

Das Interesse an Victor Klemperers literarischem und essayistischem Schaffen ist ein Phänomen der neunziger Jahre, und es ist keineswegs ungebrochen. Während die Angaben zur Biographie Klemperers und seinen wissenschaftlichen Schriften nach 1945 in der Presse weitgehend im dunkeln bleiben, kursieren allerlei Mutmaßungen über Klemperers Arrangement mit der DDR. Denn Victor Klemperer hat sich nach der Befreiung vom Nationalsozialismus für ein Leben in der DDR entschieden, weil er sich hier eine rigidere Entnazifizierungspolitik erhoffte. Die in den Rezensionen zu den Tagebüchern formulierte Ambivalenz tangiert vor allem Klemperers Eintritt in die KPD, die späte Karriere als Hochschullehrer in der DDR, die ihm letztlich als Emeritus doch noch den ersehnten Lehrstuhl an der Humboldt-Universität bringen sollte, und Klemperers politisches Engagement als Abgeordneter der Volkskammer der DDR für die »Fraktion des Kulturbundes zur demokratischen Erneuerung Deutschlands«. Gleichermaßen forderte die verspätete Publikation der Tagebücher – die Entdeckung des Nachlasses von Victor Klemperer wurde auch in der Bundesrepublik bereits 1979 bekannt[42] – manchen Zweifel an der Editionsgeschichte des Werkes heraus. Klemperer selbst hat in seinem 1945 fortgesetzten Tagebuch Zweifel über die Publikation geäußert, die insbesondere seine Kritik am Kommunismus sowie jüdische Fragen betrafen: »Meine Tgb.-Lektüre ergibt immer entschiedener, daß LTI (»Lingua Tertii Imperii«) zur Publikation wesentlich geeigneter ist als das eigentliche Tagebuch. Es ist unförmig, es belastet die Juden, es wäre auch nicht in Einklang zu bringen mit der jetzt gültigen Opinio, es wäre auch indiskret.«[43] Die befürchtete Indiskretion betrifft sicher diejenigen brisanten Passagen des Tagebuchs, in denen Klemperer mit dem Zionismus ins Gericht geht und ihn mit dem Nationalsozialismus gleichsetzt.[44]

Während Klemperers eigentliches Werk im Westen weitgehend ignoriert wurde, waren es vor allem seine aktionistischen Appelle, die in der frühen Bundesrepublik mit Irritation vermerkt worden waren. So hatte Klemperer im Jahre 1949 anläßlich der Verleihung der Ehrendoktorwürde an die Witwe seines akademischen Lehrers Karl Vossler durch die Universität Halle in München die Aufrüstung in der SBZ (Sowjetische Besatzungszone) »als Zeichen des Friedens« legitimiert.[45]

Etwa zwanzig Jahre sollte es dauern, bis Klemperers große Studie über die »Lingua Tertii Imperii«, die Sprache des Dritten Reiches, auch im Westen publiziert wurde. Sie erschien übrigens postum und unter dem symptomatischen Titel »Die unbewältigte Sprache. Aus dem Notizbuch eines Philologen«.[46] Hier wie auch in den Tagebüchern über die unmittelbare Nachkriegszeit warnt der Philologe in verhaltenen Worten vor der Macht der Sprache des Dritten Reiches: »Wie viele Male zum Exempel habe ich seit dem Mai 1945 in Funkreden, in leidenschaftlich antifaschistischen Kundgebungen etwa von ›charakterlichen‹ Eigenschaften oder vom ›kämpferischen‹ Wesen der Demokratie sprechen hören! Das sind Ausdrücke aus dem Zentrum – das Dritte Reich würde sagen: ›aus der Wesensmitte‹ – der LTI.«[47]

Eine historisch-kritische Edition der letzten Tagebücher – möglichst mit einem Schriftenverzeichnis – über die Jahre 1945 bis 1960 wird hoffentlich diffusen Spekulationen über den Opportunismus Klemperers gegenüber dem sozialistischen Deutschland ein Ende setzen. Auch wenn diese Lücke in der Tat zu schließen ist, irritiert die political correctness, mit der ausgestattet mancher Rezensent sich nicht nur diesem Zeitabschnitt aus Victor Klemperers Leben nähert.[48] Es sind doch gerade die Ideale, Fehleinschätzungen und Widersprüche, die dem Schreiben Klemperers in ihrer selbstreflexiven Bezogenheit Kraft verleihen. Vielleicht unterliegt dem Bestreben nach einer retrospektiven Korrektur des Lebens von Victor Klemperer ein alter philosemitischer Topos: der Jude als besserer Mensch.

---

1 Victor Klemperer, *Ich will Zeugnis ablegen bis zum letzten. Tagebücher 1933–1945*, 2 Bde., Berlin 1995, hier Bd. 2, S. 58 (künftig *Tagebuch 1 und 2*).

2 Vgl. Jan Philipp Reemtsma, »*Buchenwald wird von anderen geschildert werden; ich will mich an meine Ergebnisse halten*«. *Stenogramme aus der Vorhölle*, in: Hannes Heer (Hrsg.), *Im Herzen der Finsternis. Victor Klemperer als Chronist seiner Zeit*, Berlin 1997, S. 170–193. – Für wertvolle Anregungen zu meinem Beitrag danke ich Dagmar Esser.

3 *Tagebuch 1*, S. 6.

4 So der Titel eines Artikels über die Verfilmung der Klemperer-Tagebücher in einer Fernsehzeitschrift, vgl. Iris Bents, *Stoff, der in die Seele geht. Victor Klemperers Tagebücher von 1933–45 wurden völlig unerwartet zum Bestseller*, in: TV-Today, 6. 7. 1996, auch unter: http://www.tvtoday.de

5 Vgl. Walter Laqueur, *Three Witnesses: The Legacy of Victor Klemperer, Willy Cohn, and Richard Koch*, in: Holocaust and Genocide Studies 3 (1996), S. 252–266, hier S. 253; Reemtsma (wie Anm. 2), S. 171.

6 Vgl. Victor Klemperer, *Curriculum Vitae. Erinnerungen 1881–1918*, Berlin 1996; ders., *Leben sammeln, nicht fragen, wozu und warum. Tagebücher 1918–1932*, 2 Bde, Berlin 1996.

7 Am 13. 3. 1942 notiert Klemperer beispielsweise: »Als furchtbarstes KZ hörte ich in diesen Tagen Auschwitz (oder so ähnlich) bei Königshütte in Oberschlesien nennen. Bergwerksarbeit, Tod nach wenigen Tagen.« (Tagebuch 2, S. 47). Und am 27. 2. 1943 berichtet Klemperer über die Ermordung der Juden im Osten: »Gerade jetzt ist nicht mehr anzunehmen, daß irgendwelche Juden lebend aus Polen zurückkehren. Man wird sie vor der Räumung töten. Übrigens wird längst erzählt, daß viele Evakuierte nicht einmal erst lebend in Polen ankommen. Sie würden im Viehwagen während der Fahrt vergast, und der Waggon halte dann auf der Strecke am vorbereiteten Massengrab.« (ebenda, S. 335).

8 *Tagebuch 2*, S. 339.

9 Erich Lüth, *Ein Hamburger schwimmt gegen den Strom*, Hamburg 1981, S. 306.

10 Ders., *Die Friedensbitte an Israel 1951. Eine Hamburger Initiative*, Hamburg o. J., S. 73 ff.

11 Der amerikanische Literaturwissenschaftler Sander Gilman pointiert in seinem Rekonstruktionsversuch der Wirkungsgeschichte in der Bundesrepublik und des inner-jüdischen Konflikts um die dramatisierte Fassung der Tagebücher die Funktion Anne Franks wie folgt: »*Anne Frank provided a ready-made definition of the Jew as author, and the*

Jewish author as mute victim after the Holocaust.« (Vgl. ders., Jewish Self-Hatred. Anti-Semitism and the Hidden Language of the Jews, Baltimore/London 1986, S. 344 ff.; dt.: Jüdischer Selbsthaß. Antisemitismus und die verborgene Sprache der Juden, Frankfurt am Main 1993 , S. 334.)

12 So der Titel eines Berichts über die erste Massenveranstaltung in Bergen-Belsen im Mitteilungsblatt »Friede mit Israel« der Gesellschaft für christlich-jüdische Zusammenarbeit in Hamburg e. V., Juli 1957, S. 3.

13 Vgl. Müller-Marein, Legende Anne Frank. Warum noch Woche der Brüderlichkeit?, in: Die Zeit, 13.3.1958.

14 So begrüßten etwa Hans Lamm (Zentralrat der Juden in Deutschland), Dr. Alfred Wiener (Begründer der Wiener Library London) und seine Mitarbeiterin Eva Reichmann die Veranstaltung (siehe »Friede mit Israel«, wie Anm. 12, S. 4).

15 Die Tagebücher Victor Klemperers aus den Jahren 1933 bis 1945 haben mittlerweile eine Auflage von über 100 000 verkauften Exemplaren erreicht. Rezensiert wurden sie in Wochenzeitungen, Lokal- und Boulevardblättern gleichermaßen.

16 Vgl. Volkard Bode, Höchstsumme geboten, in: Börsenblatt des deutschen Buchhandels, 30. 4. 1996.

17 Victor Klemperer, LTI. Notizbuch eines Philologen, Berlin 1947 (Aufbau- Verlag).

18 Anthony Northey, A Jew in Germany, in: H-German July 1996 und Ludger Heid, Der Augen- und Ohrenzeuge in: http:/sti1.uni-duisburg.de / Dialog; vgl. jetzt auch Johannes Dirschauer, Tagebuch gegen den Untergang. Zur Faszination Victor Klemperers, Gießen 1997.

19 Victor Klemperer, Das Tagebuch 1933 – 1945. Eine Auswahl für junge Leser mit Anregungen für den Unterricht, Berlin 1997.

20 So fand im Hamburger Literaturhaus am 18. 4. 1996 eine dreizehnstündige (!) Lesung unter dem Motto »Beobachtungen im Herz der Finsternis« statt. In den Kammerspielen München wurden anläßlich des Holocaust-Gedenktags 1996 gar bei »karger Ausstattung« im Rahmen einer einwöchigen Marathonlesung die kompletten Tagebücher vorgetragen, an der Tausende von Zuhörern teilnahmen (vgl. Frankfurter Rundschau, 2. 2. 1996).

21 Zit. nach Iris Bents (wie Anm. 4).

22 So wurden beispielsweise auch Ruth Klügers Erinnerungen »Weiter leben. Eine Jugend« zum Bestseller, in denen sie ihr Überleben in Wien und verschiedenen Konzentrationslagern schildert. Neben einer Taschenbuchausgabe liegt jetzt auch eine Toncassette vor: dies., weiter leben. Eine Jugend, Göttingen 1992; vgl. zur ähnlich problematischen Wirkungsgeschichte auch Stephan Braese / Holger Gehle, Ruth Klüger in Deutschland. Kassiber, Hamburg / Bonn 1994 (= Texte zur politischen Philologie).

23 Tagebuch 2, S. 56.

24 Tagebuch 1, S. 13.

25 Victor Klemperer, vor 33 / nach 45. Gesammelte Aufsätze, Berlin 1956, S. IX.

26 Gershom Scholem, Wider den Mythos vom deutsch-jüdischen Gespräch, in: ders., Judaica 2, Frankfurt / Main 1970, S. 7 – 11.

27 Vgl. Martin Walser, Das Prinzip Genauigkeit. Laudatio auf Victor Klemperer, Frankfurt am Main 1996, S. 33 ff.

28 Vgl. Sigrid Löffler, Menschlichkeit ist nicht nur »rein«!, in: Weltwoche, 4. 1. 1996; siehe auch Dietrich Strothmann, Ein Loblied mit falschen Tönen, in: Die Zeit, 19. 1. 1996. Dieser Beitrag provozierte wiederum kritische Leserbriefe zur Ehrenrettung Walsers, so etwa von einem Neffen Victor Klemperers (ebenda, 16. 2. 1996).

29 Walser (wie Anm. 27), S. 52.

30 Reemtsma (wie Anm. 2), S. 176f.

31 Für Victor Klemperer bedeutete diese Degradierung eine nachhaltige Zäsur: »Gestern, als Eva den Judenstern annähte, tobsüchtiger Verzweiflungsanfall bei mir. Auch Evas Nerven zu Ende. Sie ist blaß, hat ein eingefallenes Gesicht ... Ich sagte mir, ich müsse mich verhalten wie nach dem Autounfall: gleich wieder ans Steuer! Gestern nur bei völliger Dunkelheit nach dem Abendessen ein paar Schritte mit Eva.« (Tagebuch 2, S. 671).

32 Reemtsma (wie Anm. 2), S. 177.

33 Tagebuch 2, S. 120.

34 Klemperer, LTI (wie Anm. 17), S. 13.

35 Von den in dieser Hinsicht relevanten Rezensionen seien exemplarisch erwähnt: Michael Nerlich, Berichte aus dem Inferno, in: Freitag, 22. 9. 1995; Joachim Worthmann, Beobachten und beschreiben, um zu überleben, in: Stuttgarter Zeitung, 10. 10. 1995; vgl. Tilman Spengler, Rezension, in: Die Woche, 1. 12. 1995.

36 Vgl. jetzt Marius Hetzel, Die Rassenmischehe in den Jahren 1933 – 1939. Die Entwicklung der Rechtsprechung im Dritten Reich: Anpassung und Selbstbehauptung der Gerichte, Tübingen 1997; wichtige Vorarbeiten zu diesem Thema bietet Ursula Büttner, Die Not der Juden teilen. Christlich-jüdische Familien im Dritten Reich. Beispiel und Zeugnis des Schriftstellers Robert Brendel, Hamburg 1988; vgl. auch Reginald A. Puerschel, Trügerische Normalität. Zur Rechtsprechung der Landgerichte Hamburg und Altona in Ehe- und Familiensachen 1933 bis 1939, in: Justizbehörde Hamburg (Hrsg.), »Für Führer, Volk und Vaterland ...«. Hamburger Justiz im Nationalsozialismus, Hamburg 1992, S. 382 – 407.

37 Vgl. Stephan Reinhardt, Alfred Andersch. Eine Biographie, Zürich 1990, S. 84.

38 Vgl. Nathan Stoltzfuß, Resistance of the Heart. Intermarriage and the Rosenstrasse Protest in Nazi Germany, London 1996.

39 Zahlreiche Textpassagen des Tagebuchs drücken die Spannung zwischen den Eheleuten aus. So auch schon die erste Eintragung vom 14. 1. 1933: »Ich habe manchmal den Eindruck, sie (die Haustiere, A.P.) seien das einzige, was für Eva noch eine reine Freude und sichere Lebensbindung bedeute« (Tagebuch 1, S. 5).

40 Klemperer, LTI (wie Anm. 17), S. 15.

41 Vgl. Spengler (wie Anm. 35).

42 *Vgl. Frankfurter Allgemeine Zeitung, 20. 7. 1979.*

43 *Victor Klemperer, Zwiespältiger denn je. Dresdner Tagebuch 1945, Dresden 1995, S. 53.*

44 *Gleichermaßen schonungslos charakterisiert Klemperer bestimmte ambivalente Figuren der jüdischen Gemeinde Dresdens (vgl. Tagebuch 1, S. 515f.).*

45 *Vgl. Helmuth de Haas, Gelehrter zwischen West und Ost. Zum Tode des Romanisten Victor Klemperer, in: Die Welt, 15. 2. 1960.*

46 *Victor Klemperer, Die unbewältigte Sprache – Aus dem Notizbuch eines Philologen – LTI, Darmstadt 1966 (Joseph Melzer Verlag).*

47 *Klemperer, LTI (wie Anm. 17), S. 20.*

48 *So fragt etwa Jost Nolte, warum Victor Klemperer die DDR nicht verließ (ders., Victor Klemperer, Zeugnis ablegen bis zum letzten, in: Welt des Buches, 5. 12. 1996); vgl. auch den Beitrag von Friedrich Karl Fromme, Wessen Genosse Klemperer. Der Intellektuelle, sein Auto und die Sprache des Vierten Reiches, in: Frankfurter Allgemeine Zeitung, 15. 11. 1995.*

Harald Schmid **Vagabundierende Normalisierung**
Gedanken zur politischen
Historisierung des Nationalsozialismus

»Ach, ›normal‹, ›Normalisierung‹, ›Normalität‹! Lauter Wörter, die uns vor ein paar Jahren noch verdächtig waren, mit Zwang, Psychiatrisierung, gesellschaftlicher Gleichschaltung assoziiert wurden. Im siebten Jahr der Wiedervereinigung aber verspricht die ›Normalisierung‹ Deutschlands allen Linderung, die an Deutschland leiden und fürchten, noch länger auf spezifisch deutsche Weise leiden zu müssen. Die Normalisierung Deutschlands zur Nation neben den anderen Nationen verheißt nämlich zugleich, daß die Misere der Geschichte zu Ende gehe und die Zukunft keine besondere, keine deutsche, keine unheilvoll nationale mehr sein werde.«[1]

Im Übergang von der Bonner zur Berliner Republik ist eine ältere historische Erkenntnis wieder einmal, nun als Gegenwartsphänomen, gleichsam in Zeitlupentempo zu beobachten: die Korrelation von »nation-building« und »history-building«. Die symbolischen und materiellen Erblasten zweier nicht identifikationsgeeigneter Vergangenheiten, eine im krisenhaften Umbruch orientierungsgenötigte Gesellschaft und eine professionelle Geschichtspolitik schneidern an der verbindlichen Tradition von morgen. Die plakativen Kulissen der diversen Deutungslager haben diesen Traditionsstreit seit der Vereinigung in zentraler Weise geprägt: hier die aufgeregten Warner vor einem neuen Nationalismus[2], dort die eilfertigen Beschwörer einer »endlich normalen Bundesrepublik« und des Endes der vorgeblichen deutschen »Identitätsneurose« (Hans-Peter Schwarz). Dabei kommt dem Schlagwort »Normalisierung« eine fokussierende und symbolisierende Bedeutung zu, bündelt und politisiert es doch den deutschen Geschichtsdiskurs. Auch Daniel Jonah Goldhagen wurde in diesen innerdeutschen Diskurs eingemeindet, habe er doch, so die Begründung für die Verleihung des Demokratie-Preises, »wesentlich dazu beigetragen, die Sensibilität für Hintergründe und Grenzen einer deutschen ›Normalisierung‹ zu schärfen.«[3] Politisch – und nur so war die Ehrung auch zu verstehen – ergibt dies durchaus Sinn, zählt doch »Normalisierung« in historisch-politischen Kontroversen zum Arsenal polarisierender Deutungsmuster. Obwohl der Ausdruck, ein prominenter Anwärter für ein Stichwort im noch zu verfassenden Wörterbuch der »Vergangenheitsbewältigung« dem geistigen Inventar der gesamten Geschichte der alten Bundesrepublik entstammt, entwickelte er doch erst im Laufe der achtziger Jahre, verstärkt seit der Vereinigung, politische Virulenz. Der nicht ganz unbegründete Argwohn, Normalisierung sei der verbale Platzhalter für ein konservatives Projekt der »›Entspannungspolitik‹ gegenüber Nazi-Deutschland« (Norbert Seitz), ist zum festen Bestandteil hiesiger Geschichtsdispute geworden. Das aufstörende Konfliktpotential liegt dabei im nebulösen Richtungssinn des Vorhabens. Normalität – mobilisierendes Schreckgespenst einer negativen Utopie, einflußheischende Identitätsfiktion oder adäquate Realitätsbeschreibung der Berliner Republik?

»Die Vergangenheit kann die Gegenwart nicht stoppen«[4]

Politisch wie historiographisch impliziert die diffuse Rede und die noch diffusere Intention der Normalisierung eine Veränderung von Deutung und Gegenwartsrelevanz der NS-Geschichte.

Denn das Anormale ist in dieser Debatte weniger das Faktum, sondern das bis in aktuelle Entscheidungen und Identitäten hinein wirkungsmächtige Symbol »Auschwitz«. Auf der Deutungsebene läßt sich die Normalisierungsdiskussion als ein Konflikt um die politisch handlungsrelevanten Formeln der Archivierung des Nationalsozialismus im kulturellen Gedächtnis der Berliner Republik beschreiben; insofern tangiert die Normalisierung auch die Geschichtsschreibung. Insgeheim geht es also einerseits um die mehrheitsfähige und realitätsgerechte deutungspolitische Definition der Erkenntnis- und Handlungspotentiale der Geschichte des Nationalsozialismus für die deutsche Gegenwart des ausgehenden Jahrhunderts, andererseits um deren politisch-kulturelle Interventions- und Sanktionsmacht.

Die folgenden Überlegungen zur Normalisierungsdebatte versuchen vor diesem Hintergrund, zwei Umständen Rechnung zu tragen: den Formveränderungen der Erinnerung, die sich durch die zeitliche Distanz von mehr als einem halben Jahrhundert einstellen, sowie der anhaltend hohen politisch-kulturellen Bedeutung des Faktors »Nationalsozialismus«. Ausgangspunkt ist dabei die Überzeugung, daß die kollektive Identität und das politische Denken und Handeln zwar auch in der Berliner Republik in zentraler Weise von den historischen Niederlagen der Demokratie in Deutschland bestimmt bleiben. Doch die Aufarbeitung der Herrschaftspraxis des SED-Regimes bleibt »von asymmetrischer Relevanz für die politische Kultur des vereinigten Deutschlands«[5].

Das Movens meiner Ausführungen besteht nun in der Frage nach der mentalen und institutionellen Fundierung der Bundesrepublik. Einerseits ist die Demokratisierung der NS-»Volksgemeinschaft« und ihrer Kindeskinder nach 1945 im Kern gelungen, wobei das dem Projekt »Demokratie« in diesem Land von Anfang an eingeschriebene Bauelement »Vergangenheitsaufarbeitung« allerdings erst in der dritten Generation auch demoskopisch mehrheitsfähig wurde. Sowohl nach 1945 als auch nach 1989 hatte und hat die Aufarbeitung von Geschichte genuin demokratisierende Funktion, indem mittels historischer Aufklärung, politischer Normsetzung und juristischer Ahndung Loyalität für das neue und Abgrenzung zum alten politischen System erzeugt werden soll. Andererseits kann sich eine demokratische politische Kultur nur über Aktualisierungen und Konkretisierungen demokratischer Wertprinzipien dauerhaft positiv begründen, weshalb Vergangenheitsdiskurse eher mittelbare Legitimierungen darstellen.

Die maximal zu erreichende relative historisch-politische Normalität der Berliner Republik, so meine These, erfordert deshalb eine Stärkung der demokratisierenden Elemente im Verbund mit einem Konsens über geschichtskulturelle »Essentials«. Diese Voraussetzung, gleichsam die Conditio sine qua non einer kritischen Normalisierung, gilt es im Diskurs zu bestimmen: Wer von Normalisierung spricht, darf über Demokratisierung nicht schweigen und muß eine Antwort auf die Frage nach der Kontinuierung verpflichtenden Erinnerns an die Verbrechen des Nationalsozialismus entwerfen. Dabei ist die entscheidende, die politische Frage jene nach der Normalisierung des Geschichtsbewußtseins: Kann das individuelle und kollektive Geschichtsbild Auschwitz integrieren, ohne einerseits in die leidvoll bekannten Fluchtwege − Relativierung beziehungsweise Leugnung des Schuldausmaßes oder gar der historischen Faktizität und der politischen Verantwortungskontinuität − oder andererseits in die selbstgerechte retrospektive Pauschalanklage zu verfallen? Kurz: Ist die »unverkrampfte« Haltung, wie sie Roman Herzog unmittelbar nach seiner Wahl zum Bundespräsidenten programmatisch verkündet hatte, realistisch − politisch und historiographisch, generativ und gesellschaftlich?

In diesem kulturellen Klima einer vagabundierenden Normalisierung, die eine schleichende politische Distanzierung der NS-Vergangenheit gleichsam als »blinden Passagier« mit sich zu führen scheint, ist eine Verständigung über den Minimalkonsens faktischer beziehungsweise intendierter Normalität zu suchen. Dabei sollte freilich Pierre Bourdieus Hinweis bedacht werden: Worte können sozusagen ganze »Wahrnehmungsprogramme« bereitstellen. Der Schritt von der empirischen Normalitätsbeschreibung zur auch historisch ausgreifenden Normalisierungs-Ideologie ist in diesem Kontext möglicherweise nicht besonders groß.

**Wir sind das Volk, wir sind ein Volk, wir sind ein normales Volk.
Versuch einer Diagnose**

Der Topos der Normalisierung hat den Rückenwind der politischen Veränderungen seit 1989/90 für sich. Ein nicht geringer Teil seiner Attraktivität und Überzeugungskraft speist sich aus der normativen Kraft des Faktischen: Deutschland ist souverän, rein formal ein Nationalstaat wie andere auch. Die allgemeine Kernfrage, die sowohl in hiesiger Introspektion wie auch von ausländischen Beobachtern an das neue Deutschland gestellt wird, lautet dabei: »Hat es seine unheilvolle Vergangenheit in eine normalisierte Gegenwart überführt?« [6] Um hierauf auch nur einigermaßen sinnvoll antworten zu können, sollten wenigstens vier Bereiche von Normalisierung/Normalität voneinander unterschieden werden: der formale Status der politischen Gemeinschaft Bundesrepublik, die historisch-politische Identität ihrer Bürgerschaft, die politisch-kulturelle Relevanz des »Dritten Reichs« sowie der Stand der Demokratisierung.

Die durch die Vereinigung erlangte nationale Souveränität hat wichtige geographisch-außenpolitische Implikationen für die Bundesrepublik: »Zum erstenmal, seit Ernst Moritz Arndt die Frage stellte: ›Was ist des Deutschen Vaterland?‹, kann sie diese Frage sehr schlicht beantworten: Dieses Land ist es.« [7] Von diesem Zustand strahlt der Nimbus des Endgültigen auch auf andere Bereiche aus; historisch betrachtet könnte man aufatmen (unstrittige Grenzen, demokratisches Gemeinwesen) und Besorgnis kultivieren (Revitalisierung einer »Mittellage« bei politisch-ökonomischem Übergewicht, fremdenfeindliche Pogrome). Politisch-kulturell sind ebenfalls bedeutende und folgenreiche Veränderungen zu konstatieren: der Generationswechsel, die politische wie kommerzielle Instrumentalisierung der NS-Geschichte, das absehbare Ende der Politik- und Rechtsfelder »Wiedergutmachung« und »strafrechtliche Ahndung«, die Institutionalisierung von Erinnerung (Mahnmal-Abschlußgesten, Gedenktage, Videoarchive), geschichtswissenschaftliche Bilanzierungs- und Einordnungstendenzen – all diese Phänomene sind primär das Ergebnis der großen zeitlichen Distanz zur Epoche des »Dritten Reichs«.

Theoretisch gesprochen: Die Geschichtskultur befindet sich seit einigen Jahren im Übergang vom kommunikativen zum kulturellen Gedächtnis. Erst vor diesem Hintergrund kann die Frage nach der Normalisierung sinnvoll erörtert werden: Ist die von Helmut König vorgebrachte These, daß die »Zentralperspektive der NS-Vergangenheit an Bedeutung (verliert)«, weshalb aus der Geschichte des Nationalsozialismus für das politische Handeln immer weniger folge, noch prognostischen oder schon empirisch-deskriptiven Charakters?[8] Inwiefern verändert sich auf diesem Weg die bisherige Antinomie des deutschen Erinnerns, der Gegensatz zwischen dem nicht identifikationsfähigen Ereignis Auschwitz und dem Bemühen einer positiven historischen Identitätsbildung?[9] Welche Rückwirkungen hat dieser Prozeß auf die deutsche historische »Basiserzählung«[10]?

Nimmt man die publizistischen und wissenschaftlichen Zeitdiagnosen zur Hand, so zeigt sich ein gewisser Konsens im Deskriptiven – auch bei externen Beobachtern, der in deutschen Geschichtsdiskursen wichtigen Instanz des »Auslandes«, die Normalität konzedieren.[11] Aussagen wie die folgenden finden sich zuhauf: ein »Denken im Schatten der Mauer und im Schatten von Auschwitz« genüge nun nicht mehr[12]; die früheren »Formen des Bezugs auf den Nationalsozialismus in Ost und West« seien nun »Kandidaten fürs Archiv geworden«[13]; schließlich seien die Nazi-Verbrechen »museal, nicht mehr bewußtseinsfüllend und politisches Verhalten steuernd«[14], sowie: »Die Metapher Auschwitz trägt nicht mehr.«[15] Und: »Die Formel ›nach Auschwitz‹ wird zur Handlungshemmung und Erkenntnisschwelle.«[16] Rund um derlei Statements gruppieren sich Forderungen nach einem »normalen Volk«.[17] Der Dissens freilich liegt im Normativen, denn im Mittelpunkt der Normalisierungsfrage steht, sei es latent oder manifest, das Problem der Nation – historiographisch und politisch. Der Spannungsbogen des Normalisierungsdiskurses lebt von der nach 1945 einsetzenden Entnationalisierung und dem seit 1990 wiederkehrenden Referenzrahmen »Nation«: Welche Kontinuitäten und Diskontinuitäten machen die nationale Geschichte aus, gesehen vom Blickwinkel des vereinigten Deutschlands? Welche Bedeutung hat die Geschichte des Nationalsozialismus, der Bundesrepublik und der DDR für eine nationale kollektive Identität, insbesondere aber für die Begründung und Zielformulierung von Politik? Wie steht es um das Paradigma der Post-Nationalität, von dem sich ehemalige Befürworter nun lossagen? [18]

Politische Historisierung oder:
Normalität als defensives und offensives Argument

Die Historisierung, »eine *eigentümlich deutsche* Form der Annäherung an die nationalsozialistische Vergangenheit« [19], ist seit Mitte der achtziger Jahre zum symbolisch bedeutsamen Stichwort im deutschen NS-Diskurs aufgestiegen. Den Anstoß gab Martin Broszats »Plädoyer für eine Historisierung des Nationalsozialismus« [20]. Im Kontext fachwissenschaftlicher und öffentlicher Veränderungen ging es ihm – stark verkürzt gesagt – um eine methodische »›Normalisierung‹ im Umgang mit der NS-Zeit, explizit aber nicht um eine Normalisierung der Bewertung derselben. Vielmehr forderte er eine Remoralisierung aufgrund vertiefter historischer Erkenntnis, als Bedingung für eine die NS-Zeit nicht aussparende ›Normalisierung‹ unseres Geschichtsbewußtseins«. Broszats »Plädoyer« besticht durch den ethischen Ernst der Überlegungen, durch die Abgrenzungen zum nicht revisionsfähigen Teil der NS-Geschichte, durch die fundierte Kritik an der »statuarischen moralisch-politischen Erinnerung« und an der Dominanz der Ex-post-Deutungen; es irritiert jedoch nicht wenig, indem es aufgrund begrifflicher Unschärfen zu handfesten Mißverständnissen und Umdeutungen geradezu einlädt, was in der Rezeption des »Plädoyers« etwa seitens der publizistischen Gruppe um Rainer Zitelmann auch prompt geschah. [21] Was Broszat in normativer Absicht vorbrachte, war freilich eher eine resümierende Zustandsbeschreibung der Zeitgeschichtsforschung und ihrer Konsequenzen seit den späten sechziger Jahren, aber auch eine Kritik an Tendenzen, die das Faktum Auschwitz mythologisieren und instrumentalisieren. [22]

Die wissenschaftliche Diskussion um das Konzept der Historisierung mündete, so scheint es, nach anfänglicher Kritik in einen relativ breiten, nüchternen Konsens, der einerseits um deren Unausweichlichkeit weiß, andererseits die Schwachstellen derselben und Instrumentalisierungsbeispiele wie jene der Zitelmann-Gruppe vor Augen hat. Heute wird sie im Sog der allgemeinen Parallelisierung der beiden Stränge deutscher Geschichte mitunter als doppelte Historisierung von »Drittem Reich« und Realsozialismus diskutiert. Eine politische Historisierung freilich wird nirgends explizit diskutiert – und doch geht sie vonstatten, latent und diskret hinter den öffentlichen Erinnerungs- und Gedenkkulissen. »Normalisierung« sei hier deshalb verstanden als suggestiver Leitbegriff der schleichenden politischen Historisierung der Geschichte des »Dritten Reiches«. Enthält der Begriff der »Normalität« bereits in sich, wovon er zu befreien verspricht: die Einebnung eines gerade um die Ambivalenz des Normalen wissenden Geschichtsverständnisses?[23]

Es hat nicht daran gefehlt, die vielfachen Normalitätsbekundungen und -forderungen seit der Vereinigung von West- und Ostdeutschland zu skandalisieren, allen voran der einst als »Projektleiter der Moderne« (taz), nun als »Hüter der Moderne« (FAZ) apostrophierte Jürgen Habermas. In seiner Laudatio auf Goldhagen bezog er sich nur am Rande auf die »Streitfrage der Normalisierung«, indem er gegen eine »neue Sorte von vaterländischem Geist, dem die Lernprozesse der letzten Jahrzehnte schon ›zu weit‹ gehen«[24], polemisierte. Zuvor hatte er den Normalitätsdiskurs bereits als »zweite Lebenslüge« der Bundesrepublik attakkiert; nach der ersten, die in der Adenauer-Ära ein allseitiges Kollektiv von Demokraten suggeriert habe, werde nun die Phase der alten Bundesrepublik als »Sonderweg«, als Abnormalität, denunziert. Doch, so Habermas in seiner Rede zum 50. Jahrestag des 8. Mai 1945, im Verlauf der Bonner Republik habe sich immerhin »ein gewisses Gespür für die Dialektik der Normalisierung herausgebildet – also dafür, daß nur die Vermeidung eines auftrumpfend-zudeckenden Bewußtseins von ›Normalität‹ auch in unserem Land halbwegs normale Verhältnisse hat entstehen lassen.« Nicht nur von Klaus Hartung erntete diese Position Widerspruch: »Die Verklärung des bundesrepublikanischen Demokratisierungsprozesses zur Normalität ist im Grunde eine retrospektive Ideologisierung und Einengung der bundesdeutschen Geschichte.«[25] Habermas besteht darauf, daß »1989« als »glückliches Datum« abhängig sei vom Festhalten an dem wirklich lehrreichen Einschnitt von »1945«. So proklamiert er eine »Berliner Republik ohne den fatalen Beigeschmack falscher Kontinuitäten«, die auch im Rahmen der Europäisierung und Globalisierung gerade nicht auf »eine im historischen Bewußtsein verankerte Loyalität zu einer überzeugenden politischen Ordnung« verzichten könne. Ob der Redseligkeit des öffentlichen NS-Diskurses in der »Zapfenstreich-Normalität der Berliner Republik« ist allerdings auch Habermas skeptischer geworden: »So erstickt heute der Prozeß der Aufarbeitung im munter genutzten Medium des öffentlichen Diskurses selber.« Die politische und kulturelle Westbindung werde sich »in Zukunft wohl ohne den Stimulus, der von der Aufarbeitung der NS-Vergangenheit ausgegangen ist, stabilisieren müssen.« Also auch hier: Auschwitz trägt nicht mehr.

Hinsichtlich einer pragmatischen Fortführung der Normalisierungsdebatte bleiben Jürgen Habermas' Beiträge eigentümlich unkonkret, schwanken zwischen abstrahierender und moralisierender Deutung der neuen deutschen Situation – »Denkschrift(en) zur Defensive«, wie man mit Hartung formulieren könnte. Andere Autoren haben sich weiter hervorgewagt. Beim Münchner Althistoriker Christian Meier, den Peter Glotz im feuilletonistischen Schnellgericht irrigerweise den von ihm ausgemachten »Normalisierungs-Nationalisten«[26] zuschlug, nimmt ein möglicher Konsens politischen Kompromißcharakter an. Zwar könne es für die Deutschen keine »einfache Normalität« geben, doch die »mehr als 40 Jahre gelungener Demokratie« ermöglichten in Verbindung mit der im wesentlichen erfolgreichen Vergangenheitsaufarbeitung eine nationale Identität. Dazu bedürfe es freilich einer Integration zwischen Ost und West sowie der politischen Richtungen: »Man sollte von Rechts endlich zugeben, daß die Schwierigkeit mit der Vergangenheit kein linker Trick ist, sondern das Ernstnehmen einer Realität. Und man sollte von Links zugeben, daß die westdeutsche Auseinandersetzung mit der Vergangenheit auf die Dauer so schlecht nicht war, bei allen Mängeln. ... Man sollte darin übereinkommen, daß diese Vergangenheit uns noch heute betrifft – daß sie aber kein Grund ist, um aus der eigenen Nation zu fliehen (und die Zukunft zu verpassen).«[27]

Der etwas paternalistisch anmutende Vorschlag weist, so scheint mir, auf das wesentliche Problem hin, doch ist eine solche Einigung tatsächlich nur im Virtuellen denkbar, stehen ihr doch diverse politisch-historische Identitäten im Weg. Diese sollten, so Stefan Berger, nicht homogenisiert werden, schließlich sind die sie bedingenden historischen Brüche auch nicht einzuebnen.[28] Helmut Dubiel hingegen erkennt »das Schlüsselproblem bei der Neuorientierung deutscher Politik nach der Vereinigung« in einer Ungleichzeitigkeit: einerseits ist die staatliche Souveränität erreicht, andererseits bestehe der »moralische Souveränitätsmangel« fort. Er unterstreicht einen Zusammmenhang zwischen »der Unreife der demokratischen Kultur und ihrer Unfähigkeit eines angemessenen öffentlichen Umgangs mit der Schuld an Menschheitsverbrechen«. Da jedoch bei weiten Kreisen der Bevölkerung die moralische Souveränität gegenüber der NS-Vergangenheit im Wachsen begriffen sei, begleitet vom Aussterben der Tätergeneration und einer nachhaltigen mentalen Verankerung demokratischer Prinzipien bei den nachwachsenden Generationen, dürfe das öffentliche Erinnern gerade jetzt nicht gestoppt werden. Allerdings widerspricht Dubiel einer Lehre, die aus Auschwitz unmittelbare politische Evidenz ableitet, weshalb auch der radikal antinationale Universalismus als Antwort auf den pathologischen Nationalismus keine Lösung sei.[29]

Man wird nicht allzu unbegründet spekulieren, wenn man die zuletzt angeführte Aussage als zentralen Konsensbereich der Normalisierung markiert: Die »Lehren der Geschichte« sind doch recht vage geworden, auch sie werden nun historisiert.[30] Dubiel trifft sich dabei im wesentlichen mit Konrad H. Jarausch, der die umfassendste Übersicht zur Normalisierungsdebatte verfaßt hat. Er präferiert einen Mittelweg zwischen aggressiver Re-Nationalisierung und naivem Post-Nationalismus, der die »Bildung eines demokratischen Selbstbewußtseins« erfordere. Erst solch eine »partielle Normalisierung« ermögliche auch die Demokratisierung der »schuldbeladene(n) Kategorie Nation«. Allerdings, so Jarausch, setze dies eine Definition von »Normalität« voraus.[31]

Allein, hier liegt der blinde Fleck nahezu der gesamten Debatte: Grund und Ziel der Normalisierung bleiben im dunkeln, obwohl doch schon die kurz skizzierten Positionen deutlich gemacht haben sollten, daß der Streit primär darum geht, ob der Vorgang als Progression, als Konservation oder als Restauration zu deuten ist. In diesem Kontext ist der Versuch David Schoenbaums und Elizabeth Ponds weiterführend, die »strapaziöse Normalität« anhand der »Grundtatsachen« des vereinigten Deutschlands zu diskutieren: die europäische und internationale Schlüsselrolle der deutschen Politik, die herausgehobene Bedeutung der Ökonomie, die Durchschnittlichkeit allgemeiner zivilisatorischer »Normalpathologien«, der Fortgang der alten Debatte um die deutsche Identität und deren kontinuierliche Relevanz, die Wandlung des Nationalstaats in Richtung von Souveränitätseinbußen. In diesem Verständnis schrumpft das Anormale der Berliner Republik auf deren »Lage und Größe, die trotz aller Normalität das Land zum Sonderfall machen«.[32] Warnfried Dettling differenzierte diese Auffassung dahingehend, daß »das kollektive Gefühl (sic!) der Deutschen für ihre besondere historische und politische Lage eine Bedingung der Möglichkeit jener neuen Normalität« sei.[33] Eine Formel mit hoher Konsenswahrscheinlichkeit.

Fragile Normalität

»Ich möchte immer lieber wegschauen von diesen Bildern. Ich muß mich zwingen hinzuschauen. Und ich weiß, wie ich mich zwingen muß. Wenn ich mich eine Zeitlang nicht gezwungen habe hinzuschauen, merke ich, wie ich verwildere. Und wenn ich mich zwinge hinzuschauen, merke ich, daß ich es um meiner Zurechnungsfähigkeit willen tue.« (Martin Walser)[34]

Wird mit obigen Vorschlägen eine politische Historisierung des Nationalsozialismus gangbar, die »sturmfeste Normalisierung«[35], wie sie schon vor über 30 Jahren beschworen wurde? Wenn es zutrifft, daß die Berliner Republik nicht nur einzigartige Lernpotentiale aus zwei diktatorischen Regimen aufweisen, sondern auch erstmals als ganzes Volk dauerhaft in der Moderne ankommen kann, dann gilt in der Tat: »Die Chance für den Erfolg, die Chance für den endgültigen Bruch mit der unheilvollen deutschen Tradition ist so groß wie nie.«[36] Welches bessere Argument ließe sich vorbringen, um die Normalisierungsdebatte normativ-kritisch zu wenden?

Freilich scheint mir die hiesige Geschichtskultur eher festgefahren zu sein. Noch immer ist die Zeit des Nationalsozialismus gleichsam das Perpetuum mobile historischen Denkens und der politischen Identitätskonflikte. Wahrlich mit guten Gründen, gleichwohl dieser Umstand in seiner Einseitigkeit angesichts der oben skizzierten geschichtskulturellen Veränderungen ausgehöhlt, ja in Teilen kontrafaktisch zu werden droht. So kann man es nur paradox formulieren: Ohne die fortdauernde öffentliche Erinnerung kann nichts normal werden; aber mit den periodisch wiederkehrenden Geschichtsdebatten bleibt Normalität fragil. Hier gibt es keinen vernünftigen Ausweg. Auf heute noch nicht absehbare Zeit ist das Bewußtsein um diese Brüchigkeit der Fluchtpunkt einer normativen Identität: »Die Demokratisierung des politischen und die moralische Sensibilisierung des historischen Bewußtseins sind untrennbar miteinander verknüpft.«[37]

Ohne jeden Zweifel wird Auschwitz, invers der Bedeutung der Französischen Revolution westlich des Rheins, das deutsche »Geschichtszeichen« (Immanuel Kant) bleiben – im Negativen: die dauerhaft offene Flanke der nationalen Identität. Doch war diese bislang nachhaltig sowohl geschichtlich wie ethnisch definiert, so sollte sie sich jetzt verstärkt »ins *Politische* wenden« und »nun ihr unsicheres Maß obrigkeitsfrei in sich selbst finden«[38]. Vor allem der Generationswechsel macht dies, ob man will oder nicht, unausweichlich. In Zeiten allseitiger »Verwüstung der Sinnkontinente« (Reimer Gronemeyer) und paralleler sozioökonomischer Verteilungskrisen ist es gewiß verführerisch, aber mittelfristig fatal, gerade auf den Fundus »Nationalsozialismus« zurückzugreifen, der moralisch-politische Gewißheiten anzubieten scheint. Wo sich aber der Zusammenhang von Vergangenheitsaufarbeitung und Demokratisierung einseitig zugunsten einer negativen

Sinnstiftung namens einer Zivilreligion »Auschwitz« auflöst, da ist etwas gescheitert: der Versuch, Demokratie substantiell zu fundieren.

Jede Antwort auf das hier reflektierte Ansinnen, die deutsche Demokratie mehr als ein halbes Jahrhundert nach dem Ende des NS-Regimes stärker aus sich selbst heraus zu begründen, ist sowohl eine Positionierung in der Normalisierungs- und Historisierungsdebatte als auch ein Umgang mit einem der »Grundelemente der Bundesrepublik«[39]: dem Mißtrauen gegenüber der strukturellen Tiefe des Vergangenheitslernens. Es läßt sich noch in der Begründung für Goldhagens Demokratiepreis nachweisen, als die rhetorische Frage »haben wirklich alle begriffen?«[40] in den Raum gestellt wurde. Man sollte sich eine Erwiderung darauf nicht zu einfach machen. Der mögliche »Gewinn« für die politische Kultur freilich sollte klar gesehen werden: ein langsames Ende, wenigstens aber ein Abschwächen »symbolischer Ausbürgerungsversuche« (Dubiel) durch den bloßen Hinweis auf die vermeintliche oder tatsächliche Nähe zu Ideologie oder Praxis des NS-Regimes – also die Chance einer Korrektur des »zur zweiten Natur geronnenen Ausgrenzungsreflexes«[41]. Jenen fatalen Mechanismus muß eine kritische Wendung der Debatte aufbrechen. Um dieses Ziel einer Normalisierung, so will mir scheinen, lohnt es sich zu streiten. Aber diese notwendige Auseinandersetzung sollte nicht auf solch verheerende Weise betrieben werden.

1 Karl-Markus Gauß, Total normal, in: die tageszeitung, 23. 5. 1997.

2 Symptomatisch ist der linke Alarmismus, wenn er ohne erkennbare intellektuelle Skrupel folgende Deutung in Umlauf setzt: »Der 1945 eingeleitete Prozeß der Zivilisierung der Deutschen ist abgebrochen, die Normalität der selbstbewußten Nation bricht wieder über die Welt herein«; Otto Köhler, Potsdam, zum Dritten, in: Konkret H. 5 (1997), S. 31.

3 Demokratiepreis 1997 an Daniel Goldhagen, in: Blätter für deutsche und internationale Politik 42 (1997) 2, S. 133. Vgl. auch den Beitrag von Uffa Jensen in diesem Band.

4 So die Überschrift von Klaus Böllings Artikel zur Entsendung von Bundeswehrsoldaten in das ehemalige Jugoslawien, in: Die Weltwoche, 6. 7. 1995.

5 Für die westdeutsche Majorität hat die Auseinandersetzung mit der DDR-Geschichte keine neue demokratiefundierende Funktion, die über das mühsam »internalisierte« Prinzip kritischen Umgangs mit der NS-Vergangenheit hinausginge, ganz zu schweigen von der im Westen der Republik weitgehend fehlenden lebensweltlichen Erfahrung in Sa-

chen DDR. Vgl. M. Rainer Lepsius, *Das Legat zweier Diktaturen für die demokratische Kultur im vereinigten Deutschland,* in: Eberhard Holtmann / Heinz Sahner (Hrsg.), *Aufhebung der Bipolarität. Veränderungen im Osten, Rückwirkungen im Westen,* Opladen 1995, S. 29, 31, 38.

6 Norman Birnbaum, *Das vereinigte Deutschland und die Normalität,* in: Le Monde diplomatique (dt. Ausgabe), Juli 1996. Der Autor weist zu Recht darauf hin, daß nationengeschichtlich »bereits die Idee von ›Normalität‹ merkwürdig unhistorisch« ist.

7 Johannes Gross, *Begründung der Berliner Republik. Deutschland am Ende des 20. Jahrhunderts,* 2. Aufl., Stuttgart 1995, S. 51.

8 Vgl. Helmut König, *Das Erbe der Diktatur. Der Nationalsozialismus im politischen Bewußtsein der Bundesrepublik,* in: Leviathan 24 (1996) 2, S. 175.

9 Vgl. Michael Zimmermann, *Negativer Fixpunkt und Suche nach positiver Identität. Der Nationalsozialismus im kollektiven Gedächtnis der alten Bundesrepublik,* in: Hanno Loewy (Hrsg.), *Holocaust: Die Grenzen des Verstehens. Eine Debatte über die Besetzung der Geschichte,* Reinbek 1992, S. 128–143.

10 Vgl. Thomas Herz, *Die »Basiserzählung« und die NS-Vergangenheit. Zur Veränderung der politischen Kultur in Deutschland,* in: Lars Clausen (Hrsg.), *Gesellschaften im Umbruch. Verhandlungen des 27. Kongresses der Deutschen Gesellschaft für Soziologie in Halle an der Saale 1995,* Frankfurt am Main / New York 1996, S. 91–109.

11 Vgl. David Schoenbaum / Elizabeth Pond, *Annäherung an Deutschland. Die Strapazen der Normalität,* Stuttgart 1997 (engl. 1996), S. 9, 253; vgl. auch Helmut Hubel / Bernhard May, *Ein »normales« Deutschland? Die souveräne Bundesrepublik in der ausländischen Wahrnehmung,* Bonn 1995, S. 129 ff.

12 Tilman Mayer, *Zwischen Panthersprung und Papiertiger. Zur Diskussion um Deutschlands weltpolitische Verantwortung,* in: Wolfgang Lipp (Hrsg.), *Deutschland. Reden und Beiträge zum Deutschlandtag der Philosophischen Fakultät der Universität Würzburg in Anbetracht der deutschen Einigung,* Würzburg 1993, S. 119.

13 Helmut Dubiel, *Deutsche Vergangenheiten,* in: Siegfried Unseld (Hrsg.), *Politik ohne Projekt? Nachdenken über Deutschland,* Frankfurt am Main 1993, S. 248.

14 Gross (wie Anm. 7.), S. 175.

15 »Auschwitz trägt nicht mehr«. Julius H. Schoeps im Gespräch mit Charlotte Wiedemann, in: Die Woche, 23. 5. 1997. Schoeps' Formulierung zielt explizit auf die Normalisierung innerhalb der deutschen jüdischen Gemeinden.

16 Andreas Krause, *Stilisierung der Schuld,* in: Rheinischer Merkur, 25. 4. 1997.

17 Steffen Heitmanns inkriminierter Satz »Wir müssen ein normales Volk unter normalen Völkern sein« findet sich fast wörtlich auch bei prominenten Vertretern der Linken, so etwa bei Peter von Oertzen.

18 Vgl. Heinrich August Winklers selbstkritischen Essay: *Postnationale Demokratie? Vom Selbstverständnis der Deutschen,* in: Merkur 51 (1997) 2, S. 171–176.

19 Ian Kershaw, Der NS-Staat. Geschichtsinterpretationen und Kontroversen im Überblick. Vollst. überarb. u. erw. Neuausgabe, Reinbek 1994, S. 370 (Hervorhebung im Original).

20 Vgl. zur Historisierungsdiskussion: Martin Broszat, Plädoyer für eine Historisierung des Nationalsozialismus (1985), in: ders., Nach Hitler. Der schwierige Umgang mit unserer Geschichte, München 1988, S. 266–281. Aus der nachfolgenden Debatte ist besonders der Briefwechsel Broszats mit seinem profiliertesten Kritiker, Saul Friedländer, hervorzuheben, abgedruckt in: Vierteljahrshefte für Zeitgeschichte 36 (1988), S. 339–372; zur Übersicht vgl. Kershaw (wie Anm. 19·), S. 316–342; jetzt auch die prägnante Skizze bei Ulrich von Hehl, Nationalsozialistische Herrschaft, München 1996, S. 110–115.

21 Vgl. vor allem den programmatischen Aufsatz von Uwe Backes / Eckhard Jesse / Rainer Zitelmann, Was heißt »Historisierung« des Nationalsozialismus?, in: dies. (Hrsg.), Die Schatten der Vergangenheit. Impulse zur Historisierung des Nationalsozialismus, Frankfurt am Main / Berlin 1990, S. 25–57. Eine resümierende Analyse über diese Gruppierung nun bei Armin Pfahl-Traughber, Entwicklung und Positionen einer neokonservativen Intellektuellengruppe, in: Historische Mitteilungen 9 (1996) 2, S. 203–220.

22 Vgl. Dieter Langewiesche, Der »Historikerstreit« und die »Historisierung« des Nationalsozialismus, in: Klaus Oesterle / Siegfried Schiele (Hrsg.), Historikerstreit und politische Bildung, Stuttgart 1989, S. 25; Rudolf Walther, »Volkstrauertag« oder Die Normalisierung im Geist nationaler Verlogenheit: Die neudeutsche Friedhofsordnung, in: Nationaler Totenkult – Die Neue Wache. Eine Streitschrift zur zentralen deutschen Gedenkstätte, Berlin 1995, S. 78f.

23 Vgl. Gunter Hofmann, Endlich bei den Siegern sein, in: Die Zeit, 31. 3. 1995.

24 Jürgen Habermas, Geschichte ist ein Teil von uns, in: Die Zeit, 14. 3. 1997. Die Zitate dieses Abschnitts sind folgenden Essays Habermas' entnommen: 1989 im Schatten von 1945. Zur Normalität einer künftigen Berliner Republik, in: ders., Die Normalität einer Berliner Republik. Kleine Politische Schriften 8, Frankfurt am Main 1995, S. 171, 182, 187; Das Falsche im Eigenen. Zu Benjamin und Adorno, ebenda, S. 131; Die zweite Lebenslüge der Bundesrepublik: Wir sind wieder »normal« geworden, in: Unseld (wie Anm. 13·), S. 291 f.; Aufgeklärte Ratlosigkeit, in: Frankfurter Rundschau, 30. 12. 1995.

25 Klaus Hartung, Dekonstruktionen. Über den Zustand der unbewältigten Gegenwart, in: Kursbuch Nr. 116 (1994), S. 86; zur Kritik an Habermas' Position in der Debatte um die Normalisierung vgl. auch Jürgen Link, Versuch über den Normalismus. Wie Normalität produziert wird, Opladen 1997, insbes. S. 17ff.

26 Peter Glotz, Die Bewaffnung mit Identität. Eine ethnologische Analyse des deutschen Normalisierungs-Nationalismus am Beispiel Hans-Jürgen Syberbergs, in: ders., Die falsche Normalisierung. Die unmerkliche Verwandlung der Deutschen 1989 bis 1994. Essays, Frankfurt am Main 1994, S. 44.

27 Christian Meier, Deutschland zwischen der Bonner und der Berliner Demokratie. Eine Rede, in: Zeitschrift für Politik 41 (1994) 3, S. 275.

28 Stefan Berger, Der Dogmatismus des Normalen, in: Frankfurter Rundschau, 16.4.
1996.

29 Helmut Dubiel, Über moralische Souveränität, Erinnerung und Nation, in: Merkur 48
(1994) 9–10, S. 889f., 895f.; vgl. auch Michael Mertes, Der Holocaust und die innere
Souveränität der Deutschen, in: Die politische Meinung 39 (1994) 300, S. 69–73.

30 Vgl. Oliver Schillings, Das Ende der Nachkriegszeit? Über die Aktualität von Erinnerung, in: Clemens Wischermann (Hrsg.), Die Legitimität der Erinnerung und die Geschichtswissenschaft, Stuttgart 1996, S. 29.

31 Konrad H. Jarausch: Normalisierung oder Re-Nationalisierung? Zur Umdeutung der
deutschen Vergangenheit, in: Geschichte und Gesellschaft 21 (1995) 4, S. 583f.

32 Schoenbaum / Pond (wie Anm. 11·), S. 64ff., 85.

33 Warnfried Dettling, Wenn ein Land träge wird, in: Die Zeit, 21.3.1997 (Hervorh. H.S.).

34 Martin Walser, Auschwitz und kein Ende (1979), in: ders.: Über Deutschland reden,
Frankfurt am Main 1988, S. 31.

35 So Eugen Gerstenmaiers Formulierung, in: Deutsche und Juden – ein unlösbares Problem. Reden zum Jüdischen Weltkongreß 1966, o. O. 1966, S. 79.

36 Hartung (wie Anm. 25), S. 92.

37 Saul Friedländer, Martin Broszat und die Historisierung des Nationalsozialismus, in:
Klaus-Dietmar Henke / Claudio Natoli (Hrsg.), Mit dem Pathos der Nüchternheit. Martin Broszat, das Institut für Zeitgeschichte und die Erforschung des Nationalsozialismus, Frankfurt am Main / New York 1991, S. 170.

38 Christian Graf von Krockow, Die Deutschen vor ihrer Zukunft, Reinbek 1995 (1993),
S. 122 (Hervorhebung im Original); Andreas Zielcke, Mittelmaß und Reife, in: Süddeutsche Zeitung, 14. 4. 1997.

39 Michael Rutschky, Unverrückbare BRD, in: Frankfurter Rundschau, 29. / 30. / 31. 3.
1997.

40 Karl D. Bredthauer, Grenzen einer deutschen Normalisierung. Die konstitutive Bedeutung des Bruchs von 1945 / 49, in: Blätter für deutsche und internationale Politik 42
(1997) 4, S. 407.

41 Claus Leggewie / Horst Meier, Republikschutz. Maßstäbe für die Verteidigung der
Demokratie, Reinbek 1995, S. 338.

Die Autorinnen und Autoren des Bandes

STEVEN E. ASCHHEIM Prof. Dr. phil., geb. 1942, lehrt Kulturge-schichte an der Hebräischen Universität in Jerusalem, zuvor am Reed College, Portland / Oregon (USA), Forschungsaufenthalte in Berkeley und am Institute for Advanced Study, Princeton. Veröffentlichungen u. a.: Brothers and Strangers: The East European Jew in German and German-Jewish Consciousness, 1800–1923, Madison 1982; The Nietzsche Legacy in Germany, 1890–1990, Berkeley 1992; deutsch von Klaus Laermann, Nietzsche und die Deutschen: Karriere eines Kults, Stuttgart 1996; Culture and Catastrophe: German and Jewish Confrontations with National Socialism and Other Crises, New York 1996; demnächst: (Hrsg.) Hannah Arendt in Jerusalem, University of California Press.

WOLFGANG BENZ Prof. Dr. phil., geb. 1941, war bis 1990 wissenschaft-licher Mitarbeiter des Instituts für Zeitgeschichte in München, seit-dem Professor und Leiter des Zentrums für Antisemitismusforschung der TU Berlin. Herausgeber mehrerer wissenschaftlicher Reihen und Zeitschriften, u. a. auch Jahrbuch für Antisemitismusforschung, Dachauer Hefte (zusammen mit Barbara Distel); zahlreiche Veröffent-lichungen zur Zeitgeschichte, insbes. zur Geschichte des Nationalsozialismus, zuletzt u. a.: Dimension des Völkermords. Die Zahl der jüdischen Opfer des Nationalsozialismus, München 1991; Lexikon des deutschen Widerstands, Frankfurt am Main 1994 (hrsg. zusammen mit Walter H. Pehle); Enzyklopädie des Nationalsozialismus, Stuttgart 1997 (hrsg. zusammen mit Hermann Graml und Hermann Weiß).

WERNER BERGMANN Dr. habil., geb. 1950, Soziologe, ist Oberassistent am Zentrum für Antisemitismusforschung der TU Berlin. Jüngste Veröffentlichungen: Antisemitismus in öffentlichen Konflikten. Kollektives Lernen in der politischen Kultur der Bundesrepublik 1949–1989, Frankfurt am Main/New York 1997; (mit Wolfgang Benz hrsg.) Vorurteil und Völkermord. Entwicklungslinien des Antisemitismus, Freiburg im Breisgau 1997; Antisemitism and Xenophobia in United Germany, Oxford/New York 1997 (gemeinsam mit Hermann Kurthen und Rainer Erb; vgl. dort weitere Titel).

RUTH BETTINA BIRN Dr. phil., geb. 1952, Studium der Geschichte, Orientalistik und Ethnologie. 1985–86 postdoctoral fellow am Massachusetts Institute of Technology. Seit 1986 in der Verfolgung nationalsozialistischer Gewaltverbrechen tätig, Mitarbeiterin beim Office of Special Investigations, Washington, der Special Investigations Unit, Sydney, und der Crimes Against Humanity and War Crimes Section, Department of Justice, Canada; seit 1991 Chief Historian dortselbst. Veröffentlichungen u. a.: Die höheren SS- und Polizeiführer. Himmlers Vertreter im Reich und in den besetzten Gebieten, Düsseldorf 1986; Revising the Holocaust, in: The Historical Journal 40/1 (1997), S. 195–215.

OLAF BLASCHKE Dr. phil., geb. 1963, Studium der Geschichte, Theologie und Psychologie in Bielefeld, Paderborn und Illinois (USA); Wissenschaftlicher Assistent im Fachbereich Geschichte der Universität Trier. Veröffentlichungen u. a.: Katholizismus und Antisemitismus im Deutschen Kaiserreich, Göttingen 1997; Der Altkatholizismus 1870 bis 1945. Nationalismus, Antisemitismus und Nationalsozialismus, in: Historische Zeitschrift 261 (1995), S. 51–99; gemeinsam mit Frank-Michael Kuhlemann (Hrsg.), Religion im Kaiserreich. Milieus, Mentalitäten, Krisen, Gütersloh 1996.

JANE CAPLAN Prof. Dr. phil., geb. 1945, ist Marjorie Walter Goodhart-Professorin für Europäische Geschichte am Bryn Mawr College,

Pennsylvania (USA) und hat ebenso an der University of Cambridge und an der Columbia University / New York gelehrt. Veröffentlichungen u. a.: Government Without Administration. State and Civil Service in Weimar and Nazi Germany, Oxford 1988; Herausgeberin von: Nazism, Fascism, and the Working Class. Essays by Tim Mason, Cambridge 1995; Mitherausgeberin von: Reevaluating the Third Reich, New York 1993; Mitherausgeberin und Mitarbeiterin verschiedener Zeitschriften.

CHRISTOF DIPPER Prof. Dr. phil., geb. 1943, seit 1990 Professor für Neuere und Neueste Geschichte an der TU Darmstadt. Zum »Dritten Reich« liegen u. a. folgende Beiträge vor: Auschwitz erklären, in: Aschkenas 5 (1995), S. 199–204; Schwierigkeiten mit der Resistenz, in: Geschichte und Gesellschaft 22 (1996), S. 409–416; Modernisierung des Nationalsozialismus, in: Neue Politische Literatur 36/3 (1991), S. 450–456; Der Widerstand und die Juden, in: Der Widerstand gegen den Nationalsozialismus, hrsg. v. Jürgen Schmaedecke / Peter Steinbach, München 1985, S. 598–616; 2. Aufl. 1986; 1848–1949. Ein Jahrhundert Deutsche Geschichte, Mannheim 1998 (CD-ROM), Kap. 9–12.

THOMAS HAURY M. A., geb. 1959, Studium der Soziologie und Geschichte an der Universität Freiburg, derzeit Doktorand am Institut für Soziologie in Freiburg. Veröffentlichungen u. a.: Zur Logik des bundesdeutschen Antizionismus, in: Léon Poliakov (Hrsg.), Vom Antizionismus zum Antisemitismus, Freiburg im Breisgau 1992, S. 125–159; »Finanzkapital oder Nation«. Zur ideologischen Genese des Antizionismus in der SED, in: Jahrbuch für Antisemitismusforschung 5, S. 148–171.

RAUL HILBERG Prof. Dr., geb. 1926 in Wien, 1939 Emigration über Kuba nach den USA, nach anfänglicher naturwissenschaftlicher Ausrichtung Studium und Promotion in Geschichte, ist heute emer. Politikwissenschaftler der University of Vermont in Burlington. Zahlreiche bahnbrechende Publikationen zur Geschichte und den Bedingungen der Judenverfolgung, insbesondere: Die Vernichtung der europäischen Juden (1961, dt. 1982, als Taschenbuch Frankfurt am Main 1993, 7. Auflage 1997); Täter, Opfer, Zuschauer. Die Vernichtung der Juden 1933–1945. Aus dem Amerikanischen von Hans Günter Holl, Frankfurt am Main 1992; zuletzt ferner: Unerbetene Erinnerung. Der Weg

Die Autorinnen und Autoren des Bandes

eines Holocaust-Forschers. Aus dem Amerikanischen von Hans Günter Holl, Frankfurt am Main 1994.

UFFA JENSEN geb. 1969, Studium der Geschichte und Philosophie in Kiel, Jerusalem und Berlin. Mitarbeit an der Enzyklopädie des Nationalsozialismus, hrsg. von Wolfgang Benz, Hermann Graml und Hermann Weiß. Veröffentlichung: Zwischen Okzident und Orient. Israel als Integrations- und Einwanderungsgesellschaft, in: Habbo Knoch (Hrsg.), Israel – Ansichten eines Landes, Gerlingen 1998.

HABBO KNOCH M. A., geb. 1969, Studium der Geschichte, Philosophie, Politikwissenschaft und Soziologie in Göttingen, Bielefeld, Jerusalem und Oxford, arbeitet im Rahmen eines von der Volkswagen-Stiftung geförderten Projekts bei Prof. Dr. Bernd Weisbrod (Göttingen) an einer Dissertation zum Thema »Holocaust und Krieg im Bild: Gebrauchsweisen von Fotografien in der westdeutschen Erinnerungskultur«. Veröffentlichungen u. a.: (Hrsg.) Wilhelm Henze, »Hochverräter raus!« Geschichten, Gedichte und Zeichnungen eines Moorsoldaten, Bremen 1992; Schreiben als Befreiung? Karl Schröder und »Die letzte Station«, in: Karl Schröder, Die letzte Station, hrsg. von Fietje Ausländer, Bremen 1995; (Hrsg.), Davids Traum. Ein anderes Israel, Gerlingen 1998.

ANGELIKA KÖNIGSEDER Dr. phil., geb. 1966, Studium der Politikwissenschaften und Geschichte in München, Promotion 1996 in Berlin, seit 1991 am Zentrum für Antisemitismusforschung tätig, seit 1996 als wiss. Mitarbeiterin ebenda. Veröffentlichungen zum Thema jüdische Verfolgungs- und Nachkriegsgeschichte, u. a. Lebensmut im Wartesaal. Die jüdischen DPs (Displaced Persons) im Nachkriegsdeutschland, Frankfurt am Main 1994 (mit Juliane Wetzel); Flucht nach Berlin. Jüdische Displaced Persons 1945–1948, Berlin 1998.

MARIANNE KRÖGER M. A., geb. 1959, Studium der Literaturwissenschaft und Politologie, arbeitet als freie Publizistin in Frankfurt am Main. Zahlreiche Veröffentlichungen, zuletzt: Etta Federn: Revolutionär auf ihre Art. Von Angelica Balabanoff bis Madame Roland: 12 Skizzen unkonventioneller Frauen, hrsg., aus dem Spanischen übersetzt, mit Anmerkungen, Nachwort und Lebenslauf versehen, Gießen 1997; Der Umgang mit Zeitzeugenberichten von Überlebenden –

Erfahrungen und Methodenkritik an drei Beispielen, in: Dachauer Hefte 13 – Gericht und Gerechtigkeit, Dachau 1997, S. 200–212.

HANS-ERNST MITTIG Prof. Dr. phil., geb. 1933, Studium der Rechtswissenschaft und der Kunstgeschichte, von 1974 bis 1997 Professor für Kunstgeschichte, zuletzt an der Hochschule der Künste Berlin; 1997 Teilnehmer der Expertenkolloquien beim Wettbewerb zum Denkmal für die ermordeten Juden Europas. Veröffentlichungen u. a.: Kunst und Alltag im NS-System. Albert Speers Berliner Straßenlaternen (zus. mit Klaus Herding), Gießen 1975; Dürers Bauernsäule. Ein Monument des Widerspruchs, Frankfurt am Main 1984; NS-Architektur für uns, Nürnberg 1991.

ALEXANDRA PRZYREMBEL M. A., geb. 1965, Ausbildung zur Verlagsbuchhändlerin, Studium der Geschichte und Literaturwissenschaft an der Universität Hamburg und an der Cornell University / New York, Dissertationsprojekt »Rassenschande: Zur Genese und historischen Wirksamkeit eines Stereotyps« im Rahmen des DFG-Graduiertenkollegs »Interkulturelle Kommunikation in kulturwissenschaftlicher Perspektive« an der Universität des Saarlandes.

VOLKER RIESS Dr. phil., geb. 1957, Studium der Geschichte und Germanistik (Staatsexamen), Mitarbeiter (Contact historian) bei der Crimes Against Humanity and War Crimes Section des kanadischen Justizministeriums, Dienstort Ludwigsburg. Veröffentlichungen u. a. »Schöne Zeiten«. Judenmord aus der Sicht der Täter und Gaffer, hrsg. zus. mit Ernst Klee und Willi Dreßen, Frankfurt am Main 1988; Die Anfänge der Vernichtung »lebensunwerten Lebens« in den Reichsgauen Danzig-Westpreußen und Wartheland 1939 / 1940, Frankfurt am Main 1995.

BERND-A. RUSINEK Dr. habil., geb. 1954, Studium der Geschichte, Germanistik und Philosophie, lehrt Neuere Geschichte an der Heinrich-Heine-Universität Düsseldorf; 1987 Einrichtung der Mahn- und Gedenkstätte »Verfolgung und Widerstand in Düsseldorf 1933–1945«; Veröffentlichungs- und Arbeitsschwerpunkte: Geschichte der NS-Zeit, Geschichte der Bundesrepublik; Geschichte der Jugend; Universitäts-, Wissenschafts- und Technikgeschichte; Theorien und Methodenfragen der Geschichtswissenschaft.

HARALD SCHMID Dipl. Pol., geb. 1964, Studium der Politikwissenschaft und Neueren Geschichte in Duisburg und Hamburg, Doktorand am Institut für Politische Wissenschaft, Universität Hamburg, Promotionsstipendiat der Heinrich-Böll-Stiftung. Veröffentlichung: Vom »Henker« zum »Wunderheiler« – Gerechtigkeit für Goldhagen? In: Menora. Jahrbuch für deutsch-jüdische Geschichte 8 (1997), S. 16–50.

JULIANE WETZEL Dr. phil., geb. 1957, Studium der Geschichte und Kunstgeschichte in München, 1987–1991 Mitarbeiterin am Institut für Zeitgeschichte in München, 1991–1995 wiss. Mitarbeiterin, seit 1996 wiss. Angestellte am Zentrum für Antisemitismusforschung der TU Berlin. Veröffentlichungen zum Thema jüdische Verfolgungs- und Nachkriegsgeschichte (auch gemeinsam mit Angelika Königseder, vgl. dort) und zum Rechtsextremismus, u. a.: Jüdisches Leben in München 1945–1951. Durchgangsstation oder Wiederaufbau?, München 1987; Antisemitismus im Internet, in: Das Netz des Hasses. Rassistische Rechtsextreme und Neonazistische Propaganda im Internet, hrsg. v. Dokumentationsarchiv des Österreichischen Widerstandes, Wien 1997, S. 78–105.

Ulrich Herbert (Hg.)

Nationalsozialistische Vernichtungspolitik
1939-1945

Neue Forschungen und Kontroversen

Band 13772

Dieses Buch faßt die wichtigsten Themen und Thesen der aktuellen NS-Forschung zusammen und ist ein unentbehrliches
Kompendium für Studierende und Lehrer. Präsentiert werden die neuesten Forschungsergebnisse über die nationalsozialistische Vernichtungspolitik im besetzten Europa. Außer
Christopher Browning, bekanntgeworden nicht erst seit der Debatte um Goldhagen, und Saul Friedländer, Omar Bartov und
Walter Manoschek berichten deutsche Experten – darunter Götz
Aly, Thomas Sandkühler, Dieter Pohl, Michael Zimmermann
und Ulrich Herbert – über ihre aufsehenerregenden Arbeitser-
gebnisse.

Fischer Taschenbuch Verlag

fi 802 / 7

Raul Hilberg
Täter, Opfer, Zuschauer
Die Vernichtung der Juden 1933-1945
Aus dem Amerikanischen von Hans Günter Holl
Band 13216

Nach seinem Standardwerk ›Die Vernichtung der europäischen Juden‹ beschreibt der Autor die Massenvernichtung der Juden nun aus der Sicht der damals handelnden, leidenden oder scheinbar unbeteiligt danebenstehenden Personen. Im Teil **Täter** werden die alten und neuen Eliten dargestellt, die eifrigen Karrieristen in Verwaltung, Armee und Partei, in Verbänden und Organisationen. Sie entstammten allen sozialen Schichten. Der Teil **Opfer** beschäftigt sich mit den Opfern und deren vielfältigen Geschichten. Hier geht es auch um die Rolle der Judenräte beim Vernichtungsprozeß und um die Überlebenden. Im Teil **Zuschauer** beschreibt der Autor das Verhalten der scheinbar unbeteiligt Danebenstehenden, der kleinen und großen Gewinnler des Judenmordes, die z. B. Wohnungen und Arbeitsplätze übernahmen. Angesprochen wird auch das fragwürdige Verhalten der Staatenwelt, des Roten Kreuzes und anderer humanitärer Organisationen, nicht zuletzt das der Kirchen.

Fischer Taschenbuch Verlag